U0518747

《陕西通史》 编纂委员会

主　　任　张岂之

副 主 任　萧正洪　黄留珠

编　　委

（按姓氏笔画排序）

王大华　尹夏清　尹盛平　甘　晖　石兴邦　田培栋

史红帅　吕卓民　任大援　刘东风　杜文玉　李　浩

杨亚长　张岂之　张呈忠　张改课　张新科　陈战峰

周伟洲　侯海英　秦　晖　黄正林　黄留珠　萧正洪

梁星亮　雷永利

20 世纪 90 年代版《陕西通史·民族卷》

作　　者　周伟洲

主　编　张岂之

执行主编

萧正洪　黄留珠

陕西通史

民族卷

周伟洲

陕西师范大学出版总社　西安

图书代号：SK24N0019

图书在版编目（CIP）数据

陕西通史 . 民族卷 / 周伟洲著；张岂之主编；萧正洪，黄留珠执行主编 . —西安：陕西师范大学出版总社有限公司，2025.4

ISBN 978-7-5695-4295-0

Ⅰ .①陕⋯　Ⅱ .①周⋯　②张⋯　③萧⋯　④黄⋯　Ⅲ .①陕西—地方史 ②民族历史—陕西　Ⅳ .① K294.1

中国国家版本馆 CIP 数据核字（2024）第 022361 号

陕西通史·民族卷

SHAANXI TONGSHI · MINZU JUAN

周伟洲　著

出　版　人 /	刘东风
策划编辑 /	王　森　侯海英　曹联养
责任编辑 /	杜莎莎　谢勇蝶
责任校对 /	熊梓宇
出版发行 /	陕西师范大学出版总社
	（西安市长安南路 199 号　邮编 710062）
网　　址 /	http://www.snupg.com
印　　刷 /	中煤地西安地图制印有限公司
开　　本 /	710 mm×1000 mm　1/16
印　　张 /	25
插　　页 /	4
字　　数 /	380 千
版　　次 /	2025 年 4 月第 1 版
印　　次 /	2025 年 4 月第 1 次印刷
书　　号 /	ISBN 978-7-5695-4295-0
审　图　号 /	陕 S（2020）009 号
定　　价 /	208.00 元

编写说明

一 1993 至 1998 年，陕西师范大学出版社陆续出版了 14 卷本《陕西通史》。该版《陕西通史》立足时代背景，突出西北地域，尤其是各个历史时期陕西地区的政治、军事、经济、文化艺术、社会生活等内容，填补了陕西无通史的空白。2001 年，该套书荣获陕西省第六次哲学社会科学优秀成果一等奖。

二 在 20 世纪 90 年代版的基础上，本版特别注重体系重新建构、内容推陈出新，增补了新史料、新成果、新视角，使得陕西历史的叙述更为饱满、完善。

三 本套书分断代史 9 卷、专史 6 卷，共 15 卷。

四 断代史分别为《史前卷》《夏商西周卷》《秦汉卷》《魏晋南北朝卷》《隋唐五代卷》《宋金元卷》《明代卷》《清代卷》《民国卷》。

五　专史分别为《历史地理卷》《革命根据地卷》《民族卷》《社会经济卷》《思想文化卷》《文学艺术卷》。与20世纪90年代版相较，增设《文学艺术卷》。

六　本套书在地域上以现今陕西省区划为限，与邻省有关而必须写到的事将有所交代，主要活动不在陕西的陕西籍名人亦有所提及。

七　本套书在时间上起于更新世早期，断代史截止年代为1949年，专史不设统一截止年代，依内容实际做相应处理。

八　本套书纪年方法：清代以前（含清代）一般用历史纪年，必要时注以公元纪年；《民国卷》用公元纪年；各专史卷做相应处理。历史纪年书写用汉字数字，公元纪年书写用阿拉伯数字。

九　地名沿用历史时期地名称谓，必要时注以今名。

十　历史时期使用的计量单位如里、亩等，因叙述需要沿用，必要之处注明法定计量单位。

十一　本套书断代史各卷前均增设了相关历史时期地图，各卷末设置大事年表。

十二　本套书各卷末设置索引以备查。

总　序

人类的历史发展以文明的创造为主题。时至公元21世纪，我们回顾以往的历史，可以很清楚地看到这一点。从全球视野看，显而易见的是，中华民族以自己的勤劳和智慧创造了悠久且延绵不断的历史和光辉灿烂的文明，而大部处于黄河中游的陕西，于其中承载了重要的传承文明的历史使命，具有无可替代的文化意义。

就今日陕西论，这片土地并不是一个很大的空间，在国土总面积中所占不过2%。其地居于中国中部，南北较为狭长，东西并不十分开阔。秦岭山脉横亘于中部，将陕西大致分为分属于黄河流域和长江流域的两个部分：北为关中平原和沟壑纵横的黄土高原，南为秦巴山地和居于其间的汉水谷地。总体而言，陕西自然环境条件复杂，自北而南，地貌、气候类型较多且层次分明，为文明进步和文化发展提供了丰富的资源和多样的选择。至于周边地区，亦属于差异较大的环境类型：省境之东为以平原为主的河南，东南为鄂西山地，西为陇右，地接青藏高原，北则毗连内蒙古高原，而南越大巴山区可至成都平原。

这片土地，是中华民族重要的发祥地和古代文明的摇篮之一，早在一百万年以前，这里就有了远古人类活动生息的踪迹。考古发现的早期人类如蓝田人、大荔人、河套人、沙苑人，展示出中国境内北方直立猿人到晚期智人的发展脉络。西安半坡和姜寨、宝鸡等地数以百计的新石器时代遗址的发掘，则揭示了中国黄河流域原始社会的概貌，在中国多元性远古文化研究中具有典型的意义。陕北秃尾河北侧所发现的石峁遗址，属于新石器时代晚期至夏代早期遗存，被誉为"中国文明的前夜"，是中国早期文明发展历程中极其重要的一环。

进入有文字符号和早期城市的文明时期以后，陕西较早地成为古代中国政治、经济、文化的中心，在中国历史上占有重要的地位。从公元前11世纪西周建立，经过秦汉，直到隋唐，前后千余年，陕西作为中国古代13个王朝（不包括2个农民起义政权）国都的所在地，对中华民族的形成和中国古代文明的建设与传播均产生过巨大影响。概而言之，西周之时华夏族的发展壮大和礼乐文明构建，秦统一六国，融各地区多元文化为一体，奠定古代中国多民族统一国家政治、经济和军事的格局，汉唐高度发展的物质文明和精神文明，中华民族凝聚核心——汉族的正式形成和发展，特别是体现中华民族对不同文化的包容性的丝绸之路与中外文化交流，如此等等，大多是以当时国都所在的陕西为中心和基点的。至于古代陕西盛极一时的农业和手工业，众多的科技发明，亦对中国古代经济与文化的发展起了极为重要的作用。源远流长的陕西古代文化，成为中华优秀传统文化重要的组成部分。

古代陕西，堪称人杰地灵，有推动历史前进的明君贤相，有运筹帷幄、决胜千里的谋臣名将，有技艺卓绝、极富创新精神的大国工匠，有引领一时风骚又风流千古的文学、史学大家，有忧国忧民、视死如归的仁人志士。洎乎近代，陕西又成为中国革命的重要策源地之一。1911年辛亥革命首义后，首先响应并光复的即是陕西。在艰苦的抗日战争和新中国诞生的过程中，以毛泽东为首的中国共产党中央，正是在延安十三年里，团结和带领全国各族人民，打败了日本侵略者，并为建立新中国制定了宏伟蓝图。回顾历史，无数的风流人物，为伟大的中华民族文明的发展做出了巨大贡献，其立德、立功、立言，足为民族之宝，自当永垂青史而为后人所景仰、所传承。

多年以前，我曾经提出，关于古代中国的文明与文化，似可有一个基于哲学思想的论断，大致可用"守正、兼和、日新"六字加以概括。于陕西历史论，所谓"守正"，是说，在中国历史上起过非常重要的作用的传统政治理论如"正统""天下"之论，经常是以陕西特别是长安为基点进行系统解读的，而中国古代的礼法制度与礼乐文明，也多在陕西制定并推向全国，进而成为文化体系的制度性基础。在这个意义上说，陕西的历史，体现了中华民族对精神家园与文明根本的坚守，尽管它具有特定的时代性。所谓"兼和"，是说，历史上以长安为核心的文化体系所体现出的兼容并包，其对历史上中国不同地区多元文化的整合与吸收，无论就内涵还是形式论，皆表现得极为显著与典型。我以为，中华民族文明与文化发展历程的重要特点之一，是基于理解与包容的和不同文明与文化的融合。陕西的历史发展，是这一特点的一个明证。至于"日新"，则是说，历史上以长安为中心的陕西，所展现的民族进取心、与时俱进的变革精神以及制度性创设，都表现出传承与创新的密切联系。

　　本通史正是为阐明上述主旨而作。早在 1989 年，陕西师范大学出版社在出版《陕西五千年》一书的基础上，发起编纂多卷本《陕西通史》，当时由郭琦、史念海和我共同主持。其编委会会集多方贤能，成员有张勃兴、郭琦、史念海、张岂之、孙达人、石兴邦、斯维至、赵炳章、周伟洲、李振民、房成祥、秦晖、周天游、黄留珠、王大华、任大援、邵宏谟、韩敏、田培栋、李峰、朱永庚、韦建培、张军孝、高经纬。同人共襄盛举，不惮劳烦，其情其景，迄今仍历历在目。由此奠定了《陕西通史》的根基，更是本版的源头所依，在此致以深切的谢意。

　　然至今已三十年矣，旧作实有修订之必要。惟郭、史二位先生已然作古，我自当承此重任。所幸的是，陕西学界新人辈出，大家慷慨踊跃，我亦因此备受鼓舞。现在，各卷撰写工作已基本告成，其规模与学术境界似远超旧作。至于具体各卷的安排，出版社另有编写说明，于此不再赘述。不过有一点我仍想特别提及，即各卷作者在写作中，对陕西的历史与文化灌注了极为深厚的家乡情感。细究起来，本通史各卷的作者，本土人士当然居多，然其中亦不乏异乡之客而久居于此者。惟各卷作者将陕西视为民族文明与文化发展的重要根本之地，而本通史之写作关乎中华文明与文化的解释与传承，其体大而事重，故超越地域之大爱之情，溢于笔端。读者若能同心共情，则不难于阅读之中产生共鸣。若此，则我亦感幸甚。值此套书出版之际，草此数言，以为总序。

张岂之

2021 年 5 月 1 日

Contents

Contents

Chapter 4
The Great Migration and Integration of Ethnic Groups (Ⅱ) /137

Chapter 7
The Formation and Development of the Ethnic Distribution Pattern Dominated by Han and Hui People /259

Illustration Catalog

绪 论

地处中国黄河、长江两大古文明发源地之间的陕西地区，是中华民族诞生和发展的摇篮之一。从考古发现来看，陕西地区的古人类化石和石器时代遗存十分丰富，且分布较广。自早期猿人的化石蓝田猿人（距今 115 万—65 万年）、大荔人（距今约 20 万年），到河套人（距今 5 万—3.7 万年）、沙苑人（距今约 1 万年），展示出中国境内北方由直立猿人到早期智人、智人的发展脉络。从旧石器时代初期遗址，到新石器时代晚期遗址，组成了一个完整的系列，清楚地显示了由原始人群、氏族，发展到部落、部落联盟等原始民族的共同体的历程。

到公元前 21—前 16 世纪，在我国黄河中下游地区产生了第一个国家——夏朝，而中国最早形成的古代民族——华夏族也逐渐形成。陕西关中东部与夏朝毗邻，此地之氏族、部落为华夏族组成部分。商灭夏，商人融入华夏族，并统治陕西大部分地区，兴起于陕西西部的周人开始逐渐融入华夏族。周人灭商后，陕西关中成为华夏族的中心，周人以华夏族正统自居。在周人周围还有犬戎（昆夷）、獯狁、羌等族。自西周建立，陕西地区以华夏族为主体的多元民族格局形成。此后，秦人崛起于秦陇。关中的戎族，汉中的蜀人，渭北、陕北的白狄、义渠、大荔等，逐渐为秦人所征服，与之一起渐融入华夏族之中，使陕西以华夏族为主体的多元民族格局进一步发展和巩固。

经过秦、汉的大统一，华夏族进一步融合其他民族而日益壮大。到东汉时，"汉人"或"汉族"称谓正式确立，已变成华夏族的代称，也可以说中国汉族正式形成。当时，陕西的汉族已占绝大多数，仅长安、陕北有少量的匈奴族定居，西部有从河湟等地迁入的氐族、羌族，以及西汉张骞出使西域后一些入居陕西的西域人。

以上是陕西民族形成和发展的初期，其特点是以华夏族（汉族）为主体的多元民族格局形成和发展。

可是，自东汉末年始，经过魏晋南北朝三百多年时间，陕西民族分布格局发生了较大的变化，即周边的少数民族，如匈奴（南匈奴）、鲜卑、羯、氐、羌（五胡）等大量内徙，仅陕西关中一地，"戎狄居半"。他们先后在陕西地区建立前赵（匈奴刘氏）、前秦（氐族苻氏）、西燕（鲜卑慕容氏，后迁至山西）、后秦（羌族姚氏）、夏国（铁弗匈奴赫连氏）等政权。由于战乱和民族矛盾的尖锐，陕西的汉族又大量南迁至江汉、四川等地。于是，原陕西以汉族为主体的多元民族格局被打破，形成汉族与少数民族人口参半的格局，传统的汉文化受到一定的冲击。民族的大迁徙和大融合，成为陕西民族发展第二个时期的主要特点。而这一民族的大融合的主流，仍然是内迁的五胡通过不同途径最后融入汉族，从而使陕西的汉族杂有许多胡族的成分，得到更新。

自隋唐到元代，是陕西民族发展的第三个时期。经过魏晋南北朝的民族大融合之后，陕西以汉族为主体的格局重新确立，并延续了七八百年。其间，虽有漠北的突厥、回鹘，西北的党项、吐谷浑及西域胡人，金代的女真与元代的蒙古等族先后迁入陕西定居，但人数相对来说较少，改变不了新形成的以汉族为主体的格局。而且，这些入居陕西的民族也陆续汉化，逐渐融入汉族之中。

陕西民族发展的第四个时期，是在明至清初。其时陕西的回族形成，并日益发展，到清初，陕西回族人口大为增加，分布益广，形成了以汉、回为主的民族分布格局。汉、回两族成为陕西两大主要民族。

然而，到清同治年间（1862—1874），陕西回民绝大部分迁至甘肃、宁夏、青海、新疆等地，人口急剧减少。从此，陕西汉族人口最多、以汉族与回族为主的民族分布格局，在新的基础上再次确立，进入陕西民族发展的第五个时期，即经清末至民国时期。

以上就是本书论述的陕西民族分布格局变化的历史，也即是陕西民族发展史的脉络。依循陕西民族发展历史的这条脉络，本书力图展现历史上陕西各族人民演出的轰轰烈烈的悲壮历史画卷，各族人民相互交往，相互融合，共同开发和建设了陕西的历程。从民族史的角度，论述陕西以汉族为主体的多民族格局的几次变化，探讨历史上在陕西定居的古代民族是怎样逐渐融合到汉族之中的。即是说，作为陕西人口最多的主体民族——汉族本身，正是从古至今不断融合其他古代民族而日益发展壮大的，他们的血液中流淌着历史上各族人民的血液。

最后，还必须申明的是，本书所用的"民族"概念，既非苏联斯大林对资本主义上升时期才出现的"民族"（нация）的概念，也非西方民族学者所指近代"民族国家"的"民族"（nation）概念，而是根据中国的历史和现实，参考引进的西方及苏联民族学、人类学有关"民族"的定义，结合中国传统的民族观，形成的中国本土化或中国语境下的有关"民族"的概念（定义）。其最大的特点是具有广义性，即对历史和近现代的、具有一些主要相同特征的稳定的族的共同体都一律称为"民族"，它应涵盖原始民族、古代民族（即国家形成后至近代的民族）和近现代民族（即资本主义上升时代至今的民族）。这是根据中国历史与现状诠释的"民族"定义，是中国语境下的"民族"概念，也是中国民族史学赖以存在的基础。

但是在具体定义"民族"时，具有哪些主要相同特征的稳定的族的共同体，才能称为民族？这一问题，在中国学术界从20世纪50年代至今都是讨论、争议的话题，相关论著发表甚多。2005年5月中共中央、国务院在北京召开的中央民族工作会议上发布的《中共中央、国务院关于进一步加强民族工作加快少数民族和民族地区经济社会发展的决定》中第一条，就是结合中国的实际及学者们研讨的意见，对"民族"的概念做了新的概括："民族是在一定的历史发展阶段形成的稳定的人们共同体。一般说来，民族在历史渊源、生产方式、语言、文化、风俗习惯以及心理认同等方面具有共同的特征。有的民族在形成和发展的过程中，宗教起着重要作用。"这虽非定论，而且任何定义都是相对的，没有绝对的真理。但我们认为，这是目前对具有中国特色"民族"定义的最好阐述，而且是目前国内官方和学界基本认同的、符合中国语境的关于"民族"的定义。本书所说的"民族"即是上述这一概念，但也绝非教条和刻板的应用，只是对历史上"一般"具有上述六个方面共同特征的族的共同体，均视为"民族"，而加以论述。

以一个省区的民族发展历史为研究对象，来撰写民族历史，目前在国内还不多见。因此，本书必然存在许多尚待解决的问题，还须继续努力。

第一章

以华夏族为主体的多元民族

格局的形成和发展

第一节　陕西石器时代文化反映的氏族社会人们共同体

一、旧石器文化及氏族公社的产生

地处黄河中游的陕西，是中国古代文明的摇篮之一，也是中华民族的摇篮之一。1963 年至 1984 年，我国科学工作者在陕西蓝田公王岭等地发现了远古时代的古人类化石及一批石器材料，取名为"蓝田猿人"。蓝田猿人属第四纪中更新世中期，距今 115 万—65 万年，比北京猿人还要早 20 万—30 万年，处于晚期直立猿人阶段。从化石地层出土的第四纪动物化石看，当时蓝田一带气候温和，属于温暖湿润的森林草原环境，有大量的野生动物和植物供食用。蓝田猿人使用的石器较为粗大，有尖状器、刮削器、砍砸器和石球等，经过第二步加工的较少，处于旧石器时代文化初期阶段。[①]1981 年，在离蓝田猿人发现地不远的秦岭北麓辋川锡水洞，还发现了古人类居住过的洞穴遗址一处，出土了一批打制石器、动物化石，并有灰烬堆积，这是当时古人类使用火的可靠证据。科学工作者根据古地层、石器等的研究，认为洞穴遗址与蓝田猿人的时代相近，可能就是蓝田猿人的居住地。[②]1981 年，在陕西秦岭以南的南郑梁山等地，还发现了旧石器时代早期的遗址，采集到打制的原始石器 8000 多件，其年代大约在中更新世到晚更新世阶段。[③]1985 年，在梁山东南 6 公里处的龙岗寺发现了一处旧石器时代遗址，出土石器与梁山基本一致。因此，考古工作者把它命名为"梁山旧石器文化"，并认为它是集合了华北与华南旧石器时代文化的特点，以砾石石器为主的一种文化。[④]

陕西旧石器中期的文化，最具有代表性的是 1978 年至 1980 年在大荔解放

---

① 吴汝康：《陕西蓝田发现的猿人头骨化石》，载《古脊椎动物与古人类》1966 年第 1 期；戴尔俭、计宏祥：《陕西蓝田发现之旧石器》，载《古脊椎动物与古人类》1964 年第 2 期。

② 黄春长：《锡水洞遗址古地理环境、用火遗址及时代问题》，载《史前研究》1984 年第 1 期。

③ 阎嘉祺、魏京武：《陕西梁山旧石器之研究》，载《史前研究》1983 年创刊号。

④ 陕西省考古研究所汉水考古队：《陕西南郑龙岗寺发现的旧石器》，载《考古与文物》1985 年第 6 期；上引《陕西梁山旧石器之研究》等。

村甜水井发现的一个距今约 20 万年的人骨化石及一批石器，命名为"大荔人"。其脑容量、面部既有直立猿人的特征，又有了智人的特点，在人类发展过程中处于猿人向智人进化过渡的阶段或早期智人阶段。① 大荔人使用的石器器形较小，类型简单，与华北发现的旧石器文化两大系列中的"周口店第 1 地点 – 峙峪系"较为接近。此外，在陕西长武窑头沟（石器 221 件、哺乳动物化石 7 件）、大荔卿避村（石器 300 多件、哺乳动物化石多种）、吴堡宋家川（几件石器）、横山油坊头（几件石器）、蓝田厚镇涝河两岸等地，均发现有旧石器时代中期的遗址。值得注意的是，涝河两岸发现的石器较为粗大，砍砸器、尖状器等与华北旧石器文化另一系列，即"匼河 – 丁村系"更为接近。②

相当于旧石器时代晚期的遗址，在陕西也有发现。如 1973—1974 年，在韩城东北禹门口发现了旧石器时代洞穴遗址，文化堆积层内容十分丰富，火烧灰烬达 5 厘米，说明原始人群在这里生活了较长的时期。出土的石器、石制品 1202 件，其特点与"周口店第 1 地点 – 峙峪系"较为接近，是新石器时代早期的先声。③ 1978—1980 年，科学工作者在陕西与内蒙古交界的萨拉乌苏河一带，继续过去外国学者发现的河套人及其文化遗址的考察工作，得到人类化石 19 件和石器多件。其中有部分属细石器，制作精致，大部分有二次加工的痕迹。根据人类化石及旧石器所在层位，"河套人"及萨拉乌苏文化距今 5 万—3.7 万年。④

此外，考古学上称为"中石器时代文化"的遗址，在陕西大荔沙苑也有发现，命名为"沙苑文化"。经过近 10 年的考古调查，新发现石器地点 20 多处，采集各种石器 1060 多件。1973 年还发现了人头骨化石残片，定名为"沙苑人"，

---

① 王永焱、薛祥煦、岳乐平等：《陕西大荔人化石的发现及其初步研究》，载《科学通报》1979 年第 7 期；周春茂：《大荔人在人类进化过程中的位置、种族特征及其意义》，载《史前研究》1983 年第 2 期。

② 张森水：《我国北方旧石器时代中期文化初探》，载《史前研究》1985 年第 1 期。

③ 刘士莪、张洲：《陕西韩城禹门口旧石器时代洞穴遗址》，载《史前研究》1984 年第 1 期。

④ 中国社会科学院考古研究所编著：《新中国的考古发现和研究》，文物出版社 1984 年版，第 20 页。

已属现代人类型，距今 1 万年左右。石器包括细石器和石片器两大类，特点与我国北部细石器文化的石器基本相似。[①]

从上可见，陕西地区的古人类化石和旧石器时代遗存十分丰富，而且分布较广。从早期猿人的化石蓝田猿人、大荔人，到河套、沙苑人，展示出中国境内北方由直立猿人到早期智人、智人发展的脉络，且化石遗骸分布于关中、陕北和陕南各地。这些早期的人类化石，是研究陕西甚至全国古人类学的重要资料，完善了古人类进化史上的重要环节。陕西的旧石器时代文化遗址，包括了较为完整的早、中、晚三个时期，以及中石器时代，呈现出较为完整的系列，基本上反映出华北两大旧石器类型的特色。

根据我国考古工作者和民族学研究者的研究，旧石器时代早期是人类处于直立猿人向智人过渡的时期，即"正在形成中的人"的时期。当时原始人已经能使用和保存火，使用原始的打制石器，以猎取野生动物及采集植物为生，大多居于洞穴之内。他们还处于与由动物转变为人的过渡相适应的杂乱性交的阶段，并开始逐渐向血缘群婚（即在同辈人中相互通婚，排除了父母与子女之间的性交关系）过渡。因此，在旧石器时代早期，"正在形成中的人"的古人类是处于原始人群的发展阶段。

到旧石器中晚期，直立猿人已逐渐发展为智人，开始知道取火，而火的持续使用，导致了狩猎经济的发展。熟食促进了人体的进化，也促进了人类自身的发展。血缘群婚也逐渐变为同辈人的婚姻（即摩尔根所谓的"血缘家庭"），进一步又排除了同胞姊妹与兄弟的性交关系。这一进步，比排除父母和子女的性交关系更为重要和困难得多。按照摩尔根的看法，这一进步可以视为"自然选择原则是在怎样发生作用的最好例证"[②]。当然，这种排除同胞姊妹和兄弟性交的进步，是逐渐进行的，即是一个由亲及疏、由近及远地排除兄弟姊妹（包括直系和旁系）和母亲旁系亲属间相互婚配的过程。由其中典型的"普那路亚"

[①] 西安半坡博物馆、大荔县文化馆：《陕西大荔沙苑地区考古调查报告》，载《史前研究》1983 年创刊号。

[②] 恩格斯：《家庭、私有制和国家的起源》，见《马克思恩格斯文选》第 2 卷，人民出版社 1963 年版，第 199 页。

家庭婚姻形式，即若干数目的同胞或从表姐妹与若干兄弟或从兄弟共同结婚，但排除同胞姊妹与兄弟的性交，发展到两个或两个以上的普那路亚家庭之间的通婚，进一步排除了旁系兄弟姊妹的婚配。这就是"族外婚"的形式。

当原始人群进入各种形式的族外婚时，那种以血缘关系为基础，基本实行族外婚的社会组织——氏族也就产生了。根据国内外学者们的意见，氏族产生于考古学上旧石器时代晚期。氏族不仅是整个原始社会的基本社会经济组织，也是古代民族产生的基础。

二、新石器文化及氏族社会的人们共同体

考古学上的"新石器文化"，是指继旧、中石器文化之后，主要以磨制石器为代表，兼制陶和原始的农业、畜牧业为特征的文化。陕西新石器时代文化遗址更为丰富，几乎遍布关中、陕南和陕北，尤以关中渭河流域的遗址具有典型意义。考古工作者通过对大批遗址的发掘、调查和研究，虽然仍有多种分期和不同的观点，但也有一些大致相同的认识。

陕西新石器时代文化早期（又称为"前仰韶时期"），是以渭河流域的老官台－白沙文化（距今 8000—7000 年）和汉中的李家村文化（距今 7000—6000 年）为代表的。发掘的重要遗址有：华州老官台、元君庙，临潼白家，渭南北刘、白庙，宝鸡北首岭，长武下孟村，长安芦坡头，西乡李家村、何家湾，洋县土地庙，等等。根据出土的大量磨制石器、较为原始的陶器和家畜骨骸，以及对居住区、墓葬的发掘，可知这一时期渭河流域和汉水上游一带的氏族、部落已经有了小型的永久或半永久的定居聚落生活。恩格斯据摩尔根对古代社会的研究和世界上许多民族学资料，认为从氏族产生起，因其以普那路亚等形式的族外婚和生产分工的不同等原因，故一般说来，首先出现的是"只知其母不知其父"的母系氏族社会。而随着氏族之间族外婚的扩大，氏族又形成了胞族和部落。[①]陕西发现的上述新石器时代早期的遗址，就已反映出距今 8000—6000 年母系氏族社会人们共同体——氏族、胞族和部落的情况。

---

① 恩格斯：《家庭、私有制和国家的起源》，见《马克思恩格斯文选》第 2 卷，人民出版社 1963 年版，第 201—202、250 页等。

上述渭河、汉水上游的前仰韶文化遗址，虽然有地域上的差别，但也有大致相同的时代和文化内涵。其主要的特征是：永久或半永久的定居聚落小，堆积薄；从事原始农业，辅以发达的采集、狩猎为生；居住半地穴式不规则圆形房屋，结构简单；家畜饲养初具规模，有猪、狗、鸡等；陶器品类少，形制简单，开始出现彩陶；石制工具普遍使用尖舌形石铲，另有蚌制的锯牙镰刀、长方形石刀等；葬俗多单人葬，有墓穴，晚期出现同性合葬和多人合葬，随葬品不多（陶器、工具和装饰品等）。①

继前仰韶文化的发展，在陕西发现和发掘了以仰韶文化为代表的一系列遗址。考古工作者又命名为"仰韶时期"，经过多年的研究，基本上找出了陕西仰韶时期发展的系列，即半坡类型（距今 6800—6000 年）和庙底沟类型（距今 6000—5000 年）。②

在众多的半坡类型遗址中，特别是西安半坡遗址和临潼姜寨遗址最具有典型性，为我们提供了了解母系氏族社会繁荣发达阶段人们共同体生活的各个方面的资料。半坡遗址发掘房屋 40 多座，中间被一条壕沟分为两部分，这可能是两个大的家族或两个母系氏族组成的一个胞族或部落的居住地。壕沟的北面是氏族的公共墓地，东边是烧制陶器的窑场。房址中有两座供氏族公用的大房子，周围是圆形或方形的半地穴式的小房子，地窖和圆柱在房子的周围。半坡氏族社会人们共同体过着以原始农业、畜牧业和渔业为主，兼及采集和狩猎的经济生活。生产工具有磨制石器、骨器、蚌器，种类繁多，技术较为先进。陶器上有各种彩绘纹饰，有的还有简单的文字刻画符号等。③

姜寨遗址，则构成了一个基本完整的聚落基址。两条壕沟将整个聚落分成居住区和墓葬区两大部分，沟外还有一处制陶的窑场。居住区内有面积较大的中心广场一个，周围分布着 100 多座房屋，整个结构是以大型房屋为代表的 5

---

① 石兴邦：《前仰韶文化的发现及其意义》，见《中国考古学研究》编委会编：《中国考古学研究——夏鼐先生考古五十年纪念论文集》，文物出版社 1986 年版。
② 关于陕西仰韶文化的发展系列，国内学者有多种说法，此据魏京武《碳-14 测定年代与陕西新石器时代考古学文化》（载《史前研究》1985 年第 1 期）等。
③ 参见中国科学院考古研究所、陕西省西安半坡博物馆编：《西安半坡》，文物出版社 1963 年版。

个建筑群和 3 座公共墓地构成，可能是 5 个氏族所组成的一个胞族或部落的聚居区。一个建筑群大约有 20 座大中小不等的房屋，可容纳 300—500 人。大房子在 80 平方米以上，可能是老年人或未婚少年的住所，或为氏族议事、集会的场所。中房子在 30 平方米以上，可住人较多。小房子在 20 平方米以上，可能住着一个比较稳定的对偶家庭。①对偶婚或对偶家庭，是指一男一女结为不很稳定的婚配，居住在女方家，生女归母方。它是原始社会群婚向一夫一妻制婚姻的过渡，也是母系氏族社会发展阶段较为盛行的一种婚制。姜寨遗址出土的石器、彩陶等，与半坡遗址属同一类型，且略有进步。

在半坡类型的基础上发展起来的庙底沟类型（以河南陕县庙底沟遗址命名）主要集中在关中渭河流域，在陕北、陕南也有发现。代表性的遗址有华州泉护村（下层）、长武下孟村（上层）、长安马王村、宝鸡北首岭（上层）等。这一时期氏族社会人们共同体聚居的房屋营造技术比较进步，地面上的建筑已出现，柱础开始使用。房屋一般面积较大，居住面处理讲究；袋状窖穴容积较大，内壁抹草泥，并经火烧过。制陶工艺有所进步，彩陶较少，纹饰图案较复杂而富于变化。石器以磨制为主，器形比较复杂，钻孔技术普遍使用等。②

国内学者一般认为，在仰韶文化的中晚期，即最迟到庙底沟文化时，母系氏族公社已向父系氏族公社过渡了。他们的看法是，由于生产工具制造技术的明显进步，通体磨光石器及钻孔技术普遍出现，使农业生产得到发展，狩猎业降至次要的地位，大量男性投入农业生产，使其经济地位提高。此时，房屋建筑也出现了新特点，地面上的建筑增多，房屋也开始分间或隔出套间，晚期还出现了成排分间。这种布局反映出以父系氏族或家庭为特点的一夫一妻制家庭居住的要求。彩陶上的妇女形象也逐渐让位于男人，甚至有男性生殖器象征的陶祖发现等。③这一切证明，母系氏族社会已向父系氏族社会过渡，人们共同体是以男子为首领组成部落集团的。这一转变，恩格斯称为"人类所经历过的

---

① 巩启明：《姜寨遗址考古发掘的主要收获及其意义》，载《人文杂志》1981年第 4 期。
② 参见巩启明：《试论仰韶文化》，载《史前研究》1983 年创刊号。
③ 参见巩启明：《试论仰韶文化》，载《史前研究》1983 年创刊号。

最急进的革命之一"[①]。

继陕西仰韶文化（仰韶时期）之后，是陕西龙山文化（又称"客省庄二期文化"等），距今 5000—4000 年。这种文化的遗址，也几乎遍布整个陕西，各地虽然也有地域性的差别，比较复杂，但其文化内涵基本一致。发掘和发现的典型遗址有长安客省庄、西安米家崖、岐山双庵、临潼康家、西乡红岩坝、绥德小官道、神木石峁等遗址。其共同特点是：都采用双室半地穴式白灰面处理的技术；以农业为主，饲养家畜、狩猎为辅的综合经济，生产工具数量、质量和类型都比仰韶文化有较大的进步。陶器以泥质夹砂陶器占绝大多数，有轮制的出现，并出土了反映宗教迷信的卜骨等。陕西龙山文化按地域划分，又可分为关中东部、关中西部、汉水上游、陕北，以及邻近甘肃、河南、湖北等区。每个区域具有自己的特色，显示了父系氏族社会发展、衰落时期氏族、部落等人们共同体的多元因素。父系氏族社会的产生，伴随着私有制的形成和发展。这一过程既是原始氏族社会逐渐解体的过程，也是阶级、国家和古代民族产生的过程。而陕西龙山文化所反映的情况，也正体现了这一过程。

比如，客省庄、康家、双庵遗址中出土的大量石刀、陶刀及窖穴增多，表明农业有了相当的发展，剩余粮食增加，私有财产已存在。家畜的骨骸大量出土，说明饲养业的发展。房屋套间，成排、成组的建筑的普遍出现，是父系大家庭社会结构稳定、氏族贵族出现的标志。卜骨的发现，说明当时已出现了专门从事占卜的人员。杂乱埋葬的非正常死亡的人骨，证明奴隶已经开始使用。[②]

特别值得一提的是 2011 年至 2012 年陕西考古工作者再一次调查和发掘的神木石峁新石器时代遗址。（见图 1–1）此遗址为一大型的"石城"，分为皇城台、内城、外城三部分，外城有弧形的石墙。整个城址总面积达 400 余万平方米，是目前所见中国史前时期面积最大的城址。出土文物有玉器、彩绘几何纹壁画、陶器、石器、骨器等。这应是原始社会末期部落或部落联盟的大型中心聚落。

---

① 恩格斯：《家庭、私有制和国家的起源》，见《马克思恩格斯文选》第 2 卷，人民出版社 1963 年版，第 214 页。

② 巩启明：《关于客省庄文化的若干问题》，见田昌玉、石兴邦主编：《中国原始文化论集——纪念尹达八十诞辰》，文物出版社 1989 年版。

图 1-1　陕北神木石峁外城东门遗址
（引自《考古与文物》2013 年第 2 期，封底）

考古工作者"初步认定此石峁城址修建于龙山中期，兴盛于龙山晚期，夏早期毁弃"，距今 4300 年左右。这一震惊学界的中国史前遗址的发现，有人用"石破天惊"来形容，有人推测此城址为轩辕黄帝的居所或都城，还有人说是匈奴族的起源地，等等。关于此城址的研究还在继续之中，但至少能说明，陕西地区早在 4000 多年前正将跨入中国文明的门槛。[①]

　　这一切都说明陕西龙山文化中晚期，父系氏族社会正在解体，私有制得到了发展，阶级、国家正在形成。因此，国内考古学界在研究和总结国内各地区所有新石器时代文化之后，认为包括陕西龙山文化在内的黄河中下游几种发达的考古学文化，"以汇集了社会经济文化发展成就并具有地区统治中心地位的

---

　　① 陕西省考古研究院：《2012 年陕西省考古研究院考古发掘新收获》，载《考古与文物》2013 年第 2 期；《考古与文物》编辑部：《神木石峁遗址座谈会纪要》，载《考古与文物》2013 年第 3 期。

重点城邑为基地，包括周围一定地域内众多从属性的二三级聚落，已建立了王权国家，进入初级文明社会"，可以"称之为邦国型文明社会"。[①] 而作为狭义的民族（即"古代民族"），即大致在历史渊源、生产方式、语言、文化、风俗习惯以及心理认同方面具有共同特征的人们共同体，也正是从氏族、部落、部落联盟或称之为"邦国型"的新石器中晚期文化的废墟上逐渐产生出来的。

关于陕西新石器时代人种问题，据我国人类学家对陕西渭河流域的半坡、宝鸡、渭南市华州区、横阵、临潼的新石器时代遗址出土人骨的研究，认为陕西新石器时代人类的体质形态，均属蒙古人种，多数与现代华南、南亚的蒙古人种更为接近，与邻近甘肃、河南及全国各地（不包括新疆）发现的新石器时代人种虽有所差别，但均属蒙古人种。人类学家指出："从旧石器时代早期智人到新石器时代的居民，体质上种属特征发展的基本序列是沿着蒙古人种特征的发生和发展展开的；还没有发现西方欧洲人种和尼格罗人种在构成我国新石器时代居民的成分中起过多少作用。"[②] 种族（人种）与民族是两个不同的概念，但是同一人种在形成相同或相近的民族中的重要作用，那是自不待言的。

第二节　陕西华夏族的形成及其与邻近各族的关系

一、古史传说中的陕西氏族、部落

我国先秦、秦汉文献中，有许多关于远古时代的神话传说，鉴别、整理远古神话传说，还其本来面目，无疑对研究我国原始社会有重大意义。然而，古史传说本身已为秦汉以来的历代史家弄得混乱不堪，矛盾百出，以至近现代以来历史学家们从不同的角度，引用不同的资料去研究，得出了各种不同的结论，让人无所适从。因此，要真正从古史传说中去研究陕西原始社会的氏族、部落是十分困难的。我们只能吸取学者们一些基本认同的看法，从大的方面做一些概括的论述。

---

① 中国社会科学院考古研究所编著：《中国考古学·新石器时代卷》，中国社会科学出版社 2010 年版，第 801 页。

② 韩康信：《中国新石器时代种族人类学研究》，见田昌五、石兴邦主编：《中国原始文化论集——纪念尹达八十诞辰》，文物出版社 1989 年版，第 44—45、53 页。

古史传说中，有所谓的"三皇五帝"。按一般的说法，所谓"三皇"即神农氏、共工氏、燧人氏，"五帝"即黄帝、颛顼、帝喾、唐尧、虞舜。汉代史学家司马迁曾对古史传说做了一番研究和整理，其名著《史记》就是从"五帝"中的黄帝开始的。司马迁依儒者所传之孔子《宰予问五帝德》《帝系姓》，以及周游全国各地民族"皆各往往称黄帝、尧、舜之处"，将黄帝称作中国境内各族的始祖，建构了他们与黄帝相接的谱系。① 据传说，黄帝与炎帝是同时代人物，两帝出生地及活动地区，国内学者虽然有不同的看法，但对其活动的大致方位是一致认同的。黄帝这一部落集团主要活动在黄河中上游，包括今甘肃、陕西、山西、河北等地，特别是黄土高原地区。炎帝部落集团活动的地区大致也在这一范围之内。

很多学者认为炎帝集团最早起于陕西西部的姜水（在今陕西岐山），以后才向东发展到晋南一带。黄帝、炎帝两大部落集团关系密切，相互通婚，也曾发生战争，最后炎帝部落集团归并于黄帝部落集团。因此，传说中华民族的始祖黄帝、炎帝均曾活动于陕西，并留下了许多遗迹。至于古史传说黄帝"治五气""艺五种""始陶器"，造车、打井、养蚕做衣等，不过是反映原始社会经济和生活等各方面取得的进步，托名黄帝创始而已。

事实上，始祖黄帝的传说，两千多年来一直深入人心。这实际上也是长期历史发展过程中形成的一种社会心态，是"大一统"思想的反映，同时，也是一种文化，一种共同文化的认同。中华民族各个分散孤立存在的民族单位，经过接触、混杂、联结和融合，"形成一个你来我去，我来你去，我中有你，你中有我，而又各具个性的多元统一体"②。而作为中华民族核心和主体的汉族本身，也是在长期的历史发展过程中，不断融合了国内的其他民族，像滚雪球那样，越滚越大，从而使汉族与国内其他各民族的关系越来越紧密，越来越形成一个牢不可破的整体。特别是到了近代，当遭到外国列强侵侮时，中华民族奋起反抗，共御外侮的感情就更加强烈，黄帝是中华民族始祖的心

---

① 司马迁：《史记》卷一《五帝本纪》，中华书局1982年版。
② 费孝通等：《中华民族多元一体格局》，中央民族学院出版社1989年版，第1页。

态，就更加深入人心。① 如今陕西黄陵县的黄帝陵事实上已成为中华文明的精神标志。

传说黄帝有子 25 人，其得姓者 14 人。② 或云："凡黄帝之子二十五宗，其得姓者十四人，为十二姓：姬、酉、祁、己、滕、箴、任、荀、僖、姞、儇、依是也。唯青阳与苍林氏同于黄帝，故皆为姬姓。"③ 说明黄帝部落集团繁衍甚多，亦可视为这一集团包括的氏族、部落众多。其中有的活动于陕西是没有问题的。到春秋战国时，由于华夏族的形成和发展，后来融入华夏族的部落或民族，也奉华夏族的始祖黄帝为始祖，编造了自己祖先源于黄帝的谱系。因此，哪些氏族、部落真正属于炎黄部落联盟成员或后裔，已经很难分辨清楚了。

到传说中的尧舜禹时期，其活动的中心仍在黄河中下游，亦包括陕西在内。这从考古学上陕西、山西、河南等地继仰韶文化出现的具有基本相同内涵的龙山文化可以得到证明。这一时期，黄河中下游的各氏族、部落，由于共同的治水要求和共同抵御外敌进犯或掠夺他部的需要，开始结成较为稳固的大的部落联盟。在先秦典籍《尚书》的《尧典》《舜典》《大禹谟》等篇中，均有所反映。

国内有的研究者将古史传说中的炎黄时代与考古学上发现的黄河中上游新石器时代的仰韶文化，把颛顼—尧舜禹时代与龙山文化联系起来，分析研究，颇多新意。④ 中国考古学界学者结合考古材料，也认为龙山文化约当尧、舜时代至禹的早期。⑤ 总之，古史传说与考古资料均可证明，黄河流域，包括陕西是我国原始社会氏族、部落活动的主要地区之一，其氏族部落也处于当时全国各种文化所属人们共同体中的前列，是以后产生的华夏族最基本的组成部分。

---

① 周伟洲：《黄帝与中华民族》，见黄帝与中国传统文化学术讨论会文集编委会编：《黄帝与中国传统文化学术讨论会文集》，陕西人民出版社 2001 年版。

② 《史记》卷一《五帝本纪》。

③ 左丘明：《国语》卷一〇《晋语四》，上海书店 1987 年版，第 127 页。

④ 王震中：《略论"中原龙山文化"的统一性与多样性》，见田昌五、石兴邦主编：《中国原始文化论集——纪念尹达八十诞辰》，文物出版社 1989 年版，第 165—168 页。

⑤ 中国社会科学院考古研究所编著：《中国考古学·新石器时代卷》，中国社会科学出版社 2010 年版，第 801 页。

二、陕西华夏族的形成

华夏族，又称夏族，是汉族的前身。华夏族形成于何时？国内学术界有的认为始于我国第一个奴隶制国家夏朝，有的则认为经夏商周三代，大约在西周时，华夏族才算正式形成。这两种看法都有充分的理由。但是，如果我们从现在一般使用的民族（即"古代民族"或狭义的民族）这一概念来分析，则上述两种看法中前者较为确当。因为，古代民族是伴随着国家的产生而出现的。恩格斯说："从部落发展成了民族和国家。"[1]国家用各种政治、经济和文化措施，使原始社会氏族、部落或部落联盟程度不一地解体，在国家统治的一定地域内，逐渐使用同一语言和文字，过着共同的经济生活，并由此产生共同的文化和心理认同，最后形成古代民族。我们研究中国古代历史上的民族，就是指此。

根据上述对民族的理解，我们认为，事实上在黄河中下游的氏族、部落和部落联盟，或称之为"酋邦""聚落""邦国"的新石器中晚期文明社会中，发展到国家阶段时，即我国第一个国家——夏朝诞生后，华夏族也就随之形成。所谓"华夏"或"夏"族之名称，也是因夏朝而来。《尔雅·释诂》："夏，大也。"[2]《尚书正义》注华夏一词说："冕服华章曰华，大国曰夏。"夏自禹开国，至桀灭亡，共传十四世，十七王，历时四百多年。其中心地区，在今山西南部和河南西部，称为"王畿"。在王畿的周围，还有臣属于夏的、与之有亲疏不同关系的方国（诸侯国）或部落、部落联盟。经过夏国长期的统治，这些方国或部落，特别是与夏王室通婚或有亲属关系的方国的经济、文化，逐渐接近夏王畿，其人民则成为华夏族的一部分。如最后灭亡夏朝、兴起于黄河下游原系东夷的商人即是如此。

据《尚书·甘誓》《史记·夏本纪》等记载，夏禹死后，其子启即立，"与有扈氏战于甘（今陕西西安市鄠邑区），作《甘誓》"。有扈氏与夏王室同姓，其地历代注疏均说在今陕西西安市鄠邑区。即是说，当时夏国统治的范围，西

① 《马克思恩格斯全集》第20卷，中共中央马克思恩格斯列宁斯大林著作编译局译，人民出版社1971年版，第516页。
② 郭璞注，邢昺疏：《尔雅注疏》卷一《释诂第一》，见《十三经注疏》，阮元校刻，中华书局2009年版。

边至少已达今陕西关中西安市鄠邑区以东，陕西关中东部原氏族、部落（方国）已成为华夏族的一个组成部分。这一结论也为考古学的资料所印证。在相当于原始社会末期时，陕西及其紧邻的山西、河南均存在着一种具有相同内涵的龙山文化。这是夏国建立后，陕西特别是其东部地区氏族、部落形成华夏族的基础。国内考古学界近年来在河南偃师等地，发现了一种早于商代的文化遗存，命名为"二里头文化"，并认为这种文化即夏文化。

陕西考古工作者在陕西东部为探索夏文化遗存做了大量工作，发掘和发现了一批商代遗址，其中也有一些与二里头文化相近，估计为夏文化的遗址，如华州南沙村遗址下层即是。[1]又华州元君庙、华阴横阵村也发现类似二里头文化的墓葬。[2]此外，在蓝田泄湖遗址、大荔赵庄遗址、西安老牛坡遗址均发现有二里头文化的墓葬和灰坑。[3]这些事实说明，夏朝的势力已扩展到陕西境内，陕西华夏族在夏代已逐渐形成，主要集中在关中东部。

三、商代的陕西民族

大约到公元前16世纪，夏朝最后一个国王桀在位时，夏东边的一个方国——商，逐渐强大，先后兼并了周围一些小方国，其王汤最后灭亡夏朝，建立商朝。商朝自汤开国，到纣灭亡，共传十七世，三十一王，历时六百多年。由于商代有甲骨文，中国的历史从此真正进入有文字记录的历史阶段。

商统治的区域比夏代更为扩大，其政治、经济和文化承袭夏朝，为奴隶制强盛国家。文献中有时称商朝统治地区的人为"商人""殷人"，也称其为"华夏"或"夏"，即华夏族。也就是说，随着商朝统治地区的扩大，华夏族也日益发展，分布益广。同时，在华夏族四周的一些民族，也开始见于文献记载和甲骨文中。

商朝曾五次迁都，到盘庚时定都于殷（今河南安阳西北小屯村），其统治

---

[1]　北京大学考古教研室华县报告编写组：《华县、渭南古代遗址调查与试掘》，载《考古学报》1980年第3期。

[2]　北京大学历史系考古教研室：《元君庙仰韶墓地》，文物出版社1983年版；中国社会科学院考古研究所陕西工作队：《陕西华阴横阵遗址发掘报告》，见《考古学集刊》第4集，中国社会科学出版社1984年版。

[3]　参见陕西省考古研究院商周考古研究部：《陕西夏商周考古发现与研究》，载《考古与文物》2008年第6期。

的西境直达今陕西西部。从陕西境内发现的带有商文化特点的遗址分布情况看，商朝在陕西统治和影响的范围，北到陕北绥德，南到汉水上游的城固，西至长武以东。主要的遗址有：陕北的绥德墕头村、薛家渠，清涧张家坬、解家沟，子长柏树台等；陕南的城固；关中的西安田王、蓝田怀真坊、铜川三里洞、岐山京当等。①

下面我们根据文献和考古资料，对商代陕西民族及其相互关系做一概括的叙述。

在商代，兴起于陕西西部的周人，无疑是当时陕西最重要的族体。周人最早也是作为商的一个方国，即区别于以商人为主体的华夏族当中的一个族的共同体。据传说，早在尧舜禹时期，黄帝曾孙帝喾（高辛氏）元妃姜嫄履巨人迹而生子弃。及弃长大，好耕农，舜封其于邰（今陕西武功西南），号曰后稷，姓姬氏。后稷死，子不窋立。时当夏末，国内乱，不窋弃官奔戎狄之间。到其孙公刘时，复兴农作，其子庆节迁于豳（今陕西彬州）。②这就是有关周人兴起的传说。由此，可知周人原是在陕西泾渭流域的一个部落，传说其祖先是黄帝的后裔及不窋奔于戎狄之间等等，则是可以怀疑的。这一切很可能是西周以后，周人融入华夏族，共奉黄帝为始祖而附会的。

其实，周人最早也是后世所称之"戎狄"，即非华夏族，只是后来讳言自己原也是戎狄，才有奔于戎狄之间的传说。正如先秦典籍中记载华夏族四周的蛮夷戎狄等民族的来源，是统治者将华夏族的惰民、罪犯放逐到边裔而形成的一样。例如《国语·周语上》说："犹有散迁、懈慢而著在刑辟，流在裔土，于是乎有蛮夷之国，有斧钺刀墨之民"。《大戴礼记》也有"舜流四凶"，化为夷狄之说。战国时，孟子曾说："舜，东夷之人；文王（周文王），西夷之人。""先圣后圣，其揆一也。"③这也就再确切不过地表述了周人原非华

---

① 参见《考古与文物》编辑部：《建国三十五年来陕西考古工作的主要收获》，载《考古与文物》1984年第5期。

② 《史记》卷四《周本纪》。

③ 赵岐注，孙奭疏：《孟子注疏》卷八《离娄下》，见《十三经注疏》，阮元校刻，中华书局2009年版。

夏族的事实。

那么周人何时开始与华夏族接触，并融合于华夏族呢？据史载，公刘八世之后至古公亶父时，遭到邻近的戎狄的攻击，给其珠玉财物，不得免，欲要周人土地和人民。古公亶父于是率民渡漆、沮，逾梁山，止于岐下（今陕西岐山南），①即后世所谓的"周原"。此后，"古公乃贬戎狄之俗，而营筑城郭室屋，而邑别居之。作五官（司徒、司马、司空、司士、司寇，殷制）有司"②。周人自此才逐渐与华夏族融合。

据文献记载，周人至古公亶父子季历时，曾娶商畿内有挚氏之女，生子昌（周文王）③，则两族有通婚的关系。《竹书纪年》说，商王武乙三十四年，"周王季历来朝，武乙赐地三十里，玉十毂，马八匹"④。《后汉书·西羌传》记载："周人克余无之戎，于是太丁命季历为牧师。"然而，季历时周人日益强大，威胁到商朝的统治。因此，商朝又企图削弱周人的力量，多次"伐周"。商武丁时甲骨文中，有"璞（即寇）周"的记录。《竹书纪年》也记："帝乙处殷，二年周人伐商。"⑤说明双方时有争战。后商王文丁杀季历⑥。季历死后，其子昌立，是为西伯，即周文王。自此之后，文王及其子发（武王）长期与商斗争，并兼并周围殷方国和戎狄。如文王曾灭崇国（崇侯虎），作丰邑（今陕西西安西），并迁都于此⑦。武王则最后灭了商朝。

周人与作为华夏族主体的商人通婚，双方政治、经济和文化等方面关系日益密切，这一过程也是周人华夏化的过程。在商代，周人作为商西边的一个诸侯国，其文化内涵仍然与作为华夏族文化代表的商文化有差别。不过，这种差别在日益缩小，而共同性却日渐增多。这一结论也和陕西地区商代考古发现与

---

① 《史记》卷四《周本纪》，《孟子注疏》卷二《梁惠王下》。
② 《史记》卷四《周本纪》。
③ 毛公传，郑元笺，孔颖达等正义：《毛诗正义》卷一六《大雅·大明》，见《十三经注疏》，阮元校刻，中华书局 2009 年版。
④ 李昉等编：《太平御览》卷八三《皇王部八》注引《竹书纪年》，中华书局 1985 年版，第 392—393 页。
⑤ 《太平御览》卷八三《皇王部八》注引《竹书纪年》，第 392—393 页。
⑥ 房玄龄等：《晋书》卷五一《束皙传》引《竹书纪年》，中华书局 1982 年版。
⑦ 《史记》卷四《周本纪》。

研究结果是一致的。

据中国考古工作者研究，陕西地区商代遗存主要可分为五大文化系列：

（1）商代文化遗存。主要以华州南沙村、西安老牛坡、蓝田怀珍坊、耀州北村等遗址为代表。出土的青铜礼器、人殉的墓葬、车马坑等与商文化相同，分别相当于二里岗时期或殷墟文化一二期，也有晚至殷墟文化三四期的。由此可知，在商代，今陕西东部的西安、蓝田、铜川、耀州等地，是商人活动的地区，即是说主要是华夏族的居地。

（2）光社文化（也称"李家崖文化"）遗存。以陕北清涧、绥德，关中淳化，山西石楼等遗址为代表。此文化的特点是出土了一批带有北方游牧民族色彩的所谓"斯基泰文化"（或称"鄂尔多斯文化"）的青铜兵器，如马头刀、铃首剑、蛇首匕等。同时还出土了一批商代形制的青铜礼器等。这类文化在关中以北，估计与商代北方的游牧民族，如鬼方、犬戎等有关。

（3）刘家文化（或称"姜戎文化"）遗存。以陕西扶风刘家村发掘的 20 座姜戎墓及宝鸡市郊石嘴头、晁峪等遗址为代表。其墓葬形制不同于其他商代遗址，墓系长方形竖井，在井一侧坑壁掏一洞室作为墓室。出土陶器有特色，主要是鬲和罐，每件陶器出土时都有一块扁平的石块盖住陶器的口部。[1] 这种文化面貌与甘肃辛店文化最为相似，在陕西则集中在扶风、宝鸡一带。有的研究者认为，此种文化与商代西北的羌戎族有关，与甘肃寺洼文化有一定的渊源关系。

（4）巴蜀文化遗址。主要以汉水流域的城固商代宝山等遗址为代表。出土的青铜礼器与商代同，也有与巴蜀文化相似的戈、钺、戣等青铜兵器和铜人面具[2]。研究者认为，汉水中上游商文化当与四川蜀文化为同一类型，系蜀人的居地。在汉水北的陕西凤县龙口村郭家湾遗址出土的青铜器、陶器也明显带有巴蜀文化的影响。也有学者认为汉水流域商代遗址是巴人的遗址。[3]

---

[1] 陕西周原考古队：《扶风刘家姜戎墓葬发掘简报》，载《文物》1984 年第 7 期。

[2] 唐金裕、王寿芝、郭长江：《陕西省城固县出土殷商铜器整理简报》，载《考古》1980 年第 3 期。

[3] 尹盛平：《略论巴文化与巴族的迁徙》，载《文博》1992 年第 5 期。

（5）先周文化遗存。以宝鸡斗鸡台瓦鬲墓初期，扶风北吕，凤翔西村，岐山贺家，长安张家坡、客省庄，长武碾子坡，武功黄家河、郑家坡、岸底等遗址为代表。这种文化类型在关中西部分布最广，出土陶器常见的器形为高领袋足鬲、圆肩罐、折肩罐等；青铜器则有簋（方格乳钉纹、夔纹）、鼎（饕餮纹）、铜戈（后背作鸟形）等。陶器地方色彩较浓，多带辛店文化特点；铜器则又与商文化相似。关于这种文化的渊源，目前考古学界虽有不同的看法，即认为源于齐家文化、客省庄二期文化（陕西龙山文化）、辛店文化、光社文化或商文化等多种意见，然而，却普遍认为其文化内涵与周文化相同，且直接与西周文化相衔接，而以上诸种文化对之均有影响。[①]

从对陕西商代主要的五种文化遗址的简单分析中，可知分布于关中西部最广的先周文化遗址类型的地区，与文献记载的周人早期活动地区是一致的，由这种文化直接发展为西周文化。因此，可以肯定关中的先周文化遗址即是周人克商以前居住的地区，其文化内涵有与商文化相同的因素，又有自己的特点。这恰好反映了当时周人正处于与华夏族融合的过程之中。

特别值得一提的是，在周文王姬昌时，周作为商国家的一个诸侯国，在礼制等文化方面与华夏的商之间的差别已经很微小了。周原发现的周人甲骨文中最早的是周文王时的，从甲骨文字体看，与殷墟卜辞有承上启下的关系。即是说，周人的文字是吸收了商人的文字而来的。但是，周人早期甲骨文在字体（细小似微雕）、钻凿和卜法、体例、内容等方面又有自己的特点。[②] 特别是 2003 年至 2007 年考古工作者发掘的周公庙遗址，出土了一批西周初年至中期前的刻辞甲骨文百余件，刻辞以龟腹甲为主，文字已与周原出土的"微雕甲骨文字"不同，字形体大，刻画有力，内容涉及祭祀、战争、天象、王事、百工等，甚

---

① 以上所论请参阅张长寿、梁星彭：《关中先周青铜文化的类型与周文化的渊源》，载《考古学报》1989 年第 1 期；尹盛平、任周芳：《先周文化的初步研究》，载《文物》1984 年第 7 期；邹衡：《论先周文化》，见邹衡：《夏商周考古学论文集》，文物出版社 1980 年版。

② 陈全方：《周原与周文化》，上海人民出版社 1988 年版，第 151—153 页。

图 1-2　周公庙遗址出土西周甲骨文

（引自《陕西夏商周考古发现与研究》，载《考古与文物》2008 年第 6 期，第 87 页）

至多次出现"周公""新邑"等词。①（见图 1-2）可以说，这批甲骨文与殷墟甲骨文更为近似。这正说明，在周文王时及西周初、中期，周人文化已逐渐接近于商人文化，基本上摆脱了戎狄的身份，接近或成为华夏族的一部分了。

夏商以来，陕西除了有逐渐融入华夏族的周人及殷商一些方国之外，还有一些非华夏族存在。其中最重要的，即文献所说之犬戎。犬戎，或作"混夷""畎夷"等，最早出现在夏末。《后汉书·西羌传》说，商王武乙暴虐，"犬戎寇边，周古公逾梁山而避于岐下"。此后周人为防御犬戎的袭击，修建道路，故"混夷駾矣"②，即惊恐逃走。季历时，周人在商的支持下迅速发展，但仍遭到来自西北的犬戎的威胁。周文王时，混夷"侵周，一日三至周之东门，文王闭门修德，而不与战"③。此后，文王积极发展农业生产，吸取殷人的先进文化，

---

① 陕西省考古研究院商周考古研究部：《陕西夏商周考古发现与研究》，载《考古与文物》2008 年第 6 期。

② 《毛诗正义》卷一六《大雅·绵》。

③ 《毛诗正义》卷一六引《帝王世纪》。

迅速强盛，曾伐犬戎及殷的方国。从此，犬戎归属周人，成为灭商的一支力量。

除犬戎外，在周人灭商前，其周围还有各种名目的"戎"。这些戎族是否为犬戎之一种，抑或属西戎中的另一部分，居地在何处？这一切均难以弄清，但其中有居于陕西境内者是无疑的。如季历曾"复伐燕京之戎"，"周人克余无之戎"，"更伐始呼、翳徒之戎"，等等。①

在犬戎之北或东北，今陕西北部及河套一带，还有一种以游牧为生的民族，夏代统称为"荤粥"，商代称"鬼方"（鬼戎）。《易经》之《既济》《未济》记："商宗（武丁）伐鬼方，三年克之""震用伐鬼方，三年有赏于大国"。②周季历时（商武乙三十五年），"伐西落鬼戎，俘二十翟（狄）王"③。商两次伐鬼方，各历时三年，可见鬼方势力之大。周文王时，史称"西有昆夷之患，北有獩狁之难"④，獩狁，又作"猃狁"，应即鬼方。在殷武丁时的甲骨文卜辞中，还见有"鬼方易（颺）"的记载，可能是鬼方在商和周人的打击下，有一部分向北方的漠北迁徙。⑤今陕北绥德、清涧及晋西北的石楼、永和、保德等地发现一批殷商时的青铜墓葬，出土的青铜器内有典型的殷式青铜礼器，也有北方式的青铜武器，如兽首弯刀、蛇首匕（见图1-3）或环首背弯刀等。后者与蒙古、俄罗斯贝加尔湖一带青铜文化中的卡拉苏克文化出土的同类器物相似。据国内学者研究，陕北、晋西北出土的殷代青铜墓葬，可能是殷时鬼方的遗址，代表我国北方青铜时代文化，向北影响到卡拉苏克文化，同时亦强烈地影响到殷商文化。⑥

---

① 范晔：《后汉书》卷八七《西羌传》，李贤等注，中华书局1965年版。
② 孔颖达：《周易正义》卷六《既济》《未济》，见《十三经注疏》，阮元校刻，中华书局2009年版。
③ 《后汉书》卷八七《西羌传》注引《竹书纪年》。
④ 《毛诗正义》卷九《小雅·采薇序》。
⑤ 黑光、朱捷元：《陕西绥德墕头村发现一批窖藏商代铜器》，载《文物》1975年第2期；周伟洲：《敕勒与柔然》，上海人民出版社1983年版，第11—13页；乌恩：《中国北方青铜文化与卡拉苏克文化的关系》，见《中国考古学研究》编委会编：《中国考古学研究——夏鼐先生考古五十年纪念论文集》，科学出版社1986年版。
⑥ 乌恩：《中国北方青铜文化与卡拉苏克文化的关系》，见《中国考古学研究》编委会编：《中国考古学研究——夏鼐先生考古五十年纪念论文集》，科学出版社1986年版。

图 1-3　陕西绥德墕头村出土的兽首弯刀、蛇首匕

（引自黑光、朱捷元：《陕西绥德墕头村发现一批窖藏商代铜器》，载《文物》1975 年第 2 期）

在周人活动地区及其以西，殷商时还有西戎中最重要的一支羌族。商代甲骨文中有许多关于商征伐羌人的记载，羌字作 𢀛 𢀛 等，卜辞中有关征伐、俘获羌人和以羌人为祭品的，武丁 60 多件、廪辛 4 件、康丁 6 件、武乙 1 件、乙辛 1 件。[1]周人的兴起与羌族的关系甚大，有的学者认为，传说周始祖后稷母姜嫄、太王（古公亶父）之妃太姜、武王元妃邑姜，均为羌族。姜、羌古音一致，互通互用。邑姜即姜太公女，则太公一族很可能为羌族。即是说，早在殷商时，陕西西部与周人联姻、关系密切的姜氏部落，原系西戎中的羌族。前述陕西西部与先周文化内涵极为相似的姜戎文化，则很可能即是关中羌人的文化遗存。不仅如此，此后姜姓还深入河南、山东等地，先后融入华夏族之中。[2]

最后，陕南汉水流域殷商时还居住有非华夏族的巴人和蜀人。1955 年考古工作者先后十余次在陕南城固发掘商代铜器 400 余件，内有商代典型的铜器鼎、簋、尊等，也有与巴蜀文化青铜器极为相似的戈、钺、戣等兵器和铜人面具。（见图 1-4）[3]研究者认为，这可能是更早的巴蜀文化遗存。[4]也有学者认为是巴人

① 翁独健主编：《中国民族关系史纲要》，中国社会科学出版社 1990 年版，第 63 页。

② 马长寿：《氐与羌》，上海人民出版社 1984 年版，第 92—93 页。

③ 唐金裕、王寿芝、郭长江：《陕西省城固县出土殷商铜器整理简报》，载《考古》1980 年第 3 期。

④ 李伯谦：《城固铜器群与早期蜀文化》，载《考古与文物》1983 年第 2 期。

图 1-4　陕西城固出土的巴蜀式铜戟、铜人面具

（引自唐金裕、王寿芝、郭长江：《陕西省城固县出土殷商铜器整理简报》，载《考古》1980 年第 3 期）

的文化遗存。[1] 陕西汉水流域自远古以来就与四川的巴蜀文化、湖北的楚文化有着密不可分的关系。周原出土的甲骨文中有"克蜀""伐蜀"的文字，学者认为这是周文王时的遗物，文中的"蜀"，即指汉水上游的蜀人。[2] 这些蜀人，很可能就是助武王伐商的"蜀"人。《尚书》记武王伐纣的《牧誓》中，提到帮助周人的有庸、蜀、羌、髳、微、卢、彭、濮八个方国或民族。除羌在周人境内或其西、蜀在汉水上游外，庸、濮、卢亦在汉水流域，髳在晋南，彭、微在关中。[3] 八国中绝大多数应在陕西境内。

---

① 尹盛平：《略论巴文化与巴族的迁徙》，载《文博》1992 年第 5 期。

② 陈全方：《周原与周文化》，上海人民出版社 1988 年版，第 130 页。

③ 参见顾颉刚：《牧誓八国》，见顾颉刚：《史林杂识》，中华书局 1963 年版；王宗维：《西戎八国考述》，见西北大学西北历史研究室编著：《西北历史研究》1986 年号，三秦出版社 1987 年版。

第三节　周代陕西以华夏族为主体的多元民族格局的形成和发展

一、西周时的陕西民族

西周建立后，都丰、镐（今西安西），其中心地区，即王畿，在陕西关中之地。此时，周人已融入华夏族，成为其基本的组成部分，陕西华夏族得到了进一步的发展。自周武王克商后，周人的含义扩大了，即凡周朝统治的人均称周人，也就是周朝之人。其内自然是以夏、商时的华夏族及已融入华夏并自认为是华夏代表的原周人为主干，包括西周统治下的一些诸侯方国。由于周人成为华夏族的主干和越来越多的诸侯、方国的华夏化，华夏族及其居地大为扩展，几乎包括了黄河中下游的广大地区。而周承殷礼，并有所发展，使华夏族的礼仪等文化日趋成熟，故有周公作礼乐，形成一整套制度，对后世影响甚巨。正因为如此，有的学者认为华夏族正式形成于西周时，自然也有其正确的一面。

到周平王元年（前770），周政治中心始移至洛邑（今河南洛阳），一直到周赧王五十九年（前256）为秦所灭。这一段历史，史称东周。东周又包括春秋（前770—前476）和战国（前475—前221）两个时期。

西周时，陕西关中为王畿之地。关中北及西北有猃狁和以犬戎为主的诸戎，陕南汉水上游一带仍为巴人、蜀人所居。其中与西周关系最为密切的是猃狁和犬戎等。《史记·匈奴列传》说："武王伐纣而营洛邑，复居于丰、鄗（镐），放逐戎夷泾、洛之北，以时入贡，命曰荒服。"即是说，西周建立后，曾逐犬戎、猃狁等族于渭水、洛水之北。

关于犬戎，周穆王因其不贡，进行"讨伐"，"获其五王，又得四白鹿，四白狼，王遂迁戎于太原"。夷王时，又伐"太原之戎"。[1]太原，过去史家众说纷纭，考其方位在周之北，有学者认为，即指渭水下游之北。[2]此后，厉王、宣王时，国力衰弱，以犬戎为首的诸戎一度侵入犬丘（今陕西兴平境内）。周

---

[1]　《后汉书》卷八七《西羌传》。
[2]　史念海：《西周与春秋时期华族与非华族的杂居及其地理分布（上篇）》，载《中国历史地理论丛》1990年第1辑。

多次伐戎，均无功而返，后又败于条戎、奔戎（在今山西境内）、六济之戎等。周幽王昏虐无道，"夷狄交侵"，幽王废姜姓申戎的申后，申侯联合犬戎杀幽王于骊山下。周平王东迁洛邑，是为东周。从此，以犬戎为首的诸戎"居于泾、渭之间"。[①]

玁狁，有的学者认为即混夷、犬戎，然文献与甲骨文对二者的记述是有区别的，应为两族。玁狁即商时的鬼方，隗姓之族，属后来北方狄的系统；犬戎属西戎的系统。两者的居地大致相同，玁狁稍偏东北，故论者多以此两族为一族。文献及金文中多有玁狁侵周及周人伐玁狁的记载。如《诗经·采薇》说："靡室靡家，玁狁之故。不遑启居，玁狁之故。"[②]《诗经·六月》亦记："玁狁孔炽，我是用急。""薄伐玁狁，以奏肤公。……玁狁匪茹，整居焦获（今陕西泾水北）。侵镐及方，至于泾阳。"[③]出土的《虢季子白盘铭》载："搏伐岩允于洛之阳（今陕西洛水北），折首五百，执讯五十。"[④]值得注意的是，西周早期金文中仍保留了商代"鬼方"的名称。如《小盂鼎》（周成王时器）铭："王口盂目口口伐戢方（鬼方），口口口口口［执兽］三人，隻（获）馘四千八百口二馘，孚（俘）人万三千八十一人，孚［马］口口匹，孚车十两（辆），孚牛三百五十五牛、羊廿八羊。"[⑤]鬼方到西周中期，则称为玁狁，春秋后称为"狄"。

除犬戎、玁狁外，在华夏族聚居的关中西部，还有一些小的方国则正处于向华夏族过渡的阶段。20 世纪 70 年代以来，考古工作者在宝鸡茹家庄、竹园沟等地发掘西周墓葬 25 座，出土了大批珍贵文物。据出土的各种铜器铭文，知道西周早期，在今宝鸡渭水南、清姜河两岸台地有周之方国——弜国，其北汧河流域一带有夨国存在。他们分别与周王室姬姓（周公后裔）、姜姓联姻；而弜、夨两方国内，同姓贵族是兄弟叔伯关系，异姓贵族是甥舅关系。出土的大量铜器是西周早期的典型器物，铭文同周人使用的金文相同。但是，出土的

---

① 《史记》卷一一○《匈奴传》。
② 《毛诗正义》卷九《小雅·采薇》。
③ 《毛诗正义》卷九《小雅·六月》。
④ 转引自田继周：《先秦民族史》，四川民族出版社 1996 年版，第 383 页。
⑤ 转引自陈全方：《周原与周文化》，上海人民出版社 1988 年版，第 75—76 页。

部分铜器又带有明显的地方特色，与代表华夏族文化的周文化有明显的区别。比如出土的兵器铜戈，与四川蜀式铜戈和汉中地区城固出土的带有明显早期巴蜀文化特征的戣、戳之类的铜戈有直接承继关系。出土的青铜短剑则与春秋后期四川广泛流传的青铜短剑几乎完全一样。出土的形体较小的尖底陶罐或铜罐，也与四川出土早期蜀人的尖底陶罐相似。因此，有的研究者认为，渭水流域的古代弲国、矢国与四川岷江流域的古代蜀国，白龙江、汉江流域的武都、城固古代文化有着共同的文化特征和属性。它们很可能是商周之际氐人居徙、活动所留下的遗迹。①也有学者考证，认为弲、矢两国系南方巴人迁居于此所建之国。②宝鸡茹家庄、竹园沟等地发掘的西周早中期墓葬出土文物，可以说明在西周早期，陕西关中西部的民族正与华夏族（周人）处于融合的阶段，反映了陕西华夏族与周围其他民族不断融合发展的历史。

二、周代的民族观和民族政策

周武王灭商后，建立周朝，进一步发展和完善了商朝的奴隶制度，大封诸侯数百。其统治范围大致西至岐山之西，东到今山东，北至河北，南达汉水流域。在这一广大的地区内，主要是夏商周以来形成的华夏族，其中也杂有一些其他的民族。在西周或稍后春秋战国时，形成了以华夏族为中心加上四方民族的"五方之民"（五大民族集团）的理论。《礼记·王制》说："中国戎夷，五方之民，皆有性也，不可推移。"东方曰夷，南方曰蛮，西方曰戎，北方曰狄。"五方之民，言语不通，嗜欲不同。"这是周代华夏族以各方民族因居地地理环境之不同而产生的语言、习俗、服饰的差异来分辨各族。这只是一种大致的划分，而且带有华夏族居中，四夷围绕的以我为中心的民族歧视思想，自然不够全面和科学。这也是我国古代民族划分的最早的记录，其中也包含着合理的、唯物的因素。

华夏族的统治阶级对于四方之夷蛮戎狄，采取的是歧视和压迫的政策，表现出阶级社会中民族的不平等关系。这种政策又集中体现在所谓的"服事制"上，

① 卢连成、胡智生：《宝鸡茹家庄、竹园沟墓地有关问题的探讨》，载《文物》1983年第2期。
② 尹盛平：《周文化考古研究论集》，文物出版社2012年版，第139—151页。

即周代统治者继承"先王之制",规定其统治地区分为甸服、侯服、绥服(或称"宾服")、要服、荒服等"五服"。服,即服事天子之意,也就是表示周天子王畿外的地区,由近及远,与中央天子的政治关系。《国语·周语上》记穆王时祭公谋父说:"夫先王之制:邦内甸服,邦外侯服,侯、卫宾服,夷蛮要服,戎狄荒服。甸服者祭,侯服者祀,宾服者享,要服者贡,荒服者王。"要服、荒服是指天子及诸侯国外,即华夏族之外的夷蛮戎狄。按规定,要服者要岁贡,即每岁向周天子贡献物品;荒服者要终王,即每代戎狄之君要朝见周天子,周天子新继位,也要觐见,以表臣属。如果不按此规定,则先"修名""修德",即名"尊卑职贡",感之以德,如仍不贡不朝,就要"修刑",讨伐不宾了。①服事制,又称"五服制",有的文献又作"九服制"。②这一制度对后世影响甚巨,甚至成为历代封建统治阶级民族政策的一个准则和范例。

周代华夏族统治阶级的民族政策,又是建立在其民族观之上的。作为华夏族统治阶级的思想家、政治家们,从本民族的利益出发,征伐四夷,或为四夷所侵袭,因而发展了对四夷的歧视和压迫的心理和思想。西周末,平王因犬戎等的侵逼而东迁洛邑,此后,四夷交侵不绝如缕,夷夏之别更为严格。于是华夏一些政治家、思想家,如齐国的管仲等,提出:"戎狄豺狼,不可厌也;诸夏亲昵,不可弃也。"③也就是说,他视四夷为豺狼,认为他们贪得无厌,而视诸夏族为亲近之人,相互不可遗弃。此外,还有的提出"非我族类,其心必异"④、"夫戎狄冒没轻儳,贪而不让。其血气不治,若禽兽焉"⑤、"德以柔中国(华夏),刑以威四夷"⑥等观点。这种对华夏族以外的四夷极端歧视的思想,是与当时民族矛盾尖锐、各诸侯国之间政治斗争激烈的形势有关的,并且与华夏政治家提

①　《国语》卷一《周语上》。

②　郑玄注,贾公彦疏:《周礼注疏》卷三三《校人》,见《十三经注疏》,阮元校刻,中华书局 2009 年版。

③　左丘明撰,杜预注,孔颖达等正义:《春秋左传正义》,闵公元年条,见《十三经注疏》,阮元校刻,中华书局 2009 年版。

④　《春秋左传正义》,成公四年条。

⑤　《国语》卷二《周语中》。

⑥　《春秋左传正义》,僖公二十五年条。

出的"尊王攘夷"的口号相一致。它代表了当时华夏思想家、政治家的民族观，即他们对民族的认识，只承认华夏族，而视四夷为禽兽，主张大肆挞伐。这一思想对后世也有很大影响，特别是当民族矛盾尖锐时，当政者往往会以此为理论依据，对戎狄的反抗进行武力镇压。然而，这一思想并非中国历史上民族观之主流。

到春秋末战国初，"尊王攘夷"的任务基本完成，以孔子为首的儒家登上了历史舞台。他们虽然也认为夷夏有别，主张"裔不谋夏，夷不乱华"①，赞扬管仲"攘夷"的行动，说"微管仲，吾其被发左衽矣"②。但是，以孔子为首的儒家从"仁"的观点出发，不把四夷视为禽兽，而是认为华夏与戎狄只有尊卑之分，所谓"四海之内，皆兄弟也"③，就包含了这层意思。叔向所说"诸侯亲之，戎狄怀之"④，更是准确地表达了儒家对"四夷"偏重于怀柔的主导思想。

战国时，儒家这一思想得到进一步发展，如孟子等人，鉴于当时夷狄多融入华夏的现实，对四夷的看法又进了一步。他曾大胆提出：舜和周文王，一是"东夷之人也"，一为"西夷之人也"，"得志行乎中国，若合符节，先圣后圣，其揆一也"。⑤《吕氏春秋·功名》亦说："善为君者，蛮夷反舌殊俗异习皆服之，德厚也。"可见，战国时以儒家为代表的思想家、政治家更多地消除了对夷狄的鄙视，不再视之为未开化之"禽兽"，主张用华夏的"德"去包容夷狄。这一思想成为历代政治家、思想家关于四夷、怀柔的思想基础。

以上这些思想和主张，对后世的影响亦很大。历代封建统治阶级在不同的时期及不同的场合下，采取不同的民族政策，其主要的理论根据就是上述周代思想家、政治家的理论。

三、秦人的崛起及陕西华夏族的发展、壮大

自周平王东迁洛邑后，周朝的政治中心从陕西关中转移到河南洛阳地区，

---

① 《春秋左传正义》，定公十年条。
② 《论语·宪问》，上海世界书局《诸子集成》本。
③ 《论语·颜渊》子夏语。
④ 《国语》卷一四《晋语八》。
⑤ 《孟子注疏》卷八《离娄下》。

关中等地即为以犬戎为首的诸戎所控制。此时，原在今甘肃东部兴起的秦人势力向东发展，不久即在陕西关中一带崛起。

秦人，据古史传说，系黄帝孙颛顼裔女女脩吞食玄鸟卵而生子大业，以后代代相传，舜时赐姓嬴氏。商末，嬴姓一支首领中潏迁于西戎，保西垂（西犬丘）。① 因此，国内学者大都认为，秦人远祖与商人同起东方，后西迁入戎狄之中，再后兴起于今甘肃东部及陕西。尽管学者们做了许多考证，但这些传说，与春秋战国时先后融入华夏族的商人、周人、秦人等一样都共奉黄帝为始祖，托言自己是华夏族的正宗后裔，故其可信程度均值得考虑。无论对秦人祖先传说如何看待，秦人的兴起是在殷末周初，其居地在周人之西，今甘肃东部一带是无疑的。到周孝王时，因秦人部落为周室放牧牲畜有功，孝王"邑之秦（今甘肃清水境内）"，此乃秦人得名之由来。宣王时，以秦人首领秦仲为周大夫，仲助周攻西戎，战死，其长子庄公助周攻破西戎，周封之为"西垂大夫"，时与犬戎争战。

21 世纪以来，考古工作者对今甘肃西汉水上游和渭河支流牛头河一带进行考古调查与发掘，探索早期秦文化和西戎文化的渊源及发展，取得了丰硕的成果。许多学者将西山坪城址、大堡子山城址及李崖遗址，与早期秦人所居的西垂、秦非子封地秦邑等联系起来，将马家塬战国墓地及甘肃寺洼文化与西戎人联系起来。这些观点虽然还未成为定论，但对探寻早期秦文化与西戎渊源、面貌及两者关系，具有重要的学术价值。②

后犬戎杀周幽王于骊山下，秦庄公子襄公率兵救周，平王东迁洛邑，封襄公为诸侯，"赐之岐以西之地"，并说犬戎等侵夺丰镐，秦如能逐戎，则即有其地。于是，秦人乘机东进，但收效不大。直到秦文公十六年（前 750），秦人击败戎人，"收周余民有之，地至岐"。秦宪公二年（前 714），秦徙都平阳（今陕西岐山西），东攻西戎荡社（在今陕西三原一带），西戎亳王奔

---

① 《史记》卷五《秦本纪》。以下所引未注明出处者，皆为《史记》卷五《秦本纪》文。
② 陕西省考古研究院秦汉研究部：《"关中——天水经济区秦文化学术研讨会"纪要》，载《考古与文物》2010 年第 6 期；早期秦文化联合考古队：《戎狄之旅——内蒙、陕北、宁夏、陇东考古考察笔谈》，载《考古与文物》2012 年第 1 期。

逃，遂灭荡社。至武公元年（前697），又灭戎彭戏氏于华山下；十年（前688），又灭邽（今甘肃天水）、冀（今甘肃天水西）戎；十一年，灭小虢（戎之一种，在今宝鸡）。至此，秦的领地西起甘肃天水西，东到陕西渭南市华州区，关中大部为秦所有。然而，这一地区的戎族势力仍然十分强大。此后，秦国一方面与建国于山西的晋国争战，一方面继续扫清境内的戎族势力。

秦德公元年（前677），秦由平阳迁都到雍（今陕西宝鸡市凤翔区），势力更东至黄河边，但对戎族的斗争，并没有取得多大的进展。直到秦穆公任好时，秦国才加快了对诸戎的征服步伐。穆公元年（前659），秦大举进攻与晋交界处的茅津（今河南三门峡）之戎；二十年（前640）又灭东边的梁、芮两小方国（均在今陕西大荔境内）①；二十二年（前638），又向南进逼瓜州（在今陕西终南山北）陆浑之戎（亦称"允姓之戎"或"姜戎"），迫使其向东迁徙，晋国则利诱他们居于伊川（今河南伊、洛水上游一带），强迫他们开垦荒地，服役纳贡。②这样，秦国向东、向南驱逐或征服戎族，势力大为扩展。然而，秦四周戎族势力仍然很强大，史称西戎有国十二或十四，其大者有八国，即绵诸、绲夷（犬戎）、翟、獂、义渠、大荔、乌氏、朐衍。据学者们考证，除义渠、大荔戎在今陕西境内外，其余皆在甘肃东部及宁夏一带。③

到穆公三十四年（前626），西戎戎王遣使臣由余至秦。由余原为晋人，亡入戎；入秦后，穆公与他交谈，知道他很有能力，是戎国的贤臣。于是，穆公与内史廖定离间之计，先以女乐送戎王，使他迷于声色，不理政事，又故意延缓由余的归期，派人离间戎王与由余的关系。后来由余在戎中无法待下去，就投降了秦国。穆公问由余伐戎的策略。经过两年的准备之后，穆公用由余之策，

① 2005年和2007年陕西省考古研究院等发掘了陕西韩城梁带村春秋早期芮国墓地，揭开了古芮国的历史，因与本书关系不大，不赘述。可参见陕西省考古研究院、渭南市考古所、韩城市文物局：《陕西韩城梁带村芮国墓地西区发掘简报》，载《考古与文物》2010年第1期。

② 历代注释此"瓜州"在今甘肃敦煌，此据顾颉刚考证，见其所著《史林杂识》，中华书局1963年版，第46—53页。关于陆浑之戎迁徙情况，见《左传》僖公二十二年及襄公十四年。

③ 王宗维：《西戎八国考述》，见西北大学西北历史研究室编著：《西北历史研究》1986年号，三秦出版社1987年版。

"伐戎王，益国十二，开地千里，遂霸西戎"[1]。西戎八国不同程度服属于秦国。

总之，自秦穆公后，陕西及其附近的诸戎（即以犬戎为首的西戎），有的（如荡社、彭戏氏、小虢等）为秦并灭，有的（如陆浑之戎）为秦所逐，有的（如义渠、大荔等）则服属于秦。从此，以犬戎为首的诸戎见于记载的不多，犬戎在春秋时，仅出现在渭汭（渭水入黄河处），[2]后可能为秦所灭。秦国称霸西戎的过程，是其开疆拓土、日益强盛的过程，也是秦人及其所并诸戎逐渐融入华夏族的过程。

秦人在西周时，还被华夏族（周人）视为夷狄，即非华夏族。如《春秋公羊传》《春秋穀梁传》均称秦人为"狄""夷"，秦商鞅也说"始秦戎翟之教"[3]。但在春秋以后，秦人已经完全接受了华夏族的文化及礼仪，参与大国争霸，逐渐成为华夏族的一部分；而由秦人兼并的诸戎也随秦人一起融入华夏族之中。当然，这一进程是长期的、缓慢的，而且有先有后。

春秋战国时，在陕西除了秦人和诸戎之外，在渭、洛之间和陕北地区还有一称为"狄"的民族。据许多学者研究，此时的"狄"与殷周时的鬼方、獫狁有密切关系，也可以说鬼方、獫狁是他们在春秋战国时的名称。据《春秋》三传、《史记》、《国语》等先秦、秦汉史籍载，春秋时的狄大致可分为白狄、赤狄和众狄（包括后之长狄）几个大的部落集团。赤狄主要分布在晋国（今山西及河北南部）；白狄则居于秦国北，今陕西渭、洛流域及陕北、山西西部；其余众狄均在今山西、河北、河南等地。[4]

白狄，姬姓，《国语·齐语》记齐桓公曾"西攘白狄之地，至于西河"。西河，在今晋西北或陕北一带，与后来汉代西河郡名有关。《左传》成公十三年（前578）所载晋国吕相《绝秦书》中亦说："白狄及君（秦桓公）同州（雍州），君之仇雠，而我之昏姻也。"又晋公子重耳（晋文公）因国内乱，被迫逃至狄，

---

① 《史记》卷五《秦本纪》。
② 《春秋左传》闵公二年记："虢公败犬戎于渭汭。"
③ 《史记》卷六八《商君列传》。
④ 马长寿：《北狄与匈奴》，生活·读书·新知三联书店1962年版，第4—7页；段连勤：《北狄族与中山国》，河北人民出版社1982年版，第23—30页。

与狄君"田（狩猎）渭（渭水）滨"等。① 这些事实均说明白狄主要居地就在今陕西渭水以北、陕北等地。

赤狄与白狄和晋国的关系最为密切，晋国采取"启土安疆"的政策，即用武力或用财物赎买土地等方式，迫使狄族迁徙或臣属，以扩大自己的领土和势力。因此，晋国对邻近的白狄也时常"讨伐"，引起白狄与赤狄的联合反抗。如晋献公二十五年（前652）晋里克曾伐白狄于采桑（今山西吉县）；② 晋文公九年（前628），白狄又南下伐晋，兵入箕（今山西太谷）等。③ 此后，赤狄各部渐为晋所灭，白狄势孤力单，成为邻近相互争霸的两个大国——秦、晋争相结盟和争夺的对象。晋成公（前606—前600年在位）竭力拉拢白狄以抗秦，六年（前601），支持白狄与之共"伐秦"。④ 秦也积极拉拢白狄，支持其"伐晋"。如秦桓公二十二年（前582），秦与白狄"伐晋"；二十五年（前579），白狄攻晋交刚（今山西隰县），为晋军所败。不仅如此，秦国还挑拨晋与白狄的关系，企图从中渔利。前引晋吕相《绝秦书》说，秦与晋盟誓伐白狄，后又暗中告诉狄人"晋将伐女（汝）"。故白狄恨秦，将实情告诉了晋国。到晋平公十三年（前545），白狄与晋和好，并服属于晋。⑤

自此以后，再也不见白狄有活动于陕北和晋西的记载，而史籍却记载白狄活动于今山西东北及河北一带。据有的学者推测，是晋悼公（前572—前558年在位）采纳了大臣魏绛的"和戎"政策后，采用武力或"以货易土"的办法，使白狄大部分东迁于上述地区。⑥ 白狄的姬氏后在河北建立了中山国。如这一推测不误，那么余留在陕西的白狄，一部分可能为秦所兼并，一部分可能融入了稍后兴起于泾河以北的西戎义渠之中。

义渠，为西戎八国之一，其名最早见于商代，《竹书纪年》曾记："武乙三十年，周师伐义渠，乃获其君以归。"此后很长时间不见有关义渠的记载。

---

① 《春秋左传正义》，僖公八年、僖公二十四年条。
② 《春秋左传正义》，僖公八年、僖公三十三年条。
③ 《春秋左传正义》，僖公八年、僖公三十三年条。
④ 《春秋左传正义》，宣公元年条。
⑤ 《春秋左传正义》，襄公二十八年条。
⑥ 段连勤：《北狄族与中山国》，河北人民出版社1982年版，第78—80页。

到春秋战国时，义渠作为西戎八国之一登上了历史舞台，与秦国展开了长达百余年的斗争，最终为秦所灭。

关于义渠的族属，历来有两种说法：一种认为他是西戎中羌之一种；[①]一种则认为他是狄，即赤狄、白狄之后裔。[②]笔者以为，将义渠视为"西戎"之一种较为合宜，不必一定说其为羌或狄。因为羌在先秦时也有广、狭之分，与西戎同；然义渠居地原为白狄所居，其部内有原白狄部落似无可疑。据《史记·匈奴列传》《后汉书·西羌传》等载，义渠居地在秦之北，即今泾、洛水北，包括秦灭义渠后所置之陇西、北地、上郡三郡之地。大约在秦惠公时（前500—前491），在陕西的义渠、大荔戎最强盛，"筑城数十，皆自称王"[③]。

义渠的兴起，威胁着秦国，故秦国于厉共公三十三年（前444），始伐义渠，俘虏其王。后十四年，义渠又伐秦至渭水北。过了一百余年，义渠又败秦军于洛水。后四年，义渠内乱，臣属于秦。后又反叛，为秦军所攻。此后，双方争战各有胜负，秦曾攻取义渠徒泾二十五城。到秦昭王立（前306），义渠王与秦昭王母宣太后私通，生二子。后宣太后诱杀义渠王于甘泉宫，并灭义渠，始置陇西、北地、上郡。[④]义渠与秦前后争战达一百五十余年，其间也有和平相处的时期。义渠最终为秦所灭，使秦之势力达今陕北地区。此后，义渠人在秦、汉的长期统治之下，逐渐华夏化，余众也多有迁于今甘肃者。如西汉时有"义渠王骑士"的记载；[⑤]汉初，北地、安定郡也有义渠。[⑥]汉武帝手下还有一批义渠人为将领，如公孙浑邪、公孙贺父子等；[⑦]还有西汉时光禄大夫义渠安国，原也为义渠人，以族名为姓。义渠人到西汉后期则先后融入华夏族之中。

---

① 马长寿：《氐与羌》，上海人民出版社1984年版，第96—97页；冉光荣、李绍明、周锡银：《羌族史》，四川民族出版社，1985年版，第43—44页。
② 李白凤：《义渠考》，见李白凤：《东夷杂考》，齐鲁书社1981年版；王宗维：《西戎八国考述》，见西北大学西北历史研究室编著：《西北历史研究》1986年号，三秦出版社1987年版。
③ 《后汉书》卷八七《西羌传》。
④ 《后汉书》卷八七《西羌传》，《史记》卷五《秦本纪》。
⑤ 班固：《汉书》卷九四上《匈奴传》，颜师古注，中华书局1962年版。
⑥ 《汉书》卷四九《晁错传》。
⑦ 《史记》卷一一一《骠骑将军列传附公孙贺、公孙敖传》。

　　义渠南边的大荔戎，主要居于洛水流域，以今陕西大荔为中心。春秋中叶，大荔、义渠最强，并称王。秦厉共公十六年（前461），秦以兵两万伐大荔，取其王城。①此后大荔戎就很少见于史籍，可能即为秦所灭。直到秦孝公二十四年（前338），才见有"大荔围合阳（今陕西大荔北）"的记载。②大荔戎最后也融入华夏族或义渠之中。

　　2011年4月至12月，陕西省考古研究院等的考古工作者发掘了陕西黄陵县东北阿党镇寨头河村战国时墓葬90座、马坑2座、方坑1处，出土了铜、陶、铁、骨、玉、贝、石器及料珠等千余件。发掘者及学者依据墓葬形制及出土数量最多的以铲足鬲和各种形制的陶器与陇东戎人墓（如甘肃张家川马家塬墓地、寺洼文化等）相类等特征，断定此墓区为西戎人的墓葬地。（见图1-5）战国初，此地为三家分晋后魏上郡南边地。《史记》卷一一〇《匈奴列传》就曾记："魏有河西、上郡，以与戎界边。"此地后为秦所并。

图1-5　黄陵寨头河戎人墓地远景
（引自《考古与文物》2012年第6期）

---

　　① 《史记》卷五《秦本纪》。
　　② 《史记》卷一五《六国年表》。

　　值得注意的是，寨头河墓葬中还出土了一批与战国时三晋（包括魏国）地区常见的罐式鬲、豆、盆等陶器及铜鼎、铜剑、铜戈、铜带钩、车辖、马衔等器物。这些器物是早已华夏化的晋人、魏人常用的器物。即是说，居于今陕西黄陵一带的戎人已逐渐融入华夏族。

　　此外，寨头河墓葬中还出土了一批与北方民族狄人使用器物类似的器物，包含有北方青铜文化的因素。如陶鍑及青铜饰牌、带扣等。春秋以来，今陕西黄陵以北的陕北地区是狄族（白狄）的居地，这里的戎人受狄族文化的影响也是必然的。①

　　春秋战国时的陕西南部是蜀人、巴人聚居之地。秦国兴起后，也将势力伸向蜀地，史载秦厉共公十八年（前459）"左庶长城南郑（今陕西汉中）"，即秦已据陕南汉水上游蜀地。但到秦躁公二年（前441）"南郑反"；到秦惠公十三年（前387），在四川的蜀国夺取了南郑。②这种情况一直继续到秦惠文王后九年（前316），秦遣司马错伐蜀国，汉水上游地区再次为秦国所统治。而在今陕南东安康一带的巴人，春秋中期为楚国兼并，秦惠文王后十三年（前312），秦击楚汉中，取地六百里，始于汉水上游地区置汉中郡。③

　　自殷周以来，从汉水上游考古发掘出土的文物可以知道这里的蜀人、巴人已深受黄河中下游华夏族文化的影响。《诗经·汉广序》亦说："汉广，德广所及也。文王之道，被于南国，美化行乎江汉之域"。④汉中蜀地与"秦、豳同咏，故有夏声也"⑤。因此，在秦人统治陕南汉水流域之后，当地蜀人、巴人能够较快地融入华夏族之中。

　　长达五百余年的春秋战国时期，可以说是中国历史上第一次民族大融合的

---

① 以上参见陕西省考古研究院、延安市文物研究所、黄陵县旅游文物局：《陕西黄陵寨头河战国戎人墓地发掘简报》；孙周勇、孙战伟、邵晶：《黄陵寨头河战国墓地相关问题探讨》。两文均载于《考古与文物》2012年第6期。

② 以上均见《史记》卷一五《六国年表》。

③ 常璩撰，任乃强校注：《华阳国志校补图注》卷三《蜀志》，上海古籍出版社1987年版。

④ 《毛诗正义》卷一《国风·广汉》。

⑤ 《华阳国志校补图注》卷三《蜀志》。

时期。黄河中下游地区的华夏族作为主干，逐渐融合了长江流域及华北、西北四周的各个民族，使华夏族不断地巩固、扩大。陕西地区各民族的发展、融合就集中反映了这一时期民族关系的特点。由于秦人的崛起及强大，最后几乎统治了陕西全境，关中的戎族，汉中的蜀人、巴人，渭北、陕北的白狄、义渠等族，逐渐与秦人一起融入华夏族之中，使陕西以华夏族为主体的多民族格局进一步发展和巩固。

第二章

陕西汉族的发展及其与邻近
各族的关系

第一节　陕西汉族的正式形成及其特点

一、秦人、汉人和汉族

崛起于关中的秦国，经过五百多年的发展，终于在战国末秦王嬴政在位时，先后灭亡六国，统一全国，建立了中央集权制的封建国家。秦王二十六年（前221），嬴政灭亡六国中最后一个国家（齐国）后，改称"始皇帝"，废除分封制，分天下为三十六郡，统一度量衡，"车同轨，书同文字"，徙天下豪富于京师咸阳十二万户。又取闽越地，置闽中郡（今福建）。秦始皇三十三年（前214），又略取南越地，置桂林、南海、象郡，西北逐匈奴，自榆中（今陕北与河套地区）并河以东属之阴山为四十四县。这样，秦始皇在西到甘肃、北抵内蒙古、东至海、东北及辽河以东、南达两广的广大地区，实现了政治上的统一，并采取了一系列统一的措施，使先秦以来以华夏族为主体，包括四周各民族在内的多民族，统于一个国家之内。我国历史上统一的多民族国家正式形成。

华夏族是先秦时我国的主体民族。战国七雄均属华夏族，故又称为"诸夏"。同时，各国人又以国名或地区名称之，如秦人、燕人、赵人、鲁人、齐人、宋人、魏人等。但作为民族的称谓，则统称之为"华夏"或"诸夏"。秦始皇统一六国后，诸夏、华夏作为族名仍然使用，以与匈奴、氐、羌、越、夷等族相区别。同时，华夏或诸夏，又统称为"秦人"。这一名称主要的含义是指秦朝的人，但实际上也成为诸夏、华夏族在秦统一后的别称。由秦朝直接统治的一些非华夏族，有的则称为"秦胡"[1]，或以此族之名称之，如匈奴、氐、羌等。

因为秦朝是我国第一个统一的多民族中央集权的封建国家，国力强盛，声威远播，故统一的秦朝虽然立国时间很短，但"秦人"的称谓仍在国外有一定的影响。印度及西方国家称中国为"支那""脂那""至那"等，便是今天西方各国犹称中国"China"的语源。关于"China"的本源，尽管中外学者意见存在分歧，但多数学者认为，其本来自"秦"。

---

[1]　内蒙古居延所出汉简中有"秦胡"的记载，意为秦朝统治下的胡人。

汉朝继秦朝统一全国后，汉朝人在很长时期内，犹被称为"秦人"。如《史记·大宛列传》记西汉伐大宛（在今费尔干纳盆地）的贰师将军李广利的话说："闻宛城中新得秦人，知穿井"。《汉书·匈奴传》记："于是卫律为单于谋，穿井筑城，治楼以藏谷，与秦人守之。"今新疆拜城有东汉永寿四年（158）"刘平国治关亭颂"刻石，内记："龟

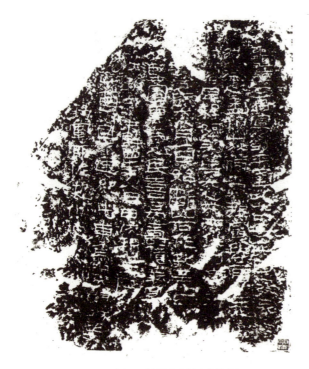

图 2-1　东汉"刘平国治关亭颂"刻石

（引自新疆维吾尔自治区博物馆编：《新疆出土文物》，文物出版社 1975 年版，第 25 页）

兹左将军刘平国以七月廿九日发家，从秦人孟伯山、狄虎贲、赵当卑、当卑、程阿羌等六人"①。（见图 2-1）以上"秦人"，意为秦朝人。可见汉代仍称华夏族为秦人。

尽管如此，汉朝建立后，"汉""汉民""汉军""汉人"等称谓也开始流行起来。"汉"的来源，是刘邦入关后，项羽封他于汉中为汉王。后刘邦灭项羽，统一诸夏，建立汉朝，"汉"这个名称使用则逐渐广泛。汉武帝之后，正式出现了"汉人""汉民"之称。如《汉书·张骞传》记武帝时，贰师将军伐大宛，宛贵人杀其王，遣人与贰师相约："汉无攻我。我尽出善马，恣所取，而给汉军食。"贰师"闻宛城中新得汉人（《史记·大宛列传》作'秦人'）

____

① 录文见王炳华：《"刘平国刻石"及有关新疆历史的几个问题》，载《新疆大学学报》（哲学社会科学版）1980 年第 3 期。

知穿井，而其内食尚多"。汉元帝时，郎中侯应说："近西羌保塞，与汉人交通"①。到东汉时，"汉人""汉民"的称呼更加普遍。如《后汉书·西羌传》引司徒掾班彪上言："今凉州部皆有降羌，羌胡被发左衽，而与汉人杂处，习俗既异，言语不通。"如果说，"汉人"的称谓在西汉时更多地表示以朝代名为称的话（即"汉朝之人"意），那么，在东汉时，汉人已有表示一个族的共同体的族称之意，以与"羌胡"等其他民族相区别。即是说，我们今天所称的"汉族"的"汉"，是源于汉朝的"汉"。这是华夏、诸夏族发展到汉代时才正式形成的名称。

汉代以后，汉人、汉民，即汉族的称谓开始广泛使用。特别是到了魏晋南北朝时，由于外族大批内徙，民族矛盾尖锐，夷夏区分更为严格，故"汉人"的称谓更加固定和明确。隋唐以后，除了继续使用华夏、夏、华、诸夏等族名，以及以朝代名称之以外，"汉人"（汉族）的称谓使用更为广泛，以至使用至今。这就是汉族名称长期发展、演变的历史。②

从汉族名称发展、演变的历史，可知汉族的前身是秦以前的华夏族，只是到汉后期才逐渐改称汉人（汉族）。因此，华夏与汉族在质的方面没有根本的变化；但是，华夏族仅是汉族的前身，经过秦汉两代数百年中央集权制封建国家的统治，无论在名称及其他各方面都有所发展和变化。从这个意义上讲，汉代可以说是中国汉族正式形成的时期。春秋战国时的华夏族分裂为各个诸侯国，各国有大致相同但又有区别的文字、度量衡和风俗，并未完全统一，甚至包括了许多不同的族体。然而，经过秦、汉的统一，诸夏族又进一步融合、同化，基本上共处于统一的国家之内，有相同的语言文字、共同的经济生活及共同的文化和心理认同，成为稳定的族的共同体，有了共同的族称，正式形成一个强大的民族。既然秦、汉王朝对于汉族正式形成起了决定性的作用，而秦汉又均建都于陕西关中，关中长安成为全国政治、经济和文化的中心，因此，陕西汉族的正式形成，也当在汉代，其发展的特点就更具有典型的意义。

---

① 《汉书》卷九四下《匈奴传下》。
② 贾敬颜：《"汉人"考》，载《中国社会科学》1985年第6期；翁独健主编：《中国民族关系史纲要》，中国社会科学出版社1990年版，第101—108页。

二、陕西汉族发展的特点

汉代陕西汉族正式形成，其发展的第一个特点就是同其他地区一样，即其前身华夏族是不断融合了先秦以来邻近的许多其他民族后，逐渐形成和发展的。陕西境内较早的夏人、商人、周人、秦人作为主干，不断融合陕南的巴人、蜀人，关中、渭北及西北的诸戎、白狄、义渠等而逐渐发展壮大。这一情况前已述及，下面仅就汉代于关中所设置郡县名称，来分析一下陕西华夏族融合当地其他民族的情况。

据《汉书·地理志》载，京兆尹（治长安，今西安）有十二县，内有新丰县（治今陕西西安市临潼区东北），下注："骊山在南，故骊戎国。秦曰骊邑。高祖七年置。"则汉时新丰原有骊戎居住，有部分骊戎东迁，后骊戎融入华夏族。下邽县（治今陕西渭南市华州区西北），应劭注："秦武公伐邽戎（在今甘肃天水），置有上邽，故加下。"颜师古注："邽音圭，取邽戎之人而来为此县。"则汉下邽县原有邽戎。

《汉书》卷一九上《百官公卿表》记："列侯所食县曰国，皇太后、皇后、公主所食曰邑，有蛮夷曰道。"《后汉书》志二八《百官志五》亦记："凡县主蛮夷曰道。公主所食汤沐曰（国）〔邑〕。县万户以上为令，不满为长。侯国为相。皆秦制也。"由此可知，秦汉时所谓"道"，即是汉代郡县制中与县同级之行政单位，因有蛮夷（即少数民族）居处其间，故不称县，而名之曰"道"。据《汉书》卷二八下《地理志》记，西汉时道有三十多个，多沿秦代而设置。其中在今陕西境内的有两个，即左冯翊（治今西安）的翟道（今黄陵西，秦时属上郡）（见图2-2），另一个是上郡属之雕阴道（治

图 2-2　秦封泥"翟导（道）丞印"
（引自周晓陆、路东之编著：《秦封泥集》，三秦出版社 2000 年版，第 287 页）

今陕西甘泉），则翟道、雕阴道到西汉时仍有狄族与汉人杂处其间。[①]

右扶风（治今陕西眉县西）有二十一县。内槐里（治今陕西兴平），下注："周曰犬丘，懿王都之。秦更名废丘。"则槐里原为犬戎所居之地，关中犬戎后大部分融入华夏。

陕西关中是汉代汉族聚居之地，是全国政治、经济和文化的中心，从地名尚且反映出该地华夏族（汉族）不断融合其他民族而逐渐壮大的情况，陕西及全国其他地区就可想而知了。

陕西汉族发展的第二个特点是，其成分有了很大的变化，不仅吸收、融合其他民族的成分，而且也大量掺杂了全国其他地区华夏族的成分。秦始皇统一六国后，为了削弱六国的势力，迁全国各地豪富十二万户于京师咸阳，并每破一国，即仿其国宫殿修筑于咸阳原上，"所得诸侯美人钟鼓，以充入之"[②]。始皇三十五年（前212），秦又修阿房宫，"因徙三万家丽邑（今陕西西安市临潼区东北），五万家云阳（今陕西淳化西北）"[③]。前后共迁入关中二十万户，每户如以五口计，就有一百万人。汉朝建立后，统治者为了"强干弱枝"及北御匈奴，又"徙齐诸田，楚昭、屈、景及诸功臣家于长陵。后世世徙吏二千石、高訾富人及豪杰并兼之家于诸陵"，致使汉帝陵人口猛增，有的竟设置县。如汉高祖、吕后所葬之长陵置县，户达"五万五十七，口十七万九千四百六十九"；汉武帝所葬之茂陵置县，"户六万一千八十七，口二十七万七千二百七十七"。而当时的京师长安的人口，也不过"户八万八百，口二十四万六千二百"。[④]关中汉帝诸陵人口，绝大部分应是被统治者迁徙来的全国各地豪富大姓，他们当为汉族（华夏族）。秦汉时先后迁徙全国各地大量的汉族入居关中，必然使关中的汉族成分也有所变化，使之与全国各地汉族的共同性日益增多。

---

① 周伟洲：《关于秦汉地方行政体制中的"道"》，见陕西历史博物馆馆刊编辑部编：《陕西历史博物馆馆刊》第4辑，西北大学出版社1997年版。
② 《史记》卷六《秦始皇本纪》。
③ 《史记》卷六《秦始皇本纪》。
④ 《汉书》卷二八《地理志》。

　　第三个特点是，陕西汉族的前身和主干为先秦时的周人、秦人，由于陕西本身的地理环境及农业发展较早等特征，与全国其他地区的汉族相比较，又具有自身的特点。这种区别与特点，就如同今天我国南方人与北方人在语言、风俗、习性上的差异一样。据《汉书·地理志》的记载，秦地民风及习俗的特点是："其民有先王遗风，好稼穑，务本业，故豳诗言农桑、衣食之本甚备……始皇之初，郑国穿渠，引泾水溉田，沃野千里，民以富饶。"即是说，陕西关中汉族精于农耕，以务农为生，故有"天府"之称。然而，由于汉初有大量各地豪富大姓迁入，"是故五方杂厝（古'错'字），风俗不纯"，"其世家则好礼文，富人则商贾为利，豪杰则游侠通奸"。关中东部夏阳（今陕西韩城）一带汉人，"多阻险轻薄"。又因关中为全国商业中心之一，故汉民去本就末，经商者不少，列侯贵人众多。他们锦衣丰食，奢侈拟于帝王，"嫁娶尤崇侈靡，送死过度"。

　　今陕南，秦汉时为汉中郡（秦治南郑，西汉治安康），原系蜀人、巴人的一部分，汉时逐渐汉化，则其俗与巴蜀同，"民食稻鱼，亡凶年忧，俗不愁苦，而轻易淫泆，柔弱褊厄"。陕北之地，秦汉时为上郡（治肤施，今陕西榆林党岔镇）（见图2-3），其地"迫近戎狄"，汉民则"修习战备，高上气力，以射猎为先"，多出名将，"民俗质木，不耻寇盗"。

图 2-3　秦汉上郡治所肤施遗址
（周伟洲摄）

第二节　匈奴、氐、羌、西域诸胡与陕西

一、汉、匈关系与匈奴人入居陕西

匈奴是战国时兴起于我国北方的一个游牧民族，原是今内蒙古阴山一带游牧的一个族体，以后逐渐兼并周围的其他部落，形成一个强大的游牧民族。战国以前北方的各种狄、山戎等大都并于匈奴，故史籍自匈奴兴起后，也一概称大漠南北的各部落为匈奴。

自匈奴登上历史舞台后，就以其游牧民族的强悍和来去如风的勇猛骑兵，不时南下攻掠华夏诸国。战国晚期，冠带七国中有三国（秦、赵、燕）与匈奴为邻。为了抵御匈奴南下的寇扰，三国均筑长城以御匈奴。战国秦长城经历今甘、宁、陕、内蒙古四省区，西起甘肃临洮，东北经渭源、陇西、通渭、静宁、西吉、固原、彭阳、镇原、环县、华池，入陕西境内的吴起、志丹、靖边、横山、榆林、神木，东北入内蒙古准格尔旗。（见图2-4）另有从陕西靖边南向东分出的一支，经安塞、子长、绥德、米脂等地。总计全长2000公里。① 秦长城所经历的四省

图2-4　神木西沟秦长城遗址44号
（引自《考古与文物》2011年第3期，图版八）

① 彭曦：《战国秦长城考察与研究》，西北大学出版社1990年版，第235页。

区中，陕西一段最长，且有分支。

　　秦始皇统一六国后，于三十二年至三十三年（前215—前214），派遣将军蒙恬发兵十三万北击匈奴，收河南（今河套南）地，设四十四县，城河上为塞，徙谪戍守，后又徙民三万家以实之。同时，将原秦、赵、燕三国所筑北边长城连接起来，重新修缮扩展，西起临洮（今甘肃岷县），东至辽东郡（今东北鸭绿江边），延袤万余里。原秦所筑长城则成为防御匈奴的第二道防线。秦始皇三十五年（前212），又令蒙恬修筑从林光宫（汉甘泉宫，在今陕西淳化北），向北经今陕北，直达今内蒙古包头的"直道"，"堑山堙谷，千八百里"。① 直道为加强对匈奴的防御和连接北方与京师长安的交通起了重要的作用。（见图2-5、图2-6）

　　秦始皇还命大将蒙恬领兵坐镇上郡，威震匈奴。② 陕西北部成为秦朝防御

图2-5　富县车路梁秦直道遗址
（引自陕西省文物局、陕西省考古研究院编：《留住文明》，三秦出版社2012年版，第83页）

---

　　① 《史记》卷八八《蒙恬列传》。
　　② 《史记》卷六《秦始皇本纪》、卷一一〇《匈奴列传》等。

和震慑匈奴的大本营。是时，秦强而匈奴弱，匈奴单于头曼北徙。

但是，秦末内地战乱，北边戍卒散亡，于是匈奴南下复据河南地。此时，匈奴冒顿杀父头曼自立为单于，东破东胡，掳夺人民财物，西击河西敦煌至新疆巴里坤一带的月氏，南并楼烦、白羊、河南王（均在河套南及晋北），日益强盛。西汉建立初，国力衰弱，匈奴骑兵不时侵扰汉朝北边，兵锋达于朝那（今甘肃灵台西北）及上郡肤施，今陕北等地深受其害。汉高祖七年（前200），刘邦亲率大

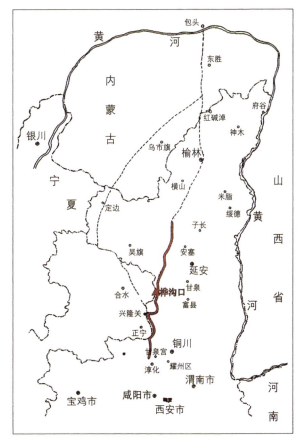

图 2-6　秦直道示意图

（引自陕西省文物局、陕西省考古研究院编：《留住文明》，三秦出版社 2012 年版，第 82 页）

军三十二万击匈奴，被匈奴围于白登（今山西大同东北）七日，后用陈平计，厚赂冒顿阏氏（即相当于汉皇后），乃得脱围。刘邦问计于刘敬，刘敬献"和亲"之策，即与匈奴和好，嫁公主与单于，约为兄弟。汉高祖九年（前198），刘邦采纳刘敬的建议，遣刘敬为使，以宗室女为公主，嫁与匈奴冒顿单于，每年赐匈奴大批絮、缯、酒、米、食物，约为兄弟以和亲。[1]匈奴大举进攻汉朝的战争稍止。

汉高祖刘邦去世后，吕后掌政，冒顿单于骄横，遣使至长安，致书吕后，

---

① 《汉书》卷九四上《匈奴传上》，《史记》卷一一〇《匈奴列传》，等等。

说:"陛下独立,孤愤独居。两主不乐,无以自虞,愿以所有,易其所无。"吕后大怒,召集群臣,议斩使者,发兵击匈奴,后为季布劝止。于是回书,卑辞厚币,说自己"年老气衰,发齿堕落,行步失度,单于过听,不足以自污。弊邑无罪,宜在见赦。窃有御车二乘,马二驷,以奉常驾"①。单于自知无理,因献马,双方和亲。

总之,西汉初期,匈奴强而西汉弱,故汉朝一直采取和亲政策。据史载,除汉高祖时以宗室女(封为"公主")嫁与匈奴冒顿单于外,汉惠帝、文帝、景帝时,以公主或宗室女(封为"公主")嫁与匈奴冒顿、军臣单于。汉武帝元光二年(前133),又与匈奴和亲,嫁宗室女给军臣单于。西汉总计嫁公主五人与匈奴单于和亲。②

西汉初期与匈奴和亲,只是减轻了匈奴对汉朝边境的寇掠;然而,实际上匈奴仍不时南下攻掠汉地。其中对陕西地区的攻掠,见于记载的就有三次:一是汉文帝三年(前177),匈奴右贤王入河南地,犯上郡,杀掠人民,汉遣丞相灌婴发车骑八万五千进击于高奴(今陕西延安北),右贤王出塞退走。二是汉文帝十四年(前166),匈奴十四万骑入朝那、萧关(今宁夏固原东南),使奇兵入烧回中宫(在今陕西陇县),候骑至雍、甘泉(宫名,在今陕西淳化西北)。文帝遣大军迎击,单于留塞月余,乃返。三是汉文帝后六年(前158)冬,匈奴绝和亲,各遣三万骑入掠上郡、云中(治今内蒙古托克托东北),杀掠甚众,烽火通于甘泉、长安。月余,汉兵至,匈奴退走。

西汉为防御匈奴的寇扰,于北边采取了一系列措施。经过汉文帝、汉景帝长期的休养生息,到汉武帝即位时(前140),汉朝国力日渐强盛,但仍与匈奴用和亲约束,厚遇关市。因此,"匈奴自单于以下皆亲汉,往来长城下"③。可是,汉武帝对匈奴的寇扰及屈从,并不甘心,时时欲伐匈奴,因此命宠臣韩

---

① 《汉书》卷九四上《匈奴传上》。

② 张正明:《和亲通论》,见中国社会科学院民族研究所民族历史研究室编:《民族史论丛》第1辑,中华书局1987年版。

③ 《史记》卷一一○《匈奴列传》。

嫣先习胡兵。^①在做好了充分准备之后，武帝重用著名的将领卫青和霍去病，发动了三次大规模对匈奴的战争。

第一次战争是在汉武帝元朔二年（前127），卫青率大军出云中，攻占了河套以南的匈奴楼烦王、白羊王地，置朔方、五原二郡，徙汉民十万以实其地。经过此役，西汉解除了匈奴对上郡和京师长安的威胁。

第二次战争是在汉武帝元狩二年（前121），霍去病率军两次出陇西，击败匈奴休屠王（在今甘肃武威地区）和浑邪王（在今甘肃张掖东）等部，俘获休屠王祭天金人。匈奴单于以西方休屠王、浑邪王作战不力，数次败于汉军，损失惨重，故欲召两王而杀之。两王恐惧，相谋降汉。后浑邪王因休屠王又不愿降汉而杀之，兼并其部众投汉，共计四万余人。汉武帝发车两万乘迎接，长安令无钱置车马，向百姓赊马，而长安百姓将马藏匿，因此马不敷用。武帝大怒，要斩长安令，为汲黯所谏止。浑邪王及部众到长安后，商人卖兵器与其部，触犯刑律，当死者五百余人。汲黯又谏道："浑邪率数万之众来降，虚府库赏赐，发良民侍养，譬若奉骄子。……陛下纵不能得匈奴之资以谢天下，又以微文杀无知者五百余人，是所谓'庇其叶而伤其枝'者也。臣窃为陛下不取也。"武帝默然，不许。^②

不仅如此，武帝还大封匈奴降将为王侯，如以浑邪王为漯阴侯，邑万户，封裨王呼毒尼为下摩侯，鹰庇为辉渠侯，禽梨为河綦侯，大当户铜离为常乐侯等。^③稍后，又将匈奴降众分徙于北边五郡（陇西、北地、西河、上郡、九原）塞外，上郡全部，西河（治今内蒙古准格尔旗）、北地（治今甘肃庆阳西北）部分地区，均在今陕西境内。因其故俗，设置五属国，复增原秦的典属国官，置都尉、丞、侯、千人等。^④此时，有部分匈奴降众已居于今陕北之地。

随浑邪王一起到长安的，还有原休屠王部众及王子日磾一家。因休屠王不愿降汉被杀，故其王子日磾一家沦为官奴，在黄门养马，时年14岁。日磾养

---

① 《史记》卷一二五《佞幸韩嫣传》。
② 《史记》卷一二〇《汲黯传》。
③ 《史记》卷一一一《骠骑将军传》。
④ 《史记》卷一一一《骠骑将军传》，《汉书》卷一九上《百官公卿表上》。

马尽职，马肥壮，遂被武帝重用，拜为马监，后又升任侍中、驸马都尉、光禄大夫，深得武帝信任。由于原休屠王有祭天金人，武帝赐日䃅姓金。此后，金日䃅对汉室忠心耿耿，以功封车骑将军。后元元年（前88），日䃅揭发侍中莽何罗谋反，救武帝于难。武帝临终时，遗诏日䃅与大将军霍光共辅少主。日䃅死后，陪葬茂陵。[①]后世历代封建统治阶级均以金日䃅为归降汉族王朝的少数民族忠臣的典范，而加以颂扬。

第三次汉武帝时与匈奴的大规模战争，是在元狩四年（前119），大将卫青、霍去病各领骑兵五万，私负从军者十四万骑，分道深入漠北，击溃了匈奴，俘获甚多。

至此，匈奴衰弱，改变了汉初匈奴强汉弱的局面，基本抑止了匈奴对汉北边的寇掠，维护了包括陕北在内的汉朝北边的安全和农业生产的发展。卫青、霍去病成为汉代抗击匈奴的名将。霍去病死后，陪葬茂陵，为冢像祁连山，以纪念他的功绩，墓前的石刻中还有立马雕像，马前蹄间塑有一匈奴人像。这是一件反映汉代抗击匈奴的十分珍贵的艺术品。（见图2-7、图2-8）

以后，为匈奴役属的乌桓、丁零、乌孙等族先后掀起反匈奴统治的斗争。匈奴统治阶级内部分裂，五单于争国，相互屠杀兼并，终于导致了统一的匈奴国家的分裂，形成南、北匈奴分立的局面。南匈奴单于呼韩邪，名稽侯珊，冒顿第六代孙虚闾权渠单于子。在五单于的争夺中，他虽然取得了胜利，但

图2-7　茂陵霍去病墓前石雕立马

（引自国家文物局主编：《中国文物地图集·陕西分册》上，西安地图出版社1998年版，第439页）

———————

① 《汉书》卷六八《金日䃅传》。

图 2-8　茂陵霍去病墓

（引自国家文物局主编：《中国文物地图集·陕西分册》上，西安地图出版社 1998 年版，第 438 页）

当时匈奴人口锐减，牲畜、人口损耗十之八九，民饥馑。汉宣帝甘露元年（前53），呼韩邪单于又为其兄、北匈奴郅支单于击败，于是采纳左伊秩訾王的建议，降汉自救，遣子弟入侍长安。甘露三年（前51），呼韩邪单于亲自来京师朝见，汉宣帝宠以殊礼，位在诸侯之上，置酒宴于建章宫，并赏赐大量的物品、食物等。呼韩邪单于留长安邸月余，自请留居光禄塞（今内蒙古包头西北），为汉守边。黄龙元年（前49）元月，呼韩邪单于入朝长安，礼赐如初，二月罢归；后与汉使相约："自今以来，汉与匈奴合为一家，世世毋得相诈相攻。"① 至汉元帝建昭三年（前36），汉于西域擒郅支单于，斩首传诣京师。竟宁元年（前33），呼韩邪单于第三次至京师朝见，并请娶汉女，为汉家婿，元帝以宫女王嫱（昭君）赐单于。这就是历史上传为千古佳话的"昭君和番"。至是，汉匈和好，边境安定达六七十年。

王嫱，字昭君，南郡秭归（今湖北兴山）人。元帝时以良家子选入宫廷，数年不得见天子。呼韩邪单于来朝，请和亲，昭君遂自请远嫁匈奴。元帝在欢宴单于的辞别大会上，召五位宫女出见，昭君"丰容靓饰，光明汉宫"。元帝大惊，

---

① 《汉书》卷九四下《匈奴传下》。

欲留昭君，但又不愿失信于匈奴，昭君遂远嫁匈奴王庭。单于封她为"宁胡阏氏"，生子名伊屠智牙师，为匈奴右日逐王。呼韩邪单于死后，昭君从匈奴习俗，又嫁大阏氏长子复株累若鞮单于，生二女。汉成帝河平四年（前25），复株累若鞮单于入长安朝见，成帝加赐锦绣缯帛二万匹、絮二万斤，其他赐物如竟宁时。[①]

汉、匈和好关系到西汉末王莽执政后，即发生变化。王莽采取了轻侮匈奴的错误政策，改原匈奴单于印玺名"新匈奴单于章"，改"匈奴"名"恭奴"，"单于"为"善于"，又"始开边隙"，斩匈奴侍子，导致汉匈关系恶化，时时战争。[②]

东汉建立后，匈奴内部再次因天灾、内乱而分裂为南北两部。南匈奴单于比，欲追随其祖父呼韩邪单于"依汉得安"之迹，袭号为呼韩邪单于，降汉。东汉建武二十六年（50），南匈奴因为北匈奴所逼，东汉政府允许其部众南迁到沿边八郡（北地、朔方、五原、云中、定襄、雁门、代郡、西河）居牧。八郡中北地、西河二郡已包有今陕北地区，其余六郡皆与今陕西密迩相接。东汉这一措施，是因为西汉末年战乱不息，北边诸郡人口锐减，土地荒芜，统治者为招徕人口与劳力，恢复和发展生产，并对抗北匈奴南下侵扰而采取的。

南匈奴部众大规模移居陕西北部，是在东汉永和五年（140）及其后。当时，北匈奴已西迁，南匈奴势力渐强，内部再次发生大的变乱，一部分匈奴攻围南单于王庭美稷（今内蒙古准格尔旗西北），杀汉朔方、代郡长史，东引乌桓，西牧羌胡数万，攻掠并、凉、幽、冀四州。在这种形势下，东汉将并州所属的西河郡治由美稷迁于离石（今山西吕梁市离石区），上郡改治夏阳（今陕西韩城），朔方改治五原（今内蒙古包头西）；南匈奴单于庭也由美稷迁到离石北面的左国城。[③]这样，南匈奴部众也就随之南迁，散居于河套南，包括陕北和山西汾水流域。而东汉也就逐渐失去了对河套南，包括陕北地区的控制。

东汉末年黄巾军起义爆发后，内地群雄混战，南匈奴单于率部参与了群雄

　　①《汉书》卷九四下《匈奴传下》。
　　②《汉书》卷九四下《匈奴传下》。
　　③ 参见《后汉书》卷八九《南匈奴传》；周伟洲：《汉赵国史》，山西人民出版社1986年版，第5页。

的角逐，转战于今山西、河北等地，最后于建安十八年（213）投降了曹操。当时，南匈奴部众主要聚居在并州五郡（太原、上党、西河、雁门、新兴）和司隶的平阳郡（治今山西临汾西南）。曹操及其臣下害怕并州匈奴户口滋蔓，难以统治，于是乘南匈奴单于呼厨泉来朝见的机会，留其于邺城（今河北临漳一带），遣右贤王去卑返平阳监国；又分并州匈奴为五部，各立其贵族为帅（后改"都尉"），选汉人为司马进行监护，听其部落散居上述六郡之地。[①]匈奴部众虽然大部分聚居于并州，但也有相当一部分居雍州，即今陕西的北部地区。

综上所述，秦汉时代，由于陕西北部紧邻匈奴，关中为秦、西汉京师所在地，故匈奴与陕西关系十分密切。匈奴强盛时，不断深入上郡等地进行寇扰；匈奴衰弱时，降附的匈奴单于、王侯及部众，或入长安朝见，或被封侯、食邑，或依其故俗在上郡属国居住。陕西的关中、陕北均有匈奴人居住和活动的踪迹。近年来，在陕西发现了许多匈奴的文物、墓葬，即是明证。如长安客省庄第 140 号汉墓中，曾出土两件透雕铜饰牌（革带上的装饰），纹饰是两侧各有一株枝叶繁茂的树，树下有两胡人角力。（见图 2-9）此墓时代无疑系匈奴贵族墓葬。这种风格的铜饰牌在陕北子洲也有发现。

图 2-9　长安客省庄出土胡人角力饰牌

（引自中国科学院考古研究所编著：《沣西发掘报告》，文物出版社 1963 年版，图版壹零叁，5）

[①] 《晋书》卷九七《北狄匈奴传》。

图 2-10   陕北神木纳林高兔匈奴墓出土金怪兽　　图 2-11   陕北神木纳林高兔匈奴墓出土银虎

图 2-12   "汉匈奴为鞮台耆且渠"印

（引自戴应新：《陕西匈奴文物》，载《人文杂志》1984 年第 6 期）

在陕北神木纳林高兔匈奴墓中，曾出土了一批包括金怪兽、银虎、银鹿、银羊等在内的动物饰品，造型生动、逼真，属于典型的匈奴艺术品。（见图 2-10、图 2-11）在神木与榆林交界处，还发现了一方"汉匈奴为鞮台耆且渠"铜印。[①]（见图 2-12）"汉匈奴"，意为归降汉朝的匈奴（即"南匈奴"）；"为鞮"（奠鞮、若鞮），为汉"孝"的意思，名号；"台耆"（屠耆），则为单于子弟意；"且渠"（沮渠）为官号。这方铜印，当是东汉时迁于陕北的南匈奴部中一位匈奴沮渠官的印章。

---

① 戴应新：《陕西匈奴文物简说》，载《人文杂志》1984 年第 6 期。

二、氐、羌等族的入徙

自秦国崛起于关中，西霸西戎，灭义渠后，原属西戎一支的羌族则主要聚居于河湟地区。《后汉书·西羌传》记载了一个有趣的传说：羌族祖先名无弋爰剑，秦厉公时为秦人执以为奴隶。后爰剑向西逃亡，秦人追捕急，爰剑藏于一岩穴中，秦人放火烧岩穴，有一虎为他蔽火，得以不死。出岩穴后，爰剑在原野上遇一劓鼻女，结为夫妇，女耻其状，用发覆面，羌人后以披发为俗。爰剑夫妇后居河湟地区，教民田畜，深得种人敬信，以为豪酋。此后爰剑子孙又分别南迁到四川和甘肃东南，子孙分别，各自为种，即所谓"越嶲羌"（称"牦牛种"，在今四川西昌东）、"广汉羌"（称"白马种"，在今四川广汉）、"武都羌"（称"参狼种"，在今甘肃西和西南）等。[1]

秦始皇统一六国，西不过临洮，临洮以西称为"羌中"，即羌族聚居之地。西汉建立后，羌族开始向临洮及其东迁徙，汉武帝击匈奴，开河西四郡，隔绝羌胡，并将势力伸入河湟羌族聚居之地，设置郡县，统治了该地的羌族。此时，有部分羌族随匈奴一起降附，东迁至北地、上郡等地，统称之为"羌胡"。[2]

东汉建立后，统治阶级加强了对西北羌族的压迫和剥削。建武九年（33），司徒掾班彪上言："今凉州部皆有降羌……数为小吏黠人所见侵夺，穷恚无聊，故致反叛。"[3] 到建武十一年（35）夏，西羌先零种复进攻临洮，陇西太守马援击破，羌人降，汉徙降羌数千于天水、陇西、扶风（治今陕西兴平）三郡。扶风，属东汉三辅之一，这是羌人首次向陕西关中迁徙。汉明帝永平元年（58），汉窦固、马武等击烧当羌滇吾于西邯（今青海化隆西南），徙羌民七千口于三辅。于是，关中的扶风、冯翊、京兆（三辅）的羌族渐增，以至到东汉安帝、顺帝时（107—144），出现了"东羌"与"西羌"的名称。所谓东羌，是"羌居安定、北地、上郡、西河者"；西羌，系"居陇西、汉阳，延及金城塞外者"。[4] 其中上郡，

---

① 《后汉书》卷八七《西羌传》。

② 马长寿：《氐与羌》，上海人民出版社 1984 年版，第 105—106 页。

③ 《后汉书》卷八七《西羌传》。

④ 司马光编著：《资治通鉴》卷五二，汉顺帝永和六年条，胡三省音注，"标点资治通鉴小组"校点，中华书局 1956 年版。

包括一部分北地、西河地区以及关中的羌族在陕西境内，属东羌的一部分。

东汉统治阶级对羌族的歧视和压迫，必然引起羌人的不断反抗，其中有三次大的反抗斗争，兵锋达于三辅及汉中。

第一次是在东汉永初元年（107）到元初五年（118），先是金城（治今甘肃兰州西）、陇西、汉阳（今甘肃甘谷）三郡戍羌开往西域途中，行至酒泉，因不堪远戍和困苦，群起反抗，众羌响应，声势浩大，并多次击败前来镇压的东汉军队。后来羌军转移到北地郡，推羌族首领滇零为天子，建立年号，封官授印，以丁奚城（今宁夏灵武东南）为都城。接着，滇零分兵两路：东路出兵三辅，攻打武功、美阳（今陕西扶风东）；①南路入益州汉中，杀汉中太守董炳。永初四年（110），羌军入褒中（今陕西汉中西北），杀新任太守郑勤。五年，羌军甚至进入河东等地，势力大增；并有汉族汉阳人杜琦及弟季贡等与羌族义军联合。六年（112），滇零死，子零昌立。元初元年（114），零昌遣兵攻雍城，又分兵攻武都、汉中。直到元初五年（118），汉朝调集各路大军，花费了大量的财力，才最后镇压了这次羌民的反抗。

第二次是在汉顺帝永和五年至永嘉元年（140—145），羌民起事是凉州刺史刘秉等欺压和剥夺羌民而引起的。首先是金城郡的且冻、傅难种羌起事，不久他们又与陇西西塞降羌、湟中羌胡联合，进兵三辅，多次击败前来镇压的东汉军队。以后，他们又分兵一支攻入三辅，烧毁汉陵园，杀伤长吏，使凉州和三辅受到很大的震动。东汉朝廷不得不把安定郡治徙于扶风，北地郡治徙至冯翊。最后，汉朝统治者对羌军采用挑拨离间的办法，才镇压了起事。

第三次是在汉桓帝延熹二年至建宁二年（159—169），陇西烧当等八种羌、安定的先零羌、上郡的沈氏羌先后在各地起事。他们曾一度攻入三辅的扶风、京兆，围祋祤（今陕西铜川市耀州区），略云阳（今陕西淳化西北），攻下扶风、京兆两营，杀千余人。永康元年（167），东羌岸尾等连攻三辅，为汉中郎将张奂所镇压。②

---

① 《后汉书》卷八七《西羌传》、卷四七《梁慬传》。
② 以上均见《后汉书》卷八七《西羌传》等。

总之，东汉时羌族的反抗斗争一直绵延不断，使统治者疲于奔命，耗费了大量的财力，称之为"羌祸"。东汉的衰弱与灭亡同羌族不断反抗不无关系。

到东汉末年黄巾起义后，西北的羌族也相继起事，与汉、胡等族一道，掀起了反抗东汉统治阶级的斗争。黄巾起义失败后，东汉政权已名存实亡，形成了军阀混战的局面。此时，又有大批的羌族随起家于河陇的割据势力，进入陕西关中等地。如董卓及其部下李傕、郭汜，马腾、马超父子和韩遂等，都曾率军进入关中。他们与西北河陇的羌胡都有密切的关系，军队中羌人占了很大比重。

董卓，陇西临洮人，"少尝游羌中，尽与豪帅相结"，故其所率凉州兵"皆胡羌"。①东汉初平三年（192），董卓在长安被杀后，部将李傕、郭汜又领董卓旧部十余万攻长安。接着，李、郭等又相互残杀，使关中遭到严重破坏，人口急遽减少。以后，郭、李先后败亡，关陇又为起于凉州的马腾、马超父子及韩遂等割据。马腾的父亲曾为汉朝的天水兰干尉，失官后居陇西，"与羌错居，家贫无妻，遂娶羌女，生腾"②。因此，马腾、马超父子与羌族有血缘关系，在羌族中有很高的威望，故其军中有众多的羌兵，是毫无疑问的。③韩遂军中，也有众多的羌兵。④东汉建安十六年（211），曹操在赤壁之战失败后，企图取关陇和汉中，马超、韩遂等关陇割据势力联合起兵抗曹，结果韩遂身死，马超败走，投降刘备。他们所领的大量羌胡兵遂有部分留于关中等地，为曹操所统治。

氐族也是先秦时西戎之一种，原居于今甘肃东南，汉代的武都郡（治今甘肃西和西南），包括今西汉水、白龙江流域及涪水上游一带。汉武帝元鼎六年（前111）开益州时，于氐族聚居的武都设郡，"排其种人"，一部分氐族遂迁于"汧（今陕西陇县）、陇（今陕西陇县西）左右"。⑤这是氐族迁入陕西之始。至东汉建安十八年（213），曹操遣徐晃等进讨的"隃糜（今陕西千阳）、汧诸氐"⑥，

---

① 《后汉书》卷七二《董卓传》、卷八四《列女董祀妻传》。
② 陈寿：《三国志·蜀志》卷三六《马超传》注引《典略》，中华书局1982年版。
③ 《三国志·魏志》卷九《夏侯渊传》记：曹操将张郃至渭水，马超"将氐、羌数千逆郃。"可见，马超军中多羌兵。
④ 《三国志·魏志》记："长离诸羌多在（韩）遂军"。
⑤ 《三国志·魏志》卷三〇《乌桓鲜卑东夷列传》注引《魏略·西戎传》。
⑥ 《三国志·魏志》卷一七《徐晃传》。

就是上述氐人的后代。东汉末，武都一带的氐族又多次被迫迁入陕西关中，见于记载的有二：

一是在东汉建安二十年（215），曹操灭汉中张鲁后，为刘备所逼，欲从汉中撤兵，又害怕刘备北取武都氐人以逼关中。因此，他采纳了张既的建议，遣军到武都，"徙氐五万余落出居扶风、天水界"①。这是东汉末年氐族向关中等地的第一次大迁徙。如一落以五口计，约有二十五万口。

二是在刘备取汉中后，派遣军队至下辨（今甘肃成县北），曹操又命武都太守杨阜，"前后徙民、氐，使居京兆、扶风、天水界者万余户，徙郡（武都郡）小槐里（今陕西武功东北），百姓襁负而随之"②。此时，氐族已深入关中长安一带了。

除氐、羌外，东汉末年还有南方的巴人迁入陕西汉中和关中，这就是魏晋时又称为"巴氐"的民族。巴氐，非氐族，而是属于南蛮系统的巴人的一支。史载十六国时建成汉政权的巴氐李特的身世说："巴西宕渠（今四川渠县东北）人，其先廪君之苗裔也。……秦并天下，以为黔中郡，薄赋敛之，口岁出钱四十。巴人呼赋为賨，因谓之賨人焉。"陕西汉中先秦时为蜀人聚居之地，而其东安康、商洛一带与汉水下游之巴人关系密切，且有许多巴人居住其间。东汉末，张鲁据汉中，以五斗米教号召群众，"賨人敬信巫觋，多往奉之"；巴西宕渠巴人迁于汉中杨车坂，"号为杨车巴"。③由此可知，东汉末年有众多的巴人迁入汉中地区。建安二十年曹操征张鲁，取汉中，将该地巴人的一支（包括李特祖父虎）迁于陇右略阳（治今甘肃天水东），与氐人杂处，后号为"巴氐"，或称"巴人"。同时，还徙汉中巴人万余家"散居陇右诸郡及三辅、弘农，所在号为巴人"。④于是，巴人有内迁至陕西关中者。

综上所述，东汉时期，特别是东汉末年，西北、西南的氐、羌、巴等族因各种原因已逐渐向陕西关中等地迁徙，揭开了魏晋时周边民族向内地（包括关

---

① 《三国志·魏志》卷一五《张既传》。
② 《三国志·魏志》卷二五《杨阜传》。
③ 《晋书》卷一二〇《李特载记》等。
④ 《太平御览》卷一二三引崔鸿《十六国春秋·蜀录》。

中等地）大迁徙的序幕。

三、张骞"凿空"与西域诸胡

秦汉时的西域，大致指今甘肃敦煌玉门关以西，包括今新疆维吾尔自治区及中亚的一部分。从先秦古史传说和考古发掘资料中可知，西域与内地早就有了一些联系。但是，西域诸族与内地的交通和关系正式开通，是在汉武帝时张骞出使西域之后的事。

汉武帝即位前，陕西西边的甘肃河西、西域等地为匈奴所据。河西被匈奴休屠王、浑邪王控制着；西域则为匈奴西边日逐王所设置的僮仆都尉所统治。武帝为了截断匈奴右臂，联络被匈奴从敦煌至巴里坤一带赶走的月氏，共击匈奴，因而募人出使月氏。时有汉中城固人张骞应募，汉武帝即以张骞为使者，出使西域。张骞于建元三年（前138）出发，经过匈奴所据的河西走廊时为匈奴所扣留，拘禁了十余年。此后，张骞逃出，经过姑师（今新疆吐鲁番）、龟兹（今新疆库车），越过葱岭（今帕米尔），到达大宛（在今费尔干纳盆地）、大月氏。而此时大月氏已征服大夏，安居于妫水（今阿姆河）流域，无击匈奴之心。张骞使命未能完成，就踏上了归程。他欲从今祁连山边的羌中返回，又为匈奴拘留。直到元朔三年（前126）匈奴军臣单于死，国内乱，张骞才逃回长安。他走时带有一百多人，前后历时十三年，最后只回来了他和胡奴甘父（堂邑父）两人。张骞带回了西域的许多信息，初步沟通了汉与西域的关系。张骞出使西域意义重大，故司马迁《史记》称之为"凿空"。（见图2-13、图2-14）

不久，汉武帝西击匈奴休屠王、浑邪王部，取河西，置酒泉、张掖、敦煌和武威四郡，隔绝羌胡往来，开通了与西域的通道。然而，西域诸城郭国仍在匈奴的控制之下。为了联络西域诸国，特别是居于今巴尔喀什湖东南的乌孙国，共抗匈奴，元狩四年（前119），武帝第二次派张骞出使西域。张骞使团有随从三百人，马各二匹，并带有大量金、帛、货物及牛羊万余。同行的还有许多副使，沿途分遣至大宛、康居（今乌兹别克斯坦塔什干一带）、月氏、大夏等国。张骞到了乌孙，其国受制于匈奴已久，惧匈奴强盛，没有答应与汉联合共击匈奴的要求。尽管如此，张骞的出使正式开通了西域诸国与内地的交通和经济文

图 2-13　张骞出使西域图（敦煌莫高窟第 323 窟初唐壁画）

图 2-14　张骞墓
（周伟洲摄）

化交往的关系，意义十分深远。这条通道后世称为"丝绸之路"。

此后，汉武帝经过多次战争击败了匈奴在西域的势力，匈奴日逐王降汉。到汉宣帝神爵二年（前 60），汉朝在西域正式设置西域都护，管辖西域广大地区。因此，汉代西域与内地关系更为密切，西域诸国胡人也因降附、遣使、和亲、质子和入侍、朝见、通商等各种方式，到西汉的京师长安，有的则定居于陕西。

（1）降附。《汉书·地理志》载上郡的二十三县中有龟兹属国，汉属国都尉治所。颜师古注："龟兹国人来降附者，处之于此，故以名云。"西域龟兹胡人何时降附，汉何时置此属国，已难考证。有的研究者认为龟兹人降附是在秦代，然根据不足。如果从西域诸国与汉朝的关系而论，龟兹人降附汉，当在张骞通西域之后。无论怎样，汉代陕北榆林北（即龟兹属国地）有一批西域龟兹胡人聚居，则是可信的。

《汉书·西域传》温宿国条，有唐代颜师古注曰："今雍州醴泉县北有山名温宿岭者，本因汉时得温宿国（今新疆乌什）人，令居此地田牧，因以为名。"此乃又一批西域人于汉代居住关中的记载。

（2）遣使。张骞第二次出使西域，乌孙首先遣使数千人，马数十匹，随张骞入朝报谢。一年后，张骞所遣通大夏之属者皆随汉使至京师。此后，武帝派遣至西域使者，一岁多者十余次，少者也有五六次，而西域诸国使臣往返长安者亦日益增多。特别是武帝太初元年（前104），贰师将军伐大宛后，"西域震惧，多遣使来贡献"。为此，汉"自敦煌西至盐泽（今新疆罗布泊），往往起亭，而轮台（今新疆轮台东南）、渠犁（今新疆库尔勒）皆有田卒数百人，置使者校尉（即西域都护的前身）领护，以给使外国者"。[①]

（3）和亲。西汉时，汉朝统治者除了嫁公主与匈奴，与之和亲外，还同西域乌孙和亲。张骞第二次出使西域，联络乌孙以抗匈奴。后乌孙使者随张骞到长安，见汉广大，于是益重汉。匈奴因乌孙通汉，欲发兵击乌孙。元封六年（前105），乌孙遣使入朝，欲亲汉以御匈奴，愿娶汉公主，为兄弟，以马千匹为聘礼。汉武帝以江都王建女细君为公主，远嫁乌孙昆莫（王号，后改"昆弥"）猎骄靡，赠送甚厚。昆莫以公主为右夫人，以匈奴女为左夫人。细君公主自治宫室居住，昆莫年老，语言不通，公主思乡悲愁，自作歌："吾家嫁我兮天一方，远托异国兮乌孙王。穹庐为室兮旃为墙，以肉为食兮酪为浆。居常土思兮心内

---

① 《汉书》卷九六上《西域传上》。

伤，愿为黄鹄兮归故乡。"①后昆莫因老，欲叫公主嫁其孙岑陬（官号）军须靡，公主上书不愿意，武帝令"从其国俗，欲与乌孙共灭胡"。岑陬遂妻公主，昆莫死，立为王。公主不久病死。

于是，武帝又以楚王刘戊之孙解忧为公主，嫁与乌孙岑陬。解忧公主留乌孙达五十年。岑陬早亡，公主复妻岑陬叔父子翁归靡，生三男两女。翁归靡号肥王。汉昭、宣帝时，匈奴出兵击乌孙，解忧公主上书请汉发兵以救。本始二年（前72），汉朝发十五万骑，五将并出，命校尉常惠持节护乌孙兵，大败匈奴，俘获甚众。元康二年（前64），翁归靡上书汉朝，请求嫁公主与其长子、汉外孙元贵靡（解忧公主子），并答应以其为嗣，叛绝匈奴。宣帝以解忧弟子相夫为公主，"置官属侍御百余人，舍上林中，学乌孙言"②。临行，宣帝亲自送别。相夫一行至敦煌，闻乌孙贵人已立岑陬子泥靡为昆弥，号狂王，故相夫一行返京师。泥靡复妻解忧公主，生一男，与公主不和。甘露三年（前51），解忧公主已近七旬，上书愿归葬汉地，宣帝许之。公主与乌孙男女三人返京师长安。宣帝赐公主田宅奴婢，奉养甚厚，朝见仪比公主。黄龙元年（前49），公主卒。

随解忧公主一同和亲乌孙的，还有公主的侍者冯嫽，为乌孙右大将妻。冯嫽能史书，习事，常持汉节为公主使者，行赏财物于西域诸国，甚有威信，号曰"冯夫人"。乌孙翁归靡与匈奴妻所生子乌就屠欲杀泥靡而自立为昆弥，扬言引母家匈奴兵，冯夫人说乌就屠降，并持节立元贵靡为大昆弥，乌就屠为小昆弥，分别地界和人民，皆给印绶。元贵靡死，或说冯夫人随解忧公主返长安。元贵靡子星靡继为乌孙大昆弥，势弱，冯夫人上书愿出使乌孙，镇抚星靡，为稳定乌孙局势，再次做出了贡献。③

（4）质子和入侍。随着西汉势力伸入西域，西域诸国纷纷遣子弟为质或入侍。如危须（今新疆焉耆东北）、尉犁（今新疆库尔勒、尉犁一带）、楼兰（今新疆罗布泊西北）等西域子弟就入侍于长安。武帝征和三年（前90），车师（今新疆吐鲁番）附匈奴，阻汉使，武帝命开陵侯率军击车师，并令西域六国子弟

---

① 《汉书》卷九六下《西域传下》。
② 《汉书》卷九六下《西域传下》。
③ 《汉书》卷九六下《西域传下》。

在长安者，先发归回国备牲畜、食物迎汉军，后车师降。楼兰国还遣质子入长安，时在武帝元封二年（前109），汉将军赵破奴击破车师，俘楼兰王，列亭障至玉门。楼兰降附，遣一子质于匈奴，一子质于汉。征和元年（前92），楼兰王死，国人遣使至汉，请质子返国，欲立为王。因质子在长安常犯汉法，下蚕室宫刑，故汉朝不遣，称天子爱质子侍奉好，不能遣还。楼兰遂立他人为王，汉朝又复征其质子。① 莎车（今新疆莎车）王延，汉元帝时曾为侍子长住长安，返国后参以汉法治理本国，并告戒诸子："当世奉汉家，不可负也。"② 此外，扜弥（今新疆于田克里雅河东古拘弥城遗址一带）太子赖丹也曾入居长安；车师王乌贵及其妻、子先后也留居长安，汉宣帝还赐以宅府。③

（5）朝见。西汉时，还有一些西域城郭国国王亲自到长安朝见，影响也很深远。如龟兹王绛宾娶解忧公主长女弟史为妻，元康元年（前65）解忧公主上书请允女弟史以宗室入朝。绛宾爱其夫人，随之入朝觐见。宣帝赏赐甚丰，号弟史为公主，留居长安一年返国。绛宾夫妇以后又数次来长安朝见，喜爱汉家衣服制度，归国筑宫室，出入传呼均如汉家礼仪。绛宾死后，子丞德继立，自称"汉外孙"，与汉关系甚为亲密。④

以上均是因西域诸国与汉朝中央官方的交往而进入陕西的西域诸胡人。至于民间的往来，虽然见于记载的不多，但民间的贸易往来可以想见是十分频繁的。如东汉初，汉光武帝死后，有京兆尹（治今陕西西安）的"西域贾胡，共起帷帐设祭"⑤。此时，长安已失去了政治中心的地位，仍有许多"西域贾胡"，那么西汉时作为京师的长安西域胡商数量一定更多。

汉朝是一个多民族统一的封建国家，陕西关中作为西汉的京师所在地，自然与周边的其他民族有着密切的关系。长安又是汉中人张骞正式开通的西域交通的起点或终点，也就是后世所称"丝绸之路"的起点。汉代西域诸胡迁入陕

---

① 《汉书》卷九六上《西域传上》。
② 《后汉书》卷八八《西域传》。
③ 《汉书》卷九六下《西域传下》。
④ 《汉书》卷九六下《西域传下》。
⑤ 吴树平等校注：《东观汉记校注》卷一六《杨正传》，中华书局2009年版。

西的人数虽不及匈奴、氐、羌等族那么集中，那么多，但是他们对陕西地区经济、文化的影响是十分深远的。

第三节　长安成为各族政治、经济和文化的中心

一、秦汉民族政策在陕西的实施

秦汉是我国统一的多民族中央集权国家形成和发展的时期，统治阶级继承了春秋战国以来诸家的民族观和民族政策，并在实践过程中有所发展。陕西长安是秦汉时的政治中心，故秦汉的民族政策在陕西得到切实的施行，体现得最为充分。

春秋战国时，以孔子为首的思想家（儒家）提出了天下"一体"的统一思想，也即将戎狄兼容并包于华夏的一体思想。孔子说过"四海之内皆兄弟也"①，后荀子又提出"天下为一"②。秦汉时的政治家、思想家进一步发展了"一体"的思想，西汉时刘安《淮南子》的《时则训》《俶真训》提出"五位"一体、"万物一圈"的理想模式，张衡《西京赋》也表现出"天下一家"的思想，而《春秋公羊传》首倡"大一统"③。大一统的思想以后两千多年浸润着中国人民的思想感情，影响深远。秦汉多民族统一国家的形成和发展，与这一思想有着密切的关系。秦汉时统治阶级的开疆拓土，固然与抗击匈奴侵扰等原因有关，但是与统治阶级摒弃了先秦"服事制"的某些观点，不完全排斥"夷狄"，而是兼容并包于一个统一的国家政体之内，用夏变夷，向往大一统，也不无关系。

既然将"夷狄"也包含在"一体"之内，如何统治和管理他们呢？先秦时"服事制"的原则可以承袭，但完全照"要服""荒服"那一套来治理边疆民族，管理归降内迁或聚居于内地的非华夏族，就完全不合时宜了。因此，秦汉统治阶级发展了先秦时的民族政策：设置郡县以管理正在汉化或与汉族杂居的地

---

① 《论语·颜渊》。
② 刘宝楠：《荀子集解·正论》，上海书店1986年版。
③ 何休注，徐彦疏：《春秋公羊传注疏》，隐公元年条，见《十三经注疏》，阮元校刻，中华书局2009年版。

区。如在今陕西北部正在汉化的义渠人之地设置上郡及二十三县；在陕南汉中、安康正在汉化的蜀人、巴人中，设汉中郡等以统之；对降附内迁的匈奴等，因其俗置典属国（秦）、属国进行管理，如在上郡塞外置属国以处匈奴降众，置龟兹属国以安置龟兹降人；有少数民族聚居之处，设置县一级的"道"，汉代陕西省境内就设有翟道、雕阴道等；在边疆的西域，则设置都护府进行管辖等。

在中央一级的官制里，秦汉时均有专门管理"蛮夷"的官职。秦代称为"典客"，"掌诸归义蛮夷，有丞"，至汉武帝时改名"大鸿胪"，"属官有行人、译官、别火三令丞及郡邸长丞"。在地方一级，秦制有"典属国"，"掌蛮夷降者"。汉武帝因匈奴浑邪王部众降，"复增属国，置都尉、丞、侯、千人。属官，九译令。成帝河平元年（前 28）省并大鸿胪"。此外，为管理边疆聚居的内附民族，从汉代起设置护羌校尉、护匈奴中郎将、护乌丸校尉、西域都护等官职，由中央派出，使持节领护。[1]

西汉时，在长安及其附近，汉朝统治者还招募或纳降匈奴、南越、乌桓等剽悍的骑兵，设置宿卫京师的胡骑、越骑。如汉武帝时设置的拱卫京师的八部校尉中，有越骑校尉掌越骑，如淳注："越人内附，以为骑也。"又有"长水校尉掌长水宣曲胡骑"，颜师古注："长水，胡名也。[2]宣曲，观名，胡骑之屯于宣曲者。"东汉时，长水校尉则"掌宿卫，主乌桓骑"。还有"胡骑校尉，掌池阳（今陕西泾阳）胡骑，不常置"。则武帝所置八部校尉中，以胡、越等少数民族为主的就占了三个。[3]

秦汉统治阶级对于少数民族的政策还承继了先秦以来对"不宾""不服"的蛮夷进行讨伐和对服属的蛮夷则加以安抚、怀柔的两面策略，以及用种种统一的法制去以夏变夷，实行民族同化的政策。秦汉时对"蛮夷"的讨伐，固然有反击匈奴寇掠的进步因素在内，但更多的则是为了开疆拓土，征服更多的民族和土地，反映了阶级社会中民族歧视和压迫的本质。在秦汉统一全国之后，

①　《汉书》卷一九上《百官公卿表上》。
②　匈奴卫律，即长水胡。
③　以上均见《汉书》卷一九上《百官公卿表上》。

则更多地采取怀柔、安抚的措施，继承了先秦时的通贡、封赐、朝见、质子、入侍、和亲等办法，并有所发展。这在前面已述及。而这些都集中体现在作为京师的长安。

此外，秦汉时的陕西北部，已成为一个多民族杂居的地区。这里自先秦以来，民族关系就极为复杂，是北方游牧民族与内地农业民族的交汇地带。夏、殷商时的獯鬻、鬼方，周秦时的獫狁、白狄、义渠、匈奴等，均在此居住或活动过。从战国时秦一直至汉代，华夏族（汉族）的势力不断向北边扩展，因此，汉族（包括逐渐汉化的义渠等）在陕北（上郡）的人口，占了绝大多数。然而，邻近的匈奴经常寇掠该地，后汉朝又置属国安置降附的匈奴部众于此，故匈奴在陕北也有一定的数量。史载汉元帝初元元年（前48），上郡属国附汉的胡（匈奴）人万余口逃入匈奴，[①]即可证明这里有匈奴部众聚居。还有汉代设置的龟兹属国以安置西域龟兹胡降人，也在上郡；东汉时河陇羌族中的东羌，也有在上郡落户的。因此，汉代陕北（上郡）至少有汉、匈奴、龟兹、羌四种民族杂居其间，故该地经济呈现出游牧、农业和半农半牧等多种形态，人种混杂，文化习俗亦自有其特色。这种情况从秦汉一直延续到后世。

有的考古学者在总结和分析两汉时期汉代北部边疆地区大量墓葬之后，发现有许多内地汉人移民边疆地区及北方民族（如狄、匈奴等）移民边疆地区的现象。其中在今陕北榆林榆阳区古城滩走马梁、定边金鸡湾、神木大保当，以及前述神木纳林高兔等墓葬中，就有汉人移民、北方民族移民的文化特征，反映出陕北地区多民族混居的现象。[②]

二、长安成为各族经济文化交流的中心

由于长安是秦汉统一多民族国家的政治中心，民族政策和措施的发布与执行即从此开始，因此长安也必然成为各族汇聚的一个中心。各族领袖的朝见，使臣的往返，遣子弟入侍、宿卫，降附，封赐，以及贸易、谋生等，均汇集于长安。前述的匈奴、氐、羌、西域诸胡如此，南方的闽越，东北的乌桓、朝鲜、夫余、

①　《汉书》卷九《元帝纪》。
②　杜林渊：《汉代北部边疆地区移民墓葬反映的历史问题》，载《考古与文物》2011 年第 1 期。

高丽等族亦是如此。如汉武帝建元四年（前137），南越王赵胡即立，遣子婴齐入长安宿卫。婴齐在长安娶邯郸人樛氏为妻，生子兴。十余年后，赵胡死，国人迎婴齐为南越王。婴齐上书，以樛氏为后，遣子次公入长安宿卫。到元鼎六年（前111），因南越相吕嘉举兵反汉，武帝遣大军灭南越，置南海（治番禺，今广东广州）、苍梧（治广信，今广西梧州）、郁林（治布山，今广西桂平西南）、合浦（治合浦，今广西合浦东北）、交趾（治嬴陵，今越南河内）、九真（治胥冲，今越南清化西北）、日南（治西捲，今越南广治）、珠崖（治瞫都，今海南海口）、儋耳（今海南儋州）等九郡。①

在《汉书·景武昭宣元成功臣表》中，记载降附或有功于汉朝而封侯者，就有匈奴、南越、瓯骆、东粤、朝鲜、东胡、小月氏等族的上层。

如匈奴王、贵族降汉或有功封侯者有：安陵侯于军、桓侯赐、遒侯陆彊、容城携侯徐卢、（翕）〔易〕侯仆黜、范阳靖侯范代、翕侯邯郸（以上以匈奴王降封侯）、亚谷简侯卢它之（以匈奴东胡王降封侯）、翕侯赵信（以匈奴相国降封侯）、特辕侯乐（以匈奴都尉降封侯）、亲阳侯月氏、若阳侯猛（以上以匈奴相降封侯）、涉安侯於单（以匈奴单于太子降封侯）、昌武侯赵安稽、下摩侯谗毒尼、煇渠慎侯应疕、臧马康侯雕延年（以上以匈奴王降封侯）、襄城侯桀龙（以匈奴相国降封侯）、潦悼侯王援訾（以匈奴赵王降封侯）、湿阴定侯昆邪（以匈奴昆邪王降封侯）、河綦康侯乌黎（以匈奴右王与浑邪降封侯）、常乐侯稠雕（以匈奴大当户与浑邪王降封侯）、杜侯复陆支（以匈奴归义因执王从骠骑将军击左王功封侯）、众利侯伊即轩（以匈奴归义楼剸王从骠骑将军击左王功封侯）、湘成侯敞屠洛（以匈奴符离王降封侯）、散侯董舍吾（以匈奴都尉降封侯）、滕侯次公（以匈奴归义王降封侯）、开陵侯成娩（以故匈奴介和王击车师封侯）、秺敬侯金日磾（以揭发莽何罗反封侯）、归德靖侯先贤掸（以匈奴单于从兄日逐王降封侯）、信成侯王定（以匈奴乌桓屠蓍单子左大将军降封侯）、义阳侯厉温敦（以匈奴谮连累单于率众降封侯）。

南越、东粤、瓯骆贵族降或有功封侯者有：术阳侯建德（以南越王兄越高昌侯封侯）、膫侯毕取（以南越将军降封侯）、安道侯揭阳定（以南越揭阳令闻汉兵至降封侯）、随桃顷侯赵光（以南越苍梧王闻汉兵至降封侯）、湘成侯监居翁（以南越桂林监闻汉兵至降封侯）、外石侯吴阳（以故东越衍侯佐繇王功封侯）、下鄜侯左将黄同（以故瓯骆左将斩西于王功封侯）、开陵侯建成（以故东粤建成侯与繇王斩馀善侯功封侯）、临蔡侯孙都（以南粤郎汉兵破南粤得吕嘉功封侯）、东城侯居股（以故东越繇王斩东粤王馀善功封侯）、无锡侯多军（以东粤将军汉兵至降封侯）。

朝鲜、小月氏贵族降或有功封侯者有：平州侯王唊（以朝鲜将汉兵至降封侯）、荻（直）〔且〕侯韩陶（以朝鲜相将汉兵围降封侯）、澅清侯参（以朝鲜尼谿相使人杀其王右渠降封侯）、几侯张陷（以朝鲜王子汉兵围降封侯）、涅阳康侯最（以父朝鲜相路人汉兵至降封侯）、骡兹侯稽谷姑（以小月氏右苴王将众降封侯）、瓡讘侯杆者（以小月氏王将众千骑降封侯）。

以上各族王公贵族降汉或有功于汉而封侯的情况，补充了汉朝与四夷之间关系的若干史实。这些贵族因封侯而大多居于京师长安，虽有的食邑各地（除关内侯外），然也常到京师长安，或居住于长安。[①]

西汉长安，因各族使臣、封官爵者及商贾云集，甚至有专门供各族使臣居住的地方，称为"蛮夷邸"，在汉长安城内稾街。[②]

由于各族人汇集长安，长安成为当时各民族经济文化交流的一个中心地。关于长安及附近汉族的经济、文化及习俗，通过统治阶级的政策、法令及影响，传播和交流到周边各族的情况，因超出本书内容的范围，故不叙述。下面仅就各族的经济文化在京师长安交流的情况，做一简约的叙述。

在经济方面，秦汉与匈奴长期争战和交往，以游牧为生的匈奴的一些牲畜、异兽品种传入长安，如匈奴的奇畜"駃騠"（一种青色的骏马）、骆驼等，就在长安落户。西域著名的天马、汗血马（大宛马）等也被引入长安。据说汉武

---

①　《汉书》卷一七《景武昭宣元成功臣表第五》。
②　《汉书》卷七〇《陈汤传》；陈直校证：《三辅黄图校证》，陕西人民出版社1980年版，第154页。

帝因欲得大宛良马，而遣贰师将军李广利伐大宛。《太平御览》卷一九一引《三辅黄图》记：汉代未央宫"有金厩、路軨厩、果马厩、轺梁厩、骑马厩、大宛厩、胡河厩、騊駼厩，凡九厩，在城内"[1]。騊駼为匈奴奇畜，大宛马出自西域，果下马，来自东北濊国。据有的学者研究，汉武帝之所以如此追求各族的良马，并非为了追求享乐，而是积极引进良马种，以繁殖马匹，对付北方游牧民族的寇掠，在军事上有着十分重大的意义。[2]总之，周边各族良马种的引进，对于内地（包括陕西）养马事业的发展，以及反击匈奴的寇掠，均有一定的作用。

汉朝统治阶级还搜罗四周各族的奇珍异兽置于长安上林苑中，苑中置"兽圈九，彘圈一"，如虎圈、狮子圈等在建章宫。[3]又汉宣帝元康四年（前62），"九真献奇兽（即麒麟）"。[4]汉成帝时（前32—前7），"交趾、越巂献长鸣鸡，伺鸡晨，即下漏验之，晷刻无差"[5]。

各族的珍贵宝物，也集中于长安宫廷，如西域献吉光裘、身毒（印度）宝镜、连环羁（马具）、闽越王献石蜜（野蜂蜜）等。[6]《三辅黄图》记建章宫内有"奇华殿"，内"四海夷狄器服珍宝，火浣布、切玉刀、巨象、大雀、师子、宫（宛）马，充塞其中"。这一切正如汉代著名史学家班固在其《汉书·西域传赞》中所说："遭值文、景玄默，养民五世，天下殷富，财力有余，士马强盛。故能睹犀布（象）、瑇瑁则建珠崖七郡，感枸酱、竹杖则开牂柯、越巂，闻天马、蒲陶则通大宛、安息。自是之后，明珠、文甲（玳瑁）、通犀、翠羽之珍盈于后宫，蒲梢、龙文、鱼目、汗血之马充于黄门，巨象、师子、猛犬、大雀之群食于外囿。殊方异物，四面而至。"此段记汉武帝时，西汉国力强盛，平南越，

---

① 陈直校证：《三辅黄图校证》，陕西人民出版社1980年版，第136页。

② 余嘉锡：《汉武伐大宛为改良马政考》，见余嘉锡：《余嘉锡记学杂著》，中华书局1963年版，第175—180页。

③ 陈直校正：《三辅黄图校证》，陕西人民出版社1980年版，第137—138页。

④《汉书》卷八《宣帝纪》及晋灼注。

⑤ 刘歆撰，葛洪集，向新阳、刘克任校注：《西京杂记校注》，上海古籍出版社1991年版，第202页。

⑥ 刘歆撰，葛洪集，向新阳、刘克任校注：《西京杂记校注》，上海古籍出版社1991年版。

开西南夷，通西域，于是各方的异物、特产，四面而至长安。内犀象、玳瑁（文甲）、明珠、翠羽等，皆为南越及南海诸国之特产，其余则大多为西域及北方民族之异物、特产，且广泛用于天子、贵戚的日常生活之中。

从西域等地传入内地（首先是陕西长安及其附近）的各种农作物、果树等，不仅成为内地人民生活的必需品，而且对陕西等地的农业、工艺制造等方面都产生了很大的影响。自张骞出使西域后，汉使臣从西域传入了蒲陶（葡萄）、苜蓿。"于是天子始种苜蓿、蒲陶肥饶地。及天马多，外国使来众，则离宫别观旁尽种蒲陶、苜蓿极望。"[1]史载张骞出使西域，还传入安石榴、胡桃、黄兰、胡麻、胡豆（蚕豆）、大蒜等。[2]各种新的农作物和果树，均首先在长安及其附近种植，然后传播到各地。《西京杂记》所载"上林名果异木"中，有瀚海梨、胡桃、羌李、蛮李、蛮查、羌查、安石榴等周边民族所种植的品种。《三辅黄图》说，上林苑中扶荔宫，是汉武帝元鼎六年（前 111），破南越后所建，宫以荔枝得名。"荔枝自交趾（今广西、越南北部）移植百株于庭，无一生者，连年犹移植不息。"[3]西域的酿酒方法也传入长安，据传乌孙国有"青田核"，"核大如六升瓠，空之以盛水，俄而成酒，味甚醇美。刘章得两核，集宾客设之，常供二十人之饮"，"久置则苦不可饮，名曰青田酒"。[4]

由于周边民族使臣、商贾云集于长安，长安又成为一个重要的商业中心。今西安和扶风姜塬村曾出土过带有外国铭文的铅饼 15 枚，上铭文据考释，系传写失真的希腊字母，是安息"法拉克麦"钱币上的铭文。[5]这是由西域商人带至长安等的物品，证明当时各族在长安等地进行贸易的事实。

在文化方面，西域、南方等地少数民族乐舞首先传到京师长安。如流行于汉代长安等地的胡角、羌笛、筚篥、竖箜篌、琵琶等均原系西域和羌族的乐器。

---

① 《史记》卷一二三《大宛列传》。
② 张华：《博物志》卷六，《古今逸史》丛书本。
③ 陈直校正：《三辅黄图校证》，陕西人民出版社 1980 年版，第 75—76 页。
④ 崔豹：《古今注》卷下，《四部丛刊三编》本。
⑤ 罗西章：《扶风姜塬发现汉代外国铭文铅饼》，载《考古》1976 年第 4 期；考古研究所资料室：《西安汉城故址出土一批带铭文的铅饼》，载《考古》1977 年第 6 期。

胡角，系"张博望（即张骞）入西域，传其法于西京（长安）"①。《古今乐录》载："横吹，胡乐也。张骞入西域，传其法于长安，唯行摩诃兜勒一曲，李延年因之更造新声二十八解，乘舆以为武乐，后汉以给边将，万人将军得之。"②横吹，对后世音乐影响甚大，隋唐时的"鼓吹"即源于此。③

在汉代宫廷中，还流行一种叫"巴渝舞"的舞蹈。据载，秦末刘邦为汉中王，发巴中夷人伐关中。三秦定，遣夷人还，免其人租赋。巴人其地有渝水，巴夷居水左右，天性劲勇，俗喜歌舞。刘邦见其歌舞，说这是武王伐纣之歌，命乐人传习，故名之为"巴渝舞"。此后，巴渝舞流传至隋唐，为清乐之一种。这一情况，也正如《后汉书·南蛮西南夷传》所说，汉时"夷歌巴舞殊音异节之技，列倡于外门"。

此外，西域等地的杂技、幻术也流传至长安。《史记·大宛列传》记，安息国曾"以大鸟卵及黎轩（今埃及亚历山大城）善眩人（即魔术师）献于汉"。

到东汉时，印度的佛教传入中国内地，洛阳是东汉的政治中心，印度、西域传译佛法的僧人大都集中在洛阳。然而，佛教传播也当及于陕西长安等地。

---

① 崔豹：《古今注》卷下，《四部丛刊三编》本。
② 《后汉书》卷四七《班超传》注引。
③ 周伟洲：《从郑仁泰墓出土的乐舞俑谈唐代音乐和礼仪制度》，载《文物》1980 年第 7 期。

第三章

民族的大迁徙与大融合（上）

第一节　魏晋时五胡向陕西地区的迁徙及其社会地位的变化

一、氐、羌继续向关中等地迁徙及其分布

从东汉末黄巾大起义开始，经东汉末年群雄混战，魏蜀吴三国鼎立，东晋十六国分裂割据，一直到整个北方基本统一于北魏为止，在这大约二百五十年间，基本处于分裂割据中，战乱频仍，北方经济遭到一定的破坏，人口锐减。在这种形势下，处于东北、漠北和西北边疆的各族大量内徙，形成了中国历史上又一次大的民族迁徙浪潮。这一浪潮不仅延续时间长，高潮迭起，而且内迁民族成分复杂，数量惊人。

为什么会发生这种民族的大迁徙呢？究其原因，主要有：第一，在当时的历史条件之下，内地割据政权与边疆诸族统治者为争夺土地、财物和人口，经常发生战争。而战争的结果往往是有大批边疆民族被迫迁入内地。第二，漠北及西北边疆内外的游牧民族与内地农业定居的汉族往往又是文化上相互吸引，经济上相互补充的。自秦汉以来，边疆各族与内地汉族交往日益频繁，相互往来，入内地定居者不少。但是仅有此还不能形成大的民族迁徙，只有当边疆或内地政治形势发生较大变动之时，边疆民族才有可能以"慕义向化"等名义，自愿地大批迁入内地。第三，这一时期内地基本上处于分裂割据状态，战乱不息，人口锐减，田园荒芜，各割据政权往往需要通过战争等手段，从边疆地区掠夺或招诱其他民族入居内地，以扩大兵员和劳动力。而一些边疆内外的少数民族，往往也乘内地分裂混乱，大批内徙，有的甚至入主中原，建立政权。以上三个原因，尤以第三个原因为主。

西北的氐、羌两族，早在汉代就已逐渐向河西、陇右，甚至关中三辅一带迁徙。东汉末年这种迁徙更处于高潮。曹魏正式建立后，张既先后任雍州、凉州刺史十余年，"政惠著闻"，"能容民畜众，使群羌归土"。[①]继任雍州刺

[①]　《三国志·魏志》卷一五《张既传》。

史的郭淮,对来降的羌胡多加安抚,以"威恩抚循羌胡",使关中羌胡得以安居。[①]
然而,曹魏与四川的蜀汉争夺关陇的战争持续不断,居住在两国接壤之地的氐、
羌多有被掠迁至关中及邻近者。[②]

曹魏正始元年(240),魏将郭淮击退蜀将姜维,追至彊中(今甘肃陇南
市武都区西),"按抚柔氐三千余落,拔徙以实关中"[③]。这是氐人第三次大
批徙入关中。如果加上东汉末年两次迁徙,大约有五六万户氐人入徙关中。

曹魏咸熙二年(265),司马炎(晋武帝)夺取曹氏政权,建西晋政权。西晋初,
关中氐、羌人口已相当可观,而且分布亦广。晋元康九年(299)山阴令江统
所撰《徙戎论》说:"徙冯翊(治今陕西大荔)、北地(治今陕西铜川市耀州区)、
新平(治今陕西彬州)、安定(治今甘肃泾川北)界内诸羌,著先零、罕开、
析支(今河湟地区)之地;徙扶风(治今陕西眉县)、始平(治今陕西兴平)、
京兆之氐,出还陇右,著阴平、武都之界。"[④]由此知西晋初,关中的羌族主
要分布在今西安的东北、北部和西北,氐族则分布于西安及其西诸县之内。此
后,关中氐、羌分布格局大致形成。《徙戎论》还说:"且关中之人百余万口,
率其少多,戎狄居半"。戎,主要指氐、羌;狄,指匈奴等族。而关中戎狄之中,
戎又占主要地位,因此当时关中氐、羌人数,至少在三十万口以上。

到东晋十六国时,由于五胡之间相互争战,政权更迭,居住于陇右、河西
的氐、羌族又相继大批迁入关中,使关中氐、羌人数更为增多。

早在匈奴刘曜于关中建立前赵时,关中民族成分就极为复杂。前赵光初二
年(319),因刘曜滥杀关中巴人酋豪,引起巴人反抗,一时关中"四山羌、氐、
巴、羯应之者三十余万,关中大乱"。后刘曜遣游子远进行安抚,才基本上平
息了诸族的反抗。然而,居住于上郡(治今陕西韩城)的氐、羌十余万落,"保
崄不降",首领虚除权渠自号秦王。游子远击降虚除权渠及其子伊余后,"分

---

① 《三国志·魏志》卷二六《郭淮传》。
② 曹魏掠迁的主要是氐族,其中也杂有羌。
③ 《三国志·魏志》卷二六《郭淮传》。
④ 《晋书》卷五六《江统传》。

徙伊余兄弟及其部落二十余万口于长安"。① 于是，氐、羌又有向关中长安集中的趋势。

光初五年（322），刘曜向西扩展，攻氐族杨氏盘踞的仇池（今甘肃西和西南），仇池诸氐、羌多降于前赵。于是，刘曜迁陇右万余户于长安，内当杂有氐、羌。六年（323），刘曜再次进攻陇右，灭陈安的割据势力，又"徙秦州大姓杨（氐族）、姜（羌族）诸族二千余户于长安。氐、羌悉下，并送质任"。到光初十年（327）刘曜派刘朗再攻仇池，掠氐户三千余户而归。②

在羯胡石勒所建后赵政权攻灭前赵前后，为了削弱秦、雍等州氐、羌的势力，后赵又多次强迫陇右、关中的氐、羌迁徙到关东诸州。其中规模最大的有两次：一是在后赵太和元年（328），石虎攻克上邽（今甘肃天水）后，陇右南安（今甘肃陇西）羌族首领姚弋仲向石虎进言，劝他迁陇上豪强，以"虚其心腹，以实畿甸"③。于是，石虎遂"徙氐、羌十五万落于司（治今河北邢台）、冀（治今河北衡水市冀州区）州"。以后，姚弋仲率部数万亦东迁至关东清河的滠头（今河北枣强东南）。④ 二是后赵延熙元年（333），石虎击败石生后，临渭氐首领蒲洪劝石虎："宜徙关中豪杰及羌戎内实京师（襄国，今河北邢台）。"⑤ 石虎于是又"徙雍、秦州华戎十余万户于关东"⑥。而蒲洪也率户两万徙于关东之枋头（今河南浚县西）。仅此两次，秦、雍氐、羌就有约二十万户被迁至关东。

后赵统治者还强迫陇右的氐、羌迁入关中。如后赵建平元年（330），石勒遣石生击败秦州的匈奴休屠首领王羌的反叛后，"徙秦州夷豪五千余户于雍州"。内大部分为氐、羌族。后赵建武十三年（347），石虎遣将王擢（屠各人）攻白马氐于武街（今甘肃成县西北），徙七千余户于雍州。⑦

不仅如此，先后徙入关东的二十万氐、羌之众，于后赵末年冉闵变乱、关

①《晋书》卷一〇三《刘曜载记》。
②《晋书》卷一〇三《刘曜载记》。
③《晋书》卷一一六《姚弋仲载记》。
④《晋书》卷一〇五《石勒载记下》。
⑤《晋书》卷一一二《苻洪载记》。
⑥《晋书》卷一〇五《石勒载记下》。
⑦《晋书》卷一〇七《石季龙载记下》。

东大乱时，分由蒲洪、姚襄（弋仲子）率领大部分又返回关中，先后建立了前秦和后秦两个政权。

氐族苻氏在关中建立前秦后，氐族又大量集中于关中。前秦建元七年（371），苻坚攻灭氐族聚居的仇池王杨纂，迁纂于长安，并尽迁氐人于关中，"空百顷之地"，使关中氐族人数大增。据史载，前秦建元十六年（380），仅关中三原（今陕西淳化东北）、九嵕（今陕西淳化西南）、武都（治小槐里）、汧、雍（今陕西宝鸡市凤翔区）氐人，就有十五万户之众。每户以五口计，约七十五万口。苻坚虽然于此年迁关中氐户于平（镇龙城，今辽宁朝阳）、河（镇枹罕，今甘肃临夏）、幽（镇蓟城，今北京）、豫（镇洛阳）等州，分镇各地，"为磐石之宗"，也不过只有一万余户。[①]以上数字可能不准确，但前秦时关中氐人大量集中，人数在数十万以上是可信的。

前秦亡后，羌族姚氏又在关中建后秦，关中氐人很少迁徙，而羌人又相对集中于关中，并繁衍起来，主要分布于渭北、长安及其东北一带。

总之，自东汉末年至魏晋，西北氐、羌继续向关中迁徙，其分布之广，人数之众，仅次于关中原有的汉族。正因为如此，他们在十六国时，于关中先后建立前秦、后秦政权，在陕西历史上留下了重要的一页。

二、匈奴及其属部徙入渭北等地

东汉末年，南匈奴部众已向南迁至并州及今陕西北部一带。曹操分并州匈奴为五部，遣汉人为司马以领护之。这种情况一直继续到西晋时。并州的南匈奴，仅是曹魏、西晋所能直接统治的一部分，还有相当数量的南匈奴部众散居于河套南，包括陕北地区。无论曹魏或是西晋，都已失去了对这一地区的直接统治。[②]此后，这里的匈奴又与迁入此地的鲜卑、丁零等杂处，并相互融合，形成一些杂胡。

不仅如此，在西晋初塞外以匈奴为主的北狄诸族，还不断地南徙入内地。

---

① 《资治通鉴》卷一〇四，晋孝武帝太元五年七月条；《晋书》卷一一三《苻坚载记上》。
② 李吉甫《元和郡县图志》（中华书局 1983 年点校本）卷三、卷四《关内道》记今陕北一带的坊州（治今陕西黄陵）、丹州（治今陕西宜川）、延州（治今陕西米脂北）、绥州（治今陕西绥德）等，在魏晋时，皆陷于"戎狄"或"羌胡"，即指此。

西晋初年，塞外匈奴及其属部为南下的鲜卑所逼及遭大水灾，纷纷"慕义向化"，而晋武帝又广事招徕，因此，大批塞外匈奴及其属部纷纷内迁。据史载，从西晋泰始元年至太康八年（265—287）先后有七批匈奴及其属部数十万口投归西晋，被徙入内地：

（1）西晋武帝泰始初年，有"塞泥、黑难等二万余落归化，帝复纳之，使居河西故宜阳城下"①。

（2）咸宁三年（277）有"西北杂虏及鲜卑、匈奴、五溪蛮夷、东夷三国前后十余辈，各帅种人部落内附"②。内附匈奴人数不详。

（3）咸宁五年（279）"三月，匈奴都督拔弈虚帅部落归化"③。

（4）同年"冬十月戊寅，匈奴余渠都督独雍等帅部落归化"④。

（5）太康五年（284）有"匈奴胡太阿厚率其部落二万九千三百人归化"⑤。

（6）太康七年（286）"又有匈奴胡都大博及萎莎胡等各率种类大小凡十万余口，诣雍州刺史扶风王骏降附"⑥。

（7）太康八年（287），"匈奴都督大豆得一育鞠等复率种落大小万一千五百口，牛二万二千头，羊十万五千口，车庐什物不可胜纪，来降，并贡其方物，帝并抚纳之"⑦。

仅上述匈奴投归西晋的人数，至少不下二十余万口，他们与汉魏时南匈奴一样都是自愿迁徙的，当然也有西晋统治阶级招诱的因素在内。西晋统治者把这些内迁的匈奴安置在何处，不十分清楚。《晋书·北狄·匈奴传》记泰始初，塞泥、黑难等两万余落投晋后，接着说："后复与晋人杂居，由是平阳、西河、太原、新兴、上党、乐平诸郡靡不有焉。"平阳、西河、新兴、太原，自东汉

① 《晋书》卷九七《北狄·匈奴传》。
② 《晋书》卷三《武帝纪》。
③ 《晋书》卷三《武帝纪》。
④ 《晋书》卷三《武帝纪》。
⑤ 《晋书》卷九七《北狄·匈奴传》；《资治通鉴》卷八一又云："帝处之塞内西河。"
⑥ 《晋书》卷九七《北狄·匈奴传》。
⑦ 《晋书》卷九七《北狄·匈奴传》；周伟洲：《汉赵国史》，山西人民出版社1986年版，第12页。

末年以来就居住了不少南匈奴人；上党、乐平属并州，也有不少匈奴居住。但其中太康七年投雍州刺史王骏约几十万口匈奴，是安置于今陕西境内的。又，《资治通鉴》卷八一晋武帝太康元年（280）记侍御史西河郭钦上疏说："魏初民少，西北诸郡，皆为戎居，内及京兆、魏郡、弘农，往往有之。今虽服从，若百年之后有风尘之警，胡骑自平阳、上党不三日而至孟津，北地、西河、太原、冯翊、安定、上郡尽为狄庭矣。"又云："裔不乱华，渐徙平阳、弘农、魏郡、京兆、上党杂胡，峻四夷出入之防，明先王荒服之制，万世之长策也。"① 由此知匈奴及杂胡几乎遍于西北诸郡，今甘肃、宁夏、陕西、山西、河北均有匈奴的部众，而势力最大、人口最为集中的是在并州诸郡及河东郡一带，但雍州京兆、冯翊、上郡等今陕西地区内迁匈奴人数也不少。

值得注意的是，西晋初内迁至并、雍等州的匈奴胡或匈奴并不一定都是匈奴族，也有许多原属匈奴统治的属部在内，史籍有时也统称为北狄。《晋书·北狄·匈奴传》记载的于晋初入塞的北狄，就有十九种之多。据学者研究，入塞北狄十九种中，只有屠各、贺赖、赤沙三种为匈奴族。赤勒，即敕勒，也就是丁零、高车；羌渠、力羯种，可能与羯胡有关。② 关于屠各的名称，早在汉代已出现于史籍，或称为休屠各、休著屠各、休屠等，是指降附西汉的河西休屠王部众。但是，到魏晋时，"屠各"一名的含义扩大了，成为对入居内地，与汉人杂处的匈奴部众的统称。因此，史籍对原南匈奴单于后裔、建立前赵的匈奴刘氏一族，有时也称为屠各。晋初入塞的北狄十九种中，只有屠各，而无匈奴，并说"屠各最豪贵，故得为单于，统领诸种"，也就是这个缘故。③

十六国时，匈奴刘曜在关中建前赵，于是，原并州五部匈奴又大批迁入关中。此时，长安和渭北许多郡县成为匈奴屠各聚居之所。氐族苻氏建前秦后，匈奴屠各主要集中在渭北各地，尤以贰城（今陕西黄陵境）、鄜城（今陕西富县）、洛川（今陕西洛川北）、定阳（今陕西延安临镇）等地为多。史称前秦建元元年（365），苻坚击败贰城一带的匈奴右贤王曹毂等，曹毂降，苻坚遂"徙

① 后一段引自《晋书》卷九七《北狄·匈奴传》。
② 马长寿：《北狄与匈奴》，生活·读书·新知三联书店1962年版，第92—100页。
③ 详细考证见周伟洲《汉赵国史》，山西人民出版社1986年版，第20—22页。

其酋豪六千余户于长安"；后又分其部落，"贰城已西二万余落封其（毂）长子玺为骆川侯，贰城已东二万余落封其小子寅为力川侯，故号东、西曹"。[①]如每落以五口计，东、西曹一共有二十余万口，迁长安三万多口。

前秦还在上述地区设置冯翊护军，现存前秦建元三年（367）的《邓太尉祠碑》记，冯翊护军"统和宁戎、鄜城、洛川、定阳五部领屠各，上郡夫施黑羌、白羌、高凉西羌，卢水，白虏（鲜卑），支胡，粟特，苦水，杂户七千，夷类十二种"[②]。由此碑可大致了解前秦时渭北各族杂居的情况。

今陕北及河套地区，魏晋时已成为一个以匈奴为主，鲜卑、丁零等族杂居其间的地区。西晋时，这一地区的匈奴与鲜卑族融合，形成了一种名为"铁弗匈奴"的杂胡。铁弗，意为"胡（匈奴）父鲜卑母"[③]所生后代。铁弗匈奴居朔方（河套南），十六国时其首领赫连勃勃（刘勃勃）曾于陕北建立夏国。

在匈奴大批向陕西地区迁徙时，一些与匈奴有关的杂胡也纷纷入居陕西，除上述的铁弗匈奴外，主要还有羯胡、卢水胡和西域胡等。

（1）羯胡。据学者研究，羯胡主要是以西域胡为主，融合了其他民族而形成的杂胡，原役属于匈奴。西晋初入塞的北狄十九种中的羌渠、力羯种，应即羯胡前身。羯胡内徙后，主要分布在今山西、河北等地，尤以上党（治今山西长治北）为聚居之所。十六国时建立后赵的石勒，即是上党武乡（今山西榆社北）羯人。然而，山西与陕西仅隔黄河，因此也有不少羯胡迁入渭北等地。如前赵初刘曜滥杀巴酋，引起"四山羌、氐、巴、羯应之者三十余万"，"羯"即指羯胡。后赵灭前赵后，以羯胡为主的后赵将士、兵卒又镇守关中各地，羯胡又有迁入陕西者。

（2）卢水胡。卢水胡是西汉以来就居于今甘肃河西、陇右一带的杂胡。它的族源（即主要成分）历来说法不一，有谓其主要源于匈奴者，有说源于月氏或义渠等的。从卢水胡沮渠氏祖先曾为匈奴"左沮渠"官，而此职照例是由

---

①　《晋书》卷一一三《苻坚载记上》。有学者认为，此匈奴曹氏应为原匈奴属部昭武九姓（粟特）之曹国人，因仅以姓氏而论，无其他证据，故仍以文献所记为匈奴。

②　马长寿：《碑铭所见前秦至隋初的关中部族》，中华书局1985年版，第12页。

③　魏收：《魏书》卷九五《铁弗刘虎传》，中华书局1974年版。

匈奴异姓贵族担任的情况看，至少卢水胡沮渠氏是源于匈奴族的。不过，卢水胡是杂胡，其中还融有羌、小月氏等族。卢水胡所在的卢水，历来也众说纷纭。从史称沮渠氏为"临松卢水胡人"[1]推测，卢水当指甘州南临松山一带的黑河（卢水）[2]。事实上，魏晋以来，卢水胡分布很广，卢水也不止一条，主要集中地有金城郡临羌县（今青海西宁西）、汶山郡兴乐县（今四川松潘北）、武威郡显美县（今甘肃永昌西）、张掖南临松郡、冯翊的杏城（今陕西黄陵）、北地郡及安定郡的卢水流域等。[3]其中关中、冯翊等地的卢水胡是由河西、陇右迁来的，还是就在本地形成、发展起来的呢？因史籍阙载，难以做出肯定的答复。

关中的卢水胡，最早见于记载是在东汉建安二十二年（217）曹操夺取汉中后，留太原乌丸王鲁昔屯守池阳（今陕西泾阳），"以备卢水"[4]，即防御邻近的卢水胡。曹魏延康元年（220），郭淮等曾"讨山贼郑甘、卢水叛胡，皆破平之。关中始定，民得安业"[5]。西晋元康六年（296）关中爆发各族反抗斗争，内有"匈奴郝散弟度元，帅冯翊、北地马兰羌、卢水胡反，攻北地"[6]。前赵时，安定郡有卢水胡彭仲荡、彭天护父子，曾任前赵梁（凉）州刺史。[7]安定邻近陕西，且有一部分在今陕西境内。总之，魏晋时关中卢水胡人数不少，主要分布在渭北的冯翊、北地和安定诸郡内。

（3）西域胡。所谓西域胡，是泛指今新疆和中亚（古称西域）一带的民族，中国史籍有时又以族名、国名（地名）来称呼这些民族。魏晋时，陕西地区就居住着不少的西域胡人，见于记载的有支胡、粟特和龟兹胡等。

（4）支胡。即月氏胡的省称，因月氏大部分早已迁至中亚，故属西域胡，称大月氏。余留于南山（今甘肃祁连山）的称为小月氏。[8]史称西晋永嘉三年（309）

① 《晋书》卷一二九《沮渠蒙逊载记》等。
② 马长寿：《北狄与匈奴》，生活·读书·新知三联书店1962年版，第103—104页。
③ 唐长孺：《魏晋南北朝史论丛》，生活·读书·新知三联书店1955年版，第405—414页。
④ 《三国志·魏志》卷一五《梁习传》注引《魏略》。
⑤ 《三国志·魏志》卷二六《郭淮传》。
⑥ 《晋书》卷四《惠帝纪》。
⑦ 《资治通鉴》卷八七、卷八八等。
⑧ 《汉书》卷九六上《西域传上》"大月氏"条。

"平阳人刘芒荡自称汉后，诳诱羌戎，僭帝号于马兰山（今陕西铜川北）。支胡五斗、叟（氐羌之属）郝索聚众数千为乱，屯新丰（今陕西西安市临潼区东北新丰），与芒荡合党"[①]。支胡即月氏胡人。前引前秦《邓太尉祠碑》亦记有支胡。

（5）粟特。原是地名，指今中亚河中地区撒马尔罕一带，当时属康国，因此粟特人多康姓，后又称昭武九姓胡。上引《邓太尉祠碑》记冯翊护军还辖有粟特人，说明渭北一带也有粟特人。康姓胡人最著名的一支是康绚一族，史称其祖先出自康居，晋时陇右乱，康氏迁于蓝田。绚曾祖因为苻坚太子詹事。[②]此外，史籍还载后秦时长安白鹿原有康宜、胡人康横等。[③]他们都应是定居于今陕西蓝田一带的粟特康姓胡人。

（6）龟兹胡。龟兹胡人早在西汉时就曾有一部分迁至今陕北定居。龟兹胡人入内地，姓白或帛。前秦时，关中有许多白姓的龟兹胡人，现存的前秦建元四年（368）《广武将军□产碑》（原立于白水）碑阴题名中有"白安""帛初""帛大谷""白禽""白国""白平君"等，[④]皆为龟兹胡人。他们为部落酋长或地方官吏，在当地有一定的势力。

三、乌桓、鲜卑入居关中和陕北

乌桓、鲜卑本源于东胡，所谓"东胡"，是因其"在匈奴东，故曰东胡"[⑤]。据国内外学者研究，东胡诸族语言系属是阿尔泰语系蒙古语族。匈奴冒顿单于兴起后，东破东胡。东胡联盟中的一支迁保乌桓山（今内蒙古阿鲁科尔沁旗归流河附近），以山名为号，称乌桓（乌丸）；另一支保鲜卑山（今内蒙古科尔沁旗西哈古勒河附近），亦以山为名，称"鲜卑"。还有一支则聚居于大鲜卑山（今大兴安岭北段，内蒙古阿里河嘎仙洞一带）[⑥]，（见图 3-1）即后来建立北魏的拓跋鲜卑。当时，乌桓、鲜卑诸部还处于原始公社末期邑落公社的阶段，乌桓大致以农业为主，兼营牧、猎，鲜卑则主要从事游牧，兼及农业和渔业。

---

① 《晋书》卷五《孝怀帝纪》。
② 姚思廉：《梁书》卷一八《康绚传》，中华书局 1973 年版。
③ 《晋书》卷一一八《姚兴载记下》，《宋书》卷八四《傅弘之传》。
④ 马长寿：《碑铭所见前秦至隋初的关中部族》，中华书局 1985 年版，第 33 页。
⑤ 《史记》卷一一〇《匈奴列传》《索隐》引服虔语。
⑥ 米文平：《鲜卑石室的发现与初步研究》，载《文物》1981 年第 2 期。

图 3-1　内蒙古阿里河嘎仙洞拓跋鲜卑石室遗址
（周伟洲摄）

两族均处于匈奴政权的役属之下。

乌桓原居今内蒙古西拉木伦河及归流河沿岸，鲜卑则更在其北。汉代乌桓逐渐南迁，曹魏时大部分已迁入今河北、山西及东北一带，与该地汉、匈奴等族融合，留在北边的乌桓则融入了南下的鲜卑之中。西晋末"八王之乱"时，幽州刺史王浚曾于永兴元年（304）"与鲜卑段务勿尘、乌桓羯朱及东嬴公腾同起兵讨〔司马〕颖"[①]，后又"遣祁弘率乌丸突骑为先驱"，进入长安，迎晋惠帝返洛阳。[②] 即是说，乌桓曾一度进入长安。

到十六国时，内迁乌桓与其他族融合，已成为"杂类"的称谓了。前秦建元六年（370），立国陕西关中的前秦苻坚灭前燕后，曾"徙关东豪杰及诸杂夷十万户于关中，处乌丸杂类于冯翊（治今陕西大荔）、北地（治今陕西铜川市耀州区）"[③]，即有一部分乌丸杂类移居到今陕西东部一带定居。

① 《资治通鉴》卷八五，晋惠帝永兴元年条。
② 《晋书》卷三九《王沈附浚传》。
③ 《晋书》卷一一三《苻坚载记上》。

鲜卑族与中原内地发生关系较迟，只是到东汉时才有所接触。这是因为"鲜卑自为冒顿所破，远窜辽东塞外，不与余国争衡，未有名通于汉"①。因此，东汉、魏晋史籍关于鲜卑早期历史记载不多，且记鲜卑的分布中心在"作乐水"或"饶乐水"，即今内蒙古西拉木伦河流域。这是乌丸南迁后，鲜卑族南下的结果。

公元 1 世纪，漠北匈奴分裂为二，南匈奴降汉，北匈奴后又西迁，漠北地空。于是，鲜卑族从东北向西、向西南迁徙，与遗存于漠北的十余万落匈奴融合，匈奴也"皆自号鲜卑，鲜卑由此渐盛"②。东汉桓帝时，鲜卑崛起于大漠南北，先后建立了以檀石槐、柯比能为首的军事大联盟。柯比能联盟瓦解后，鲜卑族南迁的势头并未减弱。至魏晋时，鲜卑各部开始大量向内地迁徙，其中也包括向今陕西的关中和陕北一带迁徙。

鲜卑族进入关中，最早的记载是在晋惠帝光熙元年（306），东海王司马越遣其将祁弘等攻长安，以迎惠帝，"弘等所部鲜卑大掠长安，杀二万余人"③。接着，祁弘等奉惠帝东还洛阳，所部鲜卑也随之东返。晋怀帝永嘉二年（308），匈奴刘渊起兵反晋，与羯胡石勒一起降刘渊的有"上郡四部鲜卑陆逐延"，上郡时治夏阳，知此时鲜卑已有迁至关中东部者。

鲜卑族大批入居关中长安、咸阳等地，大致是在十六国汉国刘聪遣赵染、刘曜等攻据关中之时。后刘曜镇守长安，留守的军队中有许多鲜卑官兵。到晋太宁三年（325）前赵刘曜都长安后，"置单于台于渭城（今陕西咸阳市渭城区），拜大单于，置左右贤王已下，皆以胡、羯、鲜卑、氐、羌豪杰为之"④。此时，鲜卑又集中于咸阳附近。前赵灭亡后，后赵统治关中，其镇守官兵中鲜卑族占了很大比重。如晋咸和八年（333），石勒将石生坐镇关中，起兵反石虎，其派遣将军郭权所率的就是"鲜卑涉璝部众二万"⑤。过了五年，石虎伐辽西鲜卑段辽后，"乃迁其户二万余于雍、司、兖、豫四州之地"⑥。雍州即今陕

---

① 《三国志·魏志》卷三〇《乌丸鲜卑列传》注引王沈《魏书》。
② 《后汉书》卷九〇《乌桓鲜卑列传》。
③ 《晋书》卷四《惠帝纪》。
④ 《晋书》卷一〇三《刘曜载记》。
⑤ 《晋书》卷一〇五《石勒载记》。
⑥ 《晋书》卷一〇六《石季龙载记》。

西关中之地。

至前秦建元六年（370），苻坚灭前燕，曾"徙关东豪杰及诸杂夷十万户于关中"，内"迁慕容㬂及燕后妃、王公、百官并鲜卑四万余户于长安"。①以后，居长安的鲜卑生殖繁衍，到前秦太初元年（386）西燕慕容颙退出长安时，竟"帅鲜卑男女四十余万口去长安而东"，以致"长安空虚"。②此后，关中鲜卑人数大为减少。可是，后来铁弗匈奴赫连勃勃在陕北建夏国，南北朝时拓跋鲜卑建北魏，都统治过关中，故其地鲜卑族仍然不少。

关中以北、河套以南地区，十六国时已成为匈奴、鲜卑和丁零杂居之地。这里的鲜卑，史称为"朔方鲜卑"或"河西鲜卑"，其中在今陕北的主要有两支。一是"三交五部鲜卑"，三交城，在今陕西靖边东北。晋安帝义熙三年（407），赫连勃勃降后秦，姚兴曾"以勃勃为持节、安北将军、五原公，配以三交五部鲜卑及杂虏二万余落，镇朔方"。二是以三城（今延安东延水南）为中心的薛干等部。薛干，史书又作叱干，有时又讹为薛于、薛千，"常屯聚于三城之间"。北魏登国六年（391），魏击铁弗匈奴刘卫辰，薛干部帅太悉伏（又作它斗伏）降魏。后因卫辰子勃勃逃奔薛干部，魏屡索不给，魏太祖亲讨之，太悉伏南逃降后秦。不久，又返回岭北，"上郡以西诸鲜卑杂胡闻而皆应之"③。北魏天赐四年（407），赫连勃勃"讨鲜卑薛于（干）等三部，破之，降众万数千"④。至此，薛干部臣属于夏。直到北魏神䴥元年（428），魏平夏统万（今陕西靖边白城子），薛干部人又尽为魏之编户。⑤

四、关中汉族的南徙及陕西民族分布格局的变化

魏晋时，在氐、羌、匈奴、鲜卑、羯等五族不断向陕西地区迁徙的同时，陕西关中等地汉族也因战乱和民族的歧视而不断向南迁徙。南方的东晋、刘宋政权为了安置北方的汉族流民，设置了一系列侨治的州、郡和县，其中安置关

---

① 《资治通鉴》卷一〇二，晋孝武帝太和五年十二月条。
② 《资治通鉴》卷一〇六，晋孝武帝太元十一年三月条。
③ 《魏书》卷一〇三《高车传附薛干传》。
④ 《晋书》卷一三〇《赫连勃勃载记》。
⑤ 《魏书》卷一〇三《高车传附薛干传》。

中汉族流民的主要有：雍州京兆郡及新丰县、杜县（以上侨治于今湖北襄樊）；始平郡及始平县、武功县，义成郡的万年县（以上侨治于今湖北均县）；扶风郡及郿县（侨治于今湖北谷城）；新兴郡的新丰县（侨治于今湖北江陵）；南天水郡的华阴县、华山郡及华山县、蓝田县（此地安置原在蓝田的胡人，以上侨治于今湖北宜城）；北上洛郡及北上洛县（以上侨治于今湖北郧西）；南上洛郡及上洛县、商县（侨治于今湖北襄樊、河南南阳一带）；怀宁郡的万年县、治平县，始康郡、南汉县（汉中流民，以上侨治于今四川成都）；安固郡的下邽，南汉中郡及南郑、南苞中、南城固、南沔阳、南长乐县等（以上侨治于今四川，具体地点不详）；秦郡及秦县（侨治于今江苏六合）。此外，还有关中汉族流民南迁至汉中者，因东晋、刘宋时，汉中为其所管辖，故也设侨治郡县以安置关中汉民。如南上洛郡及上洛、商、渠阳、农阳县（侨治于今陕西白河）；武都郡的陈仓县，西京兆郡及蓝田、杜、鄠等县，冯翊郡及莲芍、频阳、高陆、万年等县，始平郡及始平、槐里县，西扶风郡及郿、武功，北扶风郡及武功、华阴、始平等县（以上均侨治于今陕西汉中的南郑）。[①]

由以上东晋及刘宋等南方政权为安置以陕西关中汉族为主的流民而侨置的郡县来看，关中汉族向南的大迁徙，大多是由汉水而下，进入今湖北、四川和汉中地区。《宋书·州郡志》雍州条记："晋江左立。胡亡氐乱，雍、秦流民多南出樊、沔，晋孝武始于襄阳侨立雍州，并立侨郡县。"至于迁徙的时间，大致从晋末永嘉之乱起，一直到宋元嘉时（约312—453）。由以上这些侨治郡县情况分析，关中南迁的汉族人口，至少有数万户之众。

然而，魏晋南北朝时居于汉中的民族并非只有汉族，由于此地西临今甘肃东南武都、仇池氐与羌聚居之地，故仇池、武都一带氐族和羌族也有一小部分不时迁入汉中。此外，四川的僚[②]族有的也北上进入汉中定居。僚族原居于今贵州、云南一带，其源出于壮侗语族的骆越。据史载，十六国成汉政权李寿执政时（338—343），"僚自牂柯（治今贵州凯里西北）北入，所在诸郡，布满

---

① 谭其骧：《晋永嘉丧乱后之民族迁徙》，见谭其骧：《长水集》上，人民出版社 1987 年版，第 199—224 页。

② 僚，原书作"獠"，因带有污蔑性质，故行文中改为"僚"。

山谷"①；"蜀本无獠，至是始出巴西（治今四川阆中）、宕渠（治今重庆合川北）、广汉（治今四川德阳）、阳安（治今四川简阳）、资中（治今四川资阳）、犍为（治今四川彭山东）、梓潼（治今四川绵阳），布在山谷，十余万落"。②此后，四川獠人人口繁衍，分布益广，有的北徙入陕西汉中。《北史·獠传》说，獠人"自汉中达于邛、筰（今四川盐源一带），川洞之间所在皆有"。居汉中者，主要聚居于南部山区。到隋代，汉中獠人富室已汉化，与汉人通婚，"衣服居处言语，殆与华不别"③。

魏晋时，由于五胡的内徙及汉族的南迁，陕西民族分布格局发生了很大的变化。陕西关中地区为汉魏以来受战祸最为严重的地区之一，民族迁徙最为频繁。曹魏、西晋时关中民族成分已是"戎狄居半"的局面。西晋末年以后，匈奴、鲜卑、氐、羌等族又大量徙入，而关中汉族先后向河西及南方大量迁徙。因此，关中汉族人口更为减少，戎狄成分大为增加。此时，关中的氐、羌、匈奴、鲜卑等的人数已大大超过了汉族，改变了秦汉时关中民族分布的格局。陕北地区的情况，更是如此。只有陕南汉中一带，由于关中、甘肃汉族流民大多聚集于此，汉族人口有所增加。

魏晋时，陕西民族分布格局的这种变化，是陕西历史上绝无仅有的，它为陕西地区各民族的大融合创造了条件。

五、内迁各族社会地位的变化及其反抗斗争

魏晋时，今陕西黄陵以北的陕北地区已为内迁的匈奴、羌、鲜卑等部所据，各族分立，还未形成统一的势力，只有关中等地才是魏晋时诸政权直接统治的地区。东汉末至西晋初，五胡内迁于关中等地，在当时的历史条件下，他们很快就纳入了魏晋封建制的系统之中，其社会地位发生了变化。这种变化，在内迁的南匈奴部众中反映得尤为突出。曹魏、西晋沿用东汉末曹操对并州匈奴五部的管理方法，将匈奴王侯与部众分立，使其失去了对其部众的直接统辖，而

---

① 郦道元：《水经注》卷二〇《漾水》，巴蜀书店 1985 年版。
② 郭允蹈《蜀鉴》所引李膺《益州记》，国家图书馆 2010 年版。
③ 魏徵等：《隋书》卷二九《地理志上》，中华书局 1973 年版。

一般部民"服事供职，同于编户"①，内迁部民要向政府服役纳赋，有的沦为汉族世家大族的"田客"或奴仆。②内徙入陕西境内（关中）的五胡，情况亦大致相同。如内徙关中的氐、羌等族，有的保留了原部落组织，有的部落组织被解散，成为统治阶级的"编户齐民"。晋初关中各族人民起事反抗北魏统治的领袖氐族齐万年，就是西晋的一个"编户齐民"。③西晋时扶风郡内迁氐族特别多，咸宁三年（277）汝阴王司马骏为扶风王，"以氐户在国界者增封"，成为封国下的编户。

有的内迁五胡则成为世族豪门的佃客、部曲或奴隶。魏晋统治者为加强对内徙诸族的控制，专门设置"护军"（即与郡县一级结合的军政机构）对杂居于汉族中的内迁各族进行管理。如曹魏迁氐人于扶风、美阳后，设"安夷、抚夷二部护军"管理。④西晋统治者还于长安设"西戎校尉"，以加强对氐、羌等族的控制。⑤

所有内迁各族都要向汉族统治阶级服兵役，经常被征调四处打仗，有的还要向统治阶级缴纳赋调，受到残酷的压迫和剥削。他们所受的压迫和剥削是双重的，既有民族的也有阶级的。但是，在西晋泰始（265）之前内徙诸族与当地汉族相处还是较好的。《晋书·阮种传》记阮种在一次对策中说："自魏氏以来，夷虏内附，鲜有桀悍侵渔之患。……而今丑虏内居，与百姓杂处，边吏扰习，人又忘战。受方任者，又非其材，或以狙诈，侵侮边夷；或干赏啖利，妄加讨戮。"从阮种的言论，知内迁各族在很长一段时间内是"鲜有桀悍侵渔之患"的，而后因边吏、受方任者等各级官吏对内迁各族的侵掠和压迫加重，才引起了他们的反抗。

晋元康四年（294），惠帝即位后不久，关中爆发最大的一次内迁各族反抗斗争。这次起事首先发难于谷远（今山西沁源），首领是匈奴郝散。后郝散

---

① 《三国志·魏志》卷一五《梁习传》。

② 周伟洲：《汉赵国史》，山西人民出版社 1986 年版，第 14—19 页。

③ 萧统编：《文选》卷二〇《关中诗一首》李善注引《晋诸公赞》，中华书局 1977 年版。

④ 《三国志·魏志》卷三〇注引《魏略·西戎传》。

⑤ 《晋书》卷二四《职官志》。

为冯翊都尉所杀。过了两年，郝散弟度元与冯翊、北地的马兰羌、卢水胡起事，攻北地，杀太守张损，又击败冯翊太守欧阳建。接着，度元又击败雍州刺史解系。秦、雍的氐、羌群起反抗，推氐帅齐万年为皇帝，围泾阳，掀起了各族人民联合反抗晋朝统治阶级的斗争。秦、雍二州氐、羌人口众多，他们对于统治阶级的压榨，"怨恨之气毒于骨髓"[1]。而起事的导火线正是镇守关中的赵王伦"刑赏失中"，重用亲信孙秀，滥杀羌大酋数十人而引起的。[2] 义军于第二年（297）杀晋大将周处，关中守将郡守望风逃窜，相望于路。[3] 直到元康九年（299），晋朝遣孟观才最后镇压了这次反抗斗争。

起事暴露出内迁诸族深受民族和阶级的双重压迫，民族矛盾和阶级矛盾激化的事实。对于这点，西晋统治阶级内部早有察觉。如晋太康元年（280）平吴后，侍御史郭钦上疏说："魏初人寡，西北诸郡皆为戎居。今虽服从，若百年之后有风尘之警，胡骑自平阳、上党不三日而至孟津，北地、西河、太原、冯翊、安定、上郡尽为狄庭矣。"因此，他主张已迁居入内地的诸族返原居地，以"明先王荒服之制，万世之长策也"[4]。元康九年，以齐万年为首的反抗斗争失败后，山阴令江统又作《徙戎论》，他仍从宜徙内迁各族于边外，以符古代"地在要荒"的理论出发，说："非我族类，其心必异，戎狄志态，不与华同。而因其衰弊，迁之畿服，士庶玩习，侮其轻弱，使其怨恨之气毒于骨髓。"他特别担心关中的氐、羌和并州的匈奴，主张立即把他们迁回原来居住的地方。此后，并州匈奴刘渊起兵，终于倾覆了西晋的统治。

郭钦、江统的议论，反映了当时西晋统治阶级中一些人已经看到内迁各族人民深受双重压迫，成为西晋王朝的最大威胁。但是，他们提出的解决办法，不是从根本上消除或减轻统治阶级对内迁各族的压迫，缓和民族矛盾和阶级矛盾，而是主张将他们徙回边外。这在当时的历史条件下，根本是不可能的。

---

① 《晋书》卷五六《江统传》引《徙戎论》。
② 《晋书》卷五九《赵王伦传》，《文选》卷二〇《关中诗一首》李善注引《晋诸公赞》。
③ 《文选》卷五七潘岳《马汧督诔》。
④ 《晋书》卷九七《北狄·匈奴传》。

第二节　前赵的兴衰及其政治、文化特点

一、前赵的兴衰

西晋自惠帝即位后，统治阶级内部日益腐朽，内部斗争激烈，终于引发了内部的"八王之乱"。八王之间的混战，使内地经济遭到严重破坏，人口减少，农民流离失所，民族矛盾和阶级矛盾更加尖锐。永康（300—301）以后，各地流民及内迁各族纷纷揭竿而起。并州五部匈奴贵族、南匈奴单于后裔刘渊等早已不甘心只有单于、王公虚号，"无复尺土之业，自诸王侯，降同编户"的处境。因此，于晋永兴元年（304）利用当时各族人民反晋斗争的形势，巧妙地打出了"复呼韩邪之业"的口号，以召诱匈奴和杂胡；又以复"汉"的旗号，笼络、号召汉族，举兵反晋。起兵数日，胡汉民归之者数万，刘渊即称"汉王"，置百官，建立"汉"政权，都平阳（今山西临汾）。[①]

"汉"政权建立后，多次进攻晋京师洛阳，最后于晋永嘉五年（311）攻下洛阳，俘晋怀帝。其间，刘渊还命族子刘曜率军攻长安，终于在晋建兴四年（316）攻陷长安，俘晋愍帝，西晋灭亡，至此，刘曜镇守长安。过了两年（318），汉国内统治阶级发生内乱，大臣靳准杀新即位的汉帝刘粲（聪子）。原属汉国的羯胡石勒及镇守长安的刘曜各率军至平阳平乱。刘曜遂自称帝，改元光初。后石勒陷平阳，刘曜退回关中，都长安，改汉国号为赵，史称前赵。[②] 石勒也于同年在襄国（今河北邢台）称赵王，史称后赵。

前赵建立初，政权并不巩固，刘曜先后击败了秦陇一带西晋残余势力司马保和屠各路松多等，解除了来自西边的威胁。接着，又镇压了关中巴人、氐、羌各族的反抗，迁上郡氐、羌部落二十余万口于长安。至此，前赵政权得到了初步的巩固，刘曜即积极向西扩展。前赵光初五年（322），刘曜率军先征仇池氐族杨难敌，迫其称藩；次年又攻灭割据于秦州的陈安，徙秦州大姓杨、姜

---

① 前赵国，一般包括匈奴刘氏所建汉与赵两个政权，或称"汉赵国"，有时也可将汉、赵分开对待。崔鸿《十六国春秋》则统称"前赵"。

② 《晋书》卷一〇三《刘曜载记》。

诸族两千余户于长安。陇右氐、羌纷纷降附，并送质任。刘曜以灭陈安之势，率大军进攻割据河西的前凉张氏政权，迫其称臣纳贡；后又取前凉河南（今甘肃兰州黄河以南）地。① 此时，前赵达到了极盛的阶段。

然而，刘曜因连年征战，滥用民力、财力为其父、妻建陵，国势渐衰。前赵光初十一年（328），刘曜在进攻后赵洛阳时被俘，其子刘熙等逃至上邽，关中为后赵所据有。后刘熙从上邽进攻长安，为后赵石虎所俘，被杀，前赵灭亡，凡二十六年，其中刘曜所建赵政权仅存十二年。

二、前赵的"单于台制"与胡汉分治

前赵立国于陕西关中，这是先秦、秦汉以来关中汉族（华夏族）第一次在非华夏族的统治之下。匈奴所建前赵是怎样统治关中一带汉族及其他各族的呢？刘渊建立汉国前，内迁匈奴基本保留了原匈奴的部落组织形式和官爵名号；建国后，原来的匈奴官制就逐渐为汉魏以来汉族政权的那一套官制所替代，以统治广大的汉族和较早徙入内地并逐渐汉化、成为编户的其他民族。除此而外，前赵境内还有大量从事游牧或畜牧的"六夷"，即鲜卑、匈奴、羯、氐、羌、巴，或称"百蛮"。汉赵统治者则采取另一种方式来管理他们，这就是沿袭漠北匈奴的所谓"单于台制"。

最早实行单于台制的是汉国刘渊，在其称汉王后六年（310）临终时，以子刘聪为大司马、大单于，置单于台于平阳西。② 刘聪继立后，以皇太弟刘乂为大单于、大司徒。至汉嘉平四年（314）初，刘聪置左右司隶的同时，又置"单于左右辅，各主六夷十万落。万落置一都尉"。刘乂失宠后，刘聪以子粲为"相国、大单于，总摄朝政"。③ 刘曜建前赵后，很长一段时间未设单于台，直到光初九年（326）才以子刘胤为大单于，"置单于台于渭城"，"置左右贤王已下，皆以胡、羯、鲜卑、氐、羌豪杰为之"。④

可见，汉赵国单于台的设置并未贯彻始终，实际上仍是以汉魏以来汉族政

① 《晋书》卷一〇三《刘曜载记》。
② 《太平御览》卷一一九引《十六国春秋》，《晋书》卷一〇一《刘元海载记》。
③ 《晋书》卷一〇二《刘聪载记》。
④ 《晋书》卷一〇三《刘曜载记》。

权的政治制度为主，单于台为辅。单于台一般设在国都附近，最高长官曰"大单于"，通常由继承帝位的储主担任。大单于之下，设"单于左右辅"或"左右贤王"。左右辅之下，汉国以其各主六夷十万落，万落置一都尉。即是说，单于台所统六夷是以其原有的部落组织为基本单位。落，即帐落，相当于汉族的一户。从以上单于台制的特点看，这一制度基本上是沿袭匈奴官制而来。因此，按其性质来讲，单于台不仅是一个政治行政组织，而且是一个带有军事性质的组织和带家属、财产（主要是牲畜）的部落组织。正因为如此，十六国设置单于台的政权，其军事力量基本上握在单于台的大单于手中。这就是大单于一职一般由继承帝位的太子担任的原因，由此亦可见大单于地位之重要。

汉赵国及十六国一些政权采取的两套官制，实行胡汉分治的原因，不外乎是这些政权统治的地区内既有人数众多、以农业为主的汉族，又有从东汉以来大量内迁的六夷，他们既有保持旧俗的一面，又有因汉化而接受汉族传统文化的一面。因此，五胡所建立的一些政权对国内经济、文化和习俗相异的胡汉人民采取两种不同的官制，加以管理，是时代的产物。可是，国内有些学者却认为："大单于及单于台的设置，是胡族落后国家机构形式在中原的残留，反映了民族压迫的存在。"①还有的学者说，单于台制"是一个人为的胡汉分治的落后政策，阻碍民族融合的进程"②，"总的精神都是突出民族界限，实行分而治之"③，"是一种制造民族对立而不利于民族融合的落后政策"④。这些看法似可商榷。

事实上，十六国时单于台的设置是汉赵等国改造原匈奴的旧制，以适应新的历史时代要求的产物，在中国封建政治制度史上可以说是一个创造。在当时民族关系复杂的特定历史条件下，汉赵等政权的单于台制有它出现的必然性和合理性，反映了当时各民族尚未融合的历史事实，不能简单加以否定。

当然，这一制度所形成的胡汉分治又有极大的局限性，随着内迁六夷与汉

① 冯君实：《十六国官制初探》，载《东北师大学报》1984年第4期，第97页。
② 万绳楠：《魏晋南北朝史论稿》，安徽教育出版社1983年版，第136页。
③ 王俊杰：《西秦史钩沉》，载《甘肃师范大学学报》（哲学社会科学版）1981年第3期，第48页。
④ 高尚志、冯君实：《秦汉魏晋南北朝史》，辽宁人民出版社1984年版，第262页。

族的进一步融合，胡汉逐渐融为一体，差别逐渐缩小，两套官制也就失去了它存在的基础，单于台制也就为历史所淘汰。十六国的历史恰好证明了这一点。

三、前赵的文化与内迁匈奴的汉化

前赵国文化上的特点，是内迁匈奴统治阶级以汉族传统文化作为整个上层建筑的思想基础，学习不遗余力，以至渗透到社会习俗、伦理道德、文学、史学和艺术等各个领域。

首先表现在汉赵统治者匈奴刘氏一族汉化很深，有较高的汉族传统文化修养。刘渊的从祖刘宣曾师事名儒乐安孙炎，"好《毛诗》《左氏传》"，深得其师的赞赏。[①]刘渊本人师事上党名儒崔游，对汉族典籍无不综览，深受汉族儒家学说的影响。刘渊同游门生范隆、朱纪，自汉国建立起，即为汉大臣，位至三公，对刘氏有较大的影响。渊子刘和，"好学夙成，习《毛诗》《左氏春秋》《郑氏易》"[②]。另一子聪，"年十四，究通经史，兼综百家之言，《孙吴兵法》靡不诵之"，"工草隶，善属文，著述怀诗百余篇、赋颂五十余篇"[③]，有很深的汉族文学功底。刘曜亦是"读书志于广览，不精思章句，善属文，工草隶。……尤好兵书，略皆暗诵"[④]。刘渊父子两代人，大都在西晋的政治中心洛阳生活过一段时期，广泛与汉族名士、官僚往来，洞悉西晋王朝一整套政治、经济制度以及上层建筑、意识形态等。这样，当他们即位后，才能轻而易举地承继汉魏以来的文化制度，大力提倡和推行汉族文化。

至刘渊的第三代，对汉文化的研习仍然不断。据《太平御览》卷六一〇引萧方等《三十国春秋》载，刘聪子"汉大将军、东平王约，汉王聪戏之曰：'汝诵何书，味何句也？'约曰：'臣诵《孝经》，每咏身体发肤，受之父母，不敢毁伤。至于在上不骄，高而不危，未尝不反复诵之。'聪大悦"。这则记载说明刘氏一族从小研习汉族传统典籍，汉族的伦理道德也逐渐为他们所接受。又，刘曜子刘熙，也是从小受汉族儒学熏陶长大的。刘氏宗族中还有不少汉化

---

① 《晋书》卷一〇一《刘元海载记附刘宣传》。
② 《晋书》卷一〇一《刘元海载记附刘和传》。
③ 《晋书》卷一〇二《刘聪载记》。
④ 《晋书》卷一〇三《刘曜载记》。

很深的人物，如刘渊兄刘延年，史称其"年十五丧二亲，奉叔父孝闻"①。

　　除匈奴刘氏一族外，内迁匈奴平民中也有许多著名的汉化知识分子，如陈元达、卜翊等人。陈元达，《晋书·刘聪载记》后附有传，其原为匈奴后部人，"少而孤贫，常躬耕兼诵书，乐道行咏，忻忻如也"；先后任汉赵国黄门郎、廷尉、左司隶、右光禄大夫、御史大夫、仪同三司等。史称其"在位忠謇，屡进谠言，退而削草，虽子弟莫得而知也"。卜翊，《晋书》将其列入《艺术传》中，云其为"匈奴后部人也"，"少好读《易》"，为当世易学大师，故《晋书》为之立传。

　　在史学方面，自魏晋以来中国史学日趋发达，官修、私人撰修的史书，无论数量和质量都是相当可观的。汉赵立国后，统治者匈奴刘氏一族承继了魏晋的传统，设置专门的史官"左国史"，进行官修史书的编纂。唐刘知几《史通》卷十二《古今正史》云："十六国史，前赵刘聪时，领左国史公师或撰《高祖本纪》及功臣传二十人，甚得良史之体。凌修潛其讪谤先帝，聪怒而诛之。刘曜时，平舆子和苞撰《汉赵记》十篇②，事止当年，不终曜灭。"③《礼记·玉藻》记周朝曾设置史官："左史"和"右史"，云"动则左史书之，言则右史书之"。春秋时晋、楚两国均沿置，然不常置，汉赵所置"左国史"，当由周以来所置"左史"而来。公师或以太中大夫领左国史，撰其国君臣记传。公师或、和苞所撰汉赵国史书今已佚，仅在现存唐、宋的一些类书，如《北堂书钞》《艺文类聚》《初学记》《太平御览》等书中，还可见到一些片段。汉赵以后，十六国各政权大都设史官，修国史；而史官多为汉族士大夫任之，这样就不断发生国史修成后史官被杀的事件。刘聪因信谗言，恨公师或所修国史对其父刘渊不敬，而杀之。

　　在仪礼制度、音乐、艺术等方面，汉赵国也承袭了汉魏以来的传统。《晋书》卷二三《乐志》云："永嘉之乱，海内分崩，伶官乐器，皆没于刘、石。""刘"，

---

① 《太平御览》卷四二一引崔鸿《十六国春秋·前赵录》。
② 《新唐书》卷五八《艺文志二》作："和包《汉赵纪》十四卷。"《隋书》卷三三《经籍志二》、《旧唐书》卷四六《经籍志上》均记作"《汉赵记》十卷，和苞撰"。
③ 刘知几著，浦起龙通释，王煦华整理：《史通通释》，上海古籍出版社2009年版，第332页。

即指汉赵。故汉赵设"太常"，内统太乐、鼓吹等令，又置乐府，行原汉族政府的礼乐制度。《晋书·刘曜载记》曾云曜平陈安后，闻陇上人歌陈安的"壮士之歌"而嘉伤，"命乐府歌之"。又赠其大司马刘雅"前后鼓吹各二部"等。

总之，从上述情况看，汉国的文化基本上是承袭了汉魏以来传统的汉族文化，在语言、文字、文学、史学、艺术、伦理道德等各个方面，无不渗透了汉族文化思想，这是值得我们注意的。

不仅如此，前赵统治者刘曜还极力在国内推广汉族文化，设置专门机构，教授生徒，并从学生中选拔官吏。《晋书·刘曜载记》记："曜立太学于长乐宫东，小学于未央宫西，简百姓年二十五已下十三已上，神志可教者千五百人，选朝贤宿儒明经笃学以教之。以中书监刘均领国子祭酒。置崇文祭酒，秩次国子。散骑侍郎董景道以明经擢为崇文祭酒。"又，汉赵国有博士张师、博士祭酒台产等。国子祭酒、崇文祭酒、博士、博士祭酒，皆为晋时太常所属国子学官员，专门教授生徒，学习汉文典籍。汉赵承此，亦设有这些官职。如董景道，《晋书》撰者将其列入《儒林传》中，云其为弘农人，"少而好学，千里追师，所在惟昼夜读诵，略不与人交通。明《春秋三传》《京氏易》《马氏尚书》《韩诗》，皆精究大义"。曜聘其为崇文祭酒①，以教生徒，可见刘曜对推广汉族文化的重视。更有甚者，曜还"临太学，引试学生之上第者拜郎中"，也就是从学生中选拔官吏。

仅从上引的一些零星资料来看，过去一些史家一概斥责十六国时少数民族所建政权是"乱华"，加之以"破坏文化"，使中国文化陷于停滞不前等论调，是有失公允的。

总之，在汉赵国内，从上至下汉化是一个总的趋势，但同政治、经济方面一样，文化上也仍然保存了一些匈奴的旧俗。这正如《晋书·刘曜载记》后附唐代史臣所说："若乃习以华风，温乎雅度；兼其旧俗，则罕规模。"如匈奴习俗："父死，妻其后母；兄弟死，皆取其妻妻之。"②这种习俗，在汉族看来是大逆不道

---

① 按，《晋书·董景道传》云曜征其为太子少博、散骑常侍，"并固辞，竟以寿终"，与《载记》所云不合，从《载记》。

② 《史记》卷一一〇《匈奴列传》。

的乱伦行为，但事实上只不过是内迁匈奴刘氏保留匈奴的旧俗而已。

建立汉赵政权的内迁匈奴，作为一个"族的共同体"，事实上早在晋末已经基本上解体；所谓并州五部匈奴，不过是保留了族的共同体的躯壳而已。汉赵政权建立后，基本上承袭了汉魏以来汉族政权的政治制度，作为统治民族的匈奴上层贵族多被封以原汉族政权的官爵名号，与数量众多的汉族官吏共同执掌政权，通过官爵取得俸禄、食邑和赏赐的权利，直接或间接地剥削广大各族人民。他们的思想、习尚和学习的典籍逐渐与汉族士大夫、官僚合而为一。久而久之，他们与汉族官僚事实上已没有多大的差别了。试观《晋书》有关刘元海、刘聪、刘曜等载记，出身匈奴的官吏如陈元达、刘义、卜珝、乔豫等劝谏刘聪、刘曜的言论，无异于汉族士大夫的口吻。从这些，就可知当时匈奴贵族汉化之深。

至于一般内迁匈奴和其他少数民族部众，则处于被统治阶级的地位。汉赵虽然专门设置单于台，实行胡汉分治，但是他们与广大汉族同处一国之中，通过各种渠道的相互接触日益频繁，加速了相互融合的过程。比如，胡汉人民均要服兵役，汉国初期的军队大多为内迁匈奴及胡羯等少数民族的部落兵，后来汉族人大量被征入伍，改变了汉赵军队的民族成分。刘曜经常率所谓"中外"精锐出征，就说明胡汉军队经常一起参加战争，这有利于各族的汉化。又如，作为统治民族的内迁匈奴，随着占领区域的扩大，为巩固政权，将族人分驻各地。刘聪时，先后两次占领长安，匈奴军队（包括鲜卑、氐、羌等军队）随刘曜一起进驻关中，以后又扩大到陇右等地。还有汉赵国内的民族矛盾和阶级斗争，也是造成民族迁徙，错居杂处，增强各族人民联系的一个重要方面。最后，汉赵国灭亡的本身，也就注定了内迁匈奴这个"族的共同体"最终的瓦解。前赵为后赵所灭，刘氏一族及将王公卿校以下三千余人，还有"五郡屠各"五千余人，被后赵所坑杀；另有一部分匈奴被徙入襄国，其余的匈奴则分散于北方各地，均为后赵所统治。他们有的避入山中，与当地其他各族杂居，成为以后史书所云之"稽胡"（山胡）之类的杂胡，而绝大多数逐渐融合到汉族之中。至汉赵国灭亡后，作为内迁匈奴的"族的共同体"在历史上已经消失，史籍中也从此再未见明确记载内迁匈奴的活动，更说不上再入主中原重建政权了。

第三节　前秦及其民族政策

一、立国关中的前秦政权

前赵灭亡后,陕西关中地区为后赵所统治。东晋永和五年(349),后赵石虎死,子石遵立,旋为石虎养孙冉闵(汉人)所杀。冉闵称帝,国号大魏(冉魏)。他滥杀胡羯二十余万,"于时高鼻多须至有滥死者半"。这是十六国时期最大的一次民族仇杀事件。永和八年(352),冉魏为南下的前燕慕容氏所灭。

从石虎死到冉魏灭亡,中原大乱,饥疫流行,"青、雍、幽、荆州徙户及诸氐、羌、胡、蛮数百余万,各还本土,道路交错,互相杀掠,且饥疫死亡,其能达者十有二三"[①],形成北方又一次大的民族迁徙。其中,居于枋头的陇右氐酋蒲洪,在永和五年秦、雍流民西归的高潮中,率领十余万流民,打出东晋的旗号。此举乃蒲洪于民族矛盾尖锐的情况下,打出东晋旗号,以号召和笼络广大的汉族。蒲洪又以谶言"草付应王"而改姓苻氏,自称大将军、大单于、三秦王,欲率众据关中。后苻洪为后赵降将麻秋所鸩杀,其子苻健率众入关中。永和七年(351),苻健占领关中后,再也不需要打出东晋的旗号,即天王、大单于位,国号大秦,史称前秦或苻秦,建元皇始,都长安。永和八年,苻健称帝,以大单于号授其子苻苌。[②]

前秦建立后,东掠关东,败东晋,迁降将张遇及陈、颖、许、洛之民五万户于关中;[③]西击秦州屠各王擢于陇上,擢奔降前凉,张重华以其为秦州刺史。前秦皇始三年(353)前凉使王擢率众五千攻秦州上邽,为苻健所击败,苻健以苻愿为秦州刺史,镇上邽。接着,王擢率二万军再攻上邽,苻愿败,奔还长安。[④]苻健遣苻愿率军四万屯于陇东。这是继前、后赵之后,前秦与前凉争夺秦陇的战争,时双方力量相敌,往来争夺激烈。

前秦皇始四年(354),东晋桓温"北伐",从建陵(今湖北江陵)趋武关(今

---

① 《晋书》卷一○七《石季龙载记附冉闵传》。
② 《资治通鉴》卷九九,晋穆帝永和八年正月条。内记前秦丞相苻雄请苻健正尊号:"且言单于所以统壹百蛮,非天子所宜领,以授太子苻苌。"
③ 《资治通鉴》卷九九,晋穆帝永和八年六月、七月条。
④ 《晋书》卷八六《张轨传》,《晋书》卷一一二《苻健载记》未记苻愿败事。

陕西丹凤东南），命司马勋出子午道攻关中；前凉也遣王擢攻陈仓，以应桓温。东晋军转战而前，军至长安东灞上，三辅郡县皆降东晋。不久，前秦丞相苻雄在子午谷袭破司马勋，又败桓温于长安东之白鹿原，桓温军饥，徙关中三千余户而还。王擢攻至陈仓东，后也败还略阳，司马勋退至汉中。前秦转危为安，桓温"北伐"以失败而告终。王擢败还略阳后，前凉张祚（重华庶兄）借此机会想灭掉擢在秦州的势力，遣牛霸袭破之。王擢于是降前秦，苻健以其为尚书，派氐族上将军啖铁为秦州刺史。①

史称苻健之治关中，"与百姓约法三章，薄赋卑宫，垂心政事，优礼耆老，修尚儒学，而关右称来苏焉"②。可惜其在位仅五年，于皇始五年（355）卒，其子苻生立，改元寿光。苻生在位时，暴虐无道，滥杀无辜，特别不注意争取和团结支持前秦的氐、汉等族上层。如他滥杀原为南安羌酋的丞相雷弱儿及其九子、二十七孙，引起"诸羌悉叛"的后果。③因此，苻生在位三年，即为苻雄子苻坚等所杀。

苻坚继立后，改元永兴。此时前秦的东边是鲜卑慕容氏所建之前燕，西边是前凉，其疆域大致仅有关中和陇右地区。苻坚，字永固，生于枋头，从小受汉族文化的熏陶，是十六国时期杰出的人物。他执政后，采取了一系列恢复和发展经济的措施，如兴农桑，开山泽之利，公私共之，偃甲息兵，与民休息等。在政治方面，他重用汉族谋士王猛，压抑贵戚强豪，修明政刑，风化大行；又复"魏晋士籍，使役有常闻"，以争取汉族封建上层的支持。在文化方面，则大力推行汉族文化，广修学宫，亲临太学，考学生经义优劣，量才授职等。经过苻坚、王猛等的努力，前秦很快就强盛起来，史称时"关陇清晏，百姓丰乐"。④于是苻坚即着手进行统一整个北方的战争。

前秦建元三年（367），苻坚遣王猛、姚苌等攻克略阳，羌酋敛岐奔白马；前凉张天锡攻李俨于大夏、武始二郡。李俨退守枹罕，遣使向前秦求援；王猛

① 《资治通鉴》卷九九，晋穆帝永和十年十月、十一月条。
② 《晋书》卷一一二《苻健载记》。
③ 《晋书》卷一一二《苻生载记》。
④ 《晋书》卷一一三《苻坚载记上》。

乘机救枹罕，破前凉军，擒李俨，取陇右之地。

建元六年（370），苻坚遣王猛等率步骑六万攻灭前燕，取其"郡百五十七，县一千五百七十九，户二百四十五万八千九百六十九"，并"徙关东豪杰及诸杂夷十万户于关中"，[①]"迁慕容暐及燕后妃、王公、百官并鲜卑四万余户于长安"[②]。此乃鲜卑向关中第二次大迁徙。

建元七年（371），苻坚又遣将杨安、王统（王擢子）等攻仇池杨氏割据势力。前秦军临仇池（今甘肃西河西南），大败杨纂，杨统以武都之众降，后杨纂亦降，被送至长安。苻坚以杨统为南秦州刺史（治仇池），杨安为都督南秦州诸军事，镇仇池。

仇池氏杨氏割据势力的覆灭，对西北地区震动很大。时据有甘南、青海的吐谷浑王碎奚闻杨纂败，遣使向前秦献马五千匹、金银五百斤；苻坚以之为安远将军、漒川侯。

建元九年（373），苻坚还遣王统、毛当等分兵两路，从东晋手中夺取汉中和益州（治成都），并将势力伸入南中之地。以杨安为益州刺史，镇成都；毛当为梁州刺史，镇汉中；姚苌为宁州刺史，镇垫江；王统为南秦州刺史，镇仇池。[③]

前秦最终扫除了兼并前凉，统一河西、西域的障碍。建元十二年（376），苻坚命其将苟苌、毛当、梁熙、姚苌等率步骑十三万攻前凉。此时，前凉已衰弱，前秦军击败前凉诸军，前凉主张天锡奔还姑臧（今甘肃武威），后遂乘素车白马，面缚舆榇，降于军门。从此割据河西七十余年（从张轨据凉州算起）的前凉政权灭亡。苻坚以梁熙为凉州刺史，领护西羌校尉，镇姑臧，以高昌杨幹为高昌太守，并"徙豪右七千余户于关中"，而原因战乱流离的河西士族，亦听其还本郡。[④]其时，河西西部边塞氐、羌诸部，仍未归附前秦，诸将议欲讨之。

符坚说："彼种落杂居，不相统壹，不能为中国大患，宜先抚谕，征其租税，若不从命，然后讨之。"后遣去招抚之庭中将军魏曷飞纵兵击氐、羌，大掠而归。符坚大怒，鞭之二百，斩前锋督护储安以谢氐、羌。于是，氐、羌纷纷降附，众八万三千余落。[①]

同年十月，符坚又遣幽州刺史符洛率军十万，分和龙（即龙城，今辽宁朝阳）、上郡两路进攻在漠南及代北的拓跋部代王什翼犍。什翼犍败退至阴山北，原被其征服的高车诸部尽叛，四面抄掠，什翼犍遂返云中，为其庶长子寔君所杀，国中大乱，代国遂为前秦所灭。符坚散拓跋部于汉代边障故地，"立尉、监行事，官僚领押，课之治业营生，三五取丁，优复三年无税租"[②]；又分原代民为两部分，以山陕黄河为界，河东划归原代王甥刘库仁（匈奴屠各）统领，河西划归原在朔方的铁弗匈奴部刘卫辰管辖。此后，卫辰与库仁争权，卫辰怒杀前秦五原（治今内蒙古包头）太守而叛，旋为库仁所败。符坚为分北方诸族之势，仍以卫辰为西单于，使其督摄河西诸杂类，屯代来城（在今内蒙古伊金霍洛旗西）。

至此，前秦基本上统一了北方，西北地区除高昌以西西域地区外，均归前秦所统治。到前秦建元十九年（383）符坚遣吕光征西域后，西域诸国均处于前秦统治之下。

前秦的政治制度，在符坚在位时，基本沿袭汉魏以来的制度，其中在地方行政制方面，除沿袭秦汉以来的州郡县制外，较有特色的是"护军制"。此制源于秦汉以来中央设置的武职护军，或称护军都尉、护军将军、中护军等，为领护军队之官，即所谓"护军前官，武士管籥，典武选，尽护诸将"[③]是也。又为大司马、大将军或魏晋以后持节都督之高级属僚，系中央禁卫出征或都督诸州而设置。另有三国时形成的杂号将军（护军将军）之一，为纯粹之武官。而护军制之"护军"，则超出了上述三种军事职官之范畴，成为国家地方行政机构及职官名。即是说，成为中国古代地方行政机构州、郡、县的一种补充和

---

① 《资治通鉴》卷一○四，晋孝武帝太元元年十二月条。
② 《晋书》卷一一三《符坚载记上》。
③ 虞世南编：《北堂书钞》卷六四"护军将军"条，学苑出版社1998年版。

特有的制度。[①]

护军制形成于曹魏时，《三国志·魏志》卷三〇注引《魏略·西戎传》记：东汉建安十九年（214）曹操破马超，仇池氏酋阿贵为夏侯渊攻灭，其部众被曹操"分徙其前后两端者，置扶风、美阳，今之安夷、抚夷二部护军所典是也"。抚夷护军治汉代云阳县（今陕西淳化西北），系司马宣王（司马懿）抚慰关中时（231—236）所置。安夷抚军或也置于此时。抚夷护军是"罢县"而置，则其相当于县一级，且是军政合一的行政体制，与上述护军将军职官不同。

西晋建立后，由于全国统一，军事争战较少，地方动乱也少，军政合一的护军制也没有存在的必要，故护军制没有得到推广和发展。但是，到十六国时，由于分裂割据，战争不断，内迁民族与汉族杂居错处，在这种形势下，十六国统治者，无论是汉族还是五胡，在地方行政体制上，除沿袭汉魏以来的州郡县制外，大多还采用了军政合一的护军制。其中，尤以前秦在今陕西设置最多，试见下表：

表 3-1 前秦设置护军表

护军名称	任职官员	设置和废置时间	资料出处
抚夷护军	杨佛狗		《宋书》卷九八《氐胡传》，《元和郡县图志》卷一
中田护军（今甘肃张掖南）	沮渠法弘		《宋书》卷九八《氐胡传》
冯翊护军（今陕西洛水西）	郑能邈（进）、苟辅		《邓太尉祠碑》《广武将军□产碑》
宜君护军（今陕西铜川市耀州区东北）		置于前秦符坚时，魏太武帝改为宜君县	《元和郡县图志》卷三

---

① 详细论述见周伟洲：《魏晋南北朝时期的护军制》，见《燕京学报》1999年第6期，北京大学出版社1999年版。

续表

护军名称	任职官员	设置和废置时间	资料出处
铜官护军（今陕西铜川）		后魏太武帝改为铜官县	《元和郡县图志》卷二
三原护军（今陕西泾阳西北）		后魏太武帝七年(430)罢，改置三原县	《元和郡县图志》卷一
云中护军（今内蒙古托克托东北）	贾雍		《晋书》卷一一三《苻坚载记上》
勇士护军（今甘肃榆中东北）	吐雷		《晋书》卷一二五《乞伏国仁载记》
甘松护军（今甘肃临潭南）	仇腾		《晋书》卷一一四《苻坚载记下》

表内未列明确记有护军与太守、县令并置，或为军事职官方面的护军，如前秦的平羌护军等。[①]

关于护军制的建置，史籍阙载，仅可从现存的前秦建元三年（367）立《邓太尉祠碑》（原立于陕西蒲城县东北70里东河川）所记前秦冯翊护军的情况，窥之一二。[②] 据碑文记，曾任五年冯翊护军的郑能邈（进）所辖地区，“统和宁戎、鄜城、洛川、定阳五部领屠各，上郡夫施黑羌、白羌，高凉西羌，卢水，白虏（鲜卑），支胡，粟特，苦（苦）水，杂户七千，夷类十二种。兼统夏阳治”。[③] 至于冯翊护军的机构及属吏，碑文记有“军府吏属一百五十人”之众，有护军司马、军参事（三人）、军门下督（二人）、军主簿（十一人）、军功曹（二人）、军录事（五人）、军功曹书佐（一人）、功曹书佐（二人），以及少数民族部酋、部大等。碑文所列护军军府属吏共二十六人，肯定是不完全的，只占一百五十人总数的18%左右。也即是说，护军制所设置机构为军府。如果将护军制军府属吏与《晋书》卷二四《职官志》中郡县一级属吏，以及军事职官护军将军属吏相比较，则护军制军府与护军将军之属吏更为接近。这说明护军

① 《资治通鉴》卷一〇〇，晋穆帝升平三年条。

② 又现存前秦建元四年（368）立《广武将军□产碑》提到“抚夷护军”，但非碑主□产之职，而是其父“抚夷护军、扶风太守”，碑文记□产属僚有军事和郡县两个系统官吏，故不能作为研究护军制的依据。详细考证见周伟洲：《魏晋南北朝时期的护军制》，见《燕京学报》第6期，北京大学出版社1999年版。

③ 参见马长寿《碑铭所见前秦至隋初的关中部族》对其辖地及所统各族之分析，中华书局1985年版，第12—22页。

制军府的机构与属吏和护军将军同，而无地方郡县官吏。这正突出了以军治民、军政合一的特点。

1999年咸阳市文物考古研究所发掘了咸阳市北郊文林小区前秦墓葬9座，墓由墓道、甬道和墓室组成，呈东西向排列，出土文物甚丰，有陶俑（男、女侍俑，见图3-2）、陶器（罐、家畜、井、仓、牛车等）、铜器（铜镜、铜手镯、指环、铃）、银钗、铁镜等。最引人瞩目的是，其中编号文M49中出土一枚刻画有文字的铭文砖，上书"建元十四年二月十二日张氏女朱圮妇"十六字。（见图3-3）建元为前秦苻坚年号，十四年即公元378年，由此一重大发现，考古工作者即可将文林小区发掘的相同墓葬断定为十六国前秦时的墓葬。又从出土铭文砖上

图3-2　咸阳十六国墓文M6出土陶女侍俑
（引自咸阳市文物考古研究所编著：《咸阳十六国墓》，文物出版社2006年版，彩版68）

图3-3　咸阳十六国墓文M49出土铭文砖
（引自咸阳市文物考古研究所编著：《咸阳十六国墓》，文物出版社2006年版，彩版56）

的朱姓人名，可断此一墓群为前秦时朱氏家族墓地。[①] 由这一墓群及出土的众多文物，可以从一个侧面了解前秦时关中士族的生活。

二、前秦的民族政策

作为前秦的统治者氐族苻坚，几乎完全接受和继承了自先秦以来进步的民族观。他并不认为自己是"夷狄"就比汉族低贱，不能作为统治中国的"有德之君"。他有"混六合为一家，视夷狄为赤子"[②]的大志和胸怀。建元十八年(382)，苻坚欲攻东晋，混一江东，苻融劝谏，其中一条理由是："且国家本戎狄也，正朔会不归人。江东虽微弱仅存，然中华正统，天意必不绝之。"苻坚反驳说："帝王历数，岂有常邪，惟德之所在耳。"[③] 即是说，夷狄与汉族均可为帝王，并没有高低贵贱之分，唯在有德与否。他把夷狄视为赤子，只是认为边陲夷狄未沾王化，"非礼义之邦"，而非历代政治家、君主所谓夷狄是不可教化之"禽兽"。苻坚这一进步的民族思想，自然与其原为夷狄（氐族）有密切关系。

在这一进步的民族观指导下，苻坚完全继承了秦汉以来较为开明的民族政策，采取传统的"内中华，外夷狄"，对边疆诸族以羁縻、怀柔之道，"和戎之术"，加以"抚育"，并积极推行"用夏变夷"之策。

前秦甘露二年(360)，居朔方的铁弗匈奴刘卫辰降，并请田内地，春来秋返，苻坚许之。后前秦云中护军贾雍遣军袭卫辰部，纵兵掠夺。苻坚大怒说："朕方修魏绛和戎之术，不可以小利忘大信……所获资产，其悉以归之。"并免去贾雍官职，以白衣领护军，遣使修和，示以信义。这一明智的行动，使邻近铁弗匈奴部的乌丸、独孤、鲜卑没奕于（一作"木易于"）诸部数万也降于前秦。苻坚欲迁这些降部于塞内，苻融谏，说迁入塞内将为边患，"不如徙之塞外，以存荒服之义"。苻坚从之。[④] 上述事实说明，苻坚因为民族偏见较少，故多

---

① 咸阳市文物考古研究所：《陕西咸阳市文林小区前秦朱氏家族墓的发掘》，载《考古》2005 年第 4 期；谢高文：《咸阳前秦墓出土有铭砖考释》，见《碑林集刊》第 10 辑，陕西人民美术出版社 2004 年版；咸阳市文物考古研究所编著：《咸阳十六国墓》，文物出版社 2006 年版，第 34—69 页。

② 《资治通鉴》卷一〇三，晋孝武帝宁康元年十二月条。

③ 《资治通鉴》卷一〇四，晋孝武帝太元七年十月条。

④ 《晋书》卷一一三《苻坚载记上》。

采用"和戎之术"，安抚边外的少数民族。有时同意将他们安置在塞内，有时又以"夷夏之别"作防，将他们安置在塞外。

这仅是一个方面，当边疆的夷狄起来反抗或背叛前秦，抑或前秦欲开疆拓土之时，统治者就毫不犹豫地采用武力，或镇压诸族的反抗，或侵夺诸族的土地、财物，并置于自己的统治之下。从这个角度来看，苻坚所谓"视夷狄为赤子"，往往不过是封建帝王口头上的宣言而已。这亦是自先秦以来传统的民族观的一个方面。建元元年（365），居今陕西黄陵一带的匈奴右贤王曹毂与左贤王铁弗匈奴刘卫辰皆叛前秦，并攻掠杏城（今陕西黄陵）以南郡县。原已降前秦的索虏乌延等也响应，一时邻近长安以北诸族皆叛前秦。在这种形势下，苻坚立即用武力镇压，亲率中外精锐（即汉与其他各族军队）进行"讨伐"，前锋大败曹毂弟曹和于同官川（今陕西铜川）。曹毂降，苻坚强迁其酋豪六千余户于长安。前秦军队进击乌延，杀之，又擒刘卫辰于木根山（今宁夏盐池西北）。苻坚亲到朔方郡（治今内蒙古乌拉特前旗），"巡抚夷狄"，并以曹毂为雁门公，刘卫辰为夏阳公，仍使其各统部众。^①不久，曹毂死，苻坚分其部众为二：贰城（今陕西黄陵境）以西两万余落归毂长子玺统领，封玺为骆川侯；贰城以东两万余落归毂小子寅统领，封寅为力川侯，故二部又称为"东、西曹"。^②

建元十九年（383），苻坚为了完成统一西北的大业，不顾苻融等的劝谏，命吕光率大军征西域。次年（384），吕光从长安出发，苻坚送于建章宫，他对吕光的指令也很有意思。他说："西戎荒俗，非礼义之邦。羁縻之道，服而赦之，示以中国之威，导以王化之法，勿极武穷兵，过深残掠。"^③在这里，苻坚完全以"中国""华夏"帝王自居，并道出其民族政策的主要内容，即"羁縻之道"和"用夏变夷"。

此外，从前秦东平前燕、北灭拓跋代国、西并前凉等事件中，均可看出，苻坚对反叛的边疆诸族及兼并、统一其他地区各族，虽然采取了武力镇压和征

① 《资治通鉴》卷一〇一，晋哀帝兴宁三年七月条。
② 《晋书》卷一一三、卷一一四《苻坚载记》。
③ 《晋书》卷一一四《苻坚载记下》。

服的手段，但其中仍然是以羁縻、安抚的总方针为指导。无论是威服、镇压，或是羁縻、安抚，首先是要各族服属自己，只要他们服属，苻坚就可以不计较各族叛服无常的行为。

苻坚羁縻、安抚政策的具体内容，首先是对诸族的首领、酋豪大加敕封，让他们仍然统领所属的部众，或调入中央委以官职。即便是对多次背叛，而后被擒的民族首领（如铁弗部刘卫辰）也是如此。这种过于宽大和宠育诸族首领的做法，甚至成了导致前秦最终瓦解的因素。安抚政策的内容，还包括区别情况，采用不同的管理方式，减轻对诸族的剥削和压迫等。如前述对氐、羌，仇池杨氏，拓跋代国，前凉等，均是如此。总之，无论采取什么方式的羁縻、安抚，都有利于缓和自晋末以来日益尖锐的民族矛盾和阶级矛盾。因此，在苻坚统治时期，西北地区乃至整个北方民族矛盾暂时得到缓和，经济和文化有所发展，这是应当肯定的。

"用夏变夷"，也是苻坚民族政策的一个重要方面。作为氐族的苻坚，一向以继承和发展传统的汉族封建文化为己任，并以此来"变夷"。史称苻坚曾"广修学官，召郡国学生通一经以上充之，公卿已下子孙并遣受业"，并"亲临太学，考学生经义优劣，品而第之"。① 这些教育措施对于氐、羌等族上层贵族子弟学习汉族文化起了积极的作用。苻坚还"起教武堂于渭城，命太学生明阴阳兵法，教为将士"②。又"中外四禁、二卫、四军长上将士，皆令修学。课后宫，置典学，立内司，以授于掖庭，选阉人及女隶有聪识者署博士以授经"③，也就是在军队和宫廷里也办起学校，学习汉族先进文化。苻坚灭拓跋代国后，什翼犍子窟咄入长安，坚使其入太学读书。④ 总之，苻坚广修学官，大力推广汉族封建文化，目的之一就是欲使自己统治下的诸族学习汉族先进文化，改变他们的"荒俗"，而知"仁义"，"用夏变夷"。这些措施无疑有助于内迁诸族的汉化，有利于

---

① 《晋书》卷一一三《苻坚载记上》。
② 《太平御览》卷三五九，兵部引崔鸿《十六国春秋·前秦录》。
③ 《晋书》卷一一三《苻坚载记上》。
④ 《资治通鉴》卷一〇四，晋孝武帝太元元年十二月条。按，《晋书·苻坚载记上》记到长安入太学者为什翼犍，《资治通鉴》记什翼犍已为其子寔君所杀，不得到长安，从《通鉴》。

民族之间的融合。

正因为苻坚具有进步、开明的民族观和民族政策，故隋代思想家王通（文中子）在其所撰的《中说》一书中，驳斥那种"苻秦逆"的观点，认为"晋制至私之命，故苻秦、王猛不得而事也，其应天顺命，安国济民"，"故曰晋之罪也，苻秦何逆"。①

三、淝水之战的性质及前秦失败的原因

前秦建元十九年（383），苻坚不顾朝内大多数臣下的劝谏，为了"混一六合"，使"天下归一"，发动了向南方东晋的战争。这就是历史上著名的淝水之战。

淝水之战最后以前秦遭到惨败而告终。围绕淝水之战而提出的诸多问题，却引起了历代史学家们的评述、争论。现择其中与民族关系有关的问题进行探讨。

首先是关于淝水之战的性质问题，这一问题牵涉对十六国时期民族战争的看法，按照传统的史学观点，十六国是"五胡乱华"的黑暗时期，氐族苻坚窃据北方，他发动对正统所在的东晋的战争，自然是外族野蛮的"入侵"，是氐族苻氏政权对汉族东晋政权发动的野蛮的民族战争。20世纪80年代以来，国内一部分学者从当时的民族矛盾形势出发，认为淝水之战是北方民族所建前秦对汉族所建东晋发动的一场"民族侵略战争"②或"民族征服的非正义战争"③。而有的学者却持另一种观点，他们从当时分裂割据的形势出发，看到氐族所建前秦本身已逐渐汉化，不仅自认为是历史上中国政权和汉族文化的继承者，而且其政权事实上已成为地地道道的中国封建政权，前秦与东晋之间的民族矛盾已退居次要地位，而国内割据政权之间相互兼并的矛盾占了主导地位。因此，他们认为淝水之战的性质主要是"南北封建统治集团之间的一场兼并统一战

① 王通：《中说》卷上《周公篇》，阮逸注，中华书局1985年版。
② 孙祚民：《试论淝水之战的性质及有关的几个问题》，载《中国史研究》1981年第2期。
③ 简修炜、刘精诚：《关于淝水之战性质的商榷》，载《学术月刊》1981年第5期。

争"①或是前秦"统一中国的正义战争"②。以上两种观点争论十分激烈。

分析中国历史上的战争，首先应了解战争发生的具体历史背景及原因，也就是战争双方继续着什么"政治"；如果离开了这些，那是得不出正确结论的。淝水之战发生在东晋十六国时期，中国处于分裂割据状态；这是自统一的秦、汉以来，经三国时的分裂割据和西晋短暂统一之后，再一次分裂。与三国分裂时期相同的是，这些分裂割据势力和政权都是在原统一的秦、汉或西晋的领土之内建立起来的；而不同的是建立这些封建割据政权的有汉族，也有内迁的"五胡"。由于内迁"五胡"都不同程度存在着一个汉化的过程，他们建立的政权又都基本上承袭了汉魏以来汉族所建政权的各种制度。因此，十六国时期，各割据政权统治阶级发动对邻国的战争，从大的方面来讲，其性质均应属于各国统治阶级相互兼并的战争。其中氐族所建的前秦，如前所述，完全继承了秦汉以来汉族政权的传统，统治者甚至以正统的"中国"文化继承者自居。前秦在苻坚继立后，逐渐统一了整个北方，其对前燕、代、仇池、前凉、西域诸国等割据政权的战争，性质就是统治阶级之间的兼并战争。

淝水之战前夕，统一了整个北方的苻坚，为了统一兼并南方的东晋，发动了这场战争。这是前秦统治者实行的统一全国的政治的继续；这不仅表现于苻坚本人的言论中，而且也体现在战争的整个准备过程之中。所以，从总的历史发展趋势和时代背景来看，淝水之战的性质应是十六国分裂割据时期前秦统治阶级为了兼并东晋、统一全国而发动的战争。③

但是，十六国与三国时的分裂割据的情况并不完全相同，十六国时北方割据政权大多是由内迁的少数民族建立的，民族之间的矛盾不仅存在，而且还比较尖锐。其中，北方五胡与汉族之间的民族矛盾尤为突出。淝水之战前后，前

① 黄烈：《关于前秦政权的民族性质及其对东晋的战争性质问题》，载《中国史研究》1979年第1期。
② 徐扬杰：《淝水之战的性质和前秦失败的原因》，载《华中师院学报》（哲学社会科学版）1980年第1期。
③ 黄烈：《关于前秦政权的民族性质及其对东晋的战争性质问题》，载《中国史研究》1979第1期；曹永年、周增义：《淝水之战的性质和处理历史上民族与疆域的准则》，载《中国史研究》1982年第2期。

秦与东晋的诸种矛盾中,民族矛盾是存在的。如苻融劝苻坚勿出兵东晋时说"且国家本戎狄也,正朔会不归人",说明氐、汉之间仍有民族界限,而氐族自身也有民族自卑感。东晋统治集团也视苻秦为"北狄""氐贼"。桓冲在淝水之战前夕,因谢安故作"游谈不暇"之态,而叹"吾其左衽矣"。[1]广大的汉族人民与前秦统治者的民族矛盾也仍然存在,特别是北方广大汉族人民"人心思晋",希冀东晋"北伐",南北统一,安居乐业。在淝水之战前约三十年,东晋桓温北伐至长安,"三辅郡县皆来降","民争持牛酒迎劳,男女夹路观之,耆老有垂泣者,曰:'不图今日复睹官军!'"[2]因此,逐渐汉化的氐族统治阶级对南方汉族所建东晋发动的战争,自然亦带有民族征服战争的性质,这也是毫无疑问的。[3]

其实,中国历史上的战争性质往往不是单一的,它可以是双重或多重性质的战争。这正如前述十六国的各族政权战争,其性质是双重的,即它既是封建的兼并或统一的战争,又具有民族战争的性质。因当时前秦境内及前秦与东晋的民族矛盾有所缓和,北方内迁各族与汉族正处于融合之中,故民族战争的性质已退居次要的地位。因此,淝水之战的双重性质中,以统一兼并为主。[4]因为是封建统治阶级之间相互兼并的战争,故无正义与非正义之分,这正如东晋的"北伐",亦是为了兼并统一北方,无正义与非正义可言一样。

与淝水之战性质相关的问题,是前秦苻坚此役失败的原因。前人对此,论述颇多。归纳起来,苻秦失败的原因也不是单一的,而是由各种原因所促成,而其中最根本的原因还是存在于前秦的内部。

淝水之战前,前秦先后发动了灭前燕,平前凉、代国等战争,至进攻东晋,前后仅七年。每次战争,前秦动辄出兵十几万,这无疑加重了各族人民的负担,逐渐激化了已经缓和了的阶级矛盾和民族矛盾。这正如苻融劝谏苻坚勿攻东晋

---

① 《晋书》卷七四《桓冲传》。

② 《资治通鉴》卷九九,晋穆帝永和十年四月条。

③ 关于淝水之战前后民族矛盾的论述,可参见前引孙祚民、简修炜等的论文。

④ 详细论证见周伟洲:《试论淝水之战的性质及苻秦失败的原因》,见台湾刊行的《谢太傅安石纪念论文集》,1994年。

所举理由之一：“我数战，兵疲将倦，有惮敌之意”，“陛下宠育鲜卑、羌、羯，布诸畿甸，旧人族类，斥徙遐方。……鲜卑、羌、羯攒聚如林，此皆国之贼也，我之仇也”。[①] 兵厌战，民疲怠，被征服各族则随时伺机反叛，这就是淝水之战前前秦面临的形势。也就是说，在前秦内部氐族统治者与各族人民的民族矛盾和阶级矛盾，氐族统治者与鲜卑、羌、丁零等族上层贵族之间，与汉族士族之间的矛盾等，错综复杂。在这些矛盾中，有的逐渐激化，有的虽然没有公开化，但深深地潜伏着，一旦时机成熟，就会公开爆发。前秦统治集团大多数人对这一形势的认识是较为清楚的，因此他们多主张“保境养兵，伺其虚隙”[②]，反对向东晋进攻。可是，苻坚“骤胜而骄”，看不清国内外的形势，违背全国上下普遍的意愿，决定进攻东晋。他“悉发诸州公私马，人十丁遣一兵。……良家子年二十已下，武艺骁勇，富室材雄者，皆拜羽林郎”。前锋步骑二十五万，苻坚率戎卒六十余万，骑二十七万，“前后千里，旗鼓相望”。[③] 而就在此之前几月，苻坚令吕光率军七万五千以伐西域。这样滥用民力，兵役苛重，无疑更进一步加剧了前秦内部的阶级矛盾和民族矛盾。尽管前秦之师规模之大、兵力之众是空前的，但兵无斗志，各族将士心怀异志，淝水一战，草木皆兵，前秦惨败而归。

　　宋代著名史学家司马光在评论苻秦失败原因时，驳斥了那种认为苻坚之败亡，是由于不杀慕容垂、姚苌的论点，独以为：“坚之所以亡，由骤胜而骄故也。”他引李克答魏文侯问吴之所亡的原因：“数战则民疲，数胜则主骄，以骄主御疲民，未有不亡者也。”[④] 司马光在当时虽不能从前秦内部存在的阶级矛盾和民族矛盾来分析苻秦失败的原因，但他剖析苻秦骤胜而骄，看不到国内“民疲”的现状，终导致失败，其论还是可取的。

　　以上是苻坚淝水一战失败的根本原因，是问题的主要方面。但如果对手东晋已腐朽透顶，不堪一击，那么前秦对之正可谓“若商风之陨秋箨”（苻坚语）。

① 《晋书》卷一一四《苻坚载记下》。
② 《晋书》卷一一四《苻坚载记下》石越语。
③ 《晋书》卷一一四《苻坚载记下》。
④ 《资治通鉴》卷一〇六，晋孝武帝太元十年“臣（司马）光曰”。

然而，事实并非如此，前秦诸臣向苻坚进谏，说东晋今"君臣和睦，上下同心，谢安、桓冲江表伟才，可谓晋有人焉"。又说："晋主休明，朝臣用命"，"且晋中宗，藩王耳，夷夏之情，咸共推之，遗爱犹在于人。昌明，其孙也，国有长江之险，朝无昏贰之衅"。[①] 这一切因骤胜而骄的苻坚是视而不见的，相反，他做出了东晋不堪一击的结论。更为重要的是，东晋统治者正是巧妙地利用了当时存在的北方少数民族与汉族之间的民族矛盾和民族意识，由弱转强，争取到民心，最终取得了胜利。

此外，由于苻坚之骄，采用的战略和战术上的失误，也是导致其失败的原因之一。

淝水之战以前秦失败而告终，其影响巨大，基本上改变了原北方统一的格局，使整个北方重新陷入各族分裂割据之中。而前秦也已濒近灭亡。前秦建元二十一年（385），苻坚被后秦姚苌缢杀于新平（治今陕西彬州）佛寺。同年，苻坚庶长子苻丕继立于晋阳南（今山西太原南），改元太安，势力大衰。太安二年（386），苻丕被进入今山西的西燕慕容永击溃；旋为出陕县的东晋扬威将军冯该所击杀。[②] 苻坚族孙苻登据陇右继立，改元太初。此后，苻登与据关中的后秦姚苌进行激烈的争战，互有胜负。直到后秦皇初元年（394）姚苌死，其子姚兴即位后，姚兴才最终击杀苻登。苻登子崇逃到湟中，即帝位，不久即为西秦乞伏乾归所逐，逃奔氐族杨定，旋为西秦击杀。[③] 前秦至此灭亡，共传五世，凡四十四年。

第四节　西燕的建立及鲜卑的东迁

淝水之战后，统一的前秦基本瓦解，原为前秦统治的各族上层纷纷割据自立。其中，原受到苻坚最为宽大对待的前燕宗室鲜卑慕容氏先后起兵。慕容垂联合丁零翟氏，转战今河南、河北，建立后燕，都中山（今河北正定）。另一

---

① 均见《晋书》卷一一四《苻坚载记下》。
② 《晋书》卷一一五《苻丕载记》。
③ 《晋书》卷一一五《苻丕载记附苻登传》。

个鲜卑王族慕容泓收诸马牧鲜卑，起兵于华阴（今陕西潼关），联结在长安的慕容氏王公反秦。慕容泓击败苻坚派来的大军，众至十余万，向长安进军，后慕容泓为臣下所杀，众立慕容冲为主。慕容冲数败前秦军，进围长安，入止阿房宫。长安城内以慕容暐为首的原前燕王公，密与慕容冲相接，欲里应外合。谋泄，苻坚诛慕容暐父子及宗族，"城内鲜卑无少长及妇女皆杀之"①。前秦建元二十一年（385）正月，慕容冲称帝，改元更始，史称西燕。

长安久被慕容冲所围，苻坚领五百余人突围走五将（今陕西岐山西北），慕容冲遂入据长安，"纵兵大掠，死者不可胜计"②。不久，苻坚为羌族姚苌所擒，被缢杀于新平佛寺。坚庶长子苻丕在晋阳南即前秦帝位。据长安的西燕主慕容冲遣高盖率军击渭北的羌族姚苌，战于新平南，高盖大败，降姚苌。

东晋太元十一年（386），慕容冲在长安，畏后燕慕容垂强盛，不敢东归，其下鲜卑思东返，杀慕容冲而立其将段随为燕王。不久，段随又为慕容永等所杀，部众又立慕容颢为燕王。慕容颢"帅鲜卑男女四十余万口去长安而东"，"鲜卑既东，长安空虚"。③途中，西燕内部先后发生变乱，最后慕容永掌握大权，立慕容泓子忠为帝。鲜卑安定，继续东进。后西燕将刁云杀慕容忠，拥慕容永为大将军、大单于，称藩于后燕。不久，慕容永击灭苻丕，据长子（今山西长子），即皇帝位。其建国原在陕西，但为时很短，后东迁长子，使关中鲜卑人数大为减少。直到东晋太元十九年（394），后燕慕容垂率大军攻灭西燕，执杀慕容永，得其所统八郡七万余户及前秦乘舆、服御、伎乐、珍宝甚众。④

第五节　后秦的建立及其兴佛

一、后秦的建立及其政治制度之特征

后秦的建立者是羌族姚氏，史称姚氏乃西羌烧当种之后裔，汉代迁于南安（今甘肃陇西）赤亭，故后称其为南安赤亭羌人。晋永嘉之乱后，首领姚弋仲

---

① 《晋书》卷一一四《苻坚载记下》。
② 《晋书》卷一一四《苻坚载记下》。
③ 《资治通鉴》卷一〇六，晋孝武帝太元十一年三月条。
④ 《资治通鉴》卷一〇八，晋孝武帝太元十九年八月条。

率部人东徙榆眉（今陕西千阳东），戎夏随之者数万。此后姚弋仲先后降附前赵、后赵，后赵石虎徙之于关东的清河（治今山东临清）。后赵灭亡，姚弋仲与蒲洪一样，先降东晋，受其封号。弋仲死，其子姚襄因受东晋将士的猜疑、排挤，而率军入关中，为前秦所袭杀，其子姚苌降前秦。苻坚即位后，重用姚苌，使其东征西讨，累立战功。淝水之战前夕，苻坚以姚苌为"龙骧将军，督益、梁州诸军事"。苻坚战败后返长安，遣姚苌随苻睿击反秦的前燕宗室慕容泓，兵败。姚苌惧苻坚加罪，率众奔于渭北。后在陇右汉族豪族尹纬等的支持和劝说下，姚苌于东晋太元九年（384）自称大将军、大单于、万年秦王，年号白雀。史家一般以此年为后秦建立之始。

后秦建立初，势力弱小，姚苌率众屯北地，厉兵积粟，以观时变。后姚苌擒杀苻坚，击败西燕高盖，势力渐强。东晋太元十一年（386），据长安的西燕率鲜卑东去，长安为杏城卢水胡郝奴所据，姚苌从安定出兵，击降郝奴，取长安，正式即帝位，改元建初，国号大秦，改长安为常安。后秦虽取长安，以关中为根本，但其东有西燕、后燕和前秦苻丕，东北有复兴的拓跋鲜卑的代国（后改国号为"魏"，即北魏），西有乞伏鲜卑所建立的西秦和前秦苻登的势力，南有东晋，处于被包围的境地；而且就在关中周围也还有许多拥有部曲、时叛时服的各族地方势力。后秦要获得巩固和发展，首先必须制服邻近各族地方势力和抵抗来自东、西方面前秦残余势力的进攻。因此，姚苌先将进攻的矛头指向秦陇的各族地方势力，回军安定，击破据平凉的胡酋金熙和高平（今宁夏固原）鲜卑破多兰部（一作"破多罗部"）没奕于。接着，又向晋末以来据有秦州的屠各王统进攻，天水屠各、略阳羌胡众两万余起来响应，王统惧而降附。南安士人古成诜劝姚苌"宜散秦州金帛以施六军，旌贤表善以副鄣州之望"，以收买秦州的地方势力。姚苌从其策，并以弟姚硕德为秦州刺史，镇上邽，[①] 初步在秦陇站稳了脚跟。但不久，前秦残余势力苻登兴起于陇东，与后秦展开了激烈的争战。双方经过九年多的拉锯战，最后苻登败亡，后秦才基本上确立了在关陇一带的统治地位。

---

① 《晋书》卷一一六《姚苌载记》。

在与陇右前秦残余势力苻登争战的过程中，初姚苌"数为登所败，远近咸怀去就之计，唯征虏齐难、冠军徐洛生、辅国刘郭单、冠威弥姐婆触、龙骧赵恶地、镇北梁国儿等守忠不贰，并留子弟守营，供继军粮，身将精卒，随苌征伐。时诸营既多，故号苌军为大营，大营之号自此始也"①。军营（诸营）可能形成较早，而大营之号始于与苻登相持之时。②大营、诸营是适应战争需要的以军统民、军政合一的组织。大营自然随姚苌而迁徙，诸营则屯驻于军事重地或镇、堡，于是有"堡民""镇民"的出现。

姚兴即位后，攻灭苻登，"分大营户为四，置四军以领之"，而"诸营"之名也逐渐废除。此后，姚兴安定秦陇，大封功臣，其官制也基本沿用汉魏之制。如史载，姚兴子弟或大臣镇守各地，以将军衔领州、郡长官（刺史、太守），或以都督某州（或数州）诸军事，领刺史、太守而已。然而，此时刺史、太守之类的地方职官已有名无实；都督诸州军事、将军等武职所兼地方民户，开始沿用"镇户""堡户"之名，说明对他们的管理已具有军管的性质。到姚兴在位后期，甚至出现了直接用"都督……军事"或将军直接管辖"镇户"，废止了名义上的州郡职官。如姚兴曾令"〔姚〕显都督安定、岭北（泛指今陕西礼泉九嵕山以北、西至庆阳北一带③）二镇事"；陇东太守郭播曾上言："岭北二州镇户皆数万。"④姚兴还以铁弗匈奴勃勃（即赫连勃勃）"为持节、安北将军、五原公，配以三交五部鲜卑及杂虏二万余落，镇朔方"⑤。因而，实际上这种地方行政体制已具有了军镇之实，但至今未见军镇之名。⑥

---

①《晋书》卷一一六《姚苌载记》。

②关于大营，可参见〔日〕關尾史郎《"大营"小論——後秦政權（384—417年）の軍事力と徙民措施》，见《中國古代の法と社會：栗原益男先生古稀記念論集》），汲古書院，1988年。

③关于"岭北"，历来学者讨论甚多，此系综合诸家所论得出。参见吴洪琳《铁弗匈奴与夏国史研究》，中国社会科学出版社2011年版，第54—55页。

④以上所引均见《晋书》卷一一七、卷一一八《姚兴载记》。

⑤《晋书》卷一三〇《赫连勃勃载记》。

⑥洪亮吉《十六国疆域志》卷五（国学基本丛书本）列有后秦六个军镇名，序言中说："甚者姚苌以马牧起事，故崇镇堡之势，以敌方州。"按其所列后秦军镇名，有的为地名，有的为撰者所加，故不足信。

此外，后秦也沿前秦之例，设置相当县一级的军政机构——护军，试见下表：

表 3-2　后秦设置护军表

护军名称	任职官员	设置和废置时间	资料出处
抚夷护军		沿前秦置	《元和郡县图志》卷一
土门护军		沿前秦置	《太平寰宇记》卷三一
铜官护军		沿前秦置	《元和郡县图志》卷二
三原护军		沿前秦置	《元和郡县图志》卷一
宜君护军		沿前秦置	《元和郡县图志》卷四
安夷护军	姚墨蠡	始置于曹魏，后秦沿之	《晋书》卷一一九《姚泓载记》
安定（今甘肃镇原西北）护军	孙瓒		《北史》卷九二《孙小传》

后秦弘始二年（400），姚兴率军五万，向陇西乞伏鲜卑所建西秦进攻，西秦主乞伏乾归父子先后降，西秦亡。次年，姚兴遣姚硕德又向西攻围氐族所建后凉都城姑臧，后凉主吕隆降。至弘始五年（403），后凉受南凉、北凉攻逼，吕隆等入附后秦，入长安，后凉亡。在灭西秦、后凉的过程中，后秦也迫使建国于河西、河湟地区的北凉、南凉称臣纳贡。

弘始初，拓跋鲜卑所建的北魏兴起，灭后燕，并攻掠属后秦的高平鲜卑破多兰部；北魏拓跋珪又遣使献马千匹，求婚于姚兴，而后拓跋珪立皇后慕容氏，姚兴绝婚，并扣留北魏使贺狄干等人，双方矛盾激化。弘始四年（402），双方军队大战于柴壁（今山西临汾南），结果后秦失败，损失严重。这就是历史上著名的柴壁之战。

此后，北魏与后秦暂时处于相持的阶段。到后秦弘始九年（407），姚兴遣使北魏，献良马千匹，以赎柴壁之战被俘之狄伯友、唐小方等，并同意放还之前求婚之北魏大臣贺狄干。北魏许之，于是双方关系趋于和缓。有意思的是，北魏贺狄干在后秦长安幽禁期间，"因习读书史，通《论语》《尚书》诸经，举止风流，有似儒者"。及返平城（今山西大同）后，拓跋珪"见其言语衣服，有类羌俗（应为'汉俗'）"，故怒而杀之。[①] 贺狄干原为鲜卑人，这是因战争而汉化的一个典型事例。

后秦还不断向东扩展自己的势力，姚兴曾于弘始元年（399）攻陷洛阳，"自淮、汉已北诸城，多请降送任"。[②] 弘始四年，姚兴又南取东晋南乡（治今湖北均县）等郡，迫使据蜀之谯纵遣使称藩。

然而，在后秦北边的夏国崛起，逐渐构成了对后秦的威胁，两国连年争战，后秦从此衰弱。到后秦弘始十八年（416）姚兴死，后秦统治集团内部发生内讧，最后太子姚泓立。此时，后秦外有夏国的步步进逼，内有以李润羌（今陕西澄城西南）为主的各族起事，其统治地位已岌岌可危。同年八月，东晋刘裕分数道大举"北伐"。次年九月，刘裕攻入长安，姚泓出降，后秦亡，共历三主，凡三十三年。

二、姚兴的兴佛与鸠摩罗什

建立后秦的羌族姚氏与氐族所建前秦苻氏的历史有许多相似之处，同样汉化很深。姚兴即位后，执行的政治、经济和文化等方面的政策基本沿袭前秦，其中民族政策亦是如此。姚兴执政前期，后秦国内较为安定，经济、文化得到了一定的发展。特别应提出的是，在姚兴执政期间，关中的佛教得到了广泛的传播及发展。研究中国佛教史的学者认为，两晋时，中国佛教传播的中心有三处，即长安、凉州和庐山。[③] 而长安佛教又主要是在氐、羌族所建的前、后秦政权的支持下得到进一步传播和发展的。

前秦都长安，苻坚时佛教得以迅速传播。东晋太元三年（378）苻坚攻陷东晋襄阳，将著名高僧道安迎至长安，倍加尊崇。以道安为首的僧团，实际上成为全国佛教的中心。

---

① 《魏书》卷二八《贺狄干传》。按，因姚氏已逐渐汉化，故此所谓"羌俗"，应是"汉俗"，《资治通鉴》卷一一四晋安帝义熙三年条作"秦人"，更为确切。

② 《晋书》卷一一七《姚兴载记上》。

③ 任继愈主编：《中国佛教史》第 2 卷，中国社会科学出版社 1985 年版，第 3 页。

后秦姚氏一族更是笃信佛法，姚兴时从后凉迎请了著名高僧鸠摩罗什到长安，"待以国师之礼"，广弘佛法。鸠摩罗什是中国佛学史上继佛图澄、道安之后的大师，天竺人。其父东徙于龟兹，为其国国师。鸠摩罗什即出生于龟兹，后到天竺学佛法，成为闻名西域的高僧，正如佛教史籍所云："道流西域，名被东川。"① 前秦苻坚早闻鸠摩罗什之名，欲迎请东来弘法。建元十九年（383），苻坚遣吕光率军攻西域龟兹，即有求鸠摩罗什东来长安之意。吕光灭龟兹，得鸠摩罗什，时逢苻坚淝水战败，鸠摩罗什劝吕光东返。吕光即率军于姑臧建后凉政权，鸠摩罗什也即在姑臧弘法。至今甘肃武威还存有纪念其弘法之鸠摩罗什塔。

后秦弘始三年（401），姚兴攻围后凉姑臧，吕隆降，于是鸠摩罗什方于同年十二月至于长安，姚兴"待以国师之礼，甚见优宠"②。鸠摩罗什在长安首开集体译经之先河，有沙门僧肇等八百余人，"什持梵本，（姚）兴执旧经，以相雠校"，共译经论三十三部，三百余卷。姚兴还"屡请什于长安大寺讲说新经"。"于时四方义学沙门，不远万里"。其所译经对中国佛学的宗教哲学和教义的形成有极大的影响。以他为中心还形成了僧尼管理机构和关中中观学派等。③ 弘始十一年（409），鸠摩罗什卒于长安，其舍利塔至今存于陕西西安鄠邑区草堂寺内。（见图3-4）

图3-4　陕西西安鄠邑区草堂寺
鸠摩罗什舍利塔
（引自国家文物局主编：《中国文物地图集·陕西分册》上，西安地图出版社1998年版，第458页）

---

① 释慧皎：《高僧传》卷二《鸠摩罗什传》，汤用彤校注，汤一玄整理，中华书局1992年版，第49页。

② 释僧祐撰，苏晋仁、萧錬子点校：《出三藏记集》卷一四《鸠摩罗什传》，中华书局1995年版，第533页。

③ 关于鸠摩罗什在长安的弘法及对佛教传译的贡献，发表的论著甚多，不赘述。

史称姚兴"既托意于佛道，公卿已下莫不钦附，沙门自远而至者五千余人。起浮图于永贵里，立波若台于中宫，沙门坐禅者恒有千数。州郡化之，事佛者十室而九矣"①。姚兴本人也从事讲经、译经，《广弘明集》卷一八辑有其所著《通三世论》等。一时，长安佛教盛行，在中国佛教史上占有一定地位。然而，事佛过度也成为后秦衰亡的原因之一。

第六节　夏国的建立及其对陕西诸族的统治

一、铁弗匈奴所建夏国

夏国是由铁弗匈奴刘氏所建。铁弗匈奴原系汉代南迁的南匈奴的一支，首领刘氏即南匈奴右贤王去卑后裔。由于其居地在今山西北部，故与漠南鲜卑关系密切，相互通婚，逐渐融合。这种融合的特点一般是匈奴（胡）的男性与鲜卑的女性相结合，北方诸族谓胡父鲜卑母所生后代为"铁弗"，故此部即以铁弗为号。② 此部原居于新兴（今山西忻州）以北，西晋永嘉四年（310），晋并州刺史刘琨与拓跋部鲜卑猗卢联合击破铁弗刘虎部及鲜卑白部，刘虎率众西迁至朔方（今河套南北）。自刘虎后，铁弗部首领刘豹子（务桓）、刘卫辰，先后接受前、后赵，前、后秦官爵，为朔方一大势力。

北魏登国六年（391），拓跋珪击灭刘卫辰，卫辰第三子勃勃（一作屈丐）南奔三城鲜卑薛干部，后又降后秦姚兴，为其镇朔方。后秦弘始九年（407），勃勃袭杀后秦镇守高平的鲜卑破多兰部首领没奕于，众至数万。于是，勃勃自称天王、大单于，建元龙昇，置百官，自以为匈奴夏后氏之苗裔，故定国号为"大夏"，正式建立政权。同年，勃勃又并三城鲜卑薛干等三部，攻掠南凉及后秦三城以北诸戎。诸将向勃勃献策说：欲取关中，宜先以川山险固，土田饶沃之高平川（今宁夏固原一带）为都。勃勃不以为然，他认为，夏国初建，后秦姚兴势盛，关中不可图。如果专固一城，后秦来攻，立即瓦解，不如"云骑风驰，出其不意，救前则击其后，救后则击其前，使彼疲于奔命，我则游食自若，不

---

① 《晋书》卷一一七《姚兴载记》。
② 《魏书》卷九五《铁弗匈奴传》。

及十年，岭北、河东尽我有也。待姚兴死后，徐取长安"①。这种不专固一城、游击作战的策略，自然与铁弗匈奴的游牧经济有关。在当时夏弱秦强的形势下，这一策略是相当高明和成功的。

此后，夏国与后秦连年争战，势力逐渐向南扩张到杏城、安定一线。到夏龙昇七年（413）三月，勃勃改元凤翔，以叱干阿利为将作大匠，筑都城统万（今陕西靖边白城子）。又以帝王系天之子，徽赫实与天连，改刘氏姓为赫连。同族非正统者，改姓铁伐氏，取其子孙刚锐如铁，皆堪伐人。②

凤翔三年（415），东晋刘裕北伐关中，勃勃秣马厉兵，休养生息，静观时变。五年（417），刘裕取关中，灭后秦，留子义真等守长安。勃勃遂用谋臣王买德之策，于次年攻入长安，义真等狼狈逃回建康。十一月，勃勃于长安灞上即皇帝位，改元昌武。次年（418），夏群臣劝勃勃迁都长安，勃勃畏北魏攻统万，长安不能守，而还都统万，以长安为南都，置南台，以子赫连璝领雍州牧，录南台尚书事。

二、夏国政治制度的特点及其对诸族的统治

夏取关中后，统治的地区大为扩展，其统治下的各族及杂虏甚多，主要是汉、鲜卑、匈奴屠各、氐、羌、卢水胡、巴人等。他们自西晋以来，有的变为政府的编户齐民，有的仍保持原有的部落组织，过着游牧生活。胡汉之间形成大错居、小聚居的局面。因此，夏国统治者基本沿前、后秦的统治方式，逐渐采用一套政治制度进行统治。其特点是在地方行政建制上，据《晋书·地理志》载，夏国所置州有幽州（治大城，今河套南）、南台（治长安）、朔州（治三城）、秦州（治杏城）、雍州（治阴密）③、并州（治蒲坂）、凉州（治安定）、北秦州（治武功）、豫州（治李润镇）、荆州（治陕城），又置吐京、长城二护军。④与十六国其他政权的地方机构不同的是，夏国地方一般只设州，而不置郡县；而夏国的州，也不过是统军的军镇，以城主统民。这一特点早为前人所指出，

① 《晋书》卷一三〇《赫连勃勃载记》。
② 《晋书》卷一三〇《赫连勃勃载记》。
③ 勃勃取长安后，雍州改治长安。
④ 参见洪亮吉《十六国疆域志》卷一六《夏国》。

如清代洪亮吉《十六国疆域志》
卷一序中说"赫连以统万建基，
故芟郡县之名，尽归城主"，以
城主统军民。

图 3-5　大夏"永隆"瓦当拓片
（引自国家文物局主编：《中国文物地图集·陕西
分册》上，西安地图出版社 1998 年版，第 399 页）

　　但是，1992 年内蒙古乌审
旗十六国夏国墓出土了一方有夏
国年号的墓表，内记："唯大夏
二年岁庚申正月丙戌朔廿八日癸
丑，故建威将军、散骑侍郎、凉
州都者（督）、护光烈将军、北
地尹、将作大匠、凉州刺史武威
田嬰之铭。"[①] 内出现有"北地尹"
官名。又《资治通鉴》卷一二〇宋元嘉三年（426）十二月记："夏弘农太守
曹达闻周几将至，不战而走"。北地尹，如按魏晋以来地方职官，一般是属京
师所在地设置，相当于郡太守一级官名；北地郡，如夏沿前、后秦所设，治所
在今陕西铜川市耀州区。墓表所记"大夏二年"，按干支"庚申"是公元 420 年。[②]
（见图 3-5）

　　由此，可以补充上述洪亮吉的观点，即夏国建国初，其地方行政制的确是
只设名义上的州，而不设郡县，以城主统民。但在占领长安设南台前后，又沿
原后秦及东晋刘裕灭后秦的建置，有新的州的设置，如墓表所云之"凉州"，
治北地，因离南台近，故称"北地尹"。同时，又保留了原今关中及河南东部
州以下的郡县制，于是才有《资治通鉴》所记大夏国的"弘农太守"郡一级的
建置。这也就是《晋书》卷一三〇《赫连勃勃载记》所记"岭北夷夏降附者数

　　① ［日］三崎良章：《大夏纪念墓志铭中"大夏二年"的意义》，见殷宪主编：
《北朝史研究——中国魏晋南北朝史国际学术研讨会论文集》，商务印书馆 2004 年版，
第 547 页。
　　② ［日］三崎良章：《大夏纪年墓志铭中"大夏二年"的意义》，见殷宪主编：
《北朝史研究——中国魏晋南北朝史国际学术研讨会论文集》，商务印书馆 2004 年版，
第 546—551 页。

万计，勃勃于是拜置守宰以抚之"的含义。

史称赫连勃勃"虽雄略过人，而凶残未革"，滥役各族人民，大修宫室，酷残大臣，故其境内民族矛盾和阶级矛盾日益尖锐，统治者仅靠武力以维持自己的统治。[1] 夏真兴八年（425）赫连勃勃死，其子昌立，改元承光，诸子争权，国内政局不稳。北魏乘此于承光二年（426）击夏，攻围统万，入关中长安，秦雍氐、羌皆降。次年，北魏攻占统万城，赫连昌逃至上邽。承光四年（428），魏军擒赫连昌，昌弟定奔平凉，即帝位，改元胜光。后赫连定复取长安，直到胜光四年（431），北魏出兵平凉、安定，赫连定败走上邽，西进南安，灭西秦，欲渡黄河据河西，为吐谷浑王慕璝击灭，赫连定被俘，夏国亡，共历三主，凡二十四年，最后虽然直接亡于吐谷浑，而实亡于北魏。

关于铁弗匈奴最后去向问题，在夏国灭亡前夕，其原有领地及各族民众均处于北魏的统治之下。其中铁弗匈奴除一部分在赫连定率领下向陇右迁移外，其余降附或俘虏的均成为北魏的编户，而上层也多任北魏的官吏（包括夏国建立前后附魏者）。见于记载的如赫连达一族[2]、赫连子悦一族[3]，北魏末年六镇起事，有高平镇民赫连恩起事，推胡琛为高平王[4]，又有被起事军所杀之高平镇将赫连略[5]，后北齐见有赫连阳顺[6]、赫连俊[7]等。

由赫连定率领的另一部分铁弗匈奴，向陇西迁移，灭西秦后，欲渡黄河取北凉河西之地，旋为吐谷浑慕璝击灭，部内铁弗匈奴尽为吐谷浑所俘，后融入吐谷浑中。史籍中见吐谷浑部内有赫连氏者，当为原夏国之铁弗匈奴部人。如《新唐书》卷二一八《沙陀传》多次提到唐末割据云州的吐浑首领赫连铎、《新五代史》卷七四《吐浑传》中的赫连海龙、《五代会要》卷二八《吐浑传》所

① 详见《晋书》卷一三〇《赫连勃勃载记》等。

② 见李延寿：《北史》卷六五《赫连达传》，中华书局 1974 年版。

③ 《赫连子悦妻闾炫墓志》，见赵万里：《汉魏南北朝墓志集释》，科学出版社 1956 年版，图版三四五之二。

④ 《资治通鉴》卷一五〇，梁武帝普通五年四月条。

⑤ 《魏书》卷九《肃宗纪》。

⑥ 《北齐书》卷二《神武纪》。

⑦ 《北齐书》卷二〇《尧雄传》。

记之赫连公德、《册府元龟》卷九七六所记之吐浑首领赫连撒滥等。赫连氏成了唐末至五代吐谷浑之大姓，且多为部众首领。

无论铁弗匈奴部众最后归属北魏还是吐谷浑，最终都与北魏拓跋鲜卑或吐谷浑人一起，汇入了汉化的主流之中。

三、统万城及其他城镇的建设

在勃勃正式建夏国前后，其所在的朔方之地是一个民族众多、关系复杂的地区。主要有匈奴（铁弗部、独孤部）、鲜卑（三交五部鲜卑、薛干部、朔方鲜卑等）、丁零[①]等族。这些部落，包括铁弗部，均以游牧经济为主。《魏书》卷九五《铁弗刘虎传》记：勃勃父刘卫辰附前秦苻坚后，"遣使请坚，求田内地，春来秋去，坚许之"。所谓"求田内地"，似乎是铁弗部已由游牧转向农业。实际上，"求田内地"之"田"为"畋"之异写，畋，即畋猎、狩猎之意；"春来秋去"，即为游牧民族冬夏两季之迁徙。就是在勃勃建立夏国后，铁弗部经济仍以游牧为主，而未专营城邑过农业定居生活。其游牧的朔方，仅见有代来城（又称"悦跋城"，大致在今内蒙古杭锦旗西黄河南岸）和大城（大致在今内蒙古杭锦旗西南）。[②]

夏龙昇七年（413）三月，勃勃以叱干阿利领将作大匠，筑都城统万城。（见图3-6）史称勃勃"发岭北夷夏十万人，于朔方水（一作奢延水，今陕北无定河）北、黑水之南营起都城。勃勃自言：'朕方统一天下，君临万邦，可以统万为名'。阿利性尤工巧，然残忍刻暴，乃蒸土筑城，锥入一寸，即杀作者而并筑之"[③]。此城为夏国新筑之都城，但也是在汉奢延城（西部都尉治所）的基础上改筑的，地在今陕西靖边北白城子，遗址尚存。关于统万城的建置、地理生态环境、城

---

① 据《晋书·赫连勃勃载记》载，汉国刘聪所封铁弗刘虎的官爵中有"丁零中郎将"，后赵石虎所封刘豹子官爵中有"丁零单于"之号，故知朔方一带有丁零。

② 周伟洲：《十六国夏国新建城邑考》，见陕西师范大学西北环发中心编：《统万城遗址综合研究》，三秦出版社2004年版，第93—97页。

③ 《晋书》卷一三〇《郝连勃勃载记》。另《魏书·铁弗刘虎传》《水经注·河水》等也有相关记载。

图 3-6 大夏统万城遗址
（周伟洲摄）

市结构及其地位等等，学者研究及考古发掘简报论述颇多，不赘述。[①]

　　值得一提的是，统万城竣工后，夏秘书监胡义周撰《统万城铭》，刻石立于都城南，内有云：“乃远惟周文，启经始之基，近详山川，究形胜之地，遂营起都城，开建京邑。背名山而面洪流，左河津而右重塞。高隅隐日，崇墉际云，石郭天池，周绵千里。”虽有些夸大，但也基本合乎实际。

　　夏国建立后，除新建都城统万城之外，还新建了一些城邑，见于记载的有：

　　（1）果城。《水经注》卷三“河水”条记：“河水又北薄骨律镇城。城在河渚上，赫连果城也。桑果余林，仍列洲上。但语出戎方，不究城名。访诸耆旧，咸言故老宿彦云，赫连之世，有骏马死此，取马色以为邑号，故目城为白口骝韵之谬，遂仍今称，所未详也。”又《元和郡县志》卷四“灵州”条云：“其城（灵州城）赫连勃勃所置果园，今桃李千余株，郁然犹在。后魏太武帝平赫连昌，置薄骨律镇，后改置灵州，以州在河渚之中，随水上下，未常陷没，故号灵州。"可见，赫连勃勃所建之果城，又名白口骝城，后白口骝又转讹为薄骨律，北魏时于此建军镇，名薄骨律镇，后改为灵州，北周、隋唐均因之。此地位置十分重要，是东西南北的交通枢纽，北方游牧民族与南部农耕民族往来之要冲，政治、军事地位十分重要，其地在今宁夏吴忠市西，故址已确定。

（2）吴儿城。《元和郡县志》卷四绥州"龙泉县"条记："吴儿城，在县西北四十里。初，赫连勃勃破刘裕子义真于长安，遂虏其人，筑此城以居之，号吴儿城。"所谓"吴儿"，系对长江以南东晋被俘人员而言，有轻视、污蔑之偏见。唐代龙泉县治今陕西绥德，则吴儿城当在今绥德西北。

（3）太后城。《元和郡县志》卷三"鄜州洛交县"条记："太后城，在县西三十六里。赫连勃勃闻刘裕灭姚泓，命其子义真等守长安，大悦，自将兵入长安，留太后于此，筑城以居。"唐洛交县治今陕西富县，则太后城在富县西。

（4）饮汗城。《元和郡县志》卷四"灵州怀远县"条记："在州东北，隔河一百二十里。本名饮汗城，赫连勃勃以此为丽子园。后魏给百姓，立为怀远县。"参照此书对果城之记述，饮汗城当为勃勃所筑。怀远县治今宁夏银川一带，饮汗城亦当在此。

（5）契吴城。一名白城。《元和郡县志》卷四"夏州朔方县"条记："故白城，一名契吴城，在县北一百二十五里契吴山。[1]赫连中因山所筑，勃勃常所叹美，故其子昌因立此城，以立勃勃之庙。"按，契吴山在统万城北 30 多公里，即今陕西靖边白城子以北。

（6）三交城。北宋乐史撰《太平寰宇记》卷三七"夏州宁朔县"条记："三交城，按赫连勃勃《夏录》云：龙昇五年（411）秋九月，勃勃率众来拒。十一月，战于青石北原，秦（后秦）师败绩，降其众四万，获戎马二万匹，因筑此城。贺兰山在县东北三十里，秦长城在县界。"《晋书·赫连勃勃载记》记此事云："其年，勃勃率骑三万攻安定（治今甘肃平凉西），与姚兴将杨佛嵩战于青石北原，

---

① 同书又记"契吴山，在县（朔方县）北七十里"，与此异，以前者为确。

败之，降其众四万五千，获戎马二万匹。"但未记筑三交城安置俘虏事，上引《太平寰宇记》所引《夏录》记此役后筑三交战，当可信从。此城在夏州宁朔县，时宁朔县治今陕西靖边县东秦长城遗址内，内云"贺兰山在县东北三十里"一句，系沿《元和郡县志》卷四"夏州宁朔县"条之误①。宁朔县治今陕西靖边东杨桥畔镇，有宁朔故城遗址，俗称龙眼城，当即原三交城。

（7）黑城。《太平寰宇记》卷三六"延州临真县"条记："黑城在县东二十五里，库利东流川交口，赫连勃勃置。大象二年（580）于此置郡②。其城缘山坡，崎岖不正，遂名黑城。"临真县治今陕西延安云岩西，夏国筑黑城在库利川（今云岩河）东川交口，即在今延安南之临镇。

（8）甘泉城。《太平寰宇记》卷二九"华州下邽县"条记："故甘泉城在县东南四十里，以此地水多咸苦，城中井泉美，遂名。甘泉城在县东南四十里，亦谓之夏王城，俗传赫连勃勃所筑。"下邽县治今陕西渭南北下邽镇，则夏国所筑甘泉城在今渭南北下邽镇东南一带。

（9）赫连城。宋代沈括撰《梦溪笔谈》卷一一"官政一"记："延州故丰林县城，赫连勃勃所筑，至今谓之'赫连城'，紧密如石，镢之皆火出。其城不甚厚，但马面极长且密，予亲使人步之，马面皆长四丈，相去六七丈。以其马面密则城不须太厚，人力亦难攻也。予曾亲见攻城，若马面长，则可反射城下攻者，兼密则矢石相及，敌人至城下，则四面矢石临之，须使敌人不能到城下，乃为良法。今边城虽厚，而马面极短且疏，若敌人可到城下，则城虽厚，终为危道。其间更多刓其角，谓之'团敌'，此尤无益，全藉倚楼角以发矢石，以覆护城脚，但使敌人见备处多，则自不可存立。赫连之城深可为法也。"③这里沈括称赞夏国筑城之法，即马面（城墙外突出部分所筑城楼）多且长而阔，利于守城。赫连城在延州丰林县，县治今延安东北丰林镇。

---

① 又《元和郡县志》卷二凤翔府宝鸡县又记有："三交城，在县西十六里，司马宣王与诸葛亮相距所筑。"与此《夏录》所记三交城不在一起，疑为同名之两城。

② 此说有误，应为北魏太安中置定阳郡，见王仲荦《北周地理志》卷一"关中临真"条，中华书局1980年版，第108页。

③ 沈括著，胡道静校证：《梦溪笔谈校证》，上海出版公司1956年版，第409—410页。

以上是可考的夏国所筑城邑，共十二座。其中代来城和大城，为夏国正式建立前铁弗部所筑或改筑之城邑，其余统万等十座城邑为夏国建立后所筑，分布范围在今内蒙古河套南、陕西北部和宁夏等地。夏国势力南向发展的过程中，其攻占后秦等国领土、城邑和统治农耕汉族等其他民族人口的增多，以及其游牧经济逐渐向农业定居的转化，其修筑的城邑数量也逐渐增加。夏国新筑的城邑不仅在当时对夏国的政治、经济发展起到了一定的作用，而且对以后内蒙古、陕西和宁夏的政治、军事及经济的发展也有着重大的影响。

第一，夏国新筑城邑，对北朝、隋唐、北宋的政治、军事和经济有重要影响。其中最重要者，莫过于夏国所筑之统万城和果城。统万城是北魏时北边军事重镇统万镇，西魏、北周、隋唐、宋时的夏州治所，唐末宋初，为党项拓跋氏割据的藩镇夏州节度使（定难军节度使）之地；而果城则是北魏西北军事重镇薄骨律镇，北周、隋唐时的灵州治所。夏州和灵州，在中国中古封建社会是东西南北交通的要冲，丝绸之路东段的"鄂尔多斯沙漠南沿路"和"灵州道"所经之要地，也是北方游牧民族南入关中的必经之地，在政治和军事上具有十分重要的战略意义。

夏国新筑城邑还有一些成为以后历代封建王朝的郡县治所，即新建立之郡县。如唐宋时灵州所属之怀远县，原为夏国所筑之饮汗城；后魏的延州、广武县、偏城郡治及唐宋时之丰林县，原为夏国所筑之赫连城；北魏太安中曾在夏国所筑之黑城，设置定阳郡等。

第二，夏国所筑城邑，有部分是为安置从后秦等农业地区俘虏的人口或军士而建。如上述的吴儿城，是夏国击败驻守长安的东晋刘义真后，强迁江南士卒，因而筑此城以安置之。而夏国所筑之幽州治所大城，夏国更是先后两次强迁后秦黄石固、清水等地人户约两万三千家于此。此外，夏国所筑之三交城，也是为安置后秦降众而筑。

众所周知，自东汉末年以来，朔方及陕北北部为内迁之匈奴、鲜卑、丁零、羌族等所据，原郡县废弃，自秦汉以来在这里的农业人口及农田均荡然无存，基本上为上述游牧民族畜牧之地。夏国建立前后，强迁关中等地农业人口，筑城以居，对于恢复和发展朔方及陕北的农业经济起到了一定的作用，并影响到后世该地的农业发展。

　　第三，夏国所筑城邑，在中国使用冷兵器的封建时代，较有特色，即其城墙坚固，马面多而长、阔，利于城守。如都城统万城，城墙坚固，遗存城墙亦然；丰林城（即赫连城）"坚密如石，厮之皆火出"。从目前保存的统万城遗址调查资料看，城墙十分坚固，中间以墙隔为东西两城，城周共有马面三十余座（见图3-7），西城基加马面处宽达30米，内筑有储藏粮食和武器的竖穴。[①]宋代沈括《梦溪笔谈》记夏国赫连城，也是马面多而宽阔，故沈括说："赫连之城深可为法也。"这是夏国对古代中国城邑建筑做出的贡献。

图 3-7　大夏统万城遗址东城马面
（周伟洲摄）

　　第四，由于夏国建立者为从事游牧的铁弗匈奴部，故其所建城邑，较为重视种植林木、果园。以今天的眼光看，这是筑城中重视生态环境的保护和改善，值得称道。如夏国所筑之果城，唐代李吉甫撰《元和郡县志》卷四"灵州"条说："其城（灵州城）赫连勃勃所置果园，今桃李千余株，郁然犹在。"又记夏国

---

　　① 国家文物局主编：《中国文物地图集·陕西分册》上，西安地图出版社1998年版，第398页；戴应新：《大夏·统万城址考古记》，载台湾《故宫学术季刊》1999年第2期。

所建饮汗城，"赫连勃勃以此为丽子园"。契吴城，也是赫连昌因其父勃勃曾叹契吴山之美而筑。此外，勃勃还曾凿渌莲池于三交城，并田猎至此。[①]

第七节　关中十六国墓的发掘与研究

陕西关中地区，曾是十六国时前赵、前秦、西秦、后秦、夏国立国之地，也曾是汉、后赵等政权统治过的地区之一。但是长期以来，关中地区十六国墓并未有明确的发现和发掘。只是 20 世纪 50 年代以来发掘的一些今天看来属十六国时的墓（如西安南郊草场坡墓及韦曲镇北原两座墓等），当时断为北朝或十六国时墓，因无纪年的确证而无定论。但自 20 世纪 90 年代以来，咸阳市文物考古研究所在咸阳北头道原（包括文林小区）发掘 20 余座风格面貌较为一致的墓葬。其中有前述记有前秦建元十四年（378）的铭文砖，为确定关中十六国墓的标准提供了科学依据。相似的十六国墓在咸阳的咸阳师院墓地、中铁七局三处墓地、平陵乡墓均有发现和发掘。[②]另有西安财政干部培训中心（在西安长延堡瓦胡同村）后赵墓（出土有后赵石勒时铸"丰货"钱币）[③]，西安北郊北朝墓中的 4 座十六国墓等[④]。

在上述大量关中十六国墓发现和发掘的基础上，有学者研究总结关中十六国墓的基本特征有：（1）从墓葬本身看，均为带长坡墓道的土洞墓，主要分墓道（甬道，有土台阶或天井）、墓室（有的又有主室、侧室或后室）和封门等；（2）多为多人合葬（夫妇合葬最常见）墓或家族合葬墓；（3）随葬器物多以陶质牛车、鞍马、侍俑为主要组合形式，极具时代特征，甲骑装、武士俑军事色彩比较浓厚；（4）墓葬特征鲜明，形制清晰，与西北地区（如河西酒泉、嘉峪关西晋十六国画像砖墓）西晋十六国和南方东晋墓有一些渊源和交流关系，如南方东晋墓常见的

[①] 见徐坚《初学记》卷八《州郡部关内道三》引《十六国春秋》。

[②] 咸阳市文物考古研究所编著：《咸阳十六国墓》，文物出版社 2006 年版。

[③] 西安市文物保护考古所：《西安财政干部培训中心汉、后赵墓发掘简报》，载《文博》1997 年第 6 期。按，仅出土后赵钱币"丰货"还不能断为后赵墓，因钱币可保存在后代使用，如该墓出土的前代货币。

[④] 陕西省考古研究所：《西安北郊北朝墓清理简报》，载《考古与文物》2005 年第 1 期。

图 3-8　咸阳十六国墓师 M1 出土陶胡人俑
（引自咸阳市文物考古研究所编著：《咸阳十六国墓》，文物出版社 2006 年版，彩版 13）

牛车、头戴假髻的女侍俑、墓志砖等均见于关中十六国墓中。[1]

如果从民族与民族关系的角度来考察上述关中十六国墓及其出土文物，其中有建元年号纪年砖的咸阳市文林小区前秦朱氏家族墓，显然是前秦关中汉族朱氏世家大族的墓葬。从众多出土文物看，仍沿西晋汉族世家墓的传统风格，与前秦氐族苻坚坚持以传统华夏文化治国的情况是一致的。

其余关中十六国墓墓主的姓氏、族属等信息不知，但不外乎为汉族或已汉化或正逐渐汉化的关中氐、羌、南匈奴等族的墓葬。因此，关中十六国墓才出现上述沿袭魏晋传统汉族墓葬风格的主要特征，但也杂有北方和西北少数民族文化的因素，如咸阳师院十六国墓（师 M1）出土的陶胡人俑及男、女侍俑的服饰等。（见图 3-8）

值得一提的是，咸阳平陵十六国墓（平 M1）出土了 16 件陶鼓吹骑马俑（击鼓俑 7 件、吹角俑 8 件、吹排箫俑 1 件）等。（见图 3-9）鼓吹，正如《通典》卷一四六《乐六》所记："北狄乐，皆为马上乐也。鼓吹本军旅之音，马上奏之，故自汉以来，北狄乐总归鼓吹署。"魏晋以来，基本沿用汉代鼓吹乐，而略有损益，但"魏、晋之世，给鼓吹甚轻，牙门督将五校悉有鼓吹。宋、齐已后，则甚重矣"[2]。鼓吹乐也用于丧葬，挚虞撰《新礼仪志》记："汉魏故事，

①　岳起、刘卫鹏：《关中地区十六国墓的初步认定——兼谈咸阳平陵十六国墓出土的鼓吹俑》，载《文物》2004 年第 8 期；咸阳市文物考古研究所编著：《咸阳十六国墓》，文物出版社 2006 年版，第 130—133 页。

②　郭茂倩：《乐府诗集》卷一六《鼓吹曲辞一》，中华书局 1979 年版，第 224 页。

将葬设吉凶卤簿，皆鼓吹。"① 则关中十六国墓中之鼓吹俑，源于北方民族之
马上乐也。

图 3-9　咸阳十六国墓平 M1 出土陶鼓吹骑马俑
（引自咸阳市文物考古研究所编著：《咸阳十六国墓》，文物出版社 2006 年版，彩版 115）

---

① 《太平御览》卷五六七"鼓吹乐"条引。

第四章

民族的大迁徙与大融合（下）

第一节　北朝统治下的陕西各族

一、北魏统治下的陕西各族及其反抗斗争

拓跋鲜卑是鲜卑族的一支，原居于大鲜卑山（今大兴安岭北段，内蒙古阿里河嘎仙洞一带）[①]，后向西南迁徙至漠南。十六国时，拓跋部鲜卑曾建代国，后为前秦苻坚所灭。东晋太元十一年（386），拓跋部首领拓跋珪乘苻坚淝水之战失败，重建代国，建元登国。史家一般以此为北魏（后魏）立国之始。拓跋珪重建政权后，采取了"息众课农"，兴屯田，分农稼，离散诸部，分土定居等一系列措施，使拓跋部鲜卑部落联盟迅速由游牧经济转向定居农业，由部落联盟向封建国家转化。[②]这一过程既是拓跋鲜卑封建化的过程，也是其汉化的开始。与此同时，拓跋珪积极征服、掠夺邻近各族，并南下进入中原，灭后燕，逼亡夏国，据有了今陕西全境。到北魏太延五年（439），又灭河西北凉，统一了整个北方，史家以此为北朝的正式开始。

北魏前期的政治制度多杂有鲜卑的旧制，正如宋代史家论北魏时说："其始也，公卿方镇皆故部落酋大，虽参用赵、魏旧族，往往以猜忌夷灭（如汉族士大夫崔浩被杀事）……迁洛之后，稍用夏礼。……虽享国百余年，典章制度，内外风俗，大抵与刘、石、慕容、苻、姚略同。"[③]所谓"迁洛之后，稍用夏礼"，即指太和年间（477—499）孝文帝的"汉化改革"。在太和十四年（490）以前，因孝文帝年幼，由冯太后掌政，已开始进行改革。其间，冯太后首先整顿吏治，于太和八年（484）正式颁布俸禄制，规定受禄之后官吏贪绢一匹者处死，并派使者巡行天下，检查地方官吏不法行为，处死贪官四十余人。其结果是抑制了官吏的贪残之风，吏治明显好转，为以后的改革提供了有利的条件。太和十

[①] 米文平：《鲜卑石室的发现与初步研究》，载《文物》1981 年第 2 期。

[②] 唐长孺：《拓跋国家的建立及其封建化》，见唐长孺：《魏晋南北朝史论丛》，生活·读书·新知三联书店 1955 年版；马长寿：《乌桓与鲜卑》，上海人民出版社 1962 年版。

[③] 《旧本魏书目录叙》，见《魏书》附录，中华书局 1974 年版。

年（486），冯太后秉政的北魏朝廷颁布实行了"均田制"和"三长制"。太和十年改革租调制。

到太和十四年，冯太后薨，孝文帝亲政后，就开始了大刀阔斧以汉化为主旨的改革。

第一，由平城迁都洛阳。为了摆脱原都城平城鲜卑贵族旧势力的干扰和利于统治整个北方，太和十七年（493）孝文帝以伐南齐为借口，移都洛阳，次年正式以洛阳为都。

第二，改复姓，定族姓，鼓励与汉族士族通婚。太和十九年（495）下令将北方民族复姓改为单音汉姓。《魏书》卷一一三《官氏志》记载了一百多复姓（胡姓）改为汉姓的情况，如统治者鲜卑拓跋氏改元氏、丘穆陵氏改穆氏、贺赖氏改贺氏、独孤氏改刘氏、贺楼氏改楼氏、勿忸于氏改于氏等。太和十九年，在改鲜卑及北方少数民族复姓为单一汉姓的同时，又在全国重定族姓，以南朝士族门阀制为模式，制定标准：汉族士人通称郡姓，依祖先官位高低分四等级，又定统治者元氏（拓跋氏）为最高门望，穆、陆、贺、刘、楼、于、嵇、尉八姓鲜卑为次高等级，地位与汉族最高的崔、卢、李、郑四个高门相当。其余按祖先官爵高低定级。这样，鲜卑与汉族大姓、高门消除了隔阂。在姓族外的鲜卑百姓，与汉族百姓平等，均为国家之编户。这一措施大大有利于鲜卑的汉化，促进了民族融合。

第三，改革鲜卑族旧俗。其中包括：（1）禁鲜卑语，十九年孝文帝下诏："断诸北语（鲜卑语），一从正音（汉语）"。三十岁以上可不猝革，三十以下在朝之人不准旧音，故意犯者降黜。（2）禁胡服。原鲜卑人是索发左衽，利游牧骑射，十八年诏令：禁胡服。（3）鲜卑人籍贯改为洛阳，死葬不能归代北，而葬洛阳。从20世纪以来，从洛阳北邙山等地出土大批北魏鲜卑贵族墓志，上均写其籍贯为河南洛阳人可证。

第四，改定官制，修改律法。太和年间两次参汉制，改定官制，成为永制。在律法方面，孝文帝三次修改律法，清除了极其野蛮残酷的法律条文。

太和时期北魏的一系列改革意义重大，不仅促进了当时社会的发展，阶级矛盾和民族矛盾相对缓和，经济恢复和发展，文化繁荣，而且加速了以汉族为主体的民族大融合的进程，对后世中国历史产生了深远的影响。

北魏以上的政治制度及改革对今陕西地区各族均有巨大影响，但陕西地区也有自身的特点。陕西地区经过东汉末至十六国一百多年的时间，内迁各族与原来汉族及其他民族长期相处，几经战乱、迁徙、通婚、同化，征服与被征服，政权的建立与瓦解等等，已处于同化和融合的过程之中。北魏逼亡夏国后，陕西各族大部分处于北魏地方行政的管辖之下，成为编户齐民，只有少数粗犷难训之民族仍保持原部落组织。北魏在今陕西地区基本上承袭了魏晋的州郡制度，但在一些民族聚居或战略要地，则设置军镇。《魏书·官氏志》说："旧制，缘边皆置镇都大将，统兵备御，与刺史同。"北魏初期，在陕西设置的军镇有统万镇（始光四年置，太和十一年改夏州），还有相当于郡一级或暂以城镇置军镇者，在陕西有杏城镇、李润镇、雍城镇（今陕西岐山东）、长蛇镇（今陕西宝鸡西北）、长安镇、汧城镇等。[①] 北魏设军镇主要是便利于震慑各族及防御边外民族的侵扰。这种以军镇统民的政策是拓跋鲜卑早期军事民主制与十六国时护军、以城主统民等制相结合而发展形成的。

在北魏初期，军镇起到了巩固边疆的作用（如北边六镇之抵御柔然的攻掠），但事实证明，这种用军事控制的方式来控制边疆或内地各族人民的办法是不可取的。因此，内地诸镇（包括陕西军镇）大部分均先后改为郡县，到北魏正光五年（524），更有"镇改为州，依旧立称"之诏的颁布。[②] 其原因正如有的学者指出："化部落为郡县，使弃其旧俗，庶几易统治，不至变乱。改府户为平民，所以息其愤愤之心，而坚其捍卫疆圉之志也。"[③]

北魏统治下的陕西各族，主要是汉、氐、羌、匈奴屠各、卢水胡、鲜卑等，其分布大抵与十六国时相同。拓跋鲜卑统治阶级为了加强对广大的汉族及其他

① 周一良：《北魏镇戍制度考及续考》，见唐长孺：《魏晋南北朝史论集》，中华书局 1963 年版；牟发松：《北魏军镇考补》，见武汉大学历史系魏晋南北朝、隋唐史研究室编：《魏晋南北朝隋唐史资料》第 7 期，1985 年。

② 《魏书》卷九《肃宗纪》。

③ 周一良：《北魏镇戍制度考及续考》，见唐长孺：《魏晋南北朝史论集》，中华书局 1963 年版，第 210 页。

民族的统治，扩大统治基础，也大量吸收汉族及其他民族的上层贵族参与国家的管理，广为招揽人才，兼容并包。[①]如太武帝拓跋焘拔用范阳卢玄、博陵崔绰、赵郡李灵、渤海高允、广平游雅、太原张伟等三十五人为谋臣。汉族士人在早期北魏政权建设中起到重大作用，如邓渊定官制，董谧制礼仪，王德修律令，晁崇考天象，张衮、崔玄伯则对总机要，草创制度[②]。玄伯子崔浩，官至司徒，决策军国大事，更是炙手可热。但是，鲜卑统治者对他们并不放心，终于在神䴥三年（430）以崔浩修国史"暴扬国恶"为借口，将其族诛。其姻亲范阳卢氏、太原郭氏、河东柳氏等名门士族亦被尽夷其族。[③]

但是，北魏统治阶级对各族人民仍然实行民族歧视和压迫的政策。最典型的例子是北魏正平元年（451），魏太武帝在致刘宋臧质书中说："吾今所遣斗兵，尽非我国人，城东北是丁零与胡，南是三秦氐、羌……氐、羌死，正减关中贼。"[④]可见，北魏统治者对内迁各族是如何歧视。至于史籍所载北魏统治阶级对各族的征服、掠夺、屠杀，以及战胜之后的强迫迁徙或没为"营户"、奴婢之事，更是屡见不鲜。

北魏统治阶级对内迁各族人民的双重压迫，必然引起他们的不断反抗。以陕西地区为例，早在北魏神䴥三年，因镇守长安的王斤"调役百姓，民不堪之"，有数千家汉族南奔于汉川（今汉水流域）。[⑤]到太平真君六年（445），关中爆发了声势浩大的各族人民反抗斗争，其首领是北地卢水胡人盖吴。他首先在杏城发动，杀长安镇副将，势力增强，各地民族纷纷响应。如李润镇的羌民，陇右氐、羌和屠各，河东蜀人等皆起兵反魏，关中震动。北魏太武帝亲到长安坐镇，分派军队镇压，败盖吴于杏城。但不久，盖吴又占领杏城，势力复起，自号秦地王，并与刘宋联络。直到太平真君七年（446），盖吴为其部下所杀，反抗斗争才逐渐被扑灭。[⑥]

① 周一良：《魏晋南北朝史札记》"北魏用人兼容并包"条，中华书局1985年版。
② 《魏书》卷二四《崔玄伯传》等。
③ 《魏书》卷三五《崔浩传》。
④ 《宋书》卷七四《臧质传》。
⑤ 《魏书》卷三〇《王建传》。
⑥ 《魏书》卷四《世祖纪》，《宋书》卷九五《索虏传》，等等。

北魏和平三年（462），以长蛇镇氐豪仇傉檀为首的氐族又起兵反魏，后为魏将陆真镇压下去。在此前后，咸阳汉人赵昌也起兵，一时盩厔、鄠县汉民群起响应，影响及于关陇，最后也为陆真所镇压。① 此后，还有北地（治今陕西铜川市耀州区）羌数万家（467—470），统万镇敕勒及河西费也头等（471—472），雍州氐齐男王等（480），北地人支酉（月氏胡人）等数千人（493），均曾起来反抗北魏的统治。②

北魏末年，全国各地掀起更大规模的反抗北魏统治阶级的斗争，而点燃这一波及整个北方的各族人民反抗怒火的，是北魏正光四年（523）以匈奴人破六韩拔陵为首的"六镇起事"。五年（524），高平镇敕勒（高车）人胡琛起兵，自称高平王；接着，秦州羌人莫折大提、莫折念生父子因不堪刺史李彦压迫，率众起事，自称秦王。一时西北各族反魏烽火不断，阻断了北魏入河西的交通。到孝昌二年（526），莫折念生与胡琛的联合因受人挑拨而发生分裂，后胡琛为其部下所杀，部将万俟丑奴（鲜卑族）复领其众，并与秦州莫折念生重归于好。三年，念生在丑奴的配合下大举向关中进攻，大败北魏萧宝夤于泾州（治今甘肃泾川），克东秦州（治今陕西黄陵南），取北华州（治今陕西杏城），丑奴等又据岐州（治今陕西岐山），关中大震。北魏忙调集各路大军（主要是六镇军团）入关中，念生退出潼关。九月，念生为部下杜粲所杀，秦州反魏起事才始告失败。

但是，以高平为中心的万俟丑奴仍然坚持战斗。建义元年（528）七月，丑奴自称天子，置百官，改元神兽。永安二年（529），丑奴攻拔东秦州。三年，又遣将尉迟菩萨攻渭水南诸城，丑奴自率军围岐州。同年四月，北魏雍州刺史尔朱天光等才最后击破丑奴，囚送京师。③ 此后，秦陇、河西各族人民的反魏斗争仍此起彼伏。最后，秦陇各族人民的反魏斗争虽被镇压，然而北魏的统治也发生了根本的动摇，过了四年（534），北魏政权瓦解，分裂为东魏和西魏两个政权。

---

① 均见《魏书》卷三〇《陆真传》。
② 《魏书》卷七〇《刘藻传》、卷七《高祖纪》，《南齐书》卷五七《魏虏传》。
③ 均见《魏书》卷七五《尔朱天光传》、卷八〇《贺拔岳传》等。

二、西魏、北周建都长安及其对陕西各族的统治

北魏末年，在镇压各族人民反抗斗争的过程中，出现了一批像高欢、宇文泰一样出身六镇军人的风云人物。他们依靠原六镇起事的降卒、流民，势力逐渐强大。高欢最后灭北魏权臣尔朱氏一族，挟制北魏孝武帝，总揽了大权。永熙三年（534），孝武帝逃入关中投宇文泰，高欢另立元善见为帝，由洛阳迁都至邺城，史称东魏。至于西魏的建立，因与陕西民族关系甚大，故专门加以叙述。

在建义元年万俟丑奴进攻关中时，尔朱天光率出自武川镇军事集团的贺拔岳、侯莫陈悦两军团入关陇，镇压丑奴军。在贺拔岳军中，还有源于宇文鲜卑、后徙武川镇的宇文泰。太昌元年（532），秦陇反魏斗争被镇压后，贺拔岳任关西大行台，宇文泰为其左丞。同年，高欢诛杀尔朱氏一族，任丞相，专朝政，并极力拉拢镇守关陇的贺拔岳等。贺拔岳假意附高欢，宇文泰向贺拔岳献策，劝他先收抚河套一带的费也头、曹泥等势力，割据关陇，以抗高欢。[①]

贺拔岳采纳了宇文泰之策，招降了费也头万俟受洛干、铁勒（即高车）斛律沙门、费也头纥豆陵伊利、夏州刺史斛拔弥俄突等。[②]永熙三年，贺拔岳征灵州刺史曹泥（疑为匈奴东、西曹之后）时，为侯莫陈悦所杀，余部归宇文泰。当时，西北各族势力蜂起，跨州据郡者，不可胜数。宇文泰乃分诸将镇守秦陇各地，以为根本，与高欢相抗。七月，魏孝武帝为高欢所逼，西投宇文泰。十月，高欢另立元善见，建东魏。闰十二月，宇文泰杀魏孝武帝，另立元宝炬为帝，都长安，是为西魏。

尽管宇文泰拥立元宝炬为帝（魏文帝），建立西魏政权，并争取到河西费也头纥豆陵氏（后改窦氏）和灵州曹泥的支持，但是他主要依靠的力量仅是原武川镇的军人集团，据关陇后不能与高欢力量相抗衡。于是，宇文泰不断吸收关陇汉族地方势力，如苏氏、李氏、杨氏等，以扩大统治基础。这就是近数十年来学术界所谓的"关陇集团"。

---

① 令狐德棻等：《周书》卷一《文帝纪上》，中华书局1971年版。
② 《周书》卷一四《贺拔岳传》。

宇文泰还依靠关中大姓苏绰，首先整顿吏治，制定计账、户籍制，又于大统七年（541）颁布了著名的"六条诏书"，即"先治心、敦教化、尽地利、擢贤良、恤狱讼、均赋役"①。尽地利、均赋役为经济改革措施，实施中体现在广置屯田，兴修水利；劝课农桑，夹道植树；开通旧路，招阻流民；设置铁冶，营造军器等，使西魏、北周有了强盛的经济基础。与此同时，宇文泰又重新颁布均田制，规定已婚男子受田一百四十亩，未婚丁男一百亩，外有宅地，无桑麻田。有室者每年交绢一匹、绵八两、粟五斛，未娶妻者半之。非蚕桑地区，有室者纳布一匹、麻十斤，丁者又半之。另又规定按岁收的丰歉，酌量减免。力役负担，丰年三十天，中年二十天，下年十天。②总的说来，田租比北魏时稍重而力役稍轻，实行也较为彻底，大大促进了关中农业的发展。

西魏文帝大统十六年（550），宇文泰还改革北魏以来的兵制，创立"府兵制"。北魏初，军事上实行部落兵制，军人多为鲜卑兵，后也招募地方汉族农户为兵，但缺少训练，战斗力不强。府兵制规定：共建二十四军，每军设一军府，由八柱国分领（实际上仅六柱国分领，六柱国中有唐高祖李渊祖父李虎及战功赫赫的著名将领李弼、独孤信、赵贵、于谨、侯莫陈崇），下设十二大将军（各统二军，其中有隋文帝杨坚父杨忠），二十四开府，四十八仪同。共约四万八千名府兵。③八柱国是仿鲜卑"八部"而来，因此，府兵制是鲜卑部落兵制与汉魏以来征兵制相结合的产物。府兵由中等民户选取，免其租调，郡守农隙教试阅，兵仗衣驮等由六家供备，后府兵变为以汉人为主。北周武帝时，又加改革，实现了"兵农合一""寓兵于农，以农养兵"与"均田制"结合的目的，④使北周军事力量大增，为灭北齐、隋统一打下基础。府兵制为以后隋、唐王朝所继承，到唐天宝年间方废止，而代之以募兵制。

在民族政策方面，西魏基本上沿袭北魏，设郡县或军镇以统民。尤为特殊的是，宇文泰实行对有功的汉族或已在北魏孝文帝改汉姓的功臣中的其他

①　《周书》卷二三《苏绰传》。
②　参见《隋书》卷二四《食货志》。
③　参见《资治通鉴》卷一六三，梁简文帝大宝元年十二月条。
④　《周书》卷五《武帝纪上》。

民族，又赐改胡姓或恢复胡姓的措施。从表面上看，这一措施是对北魏孝文帝汉化改革的反动，但实质上，此乃宇文泰为笼络各族（主要是汉族）上层，表示统治者宇文氏及原北镇军事集团首领们，与汉族或其他族功臣并没有什么差别。实际上，西魏、北周推行的各项政策是承袭自西周以来汉族政权传统的政策，所谓"先治心""敦教化"等，就是以传统的汉族思想、文化来统一各族人民的思想和行为。更有周明帝即位后二年（558）颁布诏书："三十六国，九十九姓，自魏氏南徙，皆称河南之民。今周室既都关中，宜改称京兆人。"①此乃将所有入关中的代北鲜卑等族的籍贯均改为京兆，是北魏孝文帝汉化改革的继续。总之，西魏、北周通过上述各种改革措施，使国内经济有所恢复和发展，阶级矛盾和民族矛盾逐渐缓和，民族融合进程加速。这也是继西晋末以来两百多年各族之间的民族界限逐渐被打破，民族融合趋势进一步发展的结果之一。

西魏在推进内部改革的同时，对割据于西北河陇各族的地方势力或各族人民的反抗采取武力镇压的方针。如在陕西地区，对南岐州（治今陕西凤县）氐苻安寿（538）等的镇压等。然而，最使西魏统治者感到棘手的还是今陕西渭北一带稽胡的不断反抗。

稽胡，又称步落稽、步落坚或山胡，是活跃于北朝时的杂胡之一。它应是以内迁南匈奴后裔为主体，融合了西域胡及山居土著而形成的一种杂胡。②其居地"自离石（今山西吕梁市离石区）以西，安定以东，方七八百里，居山谷间，种落繁炽"③。稽胡社会发展较迟缓，以农耕为主，多山居，并逐渐汉化。

西魏建立后，稽胡大部分为西魏所统治，也有一部分居河东（今山西），为东魏所控制。大统五年（539）有黑水（即库利川，今陕西宜川丹阳川）部稽胡先叛；七年，稽胡帅、夏州刺史刘平伏据上郡（治今陕西甘泉西北），连

---

① 《周书》卷四《明帝纪》。
② 关于稽胡的族源之主体，学术界看法不一，参见周伟洲《试论魏晋时与匈奴有关的诸胡》，见中国社会科学院民族研究所主编：《中国民族史研究》，中国社会科学出版社1987年版。
③ 《周书》卷四九《稽胡传》。

岁寇暴，后为西魏所镇压。此后，很长时间再未见史籍有关于稽胡的记载。

直到北周武成元年（559），延州（治今陕西延安）稽胡郝阿保、郝狼皮、刘桑德等聚众投北齐，次年为周豆卢宁、韩果等击破。[1]保定四年（564）丹州（治今陕西宜川）、绥州（治今陕西绥德）、银州（治今陕西榆林党岔镇）的稽胡，与蒲川别帅郝三郎等又频起反周，后为达奚震、辛威等所镇压。[2]到天和二年（567），延州总管宇文盛城银州，稽胡白郁久同、乔是罗等袭击，为盛所败，盛又破稽胡别帅乔三勿同等。五年（570），开府刘雄出绥州巡边，稽胡帅乔白郎、乔素勿同等发兵拒之，为刘雄击破。至建德五年（576），北周破北齐于晋州（治今山西临汾），稽胡复起为"寇盗"；六年（577），河东稽胡立刘蠡升孙刘没铎为主，号圣武皇帝，年号石平，并与突厥相结，后为北周所破，擒没铎，余皆降。[3]宣政元年（578），又有汾州（治今山西隰县）稽胡帅刘受罗千反叛，后为越王宇文盛击败，盛表请虞庆则为石州总管。庆则"甚有威惠，境内清肃，稽胡慕义而归者八千余户"[4]。

在西魏、北周时，陕西民族分布格局有了一些新的变化。这就是北魏末年以来鲜卑及北边的高车等族大量迁入关中，以及关中东北羌族的西移。自北魏占领陕西地区后，拓跋鲜卑的文武官吏及一部分军士向关中地区迁移，但为数不多。北魏末年关陇起事后，统治者曾多次派遣军队入关镇压，其中规模最大的一次是在建义元年（528）尔朱天光率贺拔岳、侯莫陈悦两军团入关。这两个军团将士大多为原武川镇军人，均是由鲜卑及北方的高车、鲜卑化的汉人等组成，人数约三四万。以后，两军团大部分留于关中。其次，永熙三年（534），魏孝武帝不愿为高欢挟制，率鲜卑文武官员及"六坊之众"的禁卫军进入关中，投靠宇文泰。途中，虽然有部分返回，但入关的鲜卑贵族及其部曲、吏丁为数亦不少。最后，还有关陇起义军被贺拔岳等军团镇压后，先后被解散、收编，散在关中，内中也有不少鲜卑或北方民族。因此，到西魏、北周时，鲜卑、高

① 《周书》卷一九《豆卢宁传》、卷四九《稽胡传》。
② 《周书》卷四九《稽胡传》。
③ 均见《周书》卷四九《稽胡传》。
④ 《隋书》卷四〇《虞庆则传》。

车及鲜卑化的匈奴、汉人等聚居于关中东部渭水两岸，而原居于冯翊、北地的羌族不得不向西迁徙到今陕西蒲城、白水、宜川、铜川之间。

这种情况可以从现存关中的碑铭中看出，关于此，我国著名学者马长寿曾做过详细的研究。①比如在渭南县渭河北岸的泰庄村发现的北周武成二年（560）九月的《合方邑子百数十人造像记》中，内题列四方邑子姓名者共 156 人，其中少数民族姓氏就有 26 种：内原为匈奴后鲜卑化的姓氏有贺兰氏（8 人）、宇文氏（10 人）、费连氏（2 人）、呼延氏（1 人）、破洛汗氏（1 人）、吐胡氏（1 人）；属北方鲜卑姓氏的有擒拔（拓跋）氏（11 人）、若干氏（9 人）、普屯氏（5 人）、如罗氏（1 人）；属西部鲜卑姓氏的有和稽氏（2 人）、俟奴氏（2 人）、乞伏氏（1 人）；属东部鲜卑的有吐谷浑氏（1 人）、乙弗氏（2 人）、库氏（3 人）、屈突氏（1 人）；属东夷的有乌六浑氏（1 人）；属西域胡姓氏的有支氏（1 人）、白氏（1 人）；属高车姓氏的有斛斯氏（25 人）、屋引氏（6 人）、贺拔氏（1 人）、乙旃氏（1 人）等。可见，渭北当时是以鲜卑、高车、匈奴为主的多民族聚居之地。而在今蒲城、宜川、铜川等地发现的西魏、北周佛教造像题铭中，则绝大多数都是以羌族雷氏、弥姐氏、钳耳氏、昨和氏、夫蒙氏、罕开氏、同蹄氏、地连氏等羌族为主的题名，证明这一带已成为羌族的聚居区了。②

此外，还值得一提的是，北朝时在今陕北地区还杂居有今朝鲜半岛的高丽人及卢水胡、费也头等杂胡，而在关中长安，因经商、传教等原因，由丝绸之路陆续移居的中亚粟特人也日渐增多。

20 世纪 80 年代，在黄陵县西的双龙乡发现一通西魏大统十四年（548）的造像碑，其上镌刻的供养人姓名中，最多的是似先氏（共 11 人）、其次是盖氏（5 人）。在黄陵县南的永寿县永泰乡也发现北魏神龟三年（520）造像碑上镌刻的供养人名中，有盖氏（27 人）、似先氏（4 人）。据学者研究，似先氏、盖氏（其中有一部分）应为高丽人，并推测这批高丽人，可能是北魏天兴元年（398）北魏灭后燕后"徙山东（太行山以东）六州民吏及徒何（慕容鲜卑）、

① 马长寿：《碑铭所见前秦至隋初的关中部族》，中华书局 1985 年版。
② 马长寿：《碑铭所见前秦至隋初的关中部族》，中华书局 1985 年版。

高丽杂役三十六万，百工技巧十余万口，以充京师（平城，今山西大同）"①
之后，迁居渭北及陕北等地，与当地各族杂处的。此说可信。

　　卢水胡，系魏晋杂胡之一，如前述，魏晋时陕西卢水胡主要分布在关中及
渭水北一带。北朝时，陕北南部黄陵一带仍有卢水胡。北魏太平真君六年（445），
有杏城卢水胡盖吴、郝温领导的各族反抗北魏的起事，后被镇压。北朝后，这
里的卢水胡再不见记载。

　　费也头，系北朝时的杂胡之一，原为匈奴之牧奴，匈奴衰亡后，逃到河套
一带，自号"费也头"（又作破野头），其种非一，主要是由鲜卑、敕勒（丁零）
组成的杂胡。②《北齐书》卷二《神武纪下》记，神武（高欢）袭西魏夏州（治
今陕北靖边北白城子），"禽其刺史费也头斛拔俄弥突"。此费也头原为敕勒（高
车）人，活动于今陕北之地。以后费也头分别为东、西魏所用，对唐之建国起
了一定的作用。③

　　中亚粟特人，又称昭武九姓胡，原居于中亚河中地区（今阿姆河与锡尔河
之间），从东汉末年以来，粟特人就陆续迁入中国内地定居，魏晋时陕西各地
均有（见前述内容）。到西魏、北周时，都城长安就聚居着一批粟特人。他们
有集中的居住地和葬地，朝廷专门设置官吏对之进行管理。2000年以来，陕西
考古工作者在西安大明宫，相继发掘了3座北周时的粟特人墓葬，即2000年
发掘的安伽墓（见图4-1）、2003年的史君墓和2004年的康业墓（见图4-2）。④
此地当为长安粟特人墓葬区。出土了墓志，有珍贵粟特文、汉文的石堂文和大
批珍贵文物，引起中外学者的关注，已发表了一批相关论著。安伽墓出土的金
碧辉煌的围屏石榻（见图4-3），史君墓出土的仿汉式建筑的石椁（见图4-4），

---

① 金宪镛、李健超：《陕西新发现的高句丽人、新罗人遗迹》，载《考古与文物》
1999年第6期。
② 周伟洲：《赀虏与费也头》，见中华书局编辑部编：《文史》第23辑，中华
书局1984年版。
③ ［日］石见清裕：《唐の建国と匈奴の费也头》，载日本《史学杂志》1982
年10月第91编第10号。
④ 陕西省考古研究所编著：《西安北周安伽墓》，文物出版社2003年版；西安
市文物保护考古所：《西安市北周史君石椁墓》，载《考古》2004年第7期；西安市
文物保护考古所：《西安北周康业墓发掘简报》，载《文物》2008年第6期。

图 4-1　北周安伽墓墓门祆教祭祀图

（引自陕西省考古研究所编著：《西安北周安伽墓》，文物出版社 2003 年版，图版十五）

图 4-2　康业墓发掘现场

（引自西安市文物保护考古所：《西安北周康业墓发掘简报》，载《文物》2008 年第 6 期）

图 4-3　北周安伽墓石屏宴饮图

（引自陕西省考古研究所编著：《西安北周安伽墓》，文物出版社 2003 年版，图版三八、六三）

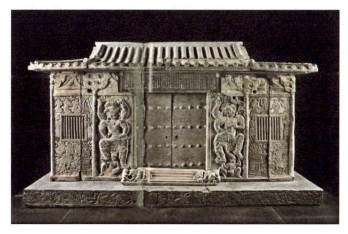

图 4-4 北周史君墓石椁正面图像

（引自杨军凯：《北周史君墓》，文物出版社 2014 年版，第 115 页）

康业墓出土的石榻上山水图像，均有反映入华粟特人的祆教信仰及日常生活的情景，以及汉文化对他们的影响。

三、北朝诸政权与漠北柔然的关系

柔然是公元 4 世纪末至 6 世纪中，继匈奴、鲜卑之后，兴起于蒙古草原的游牧民族。关于柔然的历史，中国史籍《魏书》《北史》之《蠕蠕传》记载颇详。蠕蠕，又作茹茹、芮芮（南朝史籍），自号"柔然"。《魏书》卷一〇三《蠕蠕传》（此传系宋人据《北史》卷九八《蠕蠕传》补）记："蠕蠕（柔然），东胡之苗裔也，姓郁久闾氏。"据学者考证，柔然族源系"一个主要由鲜卑、敕勒、匈奴和突厥等组成的多氏族、多部落的部族"[1]。正如《南齐书》卷五九《芮芮虏传》所云，其为"塞外杂胡"。北魏天兴五年（402）柔然首领社仑统一漠北，建立政权，自称丘豆伐可汗，不时攻掠北魏北边代北及漠南等地。北魏为防止柔然的攻掠，筑长城及建北边六镇以御之。柔然与北魏长期以来相互争战，又相互交往，延续了漠北游牧民族与内地农耕民族传统的关系。到北魏正光元年（520）柔然内乱，新立可汗阿那瓌投归北魏，入朝洛阳，后要求返回漠北，朝议许之。后阿那瓌叛回漠北，众推其为可汗，柔然复兴。然而，此时北魏爆发六镇起事，

---

① 周伟洲：《敕勒与柔然》，上海人民出版社 1983 年版，第 108—109 页。

阿那瓌可汗曾助北魏镇压六镇的反抗。后北魏分裂为东、西魏及后之北齐、北周，故东、西魏对漠北复兴的柔然力图拉拢，"竞结阿那瓌为婚好"①。

立国于今陕西关中的西魏、北周，则与复兴的柔然有了直接的关系。西魏初建时，欲结亲柔然，以抗东魏，文帝元宝炬遂以元翌女为化政公主，嫁与阿那瓌兄弟塔寒。文帝又自己娶阿那瓌长女郁久闾氏为皇后（魏悼后），废掉原来的皇后乙弗氏（吐谷浑乙弗部人）。西魏对阿那瓌长女郁久闾氏十分重视，大统三年（537）派遣原与柔然阿那瓌可汗相识的扶风王元孚，以及曾因被六镇起事军击败而一度逃至柔然的车骑大将军、太子太傅杨宽出使柔然，奉迎阿那瓌长女。②柔然可汗及臣下见元孚，"莫不欢悦，奉皇后来归"③。据《北史·后妃传上·魏悼皇后传》记，阿那瓌长女随行有"车七百乘，马万匹，驼千头"，可见阿那瓌可汗资送甚厚，和亲队伍之庞大。"蠕蠕俗以东为贵，后之来，营幕户席，一皆东向……到黑盐池（大致在今陕西定边北盐池），魏朝卤簿文物始至。孚奏清正南面，后曰：'我未见魏主，故蠕蠕女也。魏仗向南，我自东面。'孚无以辞。"

此外，西魏还送给柔然大批钱财、丝绸等礼物，"以金帛诱之"④。大统六年（540），魏悼后因生产死去，柔然以此为借口，派军渡河，前锋达夏州北（今内蒙古乌审旗南）。文帝没有办法，只好下令将已废的乙弗氏赐死。⑤这一事件，反映了当时西魏被迫对柔然妥协退让的态度和柔然复兴后颇为强盛的情况。

在西魏和亲政策的拉拢下，阿那瓌做出了一副与西魏共同对付东魏的姿态，首先扣留了东魏派来的使者元整。大统四年（538），阿那瓌又侵掠东魏的幽州（治今北京）、范阳（今河北涿州）等地。后又掠肆州（治今山西忻州）的秀容，至于三堆（在今山西汾水上游）。同时，杀东魏使者元整。东魏统治者一面频

---

① 《北史》卷九八《蠕蠕传》。

② 《北史》卷一六《元孚传》，《周书》卷二二《杨宽传》。

③ 《北史》卷一六《元孚传》。

④ 《北史》卷九八《蠕蠕传》。

⑤ 见《北史》卷一三《后妃列传上》。

遣使者至柔然进行拉拢，并借魏悼后之死，离间柔然与西魏的关系，一面也采取和亲的外交政策。

　　在东、西魏竞相结好的情况下，柔然采取了与东、西魏均和亲的政策，以维系东、西魏分裂的局面，从中取利。大统六年，东魏高欢遣张徽纂使柔然，离间西魏与柔然的关系，并申和好之意。阿那瓌即为其子庵罗辰请婚。东魏以常山王妹乐安公主许婚，改称兰陵郡长公主。[①]次年四月，高欢亲自经理，礼物丰渥，并亲送公主至楼烦（今山西宁武）之北。至大统八年（542），阿那瓌又要求将自己的孙女邻和公主嫁与高欢第九子长广公高湛。阿那瓌遣使送孙女于晋阳。过了三年，阿那瓌又欲将其爱女嫁与高欢。高欢迫于柔然的压力，犹豫不决，其妻以"国家大计"劝之。于是，高欢娶阿那瓌爱女为正室，称"蠕蠕公主"，复称其妻为"妃"。[②]《北史》卷一四《后妃列传下》还记载说，蠕蠕"公主性严毅，一生不肯华言。神武（高欢）尝有病，不得往公主所，秃突佳（阿那瓌弟）怨恚，神武自射堂舆疾就公主。其见将护如此"。可见，东魏同西魏一样，对于强盛的柔然也是退让妥协的。在与东、西魏通婚后，柔然减少了对中原的侵扰，通过相互的通婚，中原与漠北地区的关系进一步加强。

　　可是，柔然复兴时期的强盛只是表面的、暂时的。过了不久，其内部被奴役的部落和奴隶的反抗斗争就爆发了。北齐天保二年（551），居住于今阿尔泰山南的柔然锻工——突厥部，在其首领土门（意为"万人长"）的率领下，掀起了反抗柔然统治者的斗争。柔然可汗率军镇压，在怀荒镇北被突厥击溃，阿那瓌自杀，柔然分裂为东、西两部。东部以阿那瓌子庵罗辰及阿那瓌从弟登注、登注子库提为首，投归北齐（550年东魏政权已为高欢子高洋所夺取，改称齐）。而在漠北以西部以阿那瓌叔邓叔子为首的数千人，为突厥击败后，投归西魏，入京师长安。

<hr />

　　① 按，东魏以兰陵公主嫁庵罗辰一事应在 540 年。《通鉴》卷一五七将此事系于535年，并将兰陵公主下嫁于庵罗辰改为嫁与阿那瓌，大误。范文澜《中国通史简编》修订本第二编第 496 页不察，竟援《通鉴》之误。考《通鉴》致误原因，系采《魏书·蠕蠕传》最后一段关于东、西魏分立后柔然事迹的略述。《魏书·蠕蠕传》系采自《北史·蠕蠕传》。《北史·蠕蠕传》关于这段时期的柔然历史记述较详，且明言高欢许婚是在540年，兰陵公主是嫁给庵罗辰的。
　　② 《北齐书》卷九《神武明皇后娄氏传》。

西魏对邓叔子等虽然很优待，"给前后部羽葆鼓吹，赐杂彩六千段"[1]，但在突厥使者的一再威逼下，西魏于恭帝二年（555）将邓叔子以下三千余人交与突厥使者。邓叔子等遂被惨杀于长安青门（即汉长安城东霸城门，遗址在今西安未央区樊家寨东）外，中男以下并配王公家。[2]自此以后，柔然政权灭亡。

第二节　南北朝时的陕南民族

一、氐族所建仇池国及其与南北朝诸政权的关系

仇池，原系山名，在今甘肃西和县西南，东汉建安时，略阳氐族首领杨腾（或云其子杨驹）始徙居于此。仇池有平地百顷，四面斗绝，上有池，煮土成盐，是一形势险要、物产丰沃的地区。[3]东汉末，氐族杨氏据此地后逐渐成为割据一方的势力。至首领杨千万（杨腾后代）时，与陇西马超相结，为曹操所破，千万逃至蜀。至西晋初，晋武帝拜千万孙飞龙为平西将军，还居略阳。飞龙无子，养外甥令狐氏子为子，名杨茂搜，袭爵。西晋元康六年（296），关中爆发了以氐族齐万年为首的各族反晋斗争，杨茂搜遂率部落四千户还保仇池。时关中大饥，士人流移仇池者甚众。茂搜即自称辅国将军、右贤王。[4]国内学界一般以此为仇池国割据政权建立之始。[5]接着，西晋发生"八王之乱"和各地流民起事，"五胡"并起，形成了分裂割据的局面，仇池政权也得以存在和发展。其间，杨茂搜曾先后接受晋愍帝和南阳王司马保的封号，并乘乱据梁州（治今陕西汉中），后为当地人所逐，梁州后为巴氐李氏所建成国据有。[6]

东晋建武元年（317）茂搜卒，子难敌立。时前赵刘曜都长安，向西北扩展，

　①　《周书》卷一五《李弼传》。
　②　《北史》卷九八《蠕蠕传》。
　③　《魏书》卷一〇一《氐传》，《宋书》卷九八《氐胡传》，《太平御览》卷四四引辛氏《三秦记》，等等。
　④　《魏书》卷一〇一《氐传》，《宋书》卷九八《氐胡传》。
　⑤　张维：《仇池国志》，甘肃银行印刷厂铅印本，1949年版；马长寿：《氐与羌》，上海人民出版社1984年版。也有以杨腾（或其子杨驹）徙仇池，为仇池政权建立之始者，如李祖桓《仇池国志》，书目文献出版社1986年版，第12页。
　⑥　《华阳国志》卷八《大同志》。

曾先后两次进攻仇池。前秦苻坚时，仇池杨世向前秦称臣，接受封号，又向东晋称藩。东晋太和六年（371）苻坚发军灭仇池国，其主杨纂降，被送至长安。国内学者也有以杨纂以前仇池政权为所谓"前仇池国"者。[1]

氐族杨氏的势力在仇池盘踞了一百多年，且该地居民大部分为氐族，故当前秦淝水战败后，杨氏就有复国的可能。时已成为前秦一员骁将的杨氏后裔杨定奔还陇右，招集氐、汉人千余家，自号龙骧将军、平羌校尉、仇池公，以历城（仇池西北）为中心，重建仇池国。此后，杨定接受前秦苻丕"骠骑大将军、雍州牧"号，与后秦姚苌征战，又称藩于东晋。杨定死后，镇守仇池的杨盛（佛狗子）立，称仇池公。杨盛"分诸四山氐、羌为二十部护军，各为镇戍，不置郡县"[2]。这种行政体制颇与夏国不设郡县、以城主统地方军政制相似，也是从魏晋以来护军制代替郡县制的一种措施。时仇池国北有西秦，东北有后秦、北魏，东有东晋，杨盛先后臣属于后秦、东晋、北魏，接受封号，以求发展，并乘机扩展自己的势力。东晋义熙元年（405）谯纵据蜀，汉中空虚，杨盛遣兄子抚据汉中。[3]至义熙九年（413）东晋杀谯纵，复取蜀，杨盛遂将汉中还于东晋。

杨盛死于刘宋元嘉二年（425），子杨玄立，通使称臣于宋，并奉宋年号。三年（426），刘宋梁、南秦二州刺史吉翰遣军攻占仇池国之武兴（今陕西略阳），杨玄遣弟难当拒之，为宋军所败。[4]宋元嘉六年（429）杨玄卒，弟难当废其子保宗而自立，自号武都王。元嘉十年（433）十一月，难当攻据梁州。次年，难当向北魏告捷，并送雍州流民七千家于长安。后刘宋新任梁、南秦二州刺史萧思话击走难当，进据梁州。难当遣使于刘宋谢罪。十三年（436）难当自称大秦王，然仍向刘宋朝贡不绝。十七年复号武都王。元嘉二十年（443），北魏遣安西大将军吐奚弼、平北将军拓跋齐等攻仇池，败宋胡崇之，取仇池；并以杨保宗与拓跋齐并守仇池，复仇池国。不久，保宗弟文德说其叛魏，为拓跋

---

① 见上引张维、马长寿著作。
② 《宋书》卷九八《氐胡传》。
③ 《晋书》卷一〇《安帝纪》。
④ 《宋书》卷六五《吉翰传》。

齐所执杀。仇池国再次覆灭。①国内有的学者称杨定至保宗时的仇池政权为"后仇池国"。

前、后仇池国虽立国于今甘肃仇池，但其东领地武兴郡已在今陕西南略阳之地，且其曾三度攻据东晋、刘宋梁州，氐、羌等族也大量进入陕南，故对陕南的民族分布格局有一定的影响。

自杨保宗为北魏拓跋齐执杀后，仇池国（后仇池国）再次覆亡。但不久原仇池国官吏苻达、任且出等拥杨文德为主，据白崖（葭芦北），文德自号征西将军，秦、河、梁三州刺史，仇池公。此为仇池国复国之始。刘宋以文德为武都王。文德进戍葭芦（今甘肃武都东南），"武都、阴平氐多归之"②。从此，杨文德所建仇池国在刘宋的支持下得以延承。此时的仇池杨氏反侧于北魏与刘宋两大政权之间，接受封号。到刘宋元嘉二十五年（448）初，北魏仇池镇将皮豹子率军攻杨文德，文德兵败奔刘宋汉中。刘宋以文德失守，免其官爵。二十七年（450），刘宋大举攻北魏，起用文德为辅国将军，率军从汉中西进，以动摇沂、陇。文德击破北魏将氐人杨高（原为文德将，后降魏）等，占领阴平（今甘肃文县）、平武（今四川平武东北）；又击啖提氐（在今甘肃文县），不克。刘宋梁州刺史刘秀之执文德送荆州，使文德从祖兄头戍葭芦。至刘宋孝建元年（454），荆州刺史刘义宣反，文德不从，被杀。二年，刘宋君臣为立仇池杨氏保宗子、年幼的元和或立杨头镇守葭芦而意见分歧，宋孝武帝最后以杨元和为征虏将军，杨头为辅国将军，以元和袭武都王位，镇白水（今四川白水）。泰始二年（466），杨元和因力小势弱，逃奔北魏，其叔（一说元和从弟）杨僧嗣复自称武都王，守葭芦之地。刘宋以僧嗣为北秦州刺史、武都王。③此时，仇池国以葭芦为中心复为国，但完全控制在刘宋手中，其国主不过为其一州刺史而已。

刘宋元徽元年（473），杨僧嗣卒，其从弟杨文度自立为武兴王，仍屯葭芦，以弟文弘（小名杨鼠）为白水太守，屯武兴。文度遣使又降北魏，被授予武兴镇将。① 四年（476），刘宋加文度为北秦州刺史，文度攻北魏仇池。升明元年（477），文度陷仇池；后北魏将皮欢喜败文度弟文弘，复取仇池，并攻占葭芦，杀文度。北魏以杨难当族弟杨广香为阴平公、葭芦戍主。而文度被杀后，其弟杨文弘退守武兴，遣使北魏，魏封其为南秦州刺史、武都王。国内有的学者称杨文德至杨文度时为"武都国"，并以文度被杀为武都国灭亡的标志。

刘宋升明二年（478），宋又封杨文弘为北秦州刺史、武都王。至齐建元元年（479），南齐境内发生了晋寿（今四川广元南）人李乌奴、白水氏杨成等进攻梁州事件。后李乌奴降梁州刺史范柏年，破杨成。不久，柏年为南齐赐死，乌奴复叛入氏，附杨文弘，引氏兵千余人攻梁州，陷白马戍（今陕西阳平关），后为齐军击败，退回武兴文弘处。南齐梁、南秦二州刺史崔慧景遣将攻武兴，为文弘所败。南齐见文弘叛，遂于建元二年十一月，以在葭芦的杨广香为西秦州刺史，其子炅为武都太守，另立杨难当孙（一说杨文弘从兄子）杨后起为秦州刺史、武都王，镇武兴。② 而事实上，武兴仍在文弘的控制之下。三年（481），杨文弘遣使复降于南齐。时杨广香卒，其众一半投文弘，一半奔梁州。文弘遣后起据白水，南齐统治者虽复封文弘为北秦州刺史，但令晋寿太守杨公则伺机图之。③

建元四年（482），杨文弘卒，诸子幼，乃立杨后起为嗣。北魏以后起为武都王，文弘子集始为白水太守。不久，集始自立为王，为后起击破。南齐则以后起为冠军将军，后又进号征虏将军。齐永明四年（486），杨后起卒，集始立，北魏、南齐均以其为武都王，南或北秦州刺史。永明十年（492），杨集始攻南齐梁州，至白马，为齐军击败，走还武兴，请入朝于北魏，魏以集始为武兴王。至齐建武四年（497），魏南梁州刺史、氏帅杨灵珍降齐，攻附魏的武兴杨集始，杀其弟集同、集众，集始惧而复降齐，齐以集始为北秦州刺史。后灵珍为魏军击破，奔还汉中，齐以其为南梁州刺史。永元二年（500）杨集始率众万余北出汉中，规复旧地，魏梁州刺史杨椿遗书集始，劝其归魏。集始

① 均见《宋书》卷九八《氏胡传》、《魏书》卷一〇一《氏传》等。
② 《资治通鉴》卷一三五，齐高帝建元元年、二年条；《南齐书》卷五九《氏传》。
③ 《资治通鉴》卷一三五，齐高帝建元三年条；《南齐书》卷五九《氏传》。

复投魏，魏还其爵位，使守武兴。^①次年，北魏统治阶级内部发生了咸阳王元禧的谋反事件，禧结集始以叛，集始惧而告密，禧被杀。^②后集始以母年老为由，返武兴。至梁天监元年（502），梁封集始为武都王。二年，集始卒，北魏以其子绍先为武兴王。绍先年幼，大权掌握在二叔集起、集义手中。梁亦封绍先为北秦州刺史、武都王。

梁天监四年（505），原梁南谯太守夏侯道迁叛投魏，魏以其为汉中太守。道迁发兵攻附梁的氐酋杨灵珍父子，为白马戍主尹天宝所败，被围于南郑。道迁求救于杨绍先及其叔集起、集义，不应。唯集义弟集朗引兵救道迁，杀天宝，北魏得以保全汉中。集起、集义恐不容于魏，遂推绍先为帝，自称王，引梁为援。北魏遣光禄大夫杨椿等攻武兴。五年（506）初，魏将傅竖眼等攻克武兴，执杨绍先送洛阳，灭其国；改武兴为镇，后又改为东益州。^③

至梁中大通六年（534），北魏分裂，在洛阳的杨绍先乘此逃归武兴，复自立为王，重建政权，仍然臣属于西魏和梁朝，接受双方的封号。绍先卒于梁大同元年（535），其子杨智慧立，率户四千降于梁，梁以其为东益州刺史。^④到梁大同十一年（545），又见北朝史籍记西魏以绍先子杨辟邪为东益州刺史。^⑤智慧、辟邪均为绍先子，但智慧事迹不见记载，故疑两人系一人。天正二年（552），杨辟邪叛西魏，据州反；次年，西魏以叱罗协与赵昶追杀辟邪，取武兴。至此，仇池国灭亡。而有的史家称杨文弘（或杨文度）至杨辟邪时为武兴国，辟邪被杀，武兴国亦亡。

武兴国立国于今陕南略阳，对陕南的民族关系有较大的影响。史称武兴国，"本有十万户，世世分减。其大姓有苻氏（氐族）、姜氏（羌族）。言语与中国（即汉语）同。……婚姻备六礼，知书疏。种桑麻。出绅、绢、精布、漆、蜡、椒等。山出铜铁"^⑥。由此可知此时武兴国内氐、羌诸族多已汉化。

---

① 《南齐书》卷五九《氐传》；《资治通鉴》卷一四三，齐永元二年条。
② 《魏书》卷二一《咸阳王禧传》。
③ 《周书》卷四九《氐传》、卷一一《叱罗协传》等。
④ 《梁书》卷五四《西北诸戎·武兴国传》。
⑤ 《北史》卷九六《氐传》。
⑥ 《梁书》卷五四《西北诸戎·武兴国传》。

与仇池国（武兴国）同时并存的，还有上述盘踞于阴平一带的氐酋杨广香一支，史家一般称之为阴平国。广香死，其子杨炅继为南齐之沙州刺史、阴平王，隆昌元年（494）又入朝北魏。① 齐建武二年（495），炅卒，南齐以其子杨崇祖为沙州刺史、阴平王。大约在梁天监元年（502），杨崇祖卒，子杨孟孙自立为王，拥户数万，附梁，仍为阴平王；并扰魏边，后又遣子入朝于魏。② 天监十年（511）孟孙死，子杨定袭梁封爵；天监十七年（518），北魏又以杨定为阴平王。③ 此后，阴平王杨广香一支世系不明，但史籍却载北魏末年有据阴平氐酋杨法琛，亦自称阴平王，"魏孝昌中，举众内附，自是职贡不绝"。④ 杨法琛与杨定有何关系不明，但法琛自称杨盛之苗裔。也就是说，到北魏末年，阴平国政权已落入杨法琛的手中。法琛也附于梁，为其北益州刺史、阴平王。

到梁承圣元年（552），西魏以法琛为黎州刺史（治平兴）。二年杨法琛从西魏尉迟迥取梁益州，返回后，与族人杨崇集、杨陈俭等各拥众相攻。西魏成州刺史赵昶遣使和解，"乃分其部落，更置州郡以处之"⑤。从此，阴平国势衰微。到西魏恭帝末（556年左右），西魏境内之武兴氐、固道氐、厨中氐、阴平氐、卢北（葫芦北）氐等先后起来反抗，后均为西魏所镇压。据沙州平兴一带的氐族杨氏政权（阴平国）亦岌岌可危。到陈太建十二年（580），北周益州总管王谦起兵反杨坚，时阴平国主杨永安（与法琛的关系不明）响应，旋为北周大将军达奚儒击灭，阴平国至此灭亡。⑥

从西晋元康六年氐族杨氏据仇池起，一直到北周大象元年（579）阴平国为北周所灭，前后二百八十余年，氐族杨氏断断续续割据于仇池、武兴、葫芦、阴平、平武等地。史家有的统称之为仇池国，有的又根据其割据地区和封号分为前仇池国、后仇池国、武都国、武兴国和阴平等政权。仇池国之所以能灭

---

① 《魏书》卷七《高祖纪下》。
② 《梁书》卷五四《西北诸戎·武兴国传》，《魏书》卷九《肃宗纪》。
③ 《梁书》卷五四《西北诸戎·武兴国传》。
④ 《周书》卷四九《氐传》。
⑤ 《周书》卷四九《氐传》。
⑥ 《北史》卷九六《氐传》等。

而复振，连绵不绝，原因除了这一时期十六国和南北朝分裂割据，使之能周旋于各邻近政权之间而外，主要还是其所处的地区在诸政权连接点上，且此地区居民大多为氐族。但是，严格说来，仇池国的割据与十六国的割据仍然是有所区别的。即是说，杨氏势力很大程度上受内地政权的控制，其自主权较为薄弱。十六国至南北朝时期，建于北方和南方的政权对仇池杨氏割据势力的争夺，使其时而为北方政权所控制，时而又为南方政权所统治，成为他们边疆地区的州郡之一。而杨氏割据势力亦不时倒向北方或南方政权，以求得生存。这也是仇池国得以绵延不断的原因之一。但是，随着内地割据局面的变化，统一的趋势不可避免，仇池国也就最终为北周所灭，而氐族杨氏也就进一步汉化，到隋唐时，这一地区的氐、羌族大部分融入汉族之中。

二、南朝统治下的陕南诸族

魏晋时，今陕南地区曾先后为巴氏所建成汉国、东晋、前秦、仇池国所据，其地居民在今汉中、安康地区主要是汉族，特别是魏晋以来由关中及今四川迁入的汉族流民，在今陕南西略阳一带则以氐、羌人为主。东晋义熙九年（413），东晋遣军杀据蜀之谯纵，时据有汉中的仇池杨盛遂将汉中还于东晋。至元熙二年（420），刘宋代东晋而立，此为南朝之始。刘宋沿东晋对今陕南的行政建制，设梁州（治今陕西汉中南郑），统辖今陕南、四川北部及湖北西部一带地区。据《宋书》卷三七《州郡志三》"梁州"（秦州亦侨治梁州）条记，梁州所辖郡县在今陕南地区者，有以下几个：汉中郡（治今陕西汉中南郑），下领四县；魏兴郡（治今陕西安康），下领十三县，且多在今湖北西部；晋昌郡（治今陕西石泉），宋末改为新兴郡，仅领二县，原属县多划属魏兴郡；安康郡（治宁都，今陕西紫阳北），宋末分魏兴郡置，领县一。此外，南上洛郡（治今陕西白河）为跨陕西、湖北境边地所置。[①]至南齐时，基本沿宋时梁州建置，而郡县略有增加，在今陕南地区设有汉中郡、魏兴郡、新兴郡（治吉阳，今陕西平利东）、晋昌

---

① 参见谭其骧主编：《中国历史地图集》第 4 册《东晋十六国·南北朝时期》，地图出版社 1982 年版，第 25—26 页《南朝宋图》。

郡（治安晋，今陕西西乡）、安康郡（治安康，今陕西石泉南）及南上洛郡等。^① 至梁朝，于今陕南地区改设北梁州（治今陕西汉中）和东梁州（治安康，今陕西石泉），各州下设郡县。^② 直到西魏废帝元年（552），梁朝因"侯景之乱"分裂势衰，西魏遣将王雄出子午谷，取梁东梁州魏兴郡、上津郡（治今湖北上津）；同年，西魏大将军达奚武从散关攻降梁北梁州南郑。^③ 至此，陕南地区基本入于西魏，结束了南朝对今陕南地区的统治。

从刘宋建立，统治今陕南地区起，至西魏废帝元年取该地为止，南朝统治今陕南之地一百三十余年。其间，今陕南地区各族的情况，除前述武兴（今陕西略阳）一带南朝与仇池国关系，及其氐、羌人汉化情况外，今汉中、安康地区以汉流民为主的情况，文献记述则不多。《南齐书》卷一五《州郡志下》"梁州"条记："宋元嘉中（424—453）甄法护为氐（指仇池氐）所攻，失守。萧思话复还汉中。后氐、虏（指北朝）数相攻击，关陇流民，多避难归化，于是民户稍实。州境与氐、胡相邻，亦为威御之镇。"

然而，自20世纪50年代以来，陕西考古工作者先后在今陕南汉中、安康汉水沿线发掘和清理了140多座南朝的墓葬，尤以安康地区为多。"这些墓以中小型单室砖墓为主，……部分墓的墓砖上有宋、齐、梁等朝的纪年，……典型随葬品有青瓷罐、盘口四系壶、碗、陶盆及各类人物俑。"^④ 其中，1982年发掘的安康长岭红光村南朝贵族墓最具代表性。此墓为砖室结构，砖有叶脉、缠枝花等纹饰，有墓室及耳室，随葬器物甚多，主要是陶器和瓷器。瓷器为青瓷四系罐、碗等；陶器有牛车、马、镇墓兽、动物等。特别是出土了65件陶俑，有仪仗俑15件、武士俑8件、徒附俑27件、仆侍俑11件、胡俑2件、文吏

① 参见萧子显：《南齐书》卷一五《州郡志下》"梁州"条，中华书局1972年版；谭其骧主编：《中国历史地图集》第4册《东晋十六国·南北朝时期》，地图出版社1982年版，第37页《南朝齐梁州、秦州图》。
② 参见谭其骧主编：《中国历史地图集》第4册《东晋十六国·南北朝时期》，地图出版社1982年版，第42—43页《南朝梁图》。
③ 《北史》卷九《周本纪上》；《资治通鉴》卷一六四，梁元帝承圣元年正月、五月、八月条。
④ 国家文物局主编：《中国文物地图集·陕西分册》上，西安地图出版社1998年版，第109页。

俑 1 件、无名俑 1 件。[①]（见图
4-5）这些俑人的形态、制作，
与出土北朝俑人相近，特别是
胡俑，而与南朝京师建康（今
江苏南京）一带出土的南朝墓
中俑人风格有异，故有学者称
之为"南墓北俑"现象。[②] 又安
康紫阳一座南朝墓中还出土了 5
件铜牌饰，上有手执笙、鼓、
琵琶等乐器演奏的胡人形象。[③]

图 4-5　安康长岭南朝墓出土胡俑、仆侍俑
（引自《考古与文物》1986 年第 3 期，封三）

以上这些资料说明，南朝
时今陕南地区的汉族，多系关
陇一带的流民，故深受北方汉、
胡族文化之影响，墓葬中的"南
墓北俑"现象、胡人形象俑及
铜牌饰胡人乐舞即其集中的反映。同时，南朝青瓷的普遍使用，也反映了南朝
文化的影响。此外，也不应无视今汉中、安康等地原巴、蜀文化及氐、羌文化
的浸润，这些表现在长岭南朝墓出土的众多俑人的衣饰、发型和头饰上。以上
多种文化的影响，使南朝时今陕南地区汉族呈现出一种较有自己特色的文化。
日本学者小林仁专门著文探讨，据今陕西汉中、安康、湖北襄阳等陶俑的共同
特点，提出南北朝陶俑的"汉水流域样式"，认为受北朝的影响颇大。[④]

①李启良、徐信印：《陕西安康长岭南朝墓清理简报》，载《考古与文物》1986
年第 3 期。
②陕西省考古研究院隋唐考古研究部：《陕西南北朝隋唐及宋元明清考古五十年
综述》，载《考古与文物》2008 年第 6 期。
③李厚志：《紫阳县发现北朝乐舞伎铜饰》，载《考古与文物》1989 年第 2 期。
④［日］小林仁：《中国南北朝時代における南北境界地域の陶俑について——"漢
水流域樣式"試論》，载日本《中国考古學》2006 年第 6 号。

第三节　魏晋南北朝时陕西的民族大融合

一、陕西的民族大融合

魏晋南北朝时期，陕西各族杂居，迁徙频繁，数百年来，相互融合，形成了陕西历史上最大一次民族融合高潮。

内迁的南匈奴部众在十六国时，曾在陕西建立前赵，此后则散居渭北各地，尤以今黄陵一带的东、西曹人数最多。但到北朝时，史籍中很难找到匈奴在陕西地区活动的记载。只是在北魏时仍有匈奴在陕北一带居住，如：北魏神麚元年（428）有"上郡屠各隗诘归率万余家内属"[①]；尉拨曾出为杏城镇将，在任九年，有"上郡徒各（屠各）、卢水胡八百余落，尽附为民"[②]。至于邻近陕西的秦、陇及河东，北魏时屠各部众仍然很多。然而，这些屠各的姓氏已为刘、李、金、董、梁等汉姓，说明他们汉化甚深。到隋唐时，屠各之名就基本上不见于史籍，此时的匈奴屠各已基本融入汉族之中。

另有一部分匈奴部众原在北边六镇一带，与鲜卑族长期相处，或早已融入鲜卑，或鲜卑化，至北魏末随北魏军队进入关中，与汉人杂处，又逐渐汉化，如前述之渭南渭水北发现的《合方邑子百数十人造像记》中的宇文氏、呼延氏、费连氏、破六韩氏等。还有一部分迁入陕西渭北一带的匈奴部众，在十六国后，与该地的西域胡、山居土著融合，形成一种杂胡，即稽胡。稽胡因大多山居，故汉化进程较慢，直到唐中叶之后才最后融入汉族或其他民族之中。

与匈奴有关的还有卢水胡，渭北等地卢水胡的数量也很多。北魏初，北地卢水胡盖吴就领导过一次大规模反魏的起事。然而，卢水胡长期与汉人杂处，汉化亦很深，到隋唐时则完全汉化，而不见于史籍。

鲜卑族也先后大批迁入陕西地区，自北魏孝文帝由平城迁都洛阳，大力推行汉化改革后，内地鲜卑族汉化进程加速，在陕西各地的鲜卑官吏、将士自然也不例外。到北魏末，大批鲜卑及高车、匈奴等因镇压关陇起事而进入关中，

---

① 《魏书》卷四《世祖纪》。
② 《魏书》卷三〇《尉拨传》。

后有大批人居于关中东北今渭南（包括渭南市华州区）、澄城一带，与汉人杂处，在西魏、北周推行的各项政策（如前述的"六条诏书"）之下，较快地融合到汉族之中。

西北的氐、羌族，内徙于陕西的时间较北方的匈奴、鲜卑等族为早，其普遍的汉化程度也较深。特别是氐族，其原居地与汉族最近，关系也更为密切。三国时，氐族已"多知中国语"，"各自有姓，姓如中国之姓矣"。① 内迁至关中扶风、京兆等地的氐族，与汉族杂居，多变为编户，在生产和阶级斗争实践中与汉族更加接近。十六国时，氐族苻氏在关中建前秦，完全采取魏晋以来汉族政权的各项制度，大力推行汉族文化。苻坚甚至以华夏正统自命，恢复魏晋礼乐，以汉族传统文化教授氐族上层子弟，使氐族进一步汉化。陕南的氐族汉化也甚深。到隋唐时，内迁氐族已不见于记载，说明他们的民族特点基本消失，融入了汉族之中。

内迁至陕西的羌族汉化过程大致与氐族相似，开始亦甚早。经过魏晋十六国时期，内迁羌族汉化过程加快。如在关中立国的羌族姚氏，汉化之深几同于氐族苻氏。现存前秦建元三年（367）《邓太尉祠碑》、四年（368）《广武将军□产碑》上，记载了今陕西渭北一带民族杂居情况，其中羌姓官吏题名最多，有雷氏（西羌累姐种后）、钳耳氏（西羌虔人种，后改王氏）、党氏、隽蒙氏、屈男氏、荔菲氏、夫蒙（不蒙）氏、井氏（罕开氏）、同蹄氏等。到西魏北周时，羌族大多聚族而居，称为羌村、羌邑。今渭北渭城、耀州、宜川、铜川的造像铭中，西魏北周时的羌族造像特多。聚族而居的情况一直延续到唐代。由于内迁羌族人口众多，大都聚族而居，故他们能较长久地保持自己民族的特点，一直是实行族内通婚。直到唐代中叶以后，陕西的羌族才最终融合于汉族，仅在今陕西宁强、略阳一带还残存着一些羌族。

总之，经过魏晋南北朝长达三百多年的割据、分裂时期，陕西民族分布格局发生了很大的变化，内迁五胡占了陕西人口一半以上。而关中汉族则有部分南迁。各民族杂居错处，相互交流，相互影响，征服与被征服，建立政权及其

---

① 《三国志·魏志》卷三〇注引《魏略·西戎传》。

覆亡，强迫同化和自然融合，种种错综复杂的关系，形成陕西历史上一次最大的民族融合，使陕西民族成分也发生了很大的变化。

二、陕西各民族融合的特点

民族融合或同化，是多民族国家历史上存在的必然的历史现象，各个时代又具有不同的特点。魏晋南北朝时期的民族大融合，无论从深度还是广度来说都是十分突出的，有它自己的特点。而陕西又是这一时期民族融合的典型地区之一，这些特点则显得更为突出。

第一，这一时期民族融合之所以能有历史上任何时期无法相比的深度和广度，主要原因之一是各族的大迁徙创造了融合的前提和基础。如前所述，自东汉末年以来，一直到北朝，周边民族与汉族处于不断迁徙之中，其主流是周边各族，特别是北方和西北的游牧民族相继迁入内地（包括陕西关中等地），以及中原内地汉族向南迁徙到长江流域。造成这种大迁徙的原因是多方面的，有因战争而造成的强迫迁徙，有自愿投归的内附，也有统治民族为镇戍而迁徙等。只有频繁的迁徙，才能形成杂居的局面，才能不断打破那种大杂居、小聚居的格局，从而创造最佳的民族融合的地理环境和条件，才能使被融合民族的政治、经济和文化习俗等特点和差别较快地消失，与融合民族一致。如大漠南北的游牧民族迁入陕西关中之后，原来广阔的草原环境发生改变，使他们不得不尽快适应和从事农耕或半农半牧。他们内迁后不是在汉族政权的统治下，便是在其他或本民族政权的统治下，原有的内地较为先进的汉族文化必然对之产生影响。诸如匈奴、氐、羌、鲜卑等进入陕西后，先后建立前赵、前秦、西燕、后秦、夏、西魏、北周等政权。他们虽曾统治过汉族，但同时也被汉族较为先进的、适宜于内地的文明所征服。这是一条历史发展的规律。

第二，这一时期内迁民族众多，关系复杂，他们融合的主流虽然仍旧是汉化，但在融合过程中，方式却是多种多样的，道路是曲折的。如徙入陕西的氐、羌等族，大多是直接逐渐融入汉族；而北方一些民族，如匈奴、高车等，则是先鲜卑化或融入鲜卑，然后再汉化。还有一种较特殊的融合方式，即内迁各族与汉族及其他族融合，先形成一种杂胡，然后再汉化。如陕西境内的屠各、铁弗、卢水、稽胡、羯胡、费也头等均是如此。

第三，这一时期的民族融合，有各族统治阶级的强迫同化，而更多的则是各族之间的自然融合，甚至还出现被融合的统治民族统治者采取强迫性的政策来促使本民族融合于汉族。强迫同化，随着中国历史的发展、各民族民族意识的加强而日趋强化，但在这一时期并不十分突出。相反，那种各族人民在生产和阶级斗争实践中所形成的自然融合占主导地位。汉族人口较多，当时经济、文化较为发达，自然吸引、同化内徙民族。内徙民族所建政权为了更好地统治广大汉族和其他族，甚至继承了汉魏以来汉族政权的各种制度和文化，促进了本民族及其他族与汉族的融合等。

第四，这一时期民族大融合的主流和趋势是汉化，但这并非被融合民族的属性完全消失，简单地变为汉族，而是被融合各族的属性，诸如体质、文化习俗、服饰甚至语言等，也影响着汉族，为汉族增添了新的血液和活力。北方和西北的羌胡文化传入内地（包括陕西），与原来的汉族文化发生了激烈的碰撞，经过冲突、分解、消化、吸收，形成了区别于南朝文化的特色。这种特色，也就是民族大融合的结果之一。

第五章 隋唐统一时期的陕西各族

第一节　多民族杂居的关中和陕北

一、关中汉族成分的更新

自魏晋南北朝时陕西地区形成民族大融合局面，到隋唐统一，陕西关中的民族成分已发生了很大的变化。由于五胡大量徙入关中，关中汉族部分南徙，以及五胡渐次融入当地汉族，原关中汉族的成分有所更新。表现在以下几个方面：

第一，西晋以来，"戎狄居半"的关中，发展到戎狄占一半以上的局面。较早迁入的戎狄，如匈奴、氐、羌、鲜卑、羯及卢水胡等，大多融入汉族。他们的姓氏大都改为汉姓，生活习俗、心理素质与汉族也渐趋一致。这一过程虽然是长期的、缓慢的，但是到隋唐时，人们再也不将他们视为匈奴、鲜卑或者是氐、羌。这种例子是很多的，比如唐代河南刘氏即出自匈奴，其著名的人物刘政会曾随李渊起兵太原。[①]唐代大诗人刘禹锡，史称其为北周刘亮七世孙，亮父持真为魏领民酋长[②]，则刘亮一族原为匈奴。隋末，李渊太原起兵进入关中，归降李渊的原隋武勇郎将冯翊党仁弘[③]，显然原系冯翊羌族党氏。唐开元年间任安西都护的夫蒙灵詧，原系冯翊"土豪"，也当原为渭北羌族夫蒙氏。[④]至于代北鲜卑及其他族，或用原来的复姓，或改为汉姓，魏晋南北朝时期进入中原，经过与汉人杂处、通婚，到隋唐时，从其郡望、血统及文化习俗等方面来看，大多与汉族没有多大区别，史籍也再不称其为"夷狄"了。又有西域胡久居内地而汉化者，如著名史学家陈寅恪先生所论，隋代三大技术家宇文恺、阎毗、何稠之家世，"俱含有西域胡族血统，而又久为华夏文化所染习，故其事业皆藉西域家世之奇技，以饰中国经典之古制"[⑤]。诸如上述例子举不胜举。

---

① 欧阳修、宋祁等：《新唐书》卷九〇《刘政会传》，中华书局1975年版。
② 《周书》卷一七《刘亮传》。
③ 《资治通鉴》卷一九六，唐贞观十六年条。
④ 王维著，顾璘、刘辰翁评：《王摩诘诗集》卷一《不蒙都护归安西诗》，上海古籍出版社2015年版。
⑤ 陈寅恪：《隋唐制度渊源略论稿》，中华书局1963年版，第79页。

　　第二，从西魏北周以来，以代北武川镇军人集团为主的鲜卑等族相继进入关中，与原有的关中汉族大姓相结合，形成了所谓的"关陇集团"。这一集团本身就是胡汉混杂，相互通婚，是北周、隋和唐初执掌政权的主要势力。因此，关陇集团内胡人逐渐融入汉族，成为隋唐华夏族的组成部分，使隋唐关中上层统治集团汉族成分有所更新。唐柳芳论及各地婚姻观念之不同时说："关中亦号郡姓，韦、裴、柳、薛、杨、杜首之；代北则为虏姓，元、长孙、宇文、于、陆、源、窦首之。""关中之人雄，故尚冠冕，其达可与也；代北之人武，故尚贵戚，其泰可与也。"①而关陇集团之人"实具关中、代北两系统之性质"②，因为关陇集团内代北虏姓与关中郡姓已结合在一起，形成一种相互婚姻的关系，代北胡人在关中已逐渐融入汉族。就拿隋唐王室来讲，隋文帝杨坚娶独孤氏（原为匈奴，后鲜卑化），生炀帝杨广；其女杨丽华嫁北周宣帝宇文赟。唐高祖李渊妻窦氏，原姓纥豆陵氏，鲜卑族，生太宗李世民；而太宗皇后长孙氏，亦原为鲜卑族。杨、李两家又互为亲戚，李渊父昺亦娶独孤氏，杨坚独孤氏皇后为李渊之从母。可见隋唐王室血统均杂胡人，视其为汉族，则其成分已发生变化。帝王家如此，其他情况就可想而知了。

　　第三，在唐代统治集团上层中，也有许多汉化的代北鲜卑及其他民族的后裔。《新唐书·宰相世系表》列有唐代宰相及位至三公者，共369人，其中可断为原系少数民族者计有33人，11族，23姓：原属匈奴的有河南刘氏（1人）、匈奴浑氏（浑邪王后，1人）、匈奴独孤氏（1人）；原属鲜卑的有窦氏（原姓纥豆陵氏，6人）、宇文氏（3人）、长孙氏（1人）、于氏（原姓万纽于氏，3人）、阎氏（1人）、豆卢氏（1人）、源氏（原姓秃发氏，1人）、元氏（原拓跋氏，1人）；原属高车的有李氏（阿跌氏，1人）、房氏（屋引氏，2人）；原属乌丸的有王氏（1人）；原属契丹的有李氏（1人）；原属奚族的有李氏（1人）；原属乌洛侯的有乌氏（1人）；原属突厥阿布思的有王氏（1人）；原属高丽的有李氏（1人）、王氏（1人）；原属沙陀的有李氏（1人）；原属西

　　①　《新唐书》卷一九九《柳冲传》。
　　②　陈寅恪：《记唐代之李武韦杨婚姻集团》，见陈寅恪：《金明馆丛稿初编》，上海古籍出版社1980年版，第238页。

域胡的有安息李氏（1人）、龟兹白氏（1人）。少数民族出身的约占唐全部宰相的9%弱。

值得注意的是，《宰相世系表》中许多确为少数民族出身的宰相三公，在追溯其先世时，往往有意伪托其源为汉族。如任宰相最多的窦氏一族，原为鲜卑没鹿回部，姓纥豆陵氏。北魏末，宇文泰争取纥豆陵氏以为己用，后改姓窦氏，成为北周时的显族，与汉族李氏等联姻。然而《宰相世系表》却说窦氏"出自姒姓"，并与汉代丞相窦婴的谱系联系起来，似乎他的祖先原是汉族，后"亡入鲜卑拓跋部"，号没鹿回部大人，这完全是一种伪托。这种情况在《宰相世系表》中是常见的。这说明这些已位于宰相三公的少数民族出身的家族，早已与汉族通婚，本身多少已带有汉族血统，基本上已成为地地道道的汉族。因此他们耻于再说他们的祖先是夷狄，要伪托为汉族。这种心理和情况，在中国历史上是屡见不鲜的。

二、稽胡与羌族的汉化

从隋朝到唐前期，在陕西渭北和陕北等地还聚居着大量的稽胡和羌族，他们正处于汉化的过程之中。

稽胡是北朝时兴起的一种杂胡，陕西北部一带是其聚居地区之一。隋开皇元年（581），文帝曾征发稽胡修筑长城，[①]以御突厥。到隋大业十年（614），史载有邻近陕西的离石（今山西吕梁市离石区）稽胡刘苗王起兵反隋，自称天子，众至数万，波及今陕西。后苗王弟六儿、子季真继起，至唐初才为唐朝所灭。[②]

唐朝初建，陕西稽胡更为活跃。武德元年（618），今陕西宜君、富平一带稽胡五万余人反抗唐朝，为窦轨击破，虏男女两万口。[③]可见这一带稽胡人口之多。二年（619），唐朝在延州（治今陕西延安）曾招慰稽胡，设基州以安置他们，后改为北基州，贞观八年（634）废置。[④]四年（621），又有稽胡

---

①　《隋书》卷一《高祖纪上》。
②　《隋书》卷四《炀帝纪》，《新唐书》卷八七《刘季真传》。
③　刘昫等：《旧唐书》卷六一《窦轨传》，中华书局1975年版；《资治通鉴》卷一八五，唐武德元年条。
④　《新唐书》卷三七《地理志》。

刘仚成等数万反于鄜州（治今陕西富县），唐朝诏太子建成率军镇压，仚成等降，建成扬言修城，集稽胡六千多人而杀之，刘仚成奔梁师都。① 到高宗永淳二年（683），绥州（治今陕西绥德）稽胡白铁余等反唐，"伪称尊号，置百官"，攻绥德，后为程务挺、王方翼等击灭。②

自此以后，很少见史籍有关于稽胡的记载，只是在一些敕令或上疏中提到"稽胡"，如广德元年（763）仆固怀恩上疏"自叙功伐"中提到"况今西有犬戎背乱，……鄜、坊稽胡草扰"③，说明鄜、坊（治今陕西黄陵）一带仍有稽胡活动，抑或只是追忆当地曾有稽胡反叛。事实上，自北朝以来的稽胡，此时已逐渐融合到汉族之中了。宋代乐史撰《太平寰宇记》卷三"丹州（治今陕西宜川）"条引《隋图杂记》说："俗称丹州白窒，胡头汉舌，即言其状似胡而语习中夏。白窒即白翟（狄），语讹耳，近代谓之部落稽胡，自言白翟后也。"既然隋代稽胡已是"胡头汉舌"，汉化已深，到唐中叶后，他们大部分已融入当地汉族之中。前面我们已论述陕北一带自先秦以来就是一个多民族杂居之地，这种情况至唐乃至唐以后均是如此。"胡头汉舌"之稽胡的汉化过程，是否也透露出今天陕北汉族与关中等地汉族，在相貌及习俗等方面的差异之由来呢？

在陕西渭北的蒲城、铜川、宜君、黄陵等地，从魏晋南北朝以来还聚居着众多的羌族。他们聚居村邑，保持族内通婚及习俗，故其汉化进程较为缓慢。然而，到唐前期，渭北一带的羌村、羌邑之名犹存，如唐代许多诗人诗篇中均有所提及，大诗人杜甫著名的《羌村三首》，就是记诗人在鄜州北羌村的生活情景。可是，此羌村已是有其名而无其实了。如渭北发现的隋开皇六年（586）的《邑主弥姐后德合邑子卅人造像记》所记题名，内羌族弥姐氏共22人，羌族雷姓2人，姓张、刘及分辨不清姓氏的各一人。显然这是羌人聚居的羌邑。然而，过了八十余年，同一块造像的题铭上，又镌刻了唐乾封元年（666）造像邑子姓名22人，内弥姐（1人）、雷氏（2人）等羌姓才3人，其余均为汉

---

① 《旧唐书》卷六四《建成传》。

② 《旧唐书》卷八三《程务挺传》，《朝野金载》卷三，等等。

③ 《旧唐书》卷一二一《仆固怀恩传》。又见同书卷一九六下《吐蕃传下》，记大历九年四月代宗降敕中，提到令郭子仪"以上郡、北地、四塞、五原义渠、稽胡、鲜卑杂种步马五万众……"此则显系追忆之词。

姓。可见，此时的羌村、羌邑多已杂有汉族与其他族，有名而无其实了。同时，渭北羌族的婚姻关系也大有改变，与汉族通婚已成为普遍的现象；其姓氏也多由复姓改为汉字单姓，如屈男氏改屈氏，罕开氏改井氏，同蹄氏改周氏或同氏，夫蒙氏改蒙氏或马氏，昨和氏改和氏等。① 这一切说明到唐中叶时，渭北的羌族大部分已汉化，成为关中汉族的一个组成部分了。

三、北方突厥、铁勒等族的入徙

陕西北部自先秦以来就是内地农业民族与北方游牧民族的分界处，因此，历代大漠南北的游牧民族的兴衰，以及其与内地汉族的关系，均在此有所反映。从秦汉以来的匈奴、鲜卑，到南北朝时的柔然、突厥等游牧民族，或多或少均关联着陕西。

突厥是继柔然之后兴起于漠北的民族，有的学者认为，这是南北朝的敕勒（高车）之一种，后迁于金山（今阿尔泰山）之阳，为柔然所役属，为其"锻奴"。到公元 6 世纪中，突厥开始兴起，史籍第一次明确记载其于西魏大统八年（542）左右，从连谷（今陕西神木北）入掠西魏绥州。西魏后与突厥和好，双方互派使臣。大统十七年（551），西魏以长乐公主妻突厥首领土门。次年（552），突厥打败了柔然，迫其可汗阿那瑰自杀。西魏恭帝二年（555），柔然残余势力邓叔子率数千人逃附西魏，但在突厥使者的要挟之下，西魏将邓叔子等柔然三千余人交与突厥使者，此三千余人被惨杀于长安青门外，中男以下悉配王公家。此后，西魏、北周畏突厥之强盛，岁以大量金帛等财物赂突厥。

隋朝取代北周之后，与突厥的关系更为密切，双方通使、战争、和亲、朝见均有之，突厥可汗、使臣到隋京师长安往返不断。至隋开皇十七年（597），隋文帝采纳长孙晟对突厥"远交近攻，离强合弱"之策，使突厥内部分裂。隋文帝扶植并许婚于突厥北面较弱的突利可汗染干，允其南徙，以抗突厥都蓝可汗。十九年（599），文帝封染干为启民可汗，并迁其民于河南（河套南）夏（治统万）、胜（治今内蒙古托克托南）二州间，"发徒掘堑数百里，东西拒河，

① 详细论证见马长寿《碑铭所见前秦至隋初的关中部族》，第85—86页。

尽为启民畜牧之地"①。这是突厥向陕西境内迁徙之始。

突厥大批迁入今陕西地区是在唐贞观四年（630），唐朝灭亡东突厥之后。当时，有十万余众突厥归附唐朝，其可汗颉利（启民子）被擒送长安。如何安置这些突厥降户呢？唐太宗采纳了温彦博的建议，将这些突厥降户安置于河南之地，设一系列羁縻府州进行管理。其中在今陕西境内的有定襄都督府，侨治宁朔（今陕西靖边东），下置三州，后领四州：阿德州，以突厥阿史德部置；执失州，以执失部置；苏农州，以苏农部置；拔延州。云中都督府，侨治朔方（今陕西靖边白城子，即唐夏州治所），分颉利部置三州，后领五州：舍利州，以舍利吐利部置；阿史那州，以阿史那部置；绰州，以绰部置；思壁州；白登州。到高宗龙朔三年（663），又分定襄都督府置桑乾都督府，侨治朔方，领州四：郁射、艺失、卑失、叱略。②所谓"羁縻府州"，乃是唐朝在灭东突厥之后，周边民族纷纷内附，于是在降附部落之地列置州县。"其大者为都督府，以其首领为都督、刺史，皆得世袭。虽贡赋版籍，多不上户部，然声教所暨，皆边州都督、都护所领，著于令式。"③

唐朝对于降附的突厥上层贵族，一部分授任羁縻府州的都督、刺史，一部分迁于京师长安，授以将军、郎中等职，"布列朝廷，五品以上五百余人，因而入居长安者数千家"④。唐朝对他们倍加优容，封以官爵，赏赐丰渥，为此还引起一些大臣的劝谏。⑤这些居京师的突厥贵族，有的成为唐朝的蕃将，对唐边疆的统一及政权的巩固均做出了贡献。如唐代名将阿史那社尔、执失思力、阿史那忠等。他们久居长安，几代之后即融入汉族之中。

居于河套以南（包括陕北）的突厥降户，保持了旧俗，仍以游牧为生。他们在唐朝羁縻府州的管理之下，虽然有一些反复，但总的说来生活还是较为安定的，户口羊马，日见增多，并与汉族关系更加密切。

---

① 《隋书》卷八四《突厥传》。

② 《新唐书》卷四三《地理志》。

③ 《新唐书》卷四三《地理志》。

④ 《旧唐书》卷一九四《突厥传》。吴兢《贞观政要》（上海古籍出版社1978年版）卷九"安边第三六"则说"其人居长安者近且万家"。

⑤ 《旧唐书》卷六三《李大亮传》。

东突厥亡后，原居金山西南的铁勒薛延陀部首领夷男，在唐朝的支持下建立了一个新的政权。铁勒，即南北朝时敕勒（高车）之讹称，分布极广，部落众多。漠北薛延陀政权臣属于唐，后势力渐盛，与唐发生矛盾。贞观二十年（646），唐击灭薛延陀政权，漠北铁勒诸部纷纷附唐，唐于漠北设置六府七州（羁縻府州），进行管理。诸部奉唐太宗为"天可汗"，以其通贡之道为"参天可汗道"。到唐高宗永淳元年（682），附属于唐的漠南突厥首领骨咄禄叛回漠北，重建突厥政权（后突厥汗国），漠北铁勒诸部又为突厥所统治。此后，铁勒诸部反抗突厥统治的斗争不断，也有的南迁附唐，唐朝将他们安置于凉、灵、夏、丰、并五州之地。

其中，在今陕西境内夏州安置的铁勒，主要是薛延陀部。永隆二年（681）漠南突厥阿史那伏念反唐，漠北薛延陀部也乘机而起，为唐军所败，薛延陀达浑等四万余帐降唐。唐设达浑都督府（侨治宁朔），下领姑衍州、步讫若州、嵲弹州（永徽中收延陀散亡部落置）、鹘州、低粟州等五州。此外，还设置有侨治朔方（夏州治所）的安化州都督府、宁朔州都督府、仆固州都督府。[①] 以上四府五州均属夏州都督府，为安置铁勒诸部而设。河套北的丰州、河东的并州等地还居有大批铁勒部众。他们与灵、夏等州的铁勒因散居于河套南北，故史多称之为"河曲九姓铁勒"。

内迁于河套南诸州的铁勒诸部，最初与唐朝的关系还是较为融洽的。他们为唐守边，从事征战，多立战功。可是，后来唐边将暴虐无道，加重了对铁勒诸部的压榨，引起了他们的反抗，有的部众又重返漠北。到开元末，后突厥汗国衰弱，为其统治的铁勒中的回纥部则很强大。天宝三载（744），唐与回纥联合灭后突厥汗国，封回纥部首领骨力裴罗为怀仁可汗，回纥汗国正式建立。此后，铁勒诸部多并入回纥，称"回纥九姓"（外九族）。

四、唐前期吐谷浑、党项向陕北的迁徙

吐谷浑原是辽东慕容鲜卑部首领涉归庶长子名，分有部众一千七百户（一作七百家）。后与弟慕容廆部马斗，发生争夺牧场的矛盾，因而率部西迁至阴山。

---

① 《新唐书》卷四三《地理志》。

晋永嘉末（312—313），吐谷浑又率部迁至枹罕（今甘肃临夏北），并逐渐征服了甘南、青海等地的羌、氐等族。至吐谷浑孙叶延时，遂以吐谷浑为国号和姓氏。[①]吐谷浑政权建立后，与十六国的西秦、南凉、南北朝诸政权均有密切关系。直到唐龙朔三年（663），吐谷浑政权才为兴起于西藏高原的吐蕃所灭，其可汗诺曷钵率数千帐逃入唐境。后来唐于灵州置安乐州（治今宁夏中宁鸣沙）以处之。留居于青海等地的吐谷浑则为吐蕃所统治。此后，有的青海吐谷浑又多次降附唐朝，其中有一部分被唐朝安置于今陕北地区。《新唐书·地理志七》关内道羁縻州记有：

吐谷浑州二：

宁朔州　初隶乐容都督府，代宗时来属。

　　　右隶夏州都督府。

浑州　仪凤中自凉州内附者，处于金明西境置。

　　　右隶延州都督府。

宁朔州在夏州治所之南，今陕西靖边东。此地吐谷浑何时由何地迁来，史无记载。只是开元三年（715）有吐谷浑大酋慕容道奴部降唐，被置于河套南。[②]因此，疑宁朔州吐谷浑系开元三年迁于河南之吐谷浑慕容道奴部。浑州在延州金明县（今陕西延安北）西。《新唐书·地理志一》"延州"条说："又仪凤中（676—679），吐谷浑部落自凉州内附，置二府（府兵）于金明西境，曰羌部落、曰阁门。"后寄治延安郡界，隶延州节度使。

今陕北居有吐谷浑，还可从唐以后的一些资料得到证实。如《宋史·夏国传》记陕北有"吐浑川"（今秃尾河），因吐谷浑原居此，故有是名。又嘉庆重修《大清一统志》卷二五〇"绥德州山川"条记有"吐谷岭"，下注："在清涧县东二十里。县志：唐以吐谷浑部族侨治州界，故名。"

党项，是羌族的一支，原居于今四川西部、甘南和青海等地，系汉魏以来西羌发展、演变而形成的。到隋代，党项分布地益广，"东接临洮（今甘肃岷

---

① 周伟洲：《吐谷浑史》，广西师范大学出版社 2006 年版，第 1—27 页。
② 王钦若等编：《册府元龟》卷九六四《外臣部·封册二》，中华书局 1960 年版。

县）、西平（今青海西宁），西拒叶护，南北数千里，处山谷间"①。唐初，党项诸部仍处于"每姓别自为部落，一姓之中复分为小部落，大者万余骑，小者数千骑，不相统一"的状况。大姓有八部，"细封氏、费听氏、往利氏、颇超氏、野辞氏（即野利氏）、房当氏、米擒氏、拓拔氏，而拓拔最为强族"②。唐贞观四至五年（630—631），由于东突厥的衰弱、灭亡，以及唐太宗的招抚政策，周边民族纷纷内附。史载："大唐贞观户不满三百万，三年，户部奏：中国人因塞外来归及突厥前后降附，开四夷为州县，获男女一百二十余万口。"③在这些降附的四夷中，也包括西北的党项。贞观五年，太宗遣太仆寺丞李世南于党项之地设置十六州、四十七县，党项前后内属者达三十万口。④

但是，自贞观以后，吐蕃势力向北扩展，吐谷浑、党项均成为吐蕃征服的对象。唐高宗龙朔三年吐蕃灭吐谷浑，党项诸部在吐蕃的侵逼下，大部分相继内迁。党项的内迁是西北民族关系史上的重大事件。然而，由于史籍记载阙遗甚多，其内迁的具体情况已鲜为人所知。国内有的研究者根据唐初所设党项羁縻府州的变迁，来分析党项内迁的情况，结论是：党项的内迁大致开始于贞观末，主要原因是吐蕃的逼迫。内迁的高潮是在唐永隆元年（680）前后，吐蕃占领党项居地之时。他们的内徙，并不是唐朝有计划地按原党项羁縻府州进行内迁的，而是他们以姓氏、部落为单位自发地陆续向内地迁徙的。最后，内迁党项散居于陇右北部诸州及关内道之庆、灵、银、夏、胜等州。在这种情况下，唐朝又复置或重置了一批党项羁縻府州，寄治于庆、灵、秦等州。党项的内迁活动是陆续进行的，从贞观末一直到天宝末安史之乱前。⑤这是党项第一次大规模的内迁。

内迁于关内道庆、灵、夏、银、胜等州的党项最多。其中夏、银、胜三州辖境大部分在今陕北地区。史载，则天武后天授三年（692）左右，有二十万内迁党项降附，则天从其居地置朝、吴、归、浮等十州，"仍散居灵、夏等界内"⑥。

---

①　《隋书》卷八三《党项传》。
②　《旧唐书》卷一九八《党项传》。
③　杜佑：《通典》卷七《食货志》，中华书局1984年版。
④　《册府元龟》卷九七七《外臣部·降附》。
⑤　周伟洲：《唐代党项》，三秦出版社1988年版，第27—39页。
⑥　《旧唐书》卷一九八《党项传》。

后此十州大部分属静边州都督府，隶灵州，但党项部众在夏州境内者仍然很多。银州内侨治有两个党项羁縻州，即清塞州、归德州。①胜州（治今内蒙古托克托南）南的连谷、银城（今陕西神木南），也有很多内迁党项部众。唐开元九年（721），六胡州（在今内蒙古鄂托克旗南至盐城以北）突厥降户康待宾（西域胡）起兵反抗唐朝，与内迁党项联结，"攻银城、连谷，以据仓粮"。唐遣张说领军镇压后，张说"招集党项，复其居业。……因奏置麟州，以安置党项余烬"②。此外，前述唐于贞观年间为安置突厥降户在朔方（夏州）所置之云中都督府（领州五），以及曾侨治朔方的呼延州都督府（领州三）内，均有"党项部落寄在朔方县界"③。

在内迁于今陕北的众多的羁縻府州内，最重要的是静边州都督府。据1965年出土于榆林横山韩岔乡元岔洼村的唐开元时《拓跋守寂墓志》记，守寂高祖立伽降唐，被封为"大将军、兼十八州部落使"，始从庆州（治今甘肃庆阳）徙居"圁阴"（即陕北无定河南）。至其祖后那时，唐正式任其为"静边州都督，押淳、恤等一十八州部落使、兼防河军大使，赠银州刺史"。从此，拓跋守寂一族均任静边州都督，初下辖十八州，后领二十五州④，治所在唐银州（治今陕西榆林党岔镇）儒林县新兴乡，即在墓志出土地韩岔乡。墓志还记述了守寂父思泰于开元九年助唐平定六胡州康待宾的反乱等事，故党项拓跋守寂一族得到唐朝的嘉奖，守寂官至"右监门卫大将军、兼静边州都督、西平郡开国公"，死后赠灵州都督。⑤（见图5-1）

综上所述，隋唐统一时期陕西仍然是一个民族关系复杂、多民族杂居的地区。关中汉族成分有所更新，陕北、渭北的稽胡、羌族逐渐汉化，而大漠南北的突厥、铁勒，西北的党项、吐谷浑等族，先后迁入陕北。这就构成了隋唐时期陕西民族分布的基本格局。

---

① 《新唐书》卷四三下《地理志下》。
② 《旧唐书》卷九七《张说传》。
③ 《旧唐书》卷三八《地理志》。
④ 《旧唐书》卷三八《地理志》，《新唐书》卷四三下《地理志下》。
⑤ 周伟洲：《陕北出土三方唐五代党项拓拔氏墓志考释——兼论党项拓拔氏之族源问题》，载《民族研究》2004年第6期。

图 5-1　唐拓跋守寂墓志拓片

（引自康兰英主编：《榆林碑石》，三秦出版社 2003 年版，第 51 页）

第二节　唐后期党项、吐谷浑、回鹘等族的迁徙及活动

一、安史之乱后党项、吐谷浑的迁徙及活动

唐天宝十四载（755）安史之乱爆发后，吐蕃势力北上，相继占领了陇右、河西，迫使原居于河陇的党项、吐谷浑向关内道东迁，而原在关内道诸州的党项、吐谷浑诸部居地也发生了变化。党项、吐谷浑等族的东迁及居地的变化，又是与占领了陇右的吐蕃不断向唐京师长安的进攻密切相关的。

唐至德年间（756—758），吐蕃占领陇右诸州，并向关内道京师长安进逼。在这种形势下，河西、陇右的党项、吐谷浑的东迁，就变成了与吐蕃等部向东的寇掠。上元元年（760），在泾（治今甘肃泾川）、陇的党项及吐谷浑的十余万众，在普润（今陕西宝鸡市凤翔区北）等地为唐凤翔节度使崔光远击降。①

---

① 《新唐书》卷二二一《党项传》。

十一月,泾州又破党项。当时,唐朝根本无暇顾及如何安置这批降众,因此同年冬,党项等又寇美原(今陕西铜川市耀州区东)。次年二月,又进掠宝鸡,焚大散关,陷凤州(治今陕西凤县东北),杀刺史萧洩。五至六月,又寇宝鸡、好畤(今陕西永寿县监军镇)。至宝应元年(762)初,党项、吐谷浑及突厥奴刺部先后寇扰梁州(治今陕西汉中),又寇奉天(今陕西乾县)、同官(今陕西铜川)、华原(今陕西铜川市耀州区)等。①同年十二月,原陇右党项乾封等十州部落诣山南西道都防御使臧希让降,并请州印,②党项的寇扰才暂时平息。

陇右等地党项、吐谷浑等部向东寇掠的同时,内迁至关内道庆、灵、夏诸州的党项也乘机而起。乾元元年(758),肃宗从灵武返长安后,安史之乱仍未平息。庆、灵、夏、银诸州内徙党项乘此向南扰邠(治今陕西彬州)、宁(治今甘肃宁县)等州。九月,唐招讨党项使王仲昇斩党项酋长拓跋戎德。③到乾元三年(760)正月,党项逼近京畿,唐廷震动。在这一形势下,唐朝乃分邠宁等州节度为鄜坊、丹延节度(亦称渭北节度),以邠州刺史桑如珪领邠宁,鄜州刺史杜冕领鄜坊节度副使,分道招讨党项。又以郭子仪领此两道节度使,以镇京畿。④九月,子仪出镇邠州,党项退走。以后,吐蕃势力逐渐深入,不断诱使渭北党项各部,“密以官告授之,使为侦道,故时或侵叛”⑤。直到宝应初,渭北党项才稍有收敛,遣使朝唐,并表示愿意助灵州军粮。

但是,自广德元年(763)后,在吐蕃的诱使下,陇右及部分渭北内迁党项与吐谷浑、回纥等联合,开始向唐京畿一带进攻。广德元年四月,郭子仪多次上言:“吐蕃、党项不可忽,宜早为之备。”⑥可是,朝廷为宦官程元振所蒙蔽,未做认真的防御。同年十月,吐蕃攻泾州,刺史高晖降,遂为之向导,寇奉天、武功。时吐蕃率党项、吐谷浑之众二十多万从鳌屋司竹园渡渭水,逼

---

① 《资治通鉴》卷二二一、卷二二二,唐肃宗上元元年至宝应元年条。
② 《册府元龟》卷九七七《外臣部·降附》。
③ 《新唐书》卷六《肃宗纪》。
④ 宋敏求编:《唐大诏令集》卷五九《郭子仪兼邠宁、鄜坊两道节度使制》,商务印书馆1959年版。
⑤ 《旧唐书》卷一九八《党项传》。
⑥ 《资治通鉴》卷二二二,唐代宗广德元年四月条。

近长安。唐代宗逃至陕州（治今河南三门峡），吐蕃入长安，立原邠王守礼子承宏为帝，大掠士女。后郭子仪等在广大军民的支持下，设伏于城周，吐蕃退走。①

广德二年（764）九月，原唐仆射、大宁郡王仆固怀恩（原为回纥部酋）在灵武叛唐，"引吐蕃、回纥、党项数十万南下，京师大恐，子仪出镇奉天"②，怀恩退走。次年（永泰元年）二月，党项寇富平，焚定陵（唐中宗陵）寝殿。九月，怀恩又纠集回纥、吐蕃、党项、吐谷浑等数十万，分道进逼京师长安。其中党项部众自东道趋同州（治今陕西大荔）；吐谷浑、奴剌自西道至鳌屋、凤翔；回纥、吐蕃自泾、邠、凤翔数道寇京师。唐朝调集郭子仪、李抱玉、周智光等各路军，分屯各处。后党项为周智光破于澄城，吐谷浑降于李抱玉；回纥与郭子仪议和，吐蕃退走，怀恩病卒。③

自此之后，吐蕃据守河陇，唐朝暂时得到喘息的机会，逐渐设法巩固西北的边防。措施之一就是竭力把关内道北部的党项、吐谷浑与陇右的吐蕃分开，以免为吐蕃所诱胁。同年底，郭子仪建议：因党项、吐谷浑部落散处盐（治今陕西定边）、庆等州，与吐蕃为邻，易受其诱胁，故宜"徙静边州都督、夏州乐容等六府党项于银州之北、夏州之东，宁朔州吐谷浑往夏西，以离沮之"④。即将静边州都督府及属夏州的乐容等六府党项部落迁至银州之北、夏州以东，宁朔州的吐谷浑部落迁于夏州之西。

这一措施实行的具体情况，与陕西有关者，主要有：一是召集最有势力的静边州大首领、左羽林大将军拓跋朝光等五刺史入朝，"厚赐赍，使还绥其部"。二是将破丑、野利、把利三部及属静边州都督府的思乐州刺史拓跋乞梅等以上诸部及宜定州刺史折磨布落、芳池州野利部并徙于绥、延两州。这样，原在庆、盐及夏州西部的党项部落又大部分东迁至银、绥、延等州。⑤

内徙党项经过第二次大迁徙之后，逐渐按地域形成几个大的部落集团，即

---

① 《新唐书》卷二一六《吐蕃传》等。
② 《旧唐书》卷一二〇《郭子仪传》等。
③ 《资治通鉴》卷二二三，唐代宗永泰元年条等。
④ 《新唐书》卷二二一《党项传》。
⑤ 均见《新唐书》卷二二一《党项传》。

六府（州）部、平夏部、东山部和稍后的南山部。六府部以党项野利部为主，居地在绥、延等州。东山部之得名，可能是指庆州在陇山之东，故名东山，则东山部在庆州。平夏部之得名，应如宋代宋琪所说："从银、夏，至青、白两池（在今宁夏盐池北），地惟沙碛，俗谓平夏"①。夏，指十六国赫连氏曾于此建立过夏国而言。此两大部落集团是以拓跋部为主。②南山部的出现大致在唐武宗会昌年间（841—846）。南山，是指"自鄜、延以北，多土山柏林，谓之南山"③。故其居地在鄜、延二州之北山地间。以上四个大的党项部落集团，其中有三个（平夏、六府、南山）是在今陕西地区。

自永泰元年之后，党项、吐谷浑再次迁徙，其东已濒临黄河。因此，永泰、大历年后，因吐蕃势力东进，不时寇扰渭北诸州，迫使有的居于此地的党项、吐谷浑被迫渡过黄河，或迁于河东（今山西省），或北入河套南北。

在吐蕃不时寇扰唐关内诸州的情况下，居于今渭北和陕北的党项等部自然成为唐、蕃争夺的主要对象：一方面唐统治下的党项经常成为吐蕃东进掠夺的对象；另一方面有的党项又常与吐蕃联合，共同寇扰唐关内诸州。面临这种形势，唐朝害怕境内党项投归吐蕃，引其进逼京畿，故对党项诸部采取了以安抚为主的方针。

然而，由于内徙党项诸部正处于原始社会末期的社会发展阶段，私有制萌芽和确立，对邻近部落或他族进行财富和人口的掠夺，就成为经常发生的事。对此，唐朝采取削弱党项势力和选派良吏领护等措施，如多次下令禁止内地商人以人口、马匹和兵械与党项贸易等。内迁党项对邻近各族的寇掠，一般说来不过是其社会发展的条件所决定的。但是，在唐元和年间（806—820）及其后，唐边将、节度使等逐渐加强了对党项、吐谷浑诸部的压榨，激化了他们与唐统治阶级的矛盾。这正如元和时杜佑上疏中所说："且党项小蕃，杂处中国，……间者，边将非廉，亟有侵刻，或利其善马，或取其子女，使赂方物，征发役徒，劳苦既多，叛亡遂起，或与北狄（回纥）通使，或与西戎（吐蕃）寇边，有为

①　脱脱等：《宋史》卷二六四《宋琪传》，中华书局 1977 年版。
②　《册府元龟》卷九五六《外臣部·种族》。
③　《宋史》卷二六四《宋琪传》。

使然"①。

　　最为典型的是平夏部所在的夏州，元和中，夏、绥、银节度使田缙私用军粮四万石，强取党项、吐谷浑羊马，引起党项、吐谷浑等部反抗，并引吐蕃入寇。②太和末至开成年间（835—840），由于"藩镇统领无绪，恣其贪婪，不顾危亡，或强市其羊马，不酬其直，以是部落苦之，遂相率为盗，灵、盐之路小梗"③。到武宗会昌初，党项平夏、南山诸部反抗唐朝的斗争达到高潮。会昌二年（842）十月，党项进攻盐州，十一月又攻邠、宁。唐武宗频遣官吏为安抚使对之进行招抚，均未奏效。五年（845），党项先后攻占了邠、宁、盐三州界城堡，屯于叱利寨（今宁夏安远东）。一直到大中五年（851），唐朝才镇压了平夏、南山诸部党项的反抗。此后，宣宗较为注意选任边镇节度，并继续做了一些安抚党项的工作，党项诸部的反抗才有所减少。

二、回鹘汗国与唐朝

　　回鹘，原名回纥，系北魏时称敕勒、高车，隋代称铁勒之一部，与突厥同。突厥兴起后，附属于突厥。贞观四年（630），东突厥汗国为唐攻灭后，回纥部又附属于铁勒薛延陀政权，并逐渐强盛起来。唐开元中，回纥助唐击灭后突厥汗国，首领骨力裴罗遂于天宝三载（744）自称骨咄禄毗伽阙可汗，建牙于今蒙古鄂尔浑河畔，正式建立政权，史称回纥汗国。回纥汗国建立后，漠北铁勒诸部统一并逐渐融入回纥，故"铁勒"或"九姓铁勒"之名再不见于史籍，代之而起的则是"回纥"或"九姓回纥"（"九姓乌古斯"）等名。而所谓"九姓回纥"，有时是指回纥部内九姓，即药罗葛（回纥可汗出自此姓）、胡咄葛、啒罗勿、貊歌息讫、阿勿嘀、葛萨、斛嗢素、药勿葛、奚邪勿。大多数场合是指所谓的"外九姓"，即回纥、仆固、浑、拔野古、同罗、思结、契苾、阿布思、骨仑屋骨恐（一作"思"）。④此外，回纥还征服了拔悉密和葛逻禄部众，

　　① 《旧唐书》卷一四七《杜佑传》。
　　② 《旧唐书》卷一四《宪宗纪》，《新唐书》卷二一〇《田承嗣附田缙传》。
　　③ 《旧唐书》卷一九八《党项羌传》。
　　④ 王溥：《唐会要》卷九八《回纥》，中华书局 1955 年版；《新唐书》卷二一七上《回鹘传上》。

总十一姓，号十一部落；"自是，战常以二客部（拔悉密、葛逻禄）为先锋"。至唐贞元四年（788），回纥请改名为回鹘，义取"捷鸷犹鹘然"之意。①

回鹘汗国与唐朝一直保持着密切的政治、经济和文化的联系。回鹘可汗的封号，大都为唐朝所敕封。安史之乱爆发后，回鹘助唐平叛，收复两京（长安、洛阳）：第一次是在唐至德二载（757），郭子仪用回鹘兵先后击败安庆绪叛军，夺回长安、洛阳；第二次是宝应元年（762），助唐从叛军手中夺回洛阳和河北等地。至德二载，收回两京后，回鹘统兵之叶护曾留兵沙苑（今陕西大荔沙苑）②，唐代大诗人杜甫有《留花门》诗，内云："花门（指回纥）天骄子，饱肉气勇决。……连云屯左辅，百里见积雪。……胡尘逾太行，杂种抵京室。花门既须留，原野转萧瑟。"③唐朝还多次嫁公主（其中有真公主，而非宗室女）与回鹘可汗，两《唐书》的《回鹘（纥）传》中记述颇详，不赘述。

在回鹘汗国与唐朝的诸多经济和文化交往中，与唐京师长安密切相关者，莫过于绢马贸易和摩尼教的传播。

据《新唐书》卷五一《食货志一》记："时回纥有助收西京功，代宗厚遇之，与中国婚姻，岁送马十万匹，酬以缣帛百余万匹。而中国财力屈竭，岁负马价。"《新唐书》卷二一七上《回鹘传上》亦说："自乾元后，益负功，每纳一马，取直四十缣，岁以数万求售，使者相蹑，留舍鸿胪，驵弱不可用，帝厚赐欲以愧之，不知也。"不仅如此，回纥至唐贸易者常杂有其属——善于贸易的"九姓胡"（即粟特、昭武九姓胡人），"往往留京师，至千人，居赀殖产甚厚"。④这些回鹘及九姓胡在长安多行不法，或掠女子于市，引骑犯含光门，或杀人横道，或刺人东市，持刃入官府劫囚等，种种不法之事，朝廷均忍让之。⑤他们在长安经商，放高利贷，娶汉妇，为此唐朝还曾下令禁止民人借贷于蕃客（包

---

①《新唐书》卷二一七上《回鹘传上》等。按，有文献记回纥改名是在元和四年（809），据吐鲁番出土文书，贞元已名为"回鹘"，故知贞元时改名为确。

②《新唐书》卷二一七上《回鹘传上》。

③ 彭定求等编：《全唐诗》卷二一七，中华书局2003年版，第2279—2280页。

④《新唐书》卷二一七上《回鹘传上》。

⑤《新唐书》卷二一七上《回鹘传上》。

括回鹘商人）。^①此后，这些回鹘商人及九姓胡多留居于长安。

回鹘国内原与铁勒、突厥相同，信仰原始萨满教，崇拜日、月、山川及祖先，后也有佛教、祆教传播。但是，到广德元年（763）左右，由中亚传入的摩尼教流行，并被可汗尊为国教。摩尼教，亦称明教，是波斯人摩尼于公元前3世纪创立的，不久即遭波斯王禁绝，教徒四处外逃，渐传至西域。其教义主要吸收了祆教、基督教、太阳神教的思想，宣扬光明与黑暗、美与恶的对立，即所谓"二宗（光明、黑暗）三际（初、中、后际）论"。早在4世纪初，摩尼教传入内地，但其真正得到官方承认，开始公开传播，是在武周延载元年（694）之后。而其真正在长安建立寺院，广为流传，则是因回鹘汗国凭借其在唐朝的政治势力（收复两京功等）才得以实现的。《新唐书·回鹘传》说："摩尼至京师，岁往来西市，商贾颇与囊橐为奸。"李肇《唐国史补》下亦记："回鹘常与摩尼议政（是其国教），故京师为之立寺，……其大摩尼数年一易，往来中国，小者（摩尼）年转。江岭西市商胡橐，其源生于回鹘有功也。"^②于是摩尼教寺院在京师长安及各地有所建立，成为唐流行的"三夷教"（即祆教、景教和摩尼教）之一。至唐武宗灭佛，京师摩尼教也受到打击，但在西域等地仍有传播。^③至唐开成五年（840），漠北回鹘汗国灭亡后，其西迁西州的一支，仍奉其教。从20世纪以来在今吐鲁番、敦煌等地发现的大量各种文字的摩尼教法典可证。

三、唐末党项拓跋部割据势力的形成和发展

唐广明元年（880），以黄巢为首的反唐军攻入京师长安，唐僖宗仓皇出走，到南郑，准备逃往成都。时任夏、绥节度使的诸葛爽以代北行营兵降黄巢将朱温。中和元年（881）正月，僖宗幸蜀，调集各路兵马，希冀收复长安。在这种形势下，党项平夏部首领、宥州刺史拓跋思恭乘机起兵，加入了围攻长安黄巢的行列。三月，思恭"纠合夷、夏兵"，与鄜延节度使李孝昌于鄜州同盟起

---

① 《册府元龟》卷九九九《外臣部·互市》文宗太和五年六月诏。

② 上海古籍出版社编：《唐五代笔记小说大观》上，上海古籍出版社 2000 年版，第 201 页。

③ 林悟殊：《摩尼教及其东渐》，中华书局 1987 年版。

兵。四月，僖宗因思恭出兵而封其为"左武卫将军，权知夏、绥、银节度事"①。思恭兵屯武功，联合李孝昌与黄巢军大战于王桥（一作土桥），战不利。七月，思恭、孝昌军屯东渭桥，为黄巢将朱温所扼。八月，僖宗正式以思恭任夏、绥、银节度使。因此，在九月，思恭、孝昌与黄巢将尚让、朱温大战于东渭桥，败走；十一月，又败于兴平，无奈只好各回本道。在这次战役中，思恭弟思忠战死。②

中和二年（882）正月，僖宗又以思恭为南面都统，调兵遣将，围攻长安。四月，唐朝赐号夏绥节度使为定难军节度使，鄜坊节度使为保大节度使，在延州置保塞军节度使。③五月，诸镇四集于长安周围，保大、定难二军营于兴平。时定难军节度使思恭率军八万，屯于东渭桥，为保存实力，观望不进，等待时机。僖宗为了进一步笼络思恭卖力进击，遂于七月封其为京西四面都统，权知京兆尹。④同年，黄巢所署同州防御使朱温降唐，势衰。中和三年（883）初，唐京城东北面行营都统、沙陀人李克用率沙陀军由东进入关中，连破起义军。四月，李克用与东面诸军进围长安，黄巢收残部由蓝田败走，长安复为唐所得。而唐朝寄予厚望的定难军节度使思恭仅在宜君县南，破黄巢徒伴两万余人，生擒三千人并将者。⑤

然而，唐之复取京师长安，思恭仍然起了一定的作用。天复元年（901），唐昭宗所颁《改元天复敕》中追述思恭的"功绩"时说："西面行营诸军都统、鄜夏节度使李思恭扬威北鄙，决胜东桥。佐郑畋匡复之谋，倅岐阳统制之命，提戈奋勇，运策摧凶，终成逐雀之功，显就回銮之计。"⑥文中虽多夸饰之词，但也反映了一些实际情况。因此，唐在镇压了黄巢起兵后，封思恭为夏国公，兼太子太傅，赐姓李。⑦从此，思恭据有夏、绥、银、宥等州，成为唐末一藩镇。

到唐光启二年（886）左右，思恭又夺取鄜、延二州，使其弟思孝为保大

---

① 《新唐书》卷二二一上《党项传》。
② 《宋史》卷四八五《夏国传上》。
③ 《新唐书》卷六四《方镇表一》。
④ 《新唐书》卷二二五《黄巢传》等。
⑤ 崔致远：《桂苑笔耕集》卷一《贺杀戮黄巢徒伴表》，《四部丛刊·集部》本。
⑥ 《唐大诏令集》卷五。
⑦ 《新唐书》卷二二一《党项传》。

节度使以镇之。思恭死后，继任的思谏又任静难军节度使。于时，党项拓跋氏一族达到了极盛的阶段，名兼四镇（定难、保大、静难、宁塞），实领有夏、绥、银、宥、鄜五州。尽管如此，思谏、思孝所领之二镇五州，土地贫瘠，人口较少，汉夷杂处，其人力、物力和财力远不及关中及中原、河东等地。随着唐王朝的衰败，藩镇相互兼并，定难、保大两镇不仅没有力量问鼎中原，与其他藩镇争夺唐朝的统治权，就是竭力保存原有的实力亦不可得。当时藩镇中最强者为京西的李茂贞、河东的沙陀李克用和河中的朱全忠（即朱温）。其中李茂贞与定难、保大邻近，其终于迫调保大节度使李思敬（思孝弟）于洋州（今陕西洋县），为西川王建所并。定难军节度使李成庆（思恭子）及其叔思谏不得不依附朱全忠，才得以保存。

第三节 隋唐开明的民族观和民族政策

一、隋唐王朝民族观及其产生背景

一般说来，在中国历史上，凡处于各族分裂割据时期，民族矛盾就较为尖锐，各族统治者多执行民族压迫和歧视的政策；相反，在统一时期，民族矛盾相对来说较为缓和，统治者大多执行较为开明的民族政策。隋唐的统一正式结束了魏晋南北朝以来长期的分裂割据，隋唐统治阶级大多经历了南北朝民族大融合的洗礼，他们当中一部分人本身就是民族融合的产物。如隋朝和唐初的统治集团核心是北周以来形成的所谓"关陇集团"，而关陇集团又是以原北魏六镇之一的武川镇军人为中心，吸收关陇"郡姓"、汉化之鲜卑贵族及其他地区的人士而形成的。[①]

隋唐统治者杨、李二族均出身于武川军事集团，与北方逐渐汉化的胡族有密切的姻亲关系，即是说，他们本身就含有胡族的血统。如隋炀帝杨广、唐高祖李渊的生母，均为鲜卑化之匈奴独孤氏，唐太宗李世民生母系鲜卑族窦氏（原姓纥豆陵氏）。总之，经过这次大融合之后，到隋唐统一，国内的民族界限有所打破，民族矛盾相对缓和，统治阶级中涌现出一批民族偏见较少，能继承和发展先秦以来进步的民族观的政治家和思想家，促使统治者执行较为开明的民族政策。

首先，他们不同程度地摒弃了魏晋以来那种认为"夷狄兽心，不与华同""德以柔中国，刑以威四夷"的民族歧视的观点，进一步发挥了"夷夏之辨""以夏变夷"的进步思想。隋代思想家王通（文中子，584—617）即是代表人物之一。他高举儒家提出的行"仁政"的大旗，以是否行王道（仁政）来臧否历代帝王，提出"天命不于常，惟归乃有德；戎狄之德，黎民怀之"①。这种把四夷和华夏帝王放在同一标准（行仁政）进行衡量的思想，包含着民族平等的因素。

王通曾于隋仁寿三年（603）朝见隋文帝杨坚，奏《太平十二策》，文帝大悦，但公卿皆不悦，未能见用。文帝本人也标榜以王道、仁义治天下，将夷狄同视为自己的臣民，并不把他们看作"禽兽"。他在一份诏书中说："溥天之下，皆曰朕臣，虽复荒遐，未识风教，朕之抚育，俱以仁孝为本。"②隋炀帝也具有上述思想，大业七年（611）西突厥处罗可汗降附时，他说："今四海既清，与一家无异，朕皆欲存养，使遂性灵。"③唐太宗对夷狄的态度，则较之前者更进了一步，他公开宣称："自古皆贵中华，贱夷狄，朕独爱之如一"④；"岂独百姓不欲，而必顺其情，但四夷不欲，亦能从其意耳"⑤。这一思想在中国历代封建统治者中比较少见，可以说具有超越前代任何民族观的进步意义。

其次，对先秦以来民族思想中的"华夷之辨""裔不谋夏，夷不乱华"的观点，隋唐历代统治者则有不同的理解和做法。但无论怎样，他们的出发点已含有民族平等的因素。隋文帝、唐高祖鉴于开国时政权未巩固的形势，比较强调分辨夷夏，着重在"守"。到隋炀帝与唐太宗、玄宗时，隋、唐帝国达到强盛阶段，因此他们从"混一戎夏"，统一全国的目的出发，东征西讨，打高丽，灭突厥，平西域，击吐谷浑等，积极开拓中西交通，接纳内附四夷，并许其徙入内地。

①《中说》卷上《王道篇》。
②《隋书》卷八三《吐谷浑传》。
③《隋书》卷八四《西突厥传》。
④《资治通鉴》卷一九八，唐太宗贞观二十一年五月条。
⑤《册府元龟》卷一一八《帝王部·帝德》。

这一切基本打破了传统的"夷不乱华"的思想，具有消除民族界限、促进交流与融合的积极作用。

然而，中国历史上强盛时期的帝王将相从"混一戎夏"的目的出发对四夷进行的战争，并非都是正义的、进步的战争，也并非完全可以加以肯定。因为这种战争往往是一个强盛的民族对弱小民族的征服和掠夺，在阶级社会中这是不可避免的事。但是，其中也含有抵御、反击周边民族对内地侵扰、寇掠的性质。无论哪种战争，其结果往往有利于促进民族之间的交往和融合。在充分肯定隋炀帝、唐太宗等为"混一戎夏"而对周边民族进行统一战争的积极作用的同时，不应忽视他们征服、掠夺边疆弱小民族的另一面。

再次，同样是"混一戎夏"，打破夷夏界限，主张"开放"，也有优劣、高下之分，产生不同之结果。隋炀帝与唐太宗在这方面就是典型的例证。炀帝有"混一戎夏"之志，"好远略"，多方"引致诸蕃"，"啖以厚利"，具有"开放"的积极意义；但他是在不惜滥用国内民力物力，为满足个人私欲和威望的基础上实现的，因而，严重损害了国内以汉族为主的各族人民的利益。这也就是隋朝迅速走向灭亡的原因之一。唐高祖建立政权后，吸取了这一教训，武德二年（619）诏中说："有隋季世，黩武耀兵，万乘疲于河源，三年伐于辽外，构怨连祸，力屈货殚。朕祇膺宝图，抚临四极，悦近来远，追革前弊，要荒藩服，宜与和亲。"①唐太宗虽然与炀帝一样，也主张"混一戎夏"，进行统一战争，但他能顾及国内诸族的利益，在努力恢复和发展国内经济的基础上，有步骤地、灵活地进行统一边疆的战争，使唐朝走向更加富强、兴盛的道路，为中国统一的多民族国家发展和巩固做出了卓越的贡献。隋炀帝和唐太宗执行的民族政策之优劣，由此可见。

二、隋唐王朝开明的民族政策

正因为隋唐统治者有上述较为进步的民族观，故能继承、发展先秦以来开明的民族政策，归纳起来不外乎是：政治上因地制宜，采用州郡、羁縻府州、藩属国等多种形式进行管理；经济上减免边疆四夷赋税，减轻对各族人民的压

---

① 《册府元龟》卷一七〇《帝王部·来远》。

迫和剥削，加强朝贡和互市等形式的交往；笼络、优待四夷首领，重用蕃兵蕃将，经常采用宣慰、安抚、侍子、赏赐、封爵、和亲等方式，加强与四夷的关系；在一定程度上尊重他们的风俗习惯等。这些政策和方式，大多是隋唐以前历代统治者采用过的，只是隋唐统治者在新的历史条件下，赋予了它们新的意义，并有所发展而已。如上述的羁縻府州、和亲及重用蕃兵蕃将等。作为隋唐王朝政治、经济和文化中心的陕西长安，既是制定这些民族政策的所在地，也集中地体现了这些政策实施的情况。

　　但是，隋唐时期的开明民族政策和进步的民族观，也存在着很大的局限性。在中国封建社会里，任何体现民族平等的进步的民族观和开明的民族政策，都是不能与今天社会主义制度下的民族平等思想和政策相比的。因为它们本身是建立在封建统治阶级对各族人民的统治和压迫，即建立在统治阶级与被统治阶级的矛盾，以及不可避免的民族矛盾的基础之上的，因此，各族之间是不可能真正平等的。这一铁的事实，反映到执行这些政策的封建统治者本身，他们宣称的"溥天之下，皆曰朕臣"，中华、夷狄"爱之如一"等进步思想，也不是十分坚定，而是时有摇摆，宣言与实际行动往往也有相当的距离。为了使四夷稽首，纳贡称臣，他们往往采取血腥征服的手段，强迫迁徙，或者分而治之，玩弄权术。他们采取的"以夏变夷"的政策，往往也带有强迫同化的性质。

第四节　丝绸之路鼎盛时期的起点——隋唐长安城

一、丝绸之路与隋唐长安城

　　隋唐以降，全国统一，国富民强，继西汉张骞正式开辟的丝绸之路更为畅通，达到了鼎盛的阶段。隋唐统治者向西开拓，先后扫清丝路的障碍，加强对西域的经营和管理。如隋炀帝重用裴矩经营西域，于大业五年（609）西巡，击灭吐谷浑，设四郡（河源、西海、鄯善、且末）；在张掖广招西域王公、贵族、胡商入内地。此后，"西域诸蕃，往来相继，所经州郡，疲于送迎"①。唐太宗先后灭东突厥，击吐谷浑；高宗灭西突厥，在西域地区以州郡、军镇和

---

　　① 《隋书》卷二四《食货志》。

羁縻府州三种形式，进行管理，加强了对西域的控制。唐朝还在西域大兴屯田，设置驿站、馆所，派军戍守，等等。这一系列措施大大有利于丝路的畅通和中西方文化交往。

当时的两京（长安、洛阳）及丝路沿途城镇呈现出一片繁华的景象，长安更显出其作为国际大都会的风貌。中亚、西亚与南亚之文化（包括各种宗教）传入内地，形成了一种胡化的潮流。丝路上运载着丝绸的驼队，往来不绝。正如唐代诗人张籍《凉州词三首》之一所说："边城暮雨雁飞低，芦笋初生渐欲齐。无数铃声遥过碛，应驮白练到安西"。[①] 文献亦载，唐贞观时，"伊吾之右，波斯以东，职贡不绝，商旅相继"[②]。

总之，隋唐时，丝绸之路达到了鼎盛之时，因贸易频繁而多有新道开辟，正是"条条大路通长安"，丝路之兴盛是前所未有的。而中西文化交流也达到了高潮，在作为丝绸之路起点的隋唐长安城更是得到了充分的体现。

二、丝绸之路起点唐长安城的三大标识

1. 唐代丝绸之路政治中枢和起点——大明宫

唐代长安宫城有"三大内"，即大内（西内）太极宫殿群、北内（东内）大明宫殿群和南内兴庆宫殿群。大明宫初建于唐贞观八年（634），名永安宫，后改为大明宫。龙朔二年（662）唐高宗再次大规模扩建，并移居此。以后，大明宫就成为朝会和接见外国使臣、四夷首领的政治中心。其地据龙首原，宫殿巍峨高耸，四周有宫城墙及门，控制都城制高地段，平面呈一南宽北窄的楔形，面积 3.3—3.7 平方公里。宫前有五门，中为丹凤门，向北中轴在线，依次为含元殿、宣政殿、紫宸殿，后两殿左邻延英殿，后接太液池，延英殿左为麟德殿，北接北边三门中间的玄武门。（见图 5-2）自 1957 年至今，中国社会科学院考古研究所对大明宫先后进行了多次考古发掘，收获颇丰。[③]

---

① 《全唐诗》卷三八六，第 4357 页。

② 《唐大诏令集》卷一三○《讨高昌王麴文泰诏》。

③ 参见龚国强：《1957～2009：半个世纪的大明宫考古与考古人》，载《中国文化遗产》2009 年第 4 期，以及相关的大明宫发掘报告、简报等。因非本文论述主题，故不赘述。

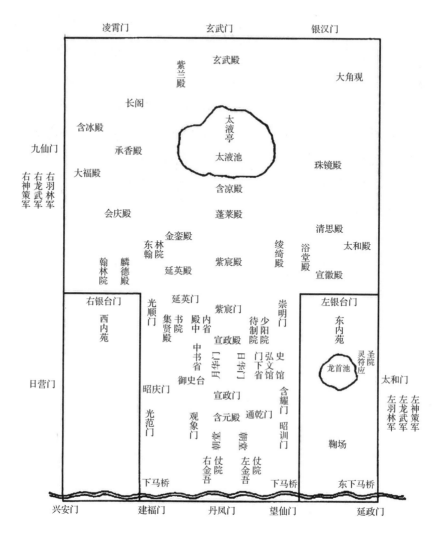

图 5-2　西京大明宫图
（引自徐松撰，李健超增订：《增订唐两京城坊考》修订版，三秦出版社 2006 年版）

从贞观八年至乾宁三年（634—896），两百多年间，大明宫成为唐朝历代皇帝处理政务、朝会大典、颁发诏谕及接见外国贡使等的重要场所；其建筑之宏伟、壮丽，布局之严谨、巧妙，在长安宫城中超过太极宫和兴庆宫。唐帝国政治中枢大明宫的诸多政治功能中，皇帝接见、宴请周边地区少数民族及国外一些民族首领或使臣，是其中重要的政治活动之一，也是其作为丝绸之路政治中枢和起点的重要体现。

按照中国古代传统的政治制度和民族观，凡是周边地区少数民族及国外一些民族、国家，一律视为臣属于天朝的臣民，称为"四夷"；其国主、首领或派遣来的使臣至京师，则称为"朝贡"或"朝献"。这种政治观和制度源于先秦时期的"服事制"，也就是在王畿、诸侯国等华夏族之外，众多的周边民族或国家被命名为"要服""荒服"，他们要向华夏天子每岁朝贡，承认天子的统治地位。①事实上，凡来朝贡、朝献的民族或国家，大部分的确在政治上不同程度附属于当时中国封建王朝，他们的朝贡有政治依附关系的性质。但是，也有一部分遥远的外国遣使，他们与当时的中国封建王朝并没有政治上的臣属关系，其朝贡实质上属于一种贸易和文化交流的性质。

唐朝历太宗"贞观之治"和玄宗"开元之治"，国力昌盛，经济繁荣，吸引周边民族及亚洲、欧洲等国纷纷与唐朝建立了友好关系，朝贡、朝献即是最正式、最重要的交往之一，也是唐代丝绸之路政治交往的集中体现。《册府元龟》卷九七〇至九七二《外臣部》朝贡三至五，详细记载了隋唐时各国朝贡的情况。如至京师长安朝贡的外国：在今欧洲的有拂菻国（又称"大秦"），即当时欧洲强国东罗马帝国；在今西亚、中亚的波斯萨珊王朝（今伊朗等地）；兴起于阿拉伯半岛的大食国，即阿拉伯帝国，唐代称之为白衣大食（即倭马亚王朝，611—750）和黑衣大食（阿拔斯王朝，750—1258）；在今中亚地区的"昭武九姓"诸国，即康国、安国、曹国、米国、石国、何国、火寻国、史国、戊地国，他们多为商业民族，唐代"胡商"多指其国；居于中亚阿姆河南的吐火罗国、挹怛国（即嚈哒）、谢颶国、帆延国；居于帕米尔高原的大小勃律国、识匿国、俱密国、护密国、骨咄等国，均时有遣使入唐朝贡。

今南亚地区的印度，在唐代以前分裂为东、西、南、北、中五天竺国，后中天竺并其余四国。但不久，又分裂。五国先后均有遣使入唐者。印度南的师子国（今斯里兰卡）及印度北边的罽宾国（今克什米尔）、西边的尼婆罗国（今尼泊尔）等，也都不时遣使入唐朝贡。在今东南亚地区，唐代称为"南海"的诸国，见于记载的朝贡情况，有邻近唐安南都护府的林邑国（环王国，在今越南中南部）、真腊国（今柬埔寨等地）、诃陵国（阇婆，今印度尼西亚爪哇）、室利佛逝国（今印度尼西亚苏门答腊占碑）、堕和罗国（在今缅甸丹那沙林至泰国湄南河下游）、盘盘国（在今泰国万伦湾）、骠国（今缅甸北部）、陁洹国（在今马来半岛北部）、丹丹国（在今马来西亚吉兰丹）、参半国（在今老挝西北）等。①

此外，在唐朝东面的日本及朝鲜半岛的高丽、新罗、百济三国，与唐朝关系更为密切。其中，日本遣唐使和新罗遣使次数最多。

以上大致是属于今天中外关系研究范畴的朝贡情况，还有被唐朝同样视为"四夷"或"荒服"的周边的民族或政权（包括当时的朝鲜半岛的三国），属中国古代民族关系的范畴，如：东北的靺鞨、契丹、奚、霫、室韦、渤海；北方的铁勒诸族，东、西突厥和薛延陀、回鹘、黠戛斯、沙陀等；西北方的西域高昌、龟兹、焉耆、疏勒、于阗，以及吐谷浑、党项等；西南方的吐蕃、南诏等国。他们在唐代被统称为西域胡人或"蕃"，蕃主或其派遣使者赴京师长安朝贡，史籍记载颇多，不一一列举。

唐朝沿袭以前历代传统朝贡体制，设有专门接待朝贡蕃主、使臣的机构——鸿胪寺及尚书省礼部下属之"主客郎中"，并制定了有关朝贡的一系列制度，以及主要国使、蕃主住鸿胪客馆后，怎样迎劳、宴请、接受表章等礼仪。② 其中最重要、最隆重的仪式，是唐朝皇帝亲自接见和宴请朝贡使臣、蕃主。这是集中体现唐帝国与朝贡诸国或民族政治关系的象征仪式。这种仪式进行的场所，即是大明宫内的主殿含元殿，它与殿外的丹凤门一道为举行"外朝"的地方。每岁至元正、冬至，皇帝举行大朝会，各国使臣、蕃主也齐集含元殿，朝觐天子，盛况空前。唐朝诗人张莒《元日望含元殿御扇开合》（大历十三年吏部试）诗云："万国来朝岁，千年觐圣君。"③ 诗人崔立之《南至隔仗望含元殿香炉》诗亦云："千官望长安，万国拜含元。"④ 大诗人王维《和贾舍人早朝大明宫之作》亦云：

---

① 周伟洲：《唐朝与南海诸国通贡关系研究》，载《中国史研究》2002年第3期。
② 《通典》卷一三一引《开元礼纂》。
③ 《全唐诗》卷二八一，第3193页。
④ 《全唐诗》卷三七四，第3882页。

"九天阊阖开宫殿，万国衣冠拜冕旒。"① 所谓"万国"是形容朝贡国数量之多，朝贡蕃主及使臣按规定"服其国服"，故有"万国衣冠"之说；冕旒，即皇帝所戴冠冕，此处指唐天子。元正、冬至含元殿大朝会，有诸蕃国各献方物，"列为庭实"②；往往还举行宴会，伴以乐舞百戏。郑锡撰《正月一日含元殿观百兽率舞赋》云："开彤庭执玉帛者万国，发金奏韵箫韶而九成。祥风应律，庆云夹日，华夷会同，车书混一。"③

除大明宫含元殿外，皇帝有时也在大明宫宣政殿、麟德殿、紫宸殿、延英殿等处，接见或宴请朝贡诸国使臣、蕃主。如贞观二十年（646），唐太宗在大明宫芳兰殿（紫兰殿）宴请回纥等铁勒诸部首领；④ 至德元载（756），肃宗于宣政殿接见回纥叶护等；⑤ 贞元十年（794）九月，德宗于麟德殿接见南诏使，"赐赉甚厚"⑥。唐代尚宫宋若宪《奉和御制麟德殿宴百官》诗云："端拱承休命，时清荷圣皇。四聪闻受谏，五服远朝王。"⑦ 诗人卢纶《奉和圣制麟德殿宴百僚》诗也有"蛮夷陪作位，犀象舞成行"⑧ 之句。

最后，还值得提及的是，大明宫内宣政殿前还设置了门下省、中书省和御史台等机构。中书省属下设有"四方馆"，通事舍人主之，掌职是接待四方使客。⑨ 御史台也不时审理在长安居住胡人及其他民族的案件。即是说，大明宫内有些机构也有管理外国和周边民族一些事务的职能。

唐代外国及周边诸民族政权至唐京师长安朝贡、朝献，主要是一种政治关系的体现，同时，也具有经济和文化交往的性质和意义。⑩

---

① 《全唐诗》卷一二八，第 1296 页。
② 《唐会要》卷二四《受朝贺》。
③ 董诰等编：《全唐文》卷四五〇，中华书局 1983 年版。
④ 《资治通鉴》卷一九八，唐太宗贞观二十年十二月庚辰条。
⑤ 《唐会要》卷九八《回纥》。
⑥ 《唐会要》卷九九《南诏蛮》。
⑦ 《全唐诗》卷七，第 68 页。
⑧ 《全唐诗》卷二七六，第 3138 页。
⑨ 《资治通鉴》卷二〇六，唐则天皇后神功元年六月甲午条及胡注。
⑩ 详细内容参见周伟洲：《万国来朝岁 五服远朝王》，载《中国文化遗产》2009 年第 4 期。

　　总之，大明宫作为唐代的政治中枢，在此举行由皇帝亲自接见、宴请朝贡诸国使臣、蕃主的大朝会隆重仪式，表明了大明宫在有唐一代唐朝政权与周边民族及与外国的政治关系中有着最高的、不可替代的地位和作用，也最能体现其丝绸之路政治中枢和起点的地位和作用。

　　2.唐代丝绸之路经贸中心和起点——西市

　　大唐西市，原系隋代大兴城"利人市"，唐朝建立后，改大兴城为长安城，利人市改名为"西市"，仍占两坊之地，位于长安城宫城西南，属长安县，与"东市"（属万年县）相对。（见图5-3）唐龙朔之后，西市繁华超过东市，故又有"金市"之称。①关于大唐西市的研究及考古发掘报告等论著甚多，下面仅从丝绸之路中西方经济贸易的角度，对西市的地位和作用做一简述。

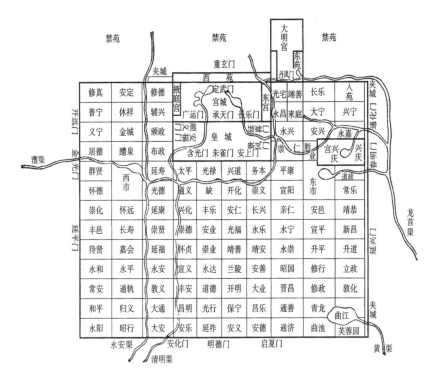

图 5-3　东市、西市位置图

（引自徐松撰，李健超增订：《增订唐两京城坊考》修订版，三秦出版社 2006 年版）

————

　　① 见《全唐诗》卷六八四吴融《春词》，第 786 页；《全唐诗》卷一三〇崔颢《渭城少年行》，第 1324 页；等等。

　　首先，大唐西市除集中一批唐朝商人之外，还集中了西域（狭义西域，指今新疆地区）、中亚昭武九姓诸国、波斯、南亚及北方突厥、回鹘诸地区的商人（唐代泛称为"胡商"）或歌舞伎人等，他们经丝绸之路辗转到京师长安（除朝贡使团由官方接待之外），大都聚居生活并从事各种行业贸易。他们又称"西市胡"。宋敏求《长安志》卷八《唐京城二》记："万年县户口减于长安。又公卿以下居止多在朱雀街东，第宅所占略尽，由是商贾所凑，多归西市。"徐松《唐两京城坊考》卷四《西京》亦记："长安县所领四万余户，比万年为多，浮寄流寓，不可胜计。"

　　从文献所记，可知东市内与西市一样，有二百二十行，"四面立邸，四方珍奇，皆所积集"[①]。内有波斯邸、胡姬酒肆、衣肆、鞦辔行、秤行、窦家店、张家楼（食店）、麸行、绢行、卖饮子家（药店）、卖卜、锦行里、西市北店、肉行、鱼肆、柜坊（为商人存放钱财）、凶肆、寄附铺（当铺）、帛肆，[②] 以及宴席、举贷（放高利贷）[③] 等等。唐代笔记小说、诗词中，也多记有西市胡人、胡伎和胡商的故事。如西市商人窦义常周济西市胡人米亮，因米亮回报，得为巨富的故事。[④] 又如落魄无业的杜子春，遇长安老道士，道士约其到"西市波斯邸"，取三百万钱与之的故事。[⑤] 另有唐代琵琶高手康昆仑在东、西市祈雨，与西市斗声乐，败于西市一女郎（实为僧人段善本）之下，遂拜其为师的故事。[⑥] 贞观中，有"西市胡"入盗金城坊被获事。[⑦] 唐代大诗人李白《少年行三首》

---

　　① 宋敏求：《长安志》卷八《唐京城二》"东市"条，辛德勇、郎洁等点校，三秦出版社 2013 年版。

　　② 徐松撰，李健超增订：《增订唐两京城坊考》卷四《西京》"西市"条，三秦出版社 2006 年版，第 230—234 页。

　　③ 李昉等编：《太平广记》卷四九六《吴凑》，上海古籍出版社 1990 年版；《资治通鉴》卷二三二，唐德宗贞元三年七月条。

　　④ 《太平广记》卷二四三《窦义》。

　　⑤ 牛僧孺：《玄怪录》卷一《杜子春》，穆公校点，见上海古籍出版社编：《唐五代笔记小说大观》上，上海古籍出版社 2000 年版。

　　⑥ 《太平御览》卷五八三《乐部二一》"琵琶"条。

　　⑦ 徐松撰，李健超增订：《增订唐两京城坊考》卷四《西京》"金城坊"条，三秦出版社 2006 年版，第 224 页。

中有"五陵年少金市东，银鞍白马度春风。落花踏尽游何处，笑入胡姬酒肆中"[1]；白居易《效陶潜体诗十六首》中也有"西市鬻金珠"[2]之句等。

其次，西市交通便利，邻近坊里有诸多胡寺，为西市胡商宗教活动场所。大唐西市位于长安城西外郭三城门附近，与通往西域道路较近。永安渠经市之东，连通漕渠、渭水，水路便利，又解决了西市用水问题。

仅从上述的部分历史事实可知，有唐一代，西市为京师长安，乃至全国中西贸易的中心，胡人不远万里赴此生活、贸易，往返于丝绸之路上，获利无数。这正是大唐西市作为丝绸之路经贸中心和起点的集中体现。

3. 唐代丝绸之路行程的起点——开远门

此门原为隋大兴城外郭西面北门，名安远门。唐又为开远门。唐长安城西外郭城有三门，"北开远门，中金光门，南延平门"[3]。开远门东正对着宫城的西门安福门，向东南约两坊之地即西市；宫城内上至帝王，下至一般官吏、使臣，以及西市的胡商，均由此门向西走丝绸之路的主干道至河西、西域，胡商再辗转将丝绸等商品销往中亚、南亚、欧洲等地。（见图5-4）

首先，丝绸之路行程的主要标志，是立于开远门前的路标——"万里堠"。唐代大诗人元稹《西凉伎》诗有"开远门前万里堠"之句。[4]堠，即中国古代记载里程的标志。宋代钱易撰《南部新书》己集有一则记载："平时开远门外立堠，云西去安西（即安西都护府治所龟兹，今新疆库车）九千九百里，以示戍（一作'戎'）人不为万里之行。"[5]此所谓的"万里堠"，应是开远门为西行起点之明证。

其次，从长安城出发西行的驿站来看，西行起点，即丝绸之路干线起点的两个驿站，正好在开远门东、西两侧。东侧驿站为西"都亭驿"（另有东都亭驿，在曲江池之北），在长安城内。程大昌《雍录》卷八记此驿"在朱雀街西，

---

① 《全唐诗》卷二四，第323页。
② 《全唐诗》卷四二八，第4724页。
③ 徐松撰，李健超增订：《增订唐两京城坊考》卷二《西京》"外郭城"条，三秦出版社2006版，第39页。
④ 《全唐诗》卷四一九，第4616页。
⑤ 钱易：《南部新书》己集，黄寿成点校，中华书局2002年版。

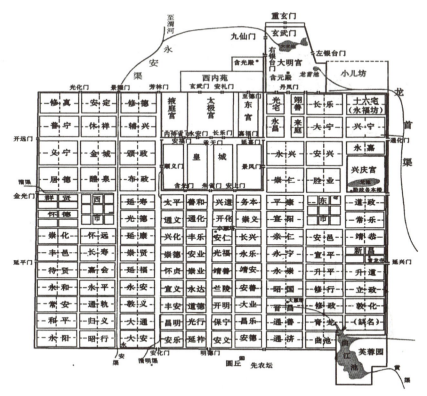

图 5-4　唐西京长安城图

（引自徐松撰，李健超增订：《增订唐两京城坊考》修订版，三秦出版社 2006 年版）

近鸿胪寺"。又《资治通鉴》卷二六○唐乾宁二年胡注："都亭驿在朱雀门外西街含光门北来第二坊"。两说大致相近。此驿多为百官西行的第一个大驿站。玄奘西行求法返长安城至此驿时，朝廷"列众礼谒"①。

出开远门西侧第一驿站为"临皋驿"，关于此驿位置学者研究甚多，如严耕望考证此驿"在京师长安城西墙北来第一门开远门外约十里，盖滨临谓水，当中渭桥处……以其为京师西出主干驿道之第一驿"②。又李健超引新出土的《大唐朝议郎行内侍省宫闱局丞上柱国公士杜君墓志并序》内记墓主于"开元七年岁次庚申，于京城西开远门外七里临皋驿前，予修砖堂塔一所"，考证临皋驿

---

① 道宣：《续高僧传》卷四《玄奘传》，郭绍林点校，中华书局 2014 年版。
② 严耕望：《唐代交通图考》，上海古籍出版社 2007 年版，第 5 页。

在"开远门外（西）七里"，即在今西安市西郊大土门村西北约 3.5 公里处。[①]
此说是。开远门内外两个西行的驿站，也证明开远门为西行丝绸之路行程之起点。

第五节　各族荟萃的长安城

一、各族荟萃于长安

隋唐是我国封建社会发展繁荣的盛世，都城长安繁华富庶，是当时世界上
最大的城市之一。而隋唐统治者又执行了开明的民族政策和开放的对外政策，
因而吸引了周边民族，甚至欧洲、南亚和东亚等国的人士来到长安，使长安成
为各族荟萃之地。正如《隋书·地理志上》所说："京兆王都所在，俗具五方，
人物混淆，华戎杂错。"

唐代中央一级设置鸿胪寺，"凡四夷君长，以蕃望高下为簿，朝见辨其等
位"，"夷狄君长袭官爵者，辨嫡庶"，还处理四夷贡物、使臣迎送等。[②]在
尚书省礼部下设主客郎中，专门管理"诸蕃朝见之事"。诸如"蕃州都督、刺
史朝集日，视品给以衣冠、裤褶"；视蕃使、客品位发给食料；蕃客请宿卫，
奏状貌年齿等。[③]总之，隋唐王朝设此机构就是负责四夷来京师长安的各种事宜。
四夷以朝贡、质子、宿卫、贸易、和亲、子弟入国学，以及边地羁縻府州都督、
刺史来京朝集等名目，会集于长安。

史籍所载周边民族入贡、入朝之事比比皆是，从东北的靺鞨、渤海、契丹、
室韦、高丽、新罗、百济，到北方的突厥、铁勒、回纥、薛延陀，西北的吐谷浑、
党项、西域诸胡，西南的吐蕃、羊同、勃律、南诏、东女国等，均经常遣使入
贡至长安。如贞观二十二年（648）前后，"四夷大小君长争遣使入献见，道
路不绝，每元正朝贺，常数百千人"[④]。此后，与唐保持朝贡关系的"有七十

---

　　① 李健超：《唐长安临皋驿》，见李健超：《汉唐两京及丝绸之路历史地理论集》，
三秦出版社 2007 年版，第 108 页。

　　② 《新唐书》卷四八《百官志三》。

　　③ 《新唐书》卷四六《百官志一》。

　　④ 《资治通鉴》卷一九八，唐太宗贞观二十二年二月条。

余蕃"①。因此知，有唐一代四夷朝献次数之多、面之广，远远超过秦汉时代。许多四夷首领或子弟在朝见之后，遂留居于长安。如西域疏勒王裴玢，武德中来朝，封天山郡公，"留不去，遂籍京兆"。于阗王尉迟胜宿卫长安，后留居京师修行里。②

周边各族所送质子，多在京师长安。如贞观十年（636）吐谷浑"遣子入侍"③。德宗时，回纥"天亲以上诸可汗有子见幼小者，并送阙庭"④。开元时，契丹首领也送质子。质子在京师数年后，有的量放回国，有的则入籍京师。

和亲之风唐代最盛，有学者统计，唐和亲不下十九人。⑤其中最著名者，如唐文成公主、金城公主嫁吐蕃赞普，弘化公主嫁吐谷浑王诺曷钵，衡阳长公主嫁突厥都布可汗，交河公主嫁西突厥突骑施可汗苏禄，固安公主嫁奚主李大酺，燕郡公主嫁契丹主李郁于。唐有六位公主（其中有真公主）嫁回纥可汗，还有回纥葛勒可汗以妻妹嫁唐邠王子李承寀等。和亲密切了唐与周边民族的关系，许多和亲公主常归宁回长安，促进了各民族文化交流，削弱了民族偏见，有利于民族的融合。

许多周边民族派遣子弟到长安入国学（太学），学习汉族传统文化，这是前代少有的事。吐蕃"遣酋豪子弟，请入国学以习《诗》、《书》"⑥，高丽、百济、新罗、高昌诸酋所遣子弟亦入国学，"升讲筵者至八千余人"⑦。而充任质子、侍卫的四夷子弟在长安亦多入国学，受到汉族传统文化的熏陶。如吐蕃使臣论仲琮，少时充质入朝，入国学读书，颇晓文字。则天万岁通天二年（697），"四夷多遣子入侍，其论钦陵（吐蕃大论）、阿史德元珍（突厥贵族）、孙万

①《大唐六典》卷四《尚书礼部》"主客郎中"条，［日］廣池千九郎訓点，内田智雄補訂，広池学園事業部 1973 年版。

②《新唐书》卷一一〇《诸夷蕃将传》。

③《唐会要》卷九四《吐谷浑》。

④《唐会要》卷九八《回纥》。

⑤ 张正明：《和亲通论》，见中国社会科学院民族研究所民族历史研究室编：《民族史论丛》第 1 辑，中华书局 1987 年版。

⑥《旧唐书》卷一九六上《吐蕃传上》。

⑦《资治通鉴》卷一九五，唐太宗贞观十四年二月条。

斩（契丹贵族）等皆因充侍子，遂得遍观中国兵威礼乐"①。

此外，因降附或其他原因入居长安的"四夷"，为数更多。比如前述东突厥亡后，以颉利可汗为首的突厥上层入居长安者近万家。此后，东、西突厥上层因各种原因入居长安者也甚众。著名的如颉利可汗、阿史那社尔、阿史那忠、哥舒翰（原为西突厥突骑施部）、阿史那斛瑟罗（西突厥贵族）、执失思力等。近代以来，在西安还出土了一批唐代突厥贵族墓志，知突厥贵族入居长安，死后即葬于此。如突厥贵族、任唐右卫大将军、雁门郡开国公的俾失十囊，志称其死于长安"礼泉里之私第"②。贤力毗伽公主，志称其为后突厥可汗默啜女，与兄右贤王墨特勒（勤）均居长安怀德坊。③薛突利施匐阿施夫人，志称其终于布政里。④薛突利施，即西突厥突骑施异写，匐为突厥官号，阿施为人名，其夫阿施亦当居布政里。还有阿史那毗伽特勒（勤），颉利可汗曾孙，其志出土于西安西郊枣园；执失奉节，执失思力子，志出于长安郭杜大安村。此两墓志的出土，说明在贞观年间归附唐朝入居长安的突厥上层的后代，也多居于长安。

其他族上层也多有居长安者，如吐蕃大相论莽热在贞元十八年（802）被擒后，送至长安，唐德宗释之，赐宅于崇仁里。吐蕃论钦陵弟论赞婆、子论弓仁降唐后，其子孙也多有居长安者，如论弓仁孙论惟贤居长安静恭里。⑤回鹘汗国灭亡后，唐会昌二年（842），有一支以乌介可汗为首的回鹘部众南下到朔方，另一支回鹘嗢没斯降唐，赐姓名为李思忠，赐甲第于长安永乐坊。⑥薛延陀政权亡后，其酋帅咄摩支入朝，拜右武卫将军，卒于长安。⑦类似的情况很多，不赘述。如果对徐松的《唐两京城坊考》所记少数民族或已汉化的少数民族上层贵族居长安的情况，做一个粗略的统计，可知：唐长安城有一百一十

① 《册府元龟》卷五四四《谏诤部·直谏一一》。
② 李域铮：《西安西郊唐俾失十囊墓清理简报》，载《文博》1985年第6期。
③ 黄荣春：《突厥公主墓志铭考》，载《福建文博》1984年第2期。
④ 贺梓城：《唐王朝与边疆民族和邻国的友好关系》，载《文博》1984年第1期。
⑤ 吕元膺：《论惟贤碑》，见李昉等编：《文苑英华》卷九〇九，中华书局1966年版。
⑥ 《新唐书》卷二一七下《回鹘传下》。
⑦ 《唐会要》卷九六《薛延陀》。

坊,内有少数民族(或已汉化的少数民族)宅院的就有二十二坊,共计二十六座。

此外,还有不少当时称为西域胡或昭武九姓胡居于今中亚地区的民族,唐朝盛时也曾于他们居住地区设置过羁縻府州。他们因各种原因也有入居唐京师长安者。如波斯王子卑路斯及其子泥涅斯、苏谅及其妻马氏、李益初一族。昭武九姓胡入居陕西甚早,唐朝在长安者特多,如康国的康谦、康日知一族,安国的安修仁、安兴贵(曾孙李抱玉)、安菩、安金藏、安令节,米国的米亮、米继芬、米萨宝,何国有何文哲、何稠,曹国有曹明照、曹确,石国有石演芬、石崇俊,史国有史怀恩等。[①]

以上是四夷的上层贵族入居长安的情况,至于一般使者、商人、僧侣、流民、伎人等,流寓长安人数更多。其中,回纥与西域胡人又占了绝大多数。

漠北回纥汗国建立后,曾出兵助唐从安史叛军手中收复两京,因其有功,故留京师者甚众。至于西域胡人,自汉魏以来多有居长安及其附近者。隋炀帝为开拓西域,重用裴矩,广事招徕,西域商胡不断到达长安和洛阳。唐武德二年(619),高祖李渊之平定河西李轨,主要就是依靠长安的西域胡安兴贵、安修仁兄弟。唐灭西突厥,西域为唐直接管辖,丝绸之路畅通无阻,西域使者、胡商等居长安者更众,他们娶妻生子,渐染华风。胡商则聚居于长安西市,有的从事珠宝贸易,有的开店卖酒或胡饼、胡药等。还有流寓于长安的西域乐舞伎、画工,为数亦不少。如流寓长安著名的西域乐舞伎人康昆仑,此人系琵琶高手,贞元时有"长安第一手"之称。安万善,觱篥演奏家,诗人李颀有《听安万善吹觱篥歌》诗。曹保一家三世,均以琵琶有名当世。隋唐著名画家康萨陀、昙摩拙义、尉迟乙僧父子等,皆西域人。唐代诗词、笔记小说及近年来唐墓中出土的大批各种形象的胡俑,亦可证流寓长安的胡人之众。

留居长安的胡客,有的居住达四十多年,皆有妻子,买田宅,举质取利(高利贷),安居不愿归。自天宝末年安史之乱后,唐于西域所置安西、北庭都护府奏事及西域使人在长安者,因吐蕃占领河陇,归路断绝,人马皆靠鸿胪寺委

---

① 李健超:《汉唐时期长安、洛阳的西域人》,见西北大学西北历史研究室编著:《西北历史研究》1988年号,三秦出版社1990年版。

州县供给。到贞元三年（787）李泌奏请以上奏事及西域使人可假道回纥，或海路返回，如有不愿归者，则授以职位，给俸禄为唐臣。于是检括胡客共四千多人，却无一愿归者。李泌则将他们分隶神策两军，王子、使者为散兵马使或押牙，余皆为卒。鸿胪寺所供胡人才十余人，岁省度支五十万缗，百姓称道。①

综上所述，有唐一代京师长安为各族荟萃之地、国际一大都会；上至各族王公、贵戚、蕃将，下至商贾、伎人、流民，三教九流，无所不有，毕聚京师，各显其能。他们为唐代政治的统一、经济的繁荣、文化的昌盛发挥了巨大的作用。

二、各族荟萃的长安风貌

隋唐王朝结束了魏晋南北朝长时期的分裂割据，形成了一个统一安定的政治局面，具有较为雄厚的经济基础，并且继承和发展了魏晋南北朝时各族文化广泛交流和融合的成果，加之统治者实行了开明的民族政策和开放的对外政策，因此到唐代，各族荟萃的京师长安呈现出一种绚丽多姿、风格独特、灿烂辉煌的风貌。

这种风貌的特点是什么呢？那就是周边民族，特别是西北和北方民族（统称为"胡"）的文化习俗，包括他们自身的或者先融合外来文化（主要是中亚伊朗和南亚印度）而后形成的文化习俗，不断地传入京师长安。然后，这种胡族文化为原来传统的汉族文化不断地吸收、改造，形成了一种带有强烈胡化倾向的、新的唐代文化习俗，从而使长安呈现出上述的独特风貌。

第一，这种风貌首先突出地反映在长安各阶层的衣食住行、风俗习惯上：

（1）服饰。"胡服"，即西北和北方民族的服饰，历代都影响着内地汉人的服饰。唐代胡服之盛，又逾于前代。特别是在唐开元、天宝盛时，更是如此。比如建国于青海等地的吐谷浑人，其王公贵人多戴"幂䍦"，也以缯为帽（帷帽）。幂䍦，亦称罗幂，是加在帽上遮住脸面或全身的幂面，以避风沙。北朝时，吐谷浑之幂䍦就传入内地，甚为流行，且一直盛行到唐武后时，至此后皆用帷帽。到开元初，"从驾宫人骑马者，皆著胡帽，靓妆露面，无复障蔽。

---

① 《资治通鉴》卷二三二，唐德宗贞元三年六月条。

士庶之家，又相仿效，帷帽之制，绝不行用"。"士女皆竞衣胡服"。^①此胡服、胡帽，即指西域胡人之服饰。又西域高昌的"白氎布"（棉布）也传入长安。唐陈鸿撰《东城老父传》记贾昌忆开元、天宝时在长安，"行都市间，见有卖白衫白叠（氎）布"^②。

唐安史之乱后，吐蕃据河陇，回鹘人居长安者甚众，于是长安又流行回鹘妆和吐蕃服饰。花蕊夫人《宫词》说："明朝腊日官家出，随驾先须点内人。回鹘衣装回鹘马，就中偏称小腰身。"^③白居易《时世妆》诗亦说："时世妆，时世妆，出自城中传四方。……元和妆梳君记取，髻堆面赭非华风。"^④所谓"面赭"，乃吐蕃习俗，以防寒护肤，且有美容之功能。总之，以胡族为主的服饰风俗对长安汉族影响很大，故诗人元稹有"自从胡骑起烟尘，毛毳腥膻满咸洛。女为胡妇学胡妆，伎进胡音务胡乐"^⑤之叹。

（2）饮食。魏晋以来"胡食"已流行于内地，到唐代更是盛行一时。"胡食者，即饆饠、烧饼、胡饼、搭纳等是。"^⑥唐代西域之制酒方法也传入内地，并大为流行。史称唐太宗平高昌后，"收马乳蒲桃实于苑中种之，并得其酒法。帝自损益，造酒成。凡有八色，芳辛酷烈，味兼缇盎。既颁赐群臣，京师始识其味"^⑦。唐人记天下名酒有"京城之西市腔，虾蟆陵郎官清、阿婆清。又有三勒浆类酒，法出波斯。三勒者谓庵摩勒、毗梨勒、诃梨勒"^⑧。可见中亚波斯之酒法，也由胡族传入了长安。唐长安还有许多"胡姬"侍酒的酒肆，唐诗词中多有咏诵。^⑨

---

① 《旧唐书》卷四五《舆服志》。
② 《太平广记》卷四八五陈鸿《东城老父传》。
③ 《全唐诗》卷七九八，第8978页。
④ 白居易：《白居易集》卷四，顾学颉校点，中华书局1979年版，第82页。
⑤ 《全唐诗》卷四一九，第4617页。
⑥ 慧琳：《一切经音义》卷三七《陀罗尼集》第一二卷"餲饻"条注，见《字典汇编》第20册，国际文化出版公司1993年版。
⑦ 《册府元龟》卷九七〇《外臣部·朝贡三》。
⑧ 李肇：《唐国史补》下，曹中孚校点，见上海古籍出版社编：《唐五代笔记小说大观》上，上海古籍出版社2000年版。
⑨ 向达：《唐代长安与西域文明》，生活·读书·新知三联书店1957年版，第43—51页。

唐代留居长安的突厥人甚多，突厥使臣往返不绝。而唐初高祖、太宗为抗突厥之侵扰，曾于长安按突厥军法、骑射训练军队。因此，突厥之风习，包括饮食，日用器具，传入长安。太宗太子承乾即深受此影响，"好突厥言及所服"，或按突厥习俗生活，或模拟突厥战争。^① 其余诸如当时长安所用铜镜的图案（瑞兽葡萄纹，

图 5-5　唐瑞兽葡萄纹铜镜
（西北大学历史博物馆藏）

见图 5-5），节日用的西域式镀彩、金银器皿等，均融入了西域胡器物的特征。胡风、胡器，风靡长安，致使"长安中少年有胡心矣"^②。

（3）房屋建筑。长安房屋建筑也深受胡族之影响，玄宗时所建之"凉殿"，京兆尹王𬭁宅中之"自雨亭子"，皆仿中亚建筑修造。^③

（4）交通运输。马匹，是古代主要的交通工具，亦是重要的军事装备。为了国防和交通的需要，唐朝养马业空前发展，马的数量和质量都超过前代。其中一个重要原因就是大量引进西域胡马，积极进行马种改良，所谓"既杂胡种，马乃益壮"^④ 即是。唐太宗所拥有的"六骏"中，至少有"飒露紫"（见图 5-6）、"特勒骠"二骏，原为胡马。唐代文献及诗词中有许多关于胡马的记载。

第二，在文化生活方面，首先应提到的是"唐乐"。它是中国历史上一枝绚丽多彩的奇葩，是中国传统音乐吸收四夷及外来音乐的精华改造之后形成的。

---

① 《新唐书》卷八〇《常山王承乾传》。
② 《太平广记》卷四八五陈鸿《东城老父传》。
③ 向达：《唐代长安与西域文明》，生活·读书·新知三联书店1957年版，第41—42页。
④ 《新唐书》卷五〇《兵志》。

图5-6　唐"昭陵六骏"中的"飒露紫"

（引自国家文物局主编：《中国文物地图集·陕西分册》上，西安地图出版社1998年版，第448页）

唐代音乐分为雅乐和俗乐两大类。雅乐也是斟酌南方陈、梁旧乐和北方多涉胡戎之伎的周、齐旧乐后，"考以古音，作为大唐雅乐"①。

至于俗乐（燕乐），指一般用于宴会、庆享及民间活动之音乐。北周时龟兹音乐家苏祗婆传入印度的琵琶七调，影响甚大。隋代朝廷所用九部乐、唐之十部乐中，除清乐、礼毕（唐改为高昌乐）外，皆为胡乐（包括东北、西南民族音乐）。唐宴会所用之坐、立部伎，皆杂龟兹乐。唐代还流行"散乐百戏"，散乐"非部伍之声，俳优歌舞杂奏"，类似今之杂技、魔术等。自汉代以来，西域、天竺等地杂技、幻术传入内地，历代有之，唐代亦很盛行。

玄宗时的"舞马"，就来自吐谷浑。还有所谓的歌舞戏，著名的如《拨头》等，即出自西域。此外，唐代用于朝会道路、丧葬的鼓吹乐，多为北狄乐，皆马上之声。

———————————
① 《旧唐书》卷二八《音乐志一》。

传至唐代的乐曲中，还保存有《吐谷浑》《部落稽》《慕容可汗》等乐曲。[①]

唐玄宗开元、天宝盛时，唐代乐舞发展到一个新的阶段。玄宗本人"酷爱法曲"。法曲源于隋代，是清商乐与佛曲相结合的产物，玄宗时又杂入道教曲子，其最著名者为玄宗改制的《霓裳羽衣曲》。据载此曲是凉州节度使杨敬述所献，原名《婆罗门曲》，后经玄宗改制而成。[②]唐代大诗人白居易曾作《霓裳羽衣歌》一诗，对之有所描写。

另有号称"胡部新声"者，开元、天宝时最为流行，甚至连"龟兹、散乐皆为之少息"。此胡部新声即来自河西。[③]唐大诗人元稹有诗云："胡部新声锦筵坐，中庭汉振高音播。"[④]2014年陕西省考古研究院等在西安市长安区大兆郭新庄村发掘了唐韩休墓，其墓室东壁有一幅《乐舞图》。（见图5-7）据

图 5-7　唐韩休墓壁画《乐舞图》
（引自《"唐韩休墓出土壁画学术研讨会"纪要》，载《考古与文物》2014 年第 6 期）

---

① 《旧唐书》卷二九《音乐志二》。
② 白居易：《白居易集》卷二一《霓裳羽衣歌》及注，顾学颉校点，中华书局1979 年版，第 460 页。
③ 《新唐书》卷二二《礼乐志一二》。
④ 《全唐诗》卷四一九元稹《立部伎》，第 4617 页。

学者研究，此图即形象地反映了盛唐流行的"胡部新声"，图中以"胡部"乐为主，来自河西，有创新的"新声"。①

　　道调、法曲、胡乐和胡部新声，组成了唐开、天盛时乐舞的四大类别。到天宝年间，上述四种类型的乐曲又进一步发展、融合。元稹《立部伎》诗说："宋沇尝传天宝季，法曲胡音忽相和。明年十月燕寇来，九庙千门虏尘涴。"下注："太常丞宋沇传汉中王旧说云：明皇虽雅好度曲，然而未尝使蕃汉杂奏。天宝十三载（754），始诏道调、法曲与胡部新声合作，识者异之。明年禄山叛。"②此时，胡声占了主导地位，以至于融合了胡乐因素的法曲，也成了华夏正声。两者合作，说明唐代音乐至此发生了巨大的变革。正如宋代沈括《梦溪笔谈》中说："自唐天宝十三载，始诏法曲与胡部合奏，自此乐奏全失古法。"

　　唐代音乐与舞蹈往往是结合在一起的，而且大都是"歌者不舞，舞者不歌"。唐代舞蹈中，雅乐有文舞、武舞之分，社会上一般流行的又可分为软舞与健舞两大类。此外，还有字舞、花舞、马舞等。软舞曲有《凉州》《绿腰》《苏合香》《屈柘》《甘州》《团圆旋》《回波乐》等；健舞曲有《棱大》《阿连》《柘枝》《剑器》《胡旋》《胡腾》《浑脱》等。③唐诗中有许多关于上述舞蹈的描写，其中最多的是《胡旋》《胡腾》《柘枝》《剑器》等，说明这些舞蹈当时最为流行。从舞名及学者们的考证来看，无论软舞还是健舞，十有八九均与胡舞有关，有的就直接来自胡族。

　　其次，还有唐代上自宫廷下至民间闾里、军队均热衷的马球活动。马球，又称波罗（polo）球，至今藏族仍称球为波罗（pho long）。故有的学者认为马球最早是由唐代的吐蕃传入长安的。④今陕西乾陵下章怀太子墓墓道壁画中，还保存着一幅唐代《打马球图》。（见图5-8）

---

　　① 周伟洲：《唐韩休墓"乐舞图"探析》，载《考古与文物》2015年第6期。
　　② 《全唐诗》卷四一九元稹《立部伎》，第4618页。
　　③ 段安节：《乐府杂录·舞工》，《说郛》本。
　　④ 阴法鲁：《唐代西藏马球戏传入长安》，载《历史研究》1959年6期。也有的学者认为唐代马球是由波斯传入，见向达《唐代长安与西域文明》，生活·读书·新知三联书店1957年版，第80—86页。

图 5-8　唐章怀太子墓壁画《打马球图》
（引自陕西省博物馆、乾县文教局唐墓发掘组：《唐章怀太子墓发掘简报》，载《文物》1972 年第 7 期）

　　再次，唐代的绘画，在中国艺术史上达到了一个高峰，蔚为大观。著名画家中，有不少西域胡人。如隋唐时著名的尉迟跋质那、乙僧父子，本西域于阗国人。跋质那，人称"大尉迟"，是隋代著名画家；乙僧，称"小尉迟"，是唐初与阎立本齐名的大画家。乙僧擅长作寺观壁画，其所绘功德、人物、花鸟，色彩浓重厚实，具有本民族风格，故有"凹凸画"之称。凹凸画源于印度，传入唐地后，影响很大。"当由西域人一转手，尉迟乙僧父子以善丹青驰声上京，即其一证"①。

　　第三，在京师长安，各族荟萃，人们的精神寄托——宗教，也呈现出各教各派竞相争奇、相互排斥、相互吸收的情况。唐代统治者对各种宗教和教派基本上采取允许其发展、传播的方针（除唐武宗会昌灭佛期间外），故长安各种宗教相继得到发展。

　　唐代长安佛教达到极盛和成熟的阶段，寺院之多，各教派势力之大，是前所未有的。唐释道宣撰《释迦方志·遗迹篇第四》记述了内地至印度求法有三道：一是东道，即前述由青海经吐蕃、泥婆罗入印度；二是中道，即经瞿萨旦那（于阗）

――――――――――
　　①　向达：《唐代长安与西域文明》，生活·读书·新知三联书店 1957 年版，第 60 页。

的丝路南道，越葱岭，至西北印度；三是北道，即由龟兹，越葱岭，过迦湿弥罗（今克什米尔）至印度。频繁往来的中外佛教徒，大多经过西北，有的就在西北传教或译经，然后到内地，特别是京师长安弘法译经。比如中天竺那烂陀寺僧波罗颇迦罗蜜多罗曾至西突厥统叶护可汗统治的地区化行，后于唐武德九年（626）抵长安，敕往大兴善寺，先后传译《宝星陀罗尼经》《般若灯论释》等三部三十八卷。[1]又，中天竺僧达摩战涅罗善医学，东越葱岭至龟兹，教授学人，后经安西节度使推荐入朝，于开元二十年（732）到长安，受到玄宗接见，献方术、医方、梵夹、药草、经书等。[2]还有中国佛教史上著名的唐僧慧琳，曾于唐贞元四年（788）至元和五年（810）撰成《大藏音义》一百卷（即《一切经音义》）。慧琳，原姓裴氏，西域疏勒国人，后为唐京师西明寺僧。[3]于阗僧尸罗达摩，贞元时到仍为唐守之北庭，于龙兴寺译《十地经》，后又随安西、北庭奏事官等经回鹘路至京师。[4]

至于唐朝内地经西北入印度求法的高僧，也甚多。最著名者为玄奘，他于贞观三年（629）由长安西行，经河西入西域，历高昌、龟兹，出凌山（拔达岭），过热海（今伊塞克湖），至碎叶，然后到北、中天竺。最后于贞观十九年（645），携经律论等梵文五百二十夹六百五十七部，返长安。在唐朝政府的支持下，他先后译出经文七十五部一千三百三十五卷。他还和弟子辩机撰写了沿途见闻，这就是举世闻名的《大唐西域记》。此外，还有著名的高僧义净由海路到印度求法，后返长安，于西明寺、大荐福寺译经，成为中国佛教史上与鸠摩罗什、真谛、玄奘并称的四大翻译家。[5]

不仅如此，随着中西佛教文化的交流，一些外国的科学技术，以及具有印

---

[1] 《续高僧传》卷三《波颇传》。

[2] 圆照：《贞元新定释教目录》卷一四，见《大正藏》卷五五，1977年，第87页。

[3] 赞宁：《宋高僧传》卷五《唐京师西明寺慧琳传》，范祥雍点校，中华书局1987年版。

[4] 《宋高僧传》卷三《唐北庭龙兴寺戒法传》。

[5] 周伟洲：《隋唐长安与南海诸国的佛教文化交流》，见《西北民族论丛》第2辑，中国社会科学出版社2003年版。

度佛教风格的文学作品、乐舞、绘画、雕塑等文学艺术也在内地流传，且与各地汉族文化相结合，创造出具有中国风格的唐代文学艺术，成为光辉灿烂的唐代文化的重要组成部分。

又因李唐统治者的提倡，道教在长安也很兴盛，并与佛教抗争，二者相互影响，相互吸收。关于此，前人论述颇多，不赘述。

长安当时还有许多外来宗教，也因四夷的信奉和传播而日益流行，如前述回纥奉为国教的摩尼教，以及大食人因助唐平定安史之乱而传入长安的伊斯兰教，西域胡人传入之祆教、景教等。这些宗教（除伊斯兰教外）在长安大都建有寺院、庙宇，由胡人主持。各种宗教传播的同时，也带来了各国的科学技术和文化，对后世影响至为深远。

（1）祆教。又名拜火教、火教、火祆教等，系波斯人琐罗亚斯德于公元前6世纪前后所创，流行于广大中亚地区。此教教义是宣扬善恶二元论，认为火、光明、净洁代表善，黑暗、恶浊、不净代表恶，善恶两种对立的本源一直在斗争，最终善战胜恶。其宗教仪式是"拜火"，故又称"拜火教"。南北朝时，通过西域而逐渐传入内地，称"胡天"或"天神"，史称西域高昌、焉耆等"俗事天神"①，即指信奉祆教。而北魏、北齐、北周时，统治阶级也有信奉胡天神者。②至隋末唐初，此教遂正式被命名为"祆教"，由于西域、波斯人大量来内地，因而祆教在内地亦开始流行。唐京师长安、洛阳及碛西诸州皆有祆教寺院，唐朝置官典守，而禁民祈祭。《通典》卷四〇《职官》记："视流内，视正五品，萨宝；视从七品，萨宝府祆正。"下注云："武德四年，置祆祠及官，常有群胡奉事，取火咒诅。"到会昌武宗毁佛后，祆教亦遭禁绝。③

（2）景教。为西方基督教派中的一派——聂斯脱利派，因其教义与基督教义相左，故遭排挤，后向东发展，得到波斯王的支持，遂在中亚波斯一带流

---

① 《北史》卷九七《高昌传》《焉耆传》。
② 《魏书》卷一三《宣武灵皇后胡氏传》，《隋书》卷七《礼仪志二》，等等。
③ 以上关于祆教的叙述，请参见陈垣《火祆教入中国考》，见陈垣：《陈垣学术论文集》第1集，中华书局1980年版。

行开来。到公元 7 世纪初，景教经过今新疆地区开始传入内地。考古工作者在今新疆、甘肃等地发现有 8 世纪后的景教寺院遗址，吐鲁番哈拉和卓也出土有绘制景教徒进行宗教活动的壁画等。敦煌遗书中，也有汉译景教经典《大秦景教三威蒙度赞》《志玄安乐经》等。① 西安碑林存有著名的"大秦景教流行中国碑"。（见图 5-9）据碑文载，景教是聂斯脱利教徒阿罗本于贞观九年（635），"至于长安"，传播于内地。以后，景教得到很大的发展，以至"法流十道，国富元休；寺满百城，家殷景福"。唐天宝四载（745），玄宗下诏改两京波斯寺为大秦寺，因"波斯经教出自大秦"②之故。景教亦同祆教一样，到唐武宗毁佛后，亦遭禁绝。

（3）伊斯兰教。此教为世界三大宗教之一，唐代大食以此为国教。大食势力东进后，与唐朝在中亚发生了直接的接触，双方经济、文化交流十分频繁。③唐安史之乱时，唐朝"亦用其国（大食）兵以收两都"④。因此之故，大食人信奉之伊斯兰教

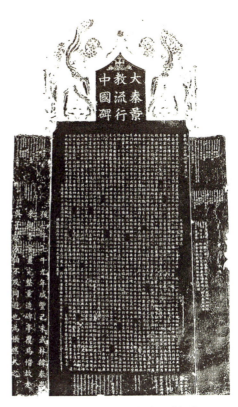

图 5-9 大秦景教流行中国碑拓片
（引自国家文物局主编：《中国文物地图集·陕西分册》上，西安地图出版社 1998 年版，第 498 页）

① 罗振玉等辑：《敦煌石室遗书》，诵芬室铅印本，1909 年版；陈增辉：《敦煌景教文献〈志玄安乐经〉考释》，见《1983 年全国敦煌学术讨论会文集·文史·遗书编》下册，甘肃人民出版社 1987 年版。
② 《唐会要》卷四九《大秦寺》。
③ 双方交往参见张广达：《海舶来天方 丝路通大食——中国与阿拉伯世界的历史联系的回顾》，见周一良主编：《中外文化交流史》，河南人民出版社 1987 年版。
④ 《旧唐书》卷一九八《大食传》。

亦传入内地，但当时影响较微。

　　总之，唐代的京师长安，各族荟萃，整个社会的物质生活和精神生活无不受胡化的深刻影响。而这种胡化逐渐为汉族传统文化所吸收、改造。呈现于唐代长安的文化风貌，可以说既不是完全的"胡化"，也非传统的汉文化，而是兼容二者之长，形成和发展为一种新的生气勃勃别具一格的唐代风貌。这种文化风貌也正反映了唐代陕西地区各民族融合的趋势和特点，即汉化是主流，但也融入了不少胡族的成分。①

---

　　① 关于此，请参见周伟洲《试论隋唐时期西北民族融合的趋势和特点》，载《西北大学学报》1990 年第 3 期。

第六章

宋、西夏、金、元各朝
统治下的陕西诸族

第一节　五代至宋初陕北党项的分布及活动

一、五代至宋初的陕西各族

自唐代末年，藩镇割据，长期争战，到唐哀帝天佑四年（907），割据中原的朱全忠废唐哀帝，建立梁朝（后梁），都汴梁（今河南开封），开始了中国历史上的五代十国的分裂割据时期。今陕西地区先后分属于几个割据政权，关中长安则失去了全国政治、经济和文化中心的地位。最初，后梁领有关中东部大部分地区，关中西部则为岐王李茂贞所割据，陕北的夏、绥、银、宥四州仍是唐末以来党项拓跋氏的割据范围，陕南汉中是西川王建的势力范围。后梁为后唐灭亡后，今陕西全境均在后唐的统治之下。但时隔不久，后蜀兴起，渐据汉中之地。从此，后唐及继立的后晋、后汉、后周，均领有今陕西汉中以北地区，夏州及麟、府党项割据势力，名义上亦臣属各朝。这种情况一直继续到北宋代后周建立，于乾德三年（965）灭后蜀，至是陕西全境为北宋统治。

在五代至北宋初百余年间，由于北方分裂割据、政权频繁更迭，陕西关中失去了全国政治中心的地位，并自唐末以来，关中几遭兵燹，勋戚贵族及百姓四处逃亡，人口大减。唐代以来居于关中和陕南的各族已逐渐融入了汉族，故陕西渭河以南至汉中的民族聚居区，除个别山区外，均已成为汉族聚居之地。渭北的羌村、羌邑，只有其名而无其实，大部分的羌族已完全汉化。稽胡亦渐次融入汉族之中，只有一些山川地名还保留着他们曾经居住过的痕迹。如宋乐史撰《太平寰宇记》卷三五《丹州·宜川县》记："库碢川在县西北二十里，从云岩县（今陕西宜川西北）界入，合丹阳川。按《图经》云：'川南是汉，川北是胡，胡汉之人于川内共结香火，故唤香火为库碢，因此为名。'又有小库碢川。"

在五代时，后唐、后晋和后汉三朝系沙陀族所建，其出征或戍守陕西境内的军队中，有来自代北的蕃兵，即沙陀、鞑靼等族人。但是，这些蕃兵为数有限，且已处于逐渐汉化的过程之中。

这一时期，在今陕北地区自唐以来聚居的党项族却日益发展，成为陕西北境人口最多、势力最强的民族之一。原与党项杂居的吐谷浑族，其名不显，或汉化，或党项化，基本不见于史籍。在陕北的党项，五代时形成了两个大的割据势力：一是割据于夏、绥、银、宥四州的党项拓跋氏；一是据有麟、府二州的党项折氏。关于这两大割据势力，将在下面专门论列，先就五代至宋初陕北各地党项族、部的分布及活动，做一概括的叙述。

五代时，党项族日益繁衍，分布愈广。正如《新五代史·党项传》所说："部有大姓而无君长，不相统一，散处邠宁、鄜延、灵武、河西，东至麟、府之间。自同光（后唐年号）以后，大姓之强者各自来朝贡。"《宋史·党项传》亦记："今灵、夏、绥、麟、府、环、庆、丰州，镇戎、天德、振武军并其族帐。"其中，党项在陕西境内的州府有：夏（治今靖边白城子）、绥（治今绥德）、麟（治今神木北）、府（治今府谷）、丰（治今府谷哈镇南）、邠（治今彬州）、鄜（治今富县）、延（治今延安）、银（治今榆林党岔）、宥（治今定边西）等州。可以说，今陕北（包括今彬州、富县）地区均有党项部众与汉人杂居。按照当时人的说法，党项、吐谷浑和吐蕃部落都有生户和熟户的分别。"内属者谓之熟户，余谓之生户。"[1]或如宋代曾任过延州节度使判官的宋琪所说："大约党项、吐蕃，风俗相类，其帐族有生、熟户。接连汉界、入州城者，谓之熟户；居深山僻远、横遏寇略者，谓之生户。"[2]

史称党项诸部仍处于各部不相统一，有大姓而无君长的原始社会末期。宋琪对此也有较好的叙述："其俗多有世仇，不相往来，遇有战斗，则同恶相济，传箭相率，其从如流。虽各有鞍甲，无魁首统摄，并皆散漫山川，居常不以为

---

①《宋史》卷四九二《吐蕃传》。

② 李焘：《续资治通鉴长编》卷三五，宋太宗淳化五年正月条引宋琪上言，上海师范大学古籍整理研究所、华东师范大学古籍整理研究所点校，中华书局2004年版。

患。"①陕北境内的党项部落或族姓，见下表②：

表 6-1 五代至宋初陕北党项部、族表

州名	部、族名	首领	大事	资料出处
府州	折家族	折之正	后唐长兴元年（930），以之正为检校尚书、右仆射	《五代会要》卷二九《党项羌传》
	簿备家族	簿备撒罗	后唐长兴元年，以撒罗为检校工部尚书	《五代会要》卷二九《党项羌传》
	泥也六族	泥香王子、拓跋山	后周广顺二年（952）来贡，以两首领为归德将军	《五代会要》卷二九《党项羌传》
	直荡族及内属羌部十六府、十二府	啜佶、屈遇、罗崖	宋开宝元年（968）直荡族啜佶寇府州，诏内属羌部十六府大首领、十二府首领击降之	《宋史》卷四九一《党项传》
	外浪族	来都	宋太平兴国六年（981）来贡马	《宋史》卷四九一《党项传》
	女乜族	来母崖及子社正	宋雍熙二年（985）女乜族内附，命迁茗乜族中	《宋史》卷四九一《党项传》
	茗乜族			
	兀泥族	泥中佶移长子突厥罗、首领黄罗	宋淳化二年（991）以千余帐降府州	《宋史》卷四九一《党项传》
	勒浪鬼女儿门十六府、勒浪树李儿门族	马尾、没崖、遇兀	宋至道元年（995）内附，首领受封	《宋史》卷四九一《党项传》
	府州界五族	折突厥移	至道二年（996）大首领乞受命，依旧充府州管界五族大首领	《宋史》卷四九一《党项传》

---

①《续资治通鉴长编》卷三五，宋太宗淳化五年正月条引宋琪上言。

② 此表内未列有部、族名而不知其居地者；其中丰、宥、夏、邠等州辖境有部分地区在今陕西境外，因州内党项部、族具体居地不详，故一并列入。

州名	部、族名	首领	大事	资料出处
府州	兀泥巾族	突厥罗	至道二年宋赐诏书给兀泥巾等府、麟二州党项十族，以招抚之	《宋史》卷四九一《党项传》
	女女杀族	越都		
	女女梦勒族	越移		
	女女忙族	越置		
	女女籫儿族	党移		
	没儿族	莫末移		
	路乜族	越移		
	细乜族	庆元		
	路才族	罗保		
	细母族	罗保保乜		
麟州	三族砦羌部	折御乜	雍熙二年率部两千余户降宋	《宋史》卷四九一《党项传》
	言泥族	拔黄太尉	景德元年（1004）原契丹所属言泥族三百余帐归附宋麟州	《宋史》卷四九一《党项传》
	杜庆族		大中祥符元年（1008），杜庆族侵别帐，发熟户讨之	《宋史》卷四九一《党项传》
丰州	藏才族（内有中、河北诸族）	王承美等	开宝二年（969）藏才族内附于宋。此后，一直为宋守边，并常贡马	《宋会要辑稿》方域二一"丰州"条
	没细族	越移	太平兴国八年（983）宋封各族、部首领以官爵	《宋会要辑稿》方域二一"丰州"条
	耶保、移邀二族	弗香克浪买		
	乞党族	岁移		
	庄浪族	龙移	咸平五年（1002），宋封首领以官爵	《宋会要辑稿》方域二一"丰州"条
	勒浪族十六府	屈遇	雍熙二年二族归化，宋赠书抚之	《宋史》卷四九一《党项传》
	名波族十二府	浪买		

州名	部、族名	首领	大事	资料出处
夏州	保细族		太平兴国七年（982）结集诸部，为夏州宋军讨击，破之	《宋史》卷四九一《党项传》
	吴移、越移等四族，发伽罗腻十四族		雍熙二年，夏州尹宪出兵，吴移、越移四族降，击发伽罗腻十四族	《宋史》卷四九一《党项传》
	咩嵬族	魔病人乜崖	雍熙二年，两族结寇，为宋军击灭	《宋史》卷四九一《党项传》
	南山族			
	黄乜族		淳化二年，以其族七百余降户处于夏、银之地	《宋史》卷四九一《党项传》
	熟户旺家族	都子	大中祥符六年（1013），夏州掠去都子，又内属	《宋史》卷四九一《党项传》
绥州	羌部	苏移、山海唉、母驮香、野利、鬼名乜屈、啜泥	淳化五年（994）宋封绥州羌部首领以名号	《宋史》卷四九一《党项传》
	羌部	军使拽白	咸平六年（1003）拽白等一百九十五口内属宋	《宋史》卷四九一《党项传》
银州	羌部	拓跋遇	太平兴国二年（977）来诉本州赋役苛虐，乞居内地，不许	《宋史》卷四九一《党项传》
	悉利诸族		雍熙二年，宋军在银州北破其族，俘获甚众	《宋史》卷四九一《党项传》
	保寺、保香族	埋乜已	雍熙二年，宋军在开光谷西破其四族，斩获甚多	《宋史》卷四九一《党项传》
	保、洗两族			
	没邸、浪悉讹等族		雍熙二年，宋军又破银州杏子平东北山谷内此二族	《宋史》卷四九一《党项传》
宥州	咩兀十族	遇乜布	雍熙二年，宋给其族首领敕书以安抚之	《宋史》卷四九一《党项传》
	御泥布、啰树二族		端拱元年（988）二族附李继迁，为宋军击破	《宋史》卷四九一《党项传》
	羌部及熟户咩魏族	腊儿	天禧四年（1020）腊儿率众劫熟户咩魏族，为宋军击破	《宋史》卷四九一《党项传》
邠宁	牛羊、苏家族		咸平六年，两族击李继迁有功，厚赐之	《宋史》卷四九一《党项传》

州名	部、族名	首领	大事	资料出处
鄜延	延州司家族		后晋开运三年（946），刘景岩与之有交往	《新五代史》卷四七《刘景岩传》
	延州羌部	吴怡磨	后周广顺三年（953）率部降周，授其为怀化郎将	《册府元龟》卷一七〇《帝王部·来远》
	东山蕃落		太平兴国三年（978）集众寇清化砦，为宋军击败	《宋史》卷二五三《李继周传》
	磨卢家、媚咩、拽藏等族		淳化末（约994）宋金明镇使李继周因诸族未附，率军击之	《宋史》卷二五三《李继周传》
	小湖卧浪族		大中祥符元年鄜延钤辖上言，其族数为前锋作战有功，诏补其军主侍禁	《宋史》卷四九一《党项传》
	熟户	委乞	天禧三年（1019）鄜延路上言：亡去熟户委乞等六百九十五人，有骨咩、大门等族来归	《宋史》卷四九一《党项传》
	骨咩、大门等族			

上表所列党项诸族（大家族）、部，仅是见于史籍所载，很不完全。但由此表也可知五代至宋初陕北诸州党项部众名目繁多，以部或大家族聚居，畜牧为生，多羊马。他们大都为五代北方政权和北宋所统治，然叛服无常。当北方的内地政权强盛时，他们则多归服，常贡马，并不时入朝觐见。如后唐时，党项各部贡马者甚多，试见下表：

表 6-2　后唐时党项朝贡表

时间（公元）	年号	朝贡部落及贡物	资料出处
924 年	庄宗同光二年二月	党项遣使朝贡	《册府元龟》卷九七二《外臣部·朝贡五》
	同年十月	党项进白驴	《旧五代史》卷三二《庄宗纪六》等
	同年十二月	党项薄备香来贡良马，其妻韩氏进驼马	《册府元龟》卷九七二《外臣部·朝贡五》

续表

时间 （公元）	年号	朝贡部落及贡物	资料出处
925 年	庄宗同光三年正月	河西郡落折骄儿贡驼马	《册府元龟》卷九七二《外臣部·朝贡五》
	同年二月	河西郡族折文通贡驼马。党项折愿庆贡方物	《册府元龟》卷九七二《外臣部·朝贡五》
926 年	庄宗同光四年正月	达怛都督折文通（应为党项折文通）贡驼马	《册府元龟》卷九七二《外臣部·朝贡五》
927 年	明宗天成二年九月	党项使如连山来，共进马四十匹	《册府元龟》卷九七二《外臣部·朝贡五》，《新五代史》卷六《唐明宗纪》
928 年	明宗天成三年十一月	党项、吐蕃相次朝贡	《册府元龟》卷九七二《外臣部·朝贡五》
929 年	明宗天成四年八月	党项折遇明等来贡方物	《册府元龟》卷九七二《外臣部·朝贡五》
	同年九月	党项折文通进马	《册府元龟》卷九七二《外臣部·朝贡五》
	同年十月	党项首领来有行进马四十匹。夏州进白鹰	《册府元龟》卷九七二《外臣部·朝贡五》，《旧五代史》卷四〇《唐明宗纪六》
930 年	明宗长兴元年正月	党项首领来万德朝贡，授万德怀化司戈	《五代会要》卷二九《党项羌传》
931 年	明宗长兴二年正月	党项使折七移来贡驼马	《册府元龟》卷九七二《外臣部·朝贡五》，《新五代史》卷六《唐明宗纪》
	同年十一月	党项、达怛阿属朱并来朝贡	《册府元龟》卷九七二《外臣部·朝贡五》
	同年十二月	党项首领来进所夺契丹旗并马	《册府元龟》卷九七二《外臣部·朝贡五》
933 年	明宗长兴四年十月	夏州李彝超进马五十匹	《册府元龟》卷一六九《帝王部·纳贡献》
935 年	末帝清泰二年四月	新州党项拓跋黑连欲入朝贡奉，从之	《册府元龟》卷九七二《外臣部·朝贡五》

后唐政权前后共存十四年，而上表所列见于史籍的党项朝贡达十七次，说明党项朝贡是十分频繁的。他们朝贡的物品主要是马、驼，后唐朝廷照例不但皆给还马值，酬赏增倍，而且"馆谷锡赍"，别赐绵彩，所费甚巨。此中"弊病"，如《册府元龟》卷九九九所说："帝（明宗）自临驭，欲来远人，党项之众，

竞赴都下。尝（赏）赐酒食于禁庭，醉则连袂歌土风以出。凡将到马，无驽良，并云上进国家。虽约其价以给之，并计其馆谷锡赍，每岁不下五六十万贯，侍臣以为耗蠹中华无出于此"。时散骑常侍萧希甫也上奏："诸蕃贡马稍多，酬赏价倍，戎夷无厌，竞思兴贩。请却于边上置互市，只许首领入贡。"因此，在明宗天成四年（929）四月，后唐诏令："沿边置场买马，不许蕃部直至阙下。"①

可是，唐明宗本人对党项等蕃部贡马，却另有看法。同年九月，明宗在中兴殿，有蕃部进马，枢密使安重诲上奏说："吐浑、党项近日相次进马，皆给还马直，对见之时，别赐锦彩，计其所费，不啻倍价，渐成损耗，不如止绝。"明宗回答说："尝苦马不足，差纲远市，今蕃官自来，何费之有？外蕃锡赐，中国尝道，诚知损费，理不可止。"自此，四月不许蕃部贡马至阙下的禁令，无形中废止，"自是蕃部羊马不绝于路"。②

党项等蕃部不断贡马，给后唐带来的恶果，明宗到晚年才有所省悟。长兴四年（933），明宗问枢密使范延光内外见管马数，延光答："天下尝支草粟者近五万匹。见今西北诸蕃部（包括党项）卖马者往来如市，其邮传之费，中估之价，曰四五千贯（《五代会要》作'日以四十五贯'，误）。以臣计之，国力十耗其七，马无所使，财赋坐销，朝廷将不济。"③听了这番话，明宗才有所省悟，遂于十月，"敕沿边藩镇，或有蕃部卖马，可择其良壮者给券，具数以闻"④。从表6-2看，长兴四年后，史籍所载党项贡马大为减少。

内地朝廷对归服的党项各部首领还敕以封号，厚加赏赐。赏赐物品以茶、彩帛为主，说明这两种物品是党项所需的生活用品。宋代统治者还安置部分党项部众于内地，给公田，依险而居，计口赋粟，并于边地设置贸易等。⑤这一切大大有利于陕北党项与汉族的经济和文化交流。

---

①　《册府元龟》卷九九九《外臣部·互市》。
②　以上均见《册府元龟》卷一七〇《帝王部·来远》。
③　《册府元龟》卷六二一《卿监部·监牧》。
④　王溥：《五代会要》卷一二《马》，《丛书集成初编》本，商务印书馆1936年版。
⑤　《宋史》卷四九一《党项传》。

　　原居于陕北地区的吐谷浑族，则不见于史籍了。考其原因，乃系其与党项杂居既久，大部分党项化，被统称为"蕃部"。如陕西府谷县出土的《折继闵神道碑》记：府州党项折继闵曾娶吐谷浑慕容氏，宋朝"赠魏郡太夫人"；继闵长女适"侍禁慕容令问"，三女适"皇城使知戎州慕容令仪"。[①]（见图6-1）此两慕容氏皆为吐谷浑族。在宋代陕北还保留有"吐浑河""吐浑川""杜胡川"之名，此河即今秃尾河。吐浑、杜胡、秃尾皆同音异译。此川原为吐谷浑部众所居，故有此名。此外，陕北自唐代以来还居有许多突厥、回鹘之众，五代以后也渐次融入

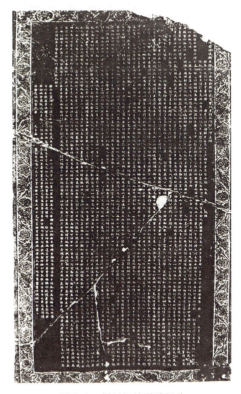

图 6-1　折继闵神道碑拓片

汉族或党项之中。宋时，府州兀泥巾族党项首领名"突厥罗"，府州界五族大首领名"折突厥移"者，可能即与此地突厥融入党项有关。

二、以府州折氏为主的党项割据势力

　　府州折氏，史称其为党项羌。然而，据出土碑志及一些史籍记载，折氏其源出于代北，世居云中，"出河西折掘姓"。[②]此说有一定的真实性，不能视为伪托。因为与拓跋部鲜卑同起于代北的鲜卑部落中，确有鲜卑折掘部，亦作叠掘。十六国时，"鲜卑叠掘河内率户五千，自魏降乾归"[③]。此后，又有鲜卑折掘氏出现于南凉境内，南凉秃发傉檀王后即折掘氏。可见，原在代北的折

---

　　① 戴应新编著：《折氏家族史略》，三秦出版社1989年版，第71页。
　　② 《全唐文》卷九九三《刺史折嗣祚碑》；《折克行神道碑》，见戴应新编著：《折氏家族史略》，三秦出版社1989年版，第87页。
　　③ 《晋书》卷一二五《乞伏乾归载记》。

掘部确曾迁于河西。然而，自十六国后，再未见有关于折掘氏的记载。直到唐安史之乱前后，吐蕃势力北上，四川西北、甘南和青海等地的党项纷纷内迁。或于此时，鲜卑折掘氏也随之内迁，最后定居于麟、府一带，改姓折氏。因其与内迁党项诸部长期杂处，共同生活，逐渐党项化，成为党项诸部之一。

唐末，折氏开始兴起于府州，首领折宗本任唐缘河五镇兵马使。其子嗣伦（嗣祚）为唐末割据于河东的沙陀晋王李克用的麟州（治今陕西神木北）刺史。嗣伦有子五人，三子从远，于后梁太祖开平五年（911）被晋王召，从回鹘归来，任刚由府谷县升为州的府州刺史。[①] 这是党项折氏据府州之始。

麟、府二州自唐中叶以来就是党项聚居之地。后唐建立初，先后有河西党项折骄儿、折文通、折愿庆、折遇明等向后唐朝贡。长兴元年（930）明宗曾"以党项折家族五镇都知兵马使折之正（一作'折文政'）为检校尚书右仆射"[②]。此时，契丹的势力已伸入河套南北，征服了该地区一些党项部落，任后唐府州刺史的折从远曾攻占契丹的胜州，并向后唐告捷。[③] 后晋建立后，府州折氏一度为契丹所控制，后因不愿迁徙辽东，降后晋，助其攻契丹。后晋开运四年（947）契丹灭后晋，折从远又投附后汉，刘知远为笼络从远，以对付契丹，置永安军于府州，析振武之胜州并沿河五镇以隶之，以从远为永安军节度，行府州刺史，更名为从阮（避讳改）。[④] 此为党项折氏节镇的开始。

后汉乾祐元年（948），汉隐帝以从阮为武胜军节度使（镇邓州，今河南邓州），罢永安军，以从阮子德扆为府州团练使。这一措施，一方面是后汉欲借府州折氏的势力，分镇其他地区；另一方面也有削弱府州折氏势力的用意在内。后周建立后，又加封从阮为"同平章事"。此时，麟州为当地土豪杨信所据，信自称麟州刺史。其子杨业，即民间传说故事"杨家将"中的杨老令公，其妻佘太君，即府州党项折德扆女。折，后传讹为"佘"。杨业幼时为北汉主

---

① 乐史：《太平寰宇记》卷三八《府州》，南昌万氏刻本，1793年版。
② 《五代会要》卷二九《党项羌传》等。
③ 《册府元龟》卷四三五、卷九七二等。
④ 薛居正等：《旧五代史》卷一二五《折从阮传》，中华书局1976年版。

刘崇抚养，故麟州刺史一职由信另一子重训（又作"崇训""崇勋"）继任。后周时，重训降北汉，以其兄杨业在太原也。[①]后周广顺二年（952），重训为党项所攻，求救于夏、府二州，欲归后周。后又转投北汉，直到显德四年（957）冬，重训才以麟州附后周。[②]麟、府两地邻近，杨氏与折氏关系密切，世为姻亲。后周时，两者虽各投一主，但最终全部归附于后周。

显德元年（954），折德扆到京师朝见，周世宗为对付北汉，复置永安军，以德扆为节度使。这样，折氏父子俱领节镇，"时人荣之"[③]。为此，引起邻近府州的夏州节度使党项拓跋氏的妒恨，曾断府州入京师贡道。[④]

北宋建立后，折德扆于建隆二年（961）入朝，宋太祖为了利用折氏抵御契丹和北汉的进攻，对之倍加笼络，许其"尔后子孙遂世为知府州事，得用其部曲，食其租入"[⑤]。德扆回镇后，曾大败来攻的北汉军，俘统军官杨璘。乾德二年（964），德扆卒，其子御勋权知府州事。开宝九年（976）御勋入朝留京师，弟御卿继知府州。太平兴国四年（979），宋太宗征河东北汉，御卿率军攻北汉岚州（今山西岚县），破千余众，又破岢岚军（今山西岢岚）。淳化四年（993），有由夏、银州来的蕃汉户八千帐附府州。五年（994），因御卿有功宋廷，威震西北，故宋朝授其"永安军节度，充麟州兵马都总管、夏银府绥都巡检使"。至道元年（995），契丹大将韩德威从山道偷袭府州，为御卿击败于子河汊，歼敌五百，杀其突厥太尉、司徒、舍利二十余人，生擒吐浑首领一人。同年底，韩德威闻御卿病重，为报子河汊战败之仇，又大举进攻府州，御卿带病出征，病死军中。其子折惟正知州事，惟正有病，至道三年（997），宋廷又以其弟惟昌代知州事，兼麟府浊轮寨都巡检使。[⑥]

① 余嘉锡：《杨家将故事考信录》，见余嘉锡：《余嘉锡论学杂著》，中华书局 1963 年版，第 444—445 页。
② 《资治通鉴》卷二九三，周世宗显德四年十月条。
③ 《宋史》卷二五三《折德扆传》。
④ 《太平寰宇记》卷三八《府州》，《资治通鉴》卷二九二，等等。
⑤ 戴应新编著：《折氏家族史略》，三秦出版社 1989 年版，第 67 页。
⑥ 徐松辑：《宋会要辑稿》方域二一之二"府州"条，中华书局 1957 年版。

此后，夏州党项李继迁反宋。咸平二年（999），党项黄女族及府州叛去熟户啜讹招引继迁之众进攻麟州万户谷。惟昌率军赴援，中流矢，其叔海超、弟惟信战死。同年九月，惟昌击败继迁党对府州的进攻，斩获甚多。惟昌卒于大中祥符七年（1014），其弟惟忠继知州事。[①] 其间，府州折氏既要抵御来自原夏州李继迁的不断进攻，又要防止北边契丹（辽）的侵扰。由于他在麟、府等州蕃汉人民中有较高的威望，英勇善战，为保卫自己的家园而奋力战斗，故不仅能保卫麟、府两州，而且多为宋军侧翼，或担任运送粮草任务，为宋朝立了不少战功。

府州党项折氏一族，经过五代至宋初数代之后，已经基本汉化。折氏各代多娶汉家女子，如折德扆娶路氏，御卿妻有苏、杨、王、梁氏，惟忠则娶刘、李氏（开封人）等。[②] 因此，从血统来讲，折氏已早非纯党项血统，历代折氏臣属于内地王朝，接受汉族传统文化之熏陶，其文化习俗、心理素质与汉族无异。史载，折御卿四世孙，已"不类胡种，虽为云中北州大族，风貌庞厚，揖让和雅，其子弟亦粗知书"[③]。

府州折氏"本族（家族）仅三百余口，其部缘边蕃族甚众"[④]。所谓"蕃族"，主要是党项族。据出土的《折克行神道碑》背面所记：其"先公（即折继闵——惟忠子）之世部落□□内显者二十五"，内有可称者：

安丰寨（今府谷县北）：张王族、下府王乜族、女乜族、上府王乜族、俎族、上府减誓族。

宁川寨（安丰寨北）：浪王族。

河滨斥侯堡（安丰寨东南滨黄河）：孤咩族。

宁府寨（安丰寨西）：兀泥族、上府悉利族。

---

① 《宋会要辑稿》方域二一之二"府州"条。
② 《折继闵神道碑》，见戴应新编著：《折氏家族史略》，三秦出版社1989年版，第67页。
③ 江少虞：《宋朝事实类苑》卷五四《折御卿》，上海古籍出版社1981年版。
④ 《宋会要辑稿》方域二一之二"府州"条引梁适语。

宁边寨（府谷西南）：咩保族。

此外，还有因碑石残缺而不知寨名的毛羽族、麻乜族、下府朵母族等。[①]

碑背面所列府州党项族、部，除兀泥、悉利、女乜族已见于前表外，其余不见于史籍。由此亦可以进一步了解府州党项族、部的名称和分布情况。

宋代，府州北是丰州，此地原为党项藏才族所居。宋开宝二年（969），藏才族首领王甲降宋，宋以其子承美为丰州衙内指挥使。四年（971），王甲卒，宋以承美知州事；五年（972），任丰州刺史。承美遣军校上言，愿诱契丹境退浑（吐谷浑）、突厥内附。此后，承美多贡于宋，并多次与契丹接仗，颇有斩获。[②]藏才族是党项一大族，内共有三十八族，见于记载的如藏才西、东、中及河北各族。此外，丰州还有党项没细、耶保、移逖、庄浪等族。承美与府州折氏关系密切，其妻即折氏。承美死后，其子孙承袭州事，为宋守边。然而，丰州地窄人稀，州城卑陋，只有依附于府州折氏，才能抵抗北边契丹、西边夏州党项拓跋氏的进迫，得以保存下来。

三、五代时割据夏州的党项拓跋氏

唐末以来割据于夏州的党项拓跋氏（李氏），是五代至宋初陕北党项中最强的一支。后梁时，夏州李氏只保有一镇四州（定难军节度及夏、绥、银、宥四州），依附于后梁。后梁开平二年（908），定难军节度使李思谏病卒，三军推其孙彝昌为留后。次年，彝昌为夏州都指挥使高宗益所袭杀，军吏又杀宗益，以戍守在外的蕃部指挥使李仁福为帅，后梁即以仁福为定难军节度使、检校司空。这场内争乃是夏州汉族上层与党项上层的权力之争，结果彝昌族人李仁福掌握了大权[③]，并得到后梁的承认。夏州的内乱，引起了邻近的岐王李茂贞及所属之邠宁节度使杨崇本等的觊觎之心。他们约合河东晋王李存勖等，于开平四年（910）合兵五万，攻围夏州，大有"俯拾夏台"之势。李仁福婴城固守，

---

① 碑文见戴应新编著：《折氏家族史略》，三秦出版社1989年版，第91—92页。
② 《宋会要辑稿》方域二一"丰州"条。
③ 有学者据内蒙古乌审旗出土的《李彝谨墓志铭》记，认为仁福为拓跋思恭子，但有学者不同意此说，存疑。见周伟洲：《早期党项拓跋氏世系补考》，载《西夏研究》2015年第4期。

并告急于后梁。后梁援军至，晋王及岐、邠宁军退走，夏州围解。①此乃夏州李氏经受的第一次冲击。

后唐灭后梁，夏州李氏又附于后唐，保持着相对的自立，"每年应圣节及正、至等节贡奉，或恩命改转，或讨伐胜捷，各进献马"②。后唐长兴四年（933），仁福卒，子彝超为留后。此时，后唐以为最后铲除夏州割据势力的时机已到，于是采取"迁镇"的办法，于同年三月诏彝超改镇延州，为延州留后，以延州节度使安从进为夏州留后，从而将党项李氏从其割据五六十年的夏州逐出。后唐统治者知道，党项李氏是不会轻易就范的，故命邠州节度使药彦稠、宫苑使安重益等率军援送安从进至夏州赴镇。夏州李彝超以三军百姓挽留为借口，拒不执行迁镇诏令。七月，安从进、药彦稠大军进围夏州，城内举烽火，党项杂虏数千骑来援。夏州城即十六国赫连夏都城统万，坚固无比，加之有党项万余骑徜徉四野，抄掠后唐军粮饷，使之受困。最后，后唐军攻围百余日后，只好退兵。夏州李氏终于顶住了后唐的冲击，第二次渡过了难关。③

夏州李氏胜利的原因，除城池坚固、后唐转输困难等因素外，还应注意到夏州李氏自唐末以来基本上没有卷入各藩镇之间的战争，地虽贫瘠，但几十年休养生息，境内牧畜业有所发展，具备了一定的实力。特别值得提出的是，夏州李氏团结了所属四州各部党项，已成为党项诸部的中心。因而，当后唐军队攻围夏州之时，有约五万骑的党项徜徉四周，抄掠粮饷，逼使后唐大军不得不无功而返。

后唐之欲迫夏州李氏迁镇延州，是其早有图谋扫除夏州李氏割据势力的行动，所谓"李仁福通契丹"之说，不过是较为次要的因素。夏州之战后，有知仁福阴事者，才说了真话："仁福畏朝廷除移，扬言结契丹为援，契丹实不与之通也，致朝廷误兴是役，无功而还。"④

---

①《旧五代史》卷五《梁太祖纪》；《资治通鉴》卷二六七，后梁太祖开平四年七月条。

②《五代会要》卷五《节日》引任圜奏。

③《旧五代史》卷一三二《李仁福传附李彝超传》；《资治通鉴》卷二七八，后唐明宗长兴四年条。

④《资治通鉴》卷二七八，后唐明宗长兴四年七月条。

同年八月，夏州李彝超自署其长兄彝殷为绥州刺史，上表后唐朝廷，乞正授。明宗因除移夏州失败，只得仍以笼络夏州李氏为上策，同意这一任命。彝超又遣使上表谢罪，并请"昭雪"。在这种形势下，明宗借此于十月下诏：

> 权知夏州事、起复云麾将军、简较（检校）司空兼御史大夫、上柱国李彝超，可依前起复简较司空、使持节都督夏州诸军事、夏州刺史兼御史大夫，充定南军（定难军）节度，夏、银、绥、宥等州押蕃落等使。①

是月，彝超向后唐进马五十匹，表示仍然臣属于后唐，一切如旧。

夏州之战的结果和影响，使夏州李氏割据势力得以保存，而且其势力得以进一步发展。正如《资治通鉴》撰者所说："自是夏州轻朝廷，每有叛臣，必阴与之连以邀赂遗。"②此后，继后唐的后晋、后汉和后周政权，对夏州李氏倍加笼络，封官加爵，言听计从。而夏州李氏也多助内地政权抗击契丹，以牵制契丹对内地的进攻。③

总观五代时期的夏州党项李氏割据势力，虽然遭到两次大的冲击，但仍然得以存在于夏、绥、银、宥、静等州之地，其族子弟均兼任州刺史等要职。长期以来，真可谓盘根错节，树大根深，且日益发展壮大。它名义上先后依附于内地梁、唐、晋、汉、周五个政权，接受其封号，定期朝贡，而实际上保持着相对的自立，特别是在后唐长兴四年用武力挫败了后唐朝廷"除移"阴谋之后，开始参与了内地各割据势力的争斗，成为一股不可忽视的力量。

四、北宋初夏州拓跋氏割据势力的消亡与复兴

北宋建立后，夏州李氏又归附北宋，常贡马及进攻河东的北汉，宋太祖待之甚厚。宋乾德五年（967），夏州李彝兴（仁福子，即李彝殷）卒，宋赐封太师，追封夏王，其子克睿继知州事。太平兴国三年（978）克睿卒，子继筠立。

---

① 《册府元龟》卷一七八《帝王部·姑息三》。
② 《资治通鉴》卷二七八，后唐明宗长兴四年七月条。
③ 详细内容论证参见周伟洲：《早期党项史研究》，中国社会科学出版社2004年版，第159—163页。

五年（980）卒，弟继捧立。七年（982），李继捧因继立遭族人反对，故率族入朝，愿留京师，并献夏、绥、银、宥四州之地，宋改授其为彰德军节度使。①从此，党项李氏割据的四州为宋朝直接管辖。

然而，在宋朝遣使到夏州接管时，在银州的继捧族弟李继迁诈言乳母死，出葬郊外，遂与数十人逃于地斤泽（今内蒙古巴彦淖尔）。继迁，系唐末思恭弟思忠后裔，其祖彝景、父光俨皆坐镇银州。太平兴国八年（983），宋知夏州尹宪、都巡检曹光实等夜袭地斤泽，斩首五百级，焚四百余帐。继迁与弟遁免，女与妻被俘。继迁并未气馁，他积极联络党项诸部，以联姻的形式连娶野利等部女，建立反宋联盟，并以恢复“故土”为号召，得到了党项各部的响应和支持，声势日益壮大。雍熙二年（985），继迁诱杀曹光实于葭芦川（今陕西佳县佳芦河），袭据银州，又破会州（治今甘肃靖远）而去，自称定难军留后。

雍熙三年（986），继迁采取联辽抗宋的策略，向辽称臣，辽主封之为定难军节度使，并将义成公主许嫁，三年后完婚，后又封之为夏国王。这样，继迁势力大增，成为宋朝北边的心腹大患。在这种形势之下，宋朝采取“以夷制夷”之策，起用李继捧为定难军节度使，赐姓名为赵保忠，返回夏州击继迁。端拱元年（988），继捧向宋廷建议对继迁进行招抚，然而继迁因有辽所封“夏国王”号，而拒受招安。淳化初（约990），继迁攻围夏州，继捧乞师告急，宋遣援军至，继迁奉表归降。宋朝封继迁为银州观察使，赐名赵保吉。其实，继迁降宋非真意，不过是与宋虚与周旋而已。四年（993），宋廷采纳郑文宝建议，禁党项诸部所采青白盐（在今宁夏盐池北）输入内地销售，欲以经济封锁来迫使继迁屈服。然而，结果却适得其反，更加促进了党项诸族的团结，加剧了反宋情绪，沿边汉人也深受其害，群起反抗。②故宋只得下令弛禁。淳化五年（994），继迁胁令绥州百姓北迁，部将高文岯等不乐迁徙，反攻继迁，而降宋。继迁又攻

---

① 《宋史》卷四八五《夏国传上》。
② ［日］宫崎市定：《西夏的兴起与青白盐问题》，周伟洲译，载《西北历史资料》1984年第2期。

赵保忠（继捧），迫其逃回夏州城，宋军押保忠返京师。宋廷还下令毁废夏州城，迁其民于绥、银等州。

此后，继迁对宋是时叛时服，并乘机不断扩大自己的势力。至道二年（996），继迁劫宋运至灵州刍粟四十万石，并围灵州（治今宁夏吴忠西）。宋朝以李继隆出环州（治今甘肃环县），丁罕出庆州，范廷召出延州（治今陕西延安），王超出夏州，张守恩出麟州，五路大军直抵平夏，以援灵州。五路军的主力继隆一军按原进军方略应从环州经青白盐池，入援灵州，再攻平夏。可是，继隆却径从环州入旱海，直趋平夏。途中，又与丁罕一路会合，行十数日，而引军还。仅范廷召、王超两军至青白盐池，击败继迁军，有所俘获。宋朝五路大军虽有小胜，但各路军失期，士卒困乏，无功而返。①

至道三年（997），宋真宗即位，改元咸平，继迁求和，宋朝便任命他为定难军节度使，夏、银、绥、宥、静等州观察处置押蕃落等使。于是，已归宋直接统治十余年的夏、绥、银、宥四州，又重新落入党项李氏的掌握中。此时，继迁已不满足于恢复"故土"，而是要尽力扩大自己的势力。咸平元年至三年（998—1000），李继迁一方面积极争取灵州外围附近的党项"熟户"（内属宋朝的党项部落），一方面声东击西攻夏州东面的麟、府等州，胁服该地党项部落，加紧扫清灵州外围宋军事要地，准备全力攻围灵州。

咸平四年（1001）八月，继迁已据有灵州西榆林、大定，凭高以逼灵州，并屯田自给。九月，继迁又攻占灵州河外的怀远镇（今宁夏银川）、定州（治今宁夏平罗南）和保静（今宁夏永宁东北）。接着又夺了清远军（今甘肃环县北）。五年（1002）三月，继迁集中兵力大举攻围灵州城，待宋朝所遣王超所率救援大军进至环州时，灵州已陷落。继迁改灵州为西平府，并迁都于此。②即是说，党项拓跋氏割据势力从此将其政治、经济中心由陕北（夏州）渐转移到今宁夏地区（灵州）。

---

① 《续资治通鉴长编》卷四〇，宋太宗至道二年九月条；《宋史》卷二五七《李继隆传》；等等。

② 《续资治通鉴长编》卷五〇，宋真宗咸平四年十二月条。

六年（1003），李继迁又攻麟州，不克，转而向西攻占河西重镇西凉府（治今甘肃武威）。在回军途中，继迁为陇右吐蕃首领潘罗支所袭，中流矢。景德元年（1004）正月卒，其子德明继位。^①继迁虽死，但党项李氏的势力已十分强大，为其后来建立西夏政权奠定了基础。

第二节　宋与西夏在陕北的争战及其影响

一、宋、夏在陕北的争战

李继迁子德明继立后，为了巩固已取得的战果，并希冀从宋朝那里获取更多的经济利益，故于继立第二年（1005）遣牙将奉表归顺，请输入青白盐，不许。宋景德三年（1006），德明复奉表于宋，愿归顺。宋朝即授其持节都督夏州诸军事、定难军节度使、西平王，并赠以银万两、绢万匹、钱三万贯、茶两万斤，给予内地节度使俸禄，责其子弟入质和归还灵州。德明拒绝后两项要求，宋对夏人进入内地贸易及解除青白盐销入禁令，也做了保留。此后，德明在其统治的二十多年时间内，与宋朝没有发生过大的军事冲突，不时进贡马、驼，从宋朝那里获得了巨大的经济利益，使其境内生产有所发展，政权基础得到巩固。其间，德明曾于大中祥符三年（1010）东进至大里河（今绥德大理河），筑栅苍耳平。是年，为迎接宋使，德明在夏、绥各州大建馆舍；^②六月，于夏州鳌子山（今陕西延川西）大营宫室。^③天禧四年（1020），德明选中怀远镇，营建新都，取名兴州（今宁夏银川），遂都之。^④

同时，德明还乘机向陇右、河西扩张，天圣六年（1028）至明道元年（1032）命其子元昊取回鹘之甘州（今甘肃张掖）和瓜州（今甘肃敦煌），将势力一直延伸到今敦煌玉门关，逐渐控制了中西方的交通和贸易。^⑤

---

① 以上均见《宋史》卷四八五《夏国传上》等。
② 《续资治通鉴长编》卷七三，宋真宗大中祥符三年正月条。
③ 《续资治通鉴长编》卷七三，宋真宗大中祥符三年六月条。
④ 《续资治通鉴长编》卷九六，宋天禧四年十二月条及考征。
⑤ 《宋史》卷四八五《夏国传上》。

宋天圣九年（1031），德明卒，其子元昊立。元昊则一反其父对宋的政策，外倚契丹，竭力摆脱对宋朝的依附地位，独立称霸于北方。史称元昊"性雄毅，多大略……晓浮图学，通蕃汉文字"。他继立后，承袭宋对父德明的封号，却极力推行提高党项民族意识的一系列措施。如否认唐、宋王朝对其家族的赐姓李、赵，改姓嵬名氏，更名曩霄，自称"兀卒"（青天子）；颁布秃发令，强迫国人三日内一律秃发，违者处死；又创制西夏文字，改变与汉族传统有关的礼乐制度等。①这些旨在加强本民族意识的措施，乃是自唐末以来，北方民族如契丹、女真族，民族意识逐渐加强，希冀摆脱内地汉族传统文化影响的尝试，目的是要团结和凝聚本民族的力量，以与内地汉族政权相抗衡。然而，元昊及辽、金的统治阶级又不得不借鉴内地汉族政权的封建统治制度和经验，以统治其境内以汉族为主的各族人民。因此，随着历史的发展，其统治阶级内部蕃化和汉化的斗争持续不断，最终汉化的趋势仍然占了主导地位。这也是不以人们意志为转移的发展规律。

元昊还"明号令，以兵法勒诸部"，定都于兴庆府（治今宁夏银川），新制官制，规定服饰，自中书令、太尉以下，"皆分命蕃汉人为之"，年号曰"显道"（宋明道元年，1032年）。②在做好了建立和巩固政权的准备之后，元昊即于宋景祐元年至二年（1034—1035），扰宋府州，又攻环、庆等州，并向今青海流域的吐蕃唃厮啰部进攻，重新占领河西肃（今甘肃酒泉）、瓜、沙等州。宋宝元元年（1038），元昊正式称帝，定国号曰大夏，改元天授礼法延祚，并遣使上表告于宋。史家一般以此年为西夏建国之始。

宋朝下诏削夺元昊官爵，禁边民与夏互市，张榜募人能擒元昊者，即为定难军节度使。元昊则积极准备攻宋，起初，他与诸部酋盟誓，首先从鄜延路入宋境。其从父善约特（又作"山遇"）多次劝元昊勿攻宋，元昊不听。善约特

---

① 《续资治通鉴长编》卷一一五，宋仁宗景祐元年十月条等；吴天墀：《西夏史稿》（增订本），四川人民出版社1983年版，第30页。

② 以上均见《宋史》卷四八五《夏国传上》。

遂率其亲属三十余人降宋，而宋边将竟然把善约特送还元昊，被元昊射杀。[①]元昊称帝后，仍然首先以宋朝的鄜延路为其进攻的目标。

　　到宋康定元年（1040）初，元昊开始向宋朝境内发动大规模的进攻，从此拉开了长达数十年的宋夏战争的帷幕。从宋、夏接界的山陕黄河起，延至今陕北、甘肃、宁夏，直到陇右、河西，均时有战事发生。双方争夺最为激烈的地区，是在今陕北横山一带。这里是宋、夏的战略要冲，双方必争之地。对西夏来说，横山一线（包括宋鄜延路，河东路的麟、府二州及环庆路）是其祖先盘踞数百年的"基业"，由此可南下鄜延，取关中，东过黄河可窥河东及京畿。宋朝若失陕北横山一线，则将会造成关中难守、河东危急的局面，如得横山，将可控制西夏。正如宋朝名将种谔所说："横山亘袤，千里沃壤，人物劲悍善战，多马，且有盐铁之利，夏人恃以为生；其城垒皆据险隘，足以守御，兴功当自银州始"。若进据银州、宥州和夏州，则"横山之地已囊括其中"，"横山强兵、战马、山泽之利，尽归中国，其势居高俯视兴、灵，可以直覆巢穴"。[②]因此，陕北横山一带成了宋夏战争的主要战场，双方争夺的重要地区。

　　宋、夏在陕北的争夺战，从西夏建国至北宋灭亡，前后八十多年时间中，主要有三次。下面就以这三次战役为线索，加以叙述。

　　康定元年初，元昊诈言请和，麻痹时知延州的范雍，使之不设防，突然集大军向鄜延中路进攻，破金明寨（今陕西延安市安塞区南沿河湾镇古城）。守将李士彬父子（党项熟户）被擒，夏军乘胜围延州城。宋庆州刘平、保安军石元孙等率军来援，行至三川口（今陕西延安西川河汇入延河处）中伏，全部被歼。夏军围延州七日，因大雪，退走。延州金明以北的塞门（今陕西延安市安塞区北镰刀湾乡）、承平（今陕西子洲县西南何家集乡）、安远（今陕西延安市安塞区北坪桥镇）、永平（今陕西延川西北永坪镇）诸寨，为夏军夺取。三川口之战的失败，给宋廷以极大的震动。[③]宋朝急忙调陕西经略副使范仲淹知延州。

---

　　① 《续资治通鉴长编》卷一二二，宋仁宗宝元元年九月条。
　　② 《续资治通鉴长编》卷三二八，宋神宗元丰五年七月条。
　　③ 详细战况见《续资治通鉴长编》卷一二六，宋仁宗康定元年条等。

仲淹洞悉宋、夏形势，主张采取持久的防御战略方针，以修筑堡寨、大兴营田、听民互市等措施，巩固边防，然后再谋进取。他推广时任鄜州判官种世衡城青涧（今陕西清涧）的经验，夺回并修筑塞门、承平、永平等寨，招募弓箭手守御，"稍招还流亡，定堡障，通斥候，城十二砦，于是羌、汉之民，相踵归业"①。经过范仲淹及其下周美、种世衡等的努力，鄜延路的防御能力有所加强，数次击退了夏军的进攻。

然而，就在此时（宋庆历元年，1041年），夏军又大败宋军于好水川（今宁夏隆德西北），死亡将士万余。同年八月，夏军又转而向东大举进攻河东路的麟、府二州，遭到宋军的顽强抵抗。时知府州的是党项折氏惟忠子继闵，他坚壁清野，血战七日。②夏军转而向北，攻陷丰州，又破宁远砦（今陕西府谷西南杨家湾村古城），绝麟、府二州饷道。宋廷议弃河外之地，守合河（治今山西兴县），帝不许，令张亢经营河外麟、府。张亢单骑入府州，开门纵民采薪刍汲涧谷，并于城外筑东胜、安定、金城三堡；夜袭夏军琉璃堡，大破之，夏军遁走；又战于兔毛川（今陕西神木窟野河上流），筑十余堡寨，麟、府始固。③此后，宋朝将陕西分为鄜延、环庆、泾原、秦凤四路，分别以庞籍、范仲淹、王沿、韩琦四人主持对西夏的军事。

至此，宋、夏在陕北的第一次大争战结束。庆历二年（1042）秋，西夏在定川砦（今宁夏固原西北）又大败宋军，守军九千余人全部覆没。经过三川口、好水川、定川砦三次惨败后，宋朝虽然采取了一系列措施，以加强对西夏的防御，并收到一定的效果，但国内财政困难，物价飞涨，兵变民变时时发生，因而对西夏采取妥协的政策。而西夏方面，也因连年战争，国内疲困，蕃汉人民反对，"国中为'十不如'之谣以怨之"④，故也想和谈。庆历四年（1044），宋、

① 《宋史》卷三一四《范仲淹传》。
② 《折继闵神道碑》，见戴应新编著：《折氏家族史略》，三秦出版社1989年版，第69页。
③ 《宋史》卷三二四《张亢传》、卷三二六《张岊传》。
④ 《宋史》卷四八五《夏国传上》。

夏双方达成和谈协议，西夏仍向宋称臣，宋封元昊为"夏国主"，并"岁赐银、绮、绢、茶二十五万五千"，置榷场于保安军及高平砦。① 从此，双方维持了二十多年的和平。

至宋治平四年（1067），宋知青涧城的种谔（世衡子）诱降西夏驻守绥州的嵬名山，一举收复绥州。西夏谅祚（元昊子）进行报复，诱杀宋保安军杨定、侍其臻。从此，揭开了宋、夏第二次陕北战争的序幕。西夏提出以安远、塞门二寨交换绥州，但未能实现。至宋熙宁四年（1071），时巡抚陕西的韩绛用种谔城横山策，在绥州西筑啰兀城（今陕西榆林镇川石崖底村古城）、抚宁堡（今陕西榆林镇川南八塌湾村古城），并增修沿边诸堡寨，一步步向西夏横山一线进逼。西夏一向以横山为生命线，故集中兵力来攻，陷抚宁，破啰兀，宋将士千余人尽没。② 这次宋、夏对啰兀诸城寨的争夺战，可视为双方在陕北第二次大战前的接触。

宋元丰四年（1081），宋神宗用宰相王安石进行变法，又取陇右置熙河路，从而构成了对西夏的包围形势。适值西夏国内发生政变，秉常为母后梁氏所囚，于是宋朝乘机集五路大军，准备直捣兴庆府，灭西夏。其中两路大军即出自陕北：一路由种谔率领，出鄜延路；一路由王中正（宦官）统领，出河东路。两路计划先会于夏州，攻下怀州（治今宁夏银川东南），与其他三路会师于兴庆府。种谔领兵九万三千，从绥德城出发，攻陷夏米脂城，又连破银、石（治今陕西绥德西北）、夏诸州，进至夏州索家坪时，因军粮不济，又值大雪，士卒死亡溃散，返回者仅三万余人。③ 河东路王中正领兵六万，其中包括知府州的折克行（继闵子），大军从麟州出发，沿无定河，先至夏州，无所获，再至宥州。折克行一夕即拔宥州。④ 然宋军行经沙湿地带，士马多死，后亦被迫撤回。⑤

① 《宋史》卷四八五《夏国传上》。
② 《宋史》卷四八六《夏国传下》等。
③ 《宋会要辑稿》兵八之二二，《宋史》卷四八六《夏国传下》。
④ 《折克行神道碑》，见戴应新编著：《折氏家族史略》，三秦出版社1989年版，第88页。
⑤ 《宋史》卷四八六《夏国传下》。

其余三路也因各种原因而被迫回军。

此次，宋朝五路大军出征，结果未能成功，损失惨重。而西夏因坚壁清野，为宋军所攻，也损失不小，元气大伤。特别是陕北两路曾一度攻占西夏视为生命线的横山根据地，复银、宥、夏、石等州，横山北侧一些废城寨为宋军所得，并加以修筑，派兵防守，如种谔之城细腰、吴堡、义合、塞门、米脂五寨堡等。①这次战役是宋朝发动的，结果未达到预期目的，损失巨大；但从陕北地区看，也以筑城寨的方式，向夏边境推进了一大步，控制了若干重要的交通、军事据点。正如苏轼所说：至是夏人在"横山之地沿边七八百里中，不敢耕者至二百余里。岁赐既罢，和市亦绝，房中匹帛至五十余千，其余老弱转徙，牛羊堕坏，所失盖不可胜数"②。

战后，种谔等均上言以筑城寨的方式，进据横山一线，从银州筑城开始，其次宥州、夏州，"三郡鼎峙，则横山之地已囊括其中"③。然而，宋廷所派巡视边防的徐禧，却请先城永乐（今陕西榆林东南上盐湾村古城）。宋元丰五年（1082），徐禧发民卒城永乐，十四日而成，名银川砦。西夏大军号称三十万攻永乐，铁骑号"铁鹞子"渡河围城，破城，徐禧等战死。此役宋军损失惨重，死亡蕃、汉官二百三十人，兵一万二千三百余人。④

宋、夏在陕北的第二次大争战，以宋五路进攻开始，至永乐城陷落为止。从表面上看，宋朝仍然处于失败的地位；可是从总的方面来看，宋朝虽然失去了永乐等堡寨，但宋于陕北等地采取的"浅攻近取"的方针已见成效，进筑的许多寨堡，已占有横山之半，形势正向有利于宋朝一方转化。

永乐之战后，宋、夏双方疲困，都有和谈的愿望。西夏要求宋朝归还兰州及米脂、葭芦（今陕西佳县）、浮图（今陕西子长西）、安疆（今陕西吴起西南）

---

① 王偁：《东都事略》卷一二八附录《夏国传》，扫叶山房校刻本，清嘉庆二年版。
② 吕祖谦：《宋文鉴》卷五五，苏轼《因擒鬼章论西羌夏人事宜》，江苏书局刊本，清光绪十二年版。
③ 《续资治通鉴长编》卷三二八，宋神宗元丰五年七月条。
④ 《宋会要辑稿》兵八之二八。又《宋史·夏国传下》说，此役宋死"士卒、役夫二十余万"，可能有些夸大。

等五寨。宋朝仅允归还米脂等四寨，条件是夏国放归永乐被俘人员。直到宋元祐四年（1089），双方和谈成功，但划界问题仍悬而不决，时有争战。如元祐六年（1091），夏军攻围麟、府二州三日；七年，又攻绥德。西夏虽有小胜，但总的趋势，仍然是宋以筑城寨的策略，步步进逼夏境。特别是章惇任宋宰相后，对西夏采取强硬政策，停止分划地界，加紧筑城寨，浅攻近取。

宋绍圣三年（1096），西夏大军入鄜延，至延州北 5 里。接着，夏梁太后及其子乾顺率五十万大军从麟州直赴金明，攻破之，守军两千八百人唯五人得脱，旋退兵。四年（1097），夏国复以七万众攻绥德城，为宋军战退。①这两次大战可视为宋、夏在陕北的第三次大的争战。不过，对西夏来说，这次战争已是强弩之末，整个宋夏战争的优势已转到宋朝一边。同年，宋军复取夏国宥州。崇宁四年（1105），宋取银州，后改为银川城。时李宪领六路边事，又大修堡寨，最后宋朝终于夺取了夏人视为生命线的横山一线。《东都事略》撰者说："初，夏国恃横山诸族帐强劲善战，故用以抗中国。……童贯旧常从李宪，得其仿佛，故献议进筑，遂领六路边事，将诸路兵六七年，进筑军垒，建立堡砦，遂得横山之地。夏人失所恃，遂纳款。夏国自是少衰矣。"

从此之后，直到北宋为金灭亡前，宋、夏在陕北的争战基本结束。然而，由于金人向陕西的推进，西夏最后又乘机占领了横山地区。

二、宋、夏陕北争战对陕西的影响

长达数十年宋、夏之间断断续续的战争，给宋、夏双方带来了严重的后果，对双方的政治、经济、军事等方面产生了巨大的影响。关于此，前人论述颇多，现仅就宋、夏在陕北的争战对陕西各族的影响，略加论述。

宋、夏在陕北的战争给陕西蕃（主要是党项羌）、汉人民带来了极大的灾难。每次大战，夏、宋双方的蕃汉士卒、百姓死于兵燹者动辄以万计；家园被毁，田地荒芜，流离失所，饥馑难存。这一切是战争带给陕西蕃、汉人民的最大痛苦和灾难。特别是陕北介于宋、夏边界山险间的"属羌"（即党项熟户），

---

① 《宋史》卷四八六《夏国传下》等。

更是深受战争之苦。西夏建立后，元昊扩疆，"始于汉界缘边山险之地三百余处，修筑堡寨，欲以收集老幼，并驱壮健，为入寇之谋"；而范雍知延州时，纵容属下对属羌大肆攻掠，杀老幼首级冒功，"无辜被戮，毒贯人灵，上下文移皆谓之打掳"。①即是说，属羌遭到来自宋、夏两方的攻掠和杀戮，苦不堪言。到范仲淹知延州后，宋朝上下才认识到争取"惯于战斗"的属羌的重要性，这种情况也才有所改变。至于夏军或宋军在陕北争战时，攻掠城寨，抢掠财物，滥杀无辜蕃汉百姓，更是屡见不鲜。

宋、夏长期争战，关中等地汉族人民也深受其害。由于征战讨伐，飞刍挽粟，赋役迭起，服役籍兵，关中百姓苦不堪言。史称当时"自陕以西，闾阎之间，如人人有丧，户户被掠，号哭之声，弥天亘野"。这是宋朝在陕西征兵情况的写照。被征者往往四处逃避，而官府禁其父母妻子，"急加追捕，鬻卖田园，以充购赏"。②经常性的籍兵，使关中之民，子子孙孙常有三分之一为兵，造成了大批劳动力丧失、经济凋敝的恶果。此外，关中百姓还要支付巨额的军粮，承担远边转饷之役。元丰四年（1081 年），"陕西用兵之后，公私蓄积大抵殚耗"③。关中百姓承担军饷转运之役，山险路远，迫于军期，许多民夫不堪忍受，或死于道中，或被迫逃亡。仅此几端，就可知宋、夏争战中，陕西关中等地汉族百姓承担了多大的痛苦和牺牲。

然而，宋、夏战争虽然给陕西各族人民带来的主要是痛苦和灾难，但也从另一个方面对陕北地区的开发建设及各族人民的交往、融合起到了一定的积极作用。

陕北是宋、夏争战最为激烈的地区之一。宋朝从多次战争失败中总结出来的进筑堡寨、浅攻近取的战略方针，自康定元年（1040）三川口战役之后，由种世衡、范仲淹、张亢等积极推广和施行。此后，宋朝历任边州将官皆对进筑堡寨十分重视。到绍圣、元符时，宋朝以进筑堡寨的办法最终夺取了西夏的生

---

① 《续资治通鉴长编》卷一三二，宋仁宗庆历元年五月条，引田况《兵策十四事》。
② 司马光：《司马文正集》卷五《乞罢陕西义勇第二上殿札子》，清刻本。
③ 《续资治通鉴长编》卷三二一，宋神宗元丰四年十二月条。

命线——横山地区。有学者统计，宋、夏战争期间，宋在陕北地区修筑（包括重筑）的军、堡、寨、镇、城见于记载的共达一百二十九个。其中鄜延路有三军（绥德军、保安军、威德军）、一镇（丰林）、七城、三十一寨、二十四堡，河东路的麟、府二州境内有一军（晋宁军）、一城、十八寨、二十六堡，环庆路所属今陕北地区有一军（定边军）、二城、四寨、十堡。^①这些堡寨地址，大多是"道路通达，水草丰足，良田可耕，险固可令易〔守〕，异时毋烦朝廷馈饷，缓急声援可以相接"^②的地方。

宋代陕北城寨修筑数量很多，且大都筑于交通道路通达、有良田可耕之地，为以后陕北以城寨为中心的城镇建设打下了良好的基础，为进一步开发陕北地区提供了良好的条件。比如这一时期所置筑的米脂寨、青涧城、吴堡寨、葭芦寨、神木堡、绥德城、安塞堡、安定堡等，如今已成为陕北的市县米脂、清涧、吴堡、佳县、神木、绥德、安塞、子长等。此外，今陕北还有三十多个乡镇所在地，溯其源均为宋代的堡寨。^③

北宋在陕北置筑堡寨，多选择有良田可耕之地，城寨的驻军多为土人或蕃汉士卒，他们就地大开营田，互市兴利，以解决运饷困难的问题。如种世衡城青涧城后，"开营田二千顷，募商贾，贷以本钱，使通货赢其利，城遂富实"^④。知延州的范仲淹推广世衡经验，也"大兴营田，且听民得互市，以通有无"^⑤。庞籍接仲淹知延州后，仍"数募民耕种，收粟以赡军"^⑥。种谔取夏绥州，令高永能"治绥德城，辟地四千顷，增户千三百，即知城事"^⑦。这些措施，不仅暂时解决了宋军运饷的困难，而且对以后陕北农业和商业的发展起了积极的

---

① 吕卓民：《宋代陕北城寨考》，见西北大学西北历史研究室编著：《西北历史研究》1988 年号，三秦出版社 1990 年版，第 143—193 页。

② 《宋会要辑稿》兵二八之四四。

③ 吕卓民：《宋代陕北城寨考》，见西北大学西北历史研究室编著：《西北历史研究》1988 年号，三秦出版社 1990 年版，第 189—190 页。

④ 《宋史》卷三三五《种世衡传》。

⑤ 《宋史》卷三一四《范仲淹传》。

⑥ 《宋史》卷三一一《庞籍传》。

⑦ 《宋史》卷三三四《高永能传》。

作用。

陕北蕃汉人民在共同抵御西夏进攻的过程中，相互配合，共同战斗，更加紧密，加之宋朝统治阶级采取"蕃汉为一"的政策，这一切大大有利于陕北蕃汉人民之间的交往和融合。

陕北宋夏边境蕃部（主要是党项羌）众多，有生、熟户之分，他们都是宋夏双方争夺的对象之一，有着举足轻重的作用。宋朝所采用的进筑堡寨、浅攻近取的方针，如果没有当地蕃汉人民的支持和驻守，也是毫无效果可言。宋朝君臣上下及沿边将士从多年血的教训中才较为清楚地认识到这一点。在康定元年三川口战役前后，种世衡在城青涧的同时，极力争取属羌。他"间出行部族，慰劳酋长，或解与所服带"，"繇是属羌皆乐为用"。"及卒，羌酋朝夕临者数日，青涧及环人皆画象祠之。"①知延州的范仲淹"号令明白，爱抚士卒，诸羌来者，推心接之不疑，故贼亦不敢辄犯其境"；"及其卒也，羌酋数百人，哭之如父，斋三日而去"。②

此后，宋廷上下更加重视从蕃部选练蕃兵。蕃兵，即"具籍塞下内属诸部落，团结以为藩篱之兵也"。宋朝对蕃兵首领规定有职称、俸禄及田土。"自治平四年（1067）以后，蕃部族帐益多，而抚御团结之制益密"。内郭延路有："军、城、堡、砦十，蕃兵一万四千五百九十五，官马二千三百八十二，强人六千五百四十八，壮马八百十。"宋宰相王安石更有用汉法治蕃兵之议："今宜令蕃兵稍与汉同，与蕃贼异，必先录用其豪杰，渐以化之。此用夏变夷之术也。"又说："蕃部既得为汉，而其俗又贱土贵货，汉人得以货与蕃部易田，蕃人得货，两得所欲，而田畴垦，货殖通，蕃汉为一，其势易以调御。"③其后，宋朝还于陕西等地立团结蕃部法，并议以蕃将统蕃兵，蕃官位均在汉官之下等。

宋朝采取争取属羌、加强蕃兵等一系列措施，尽管目的是利用他们来抵抗

---

① 《宋史》卷三三五《种世衡传》。
② 《宋史》卷三一四《范仲淹传》。
③ 均见《宋史》卷一九一《兵志五》。

西夏进攻，而且其中也含有民族歧视的因素，但是，却大大有利于陕北党项羌等蕃族与汉族的融合。到明代之后，陕北的党项羌部见于记载的已很少，说明他们大部分已逐渐融入汉族之中，这就是今天陕北汉族的前身。

最后，还要提及的是，宋代陕北党项属羌（熟户）上层中，有许多任宋朝的官吏，过了几代之后即基本汉化，上述的府州党项折氏家族就是其中典型。此外，在《宋史》中列有专传的，还有李继周（子李士彬）、李继福、李显忠（李世辅）、高永年等。

第三节　金朝对陕西各族的统治及女真族的汉化

一、金朝对陕西各族的统治

在与北宋对峙的辽朝境内，有其统治下的女真族。女真居今东北长白山及黑龙江流域，其族的源流最早可追溯到先秦时代的肃慎，汉魏时的挹娄、勿吉，唐代的靺鞨（黑水靺鞨）。到辽代，原黑水靺鞨中一些部落组成部落联盟，出现了"女真"（译称）这一族名。属辽朝直接统治的称为"熟女真"，只有朝贡关系的称"生女真"。在女真部族中，完颜部逐渐发展为一个强大的部落，为诸部之首。到辽天庆三年（1113），完颜部首领阿骨打任盟长后，女真社会内的奴隶制得到进一步发展，势力逐渐扩展，并试图摆脱辽朝的控制。天庆五年（1115），阿骨打正式建国，国号大金，建号收国。金国建立后，即开始灭辽的战争，终于在金太宗天会三年（1125）灭了辽朝。

在灭辽前后，金与西夏联合，西夏向金称藩，于是金朝全力南攻北宋，并于天会五年（1127）攻下汴梁，俘宋徽宗、钦宗二帝及大批人口、财物而返。北宋灭亡。同年，北宋康王赵构在宋南京（今河南商丘）即帝位，史称南宋。金朝在大举攻灭北宋后继续南攻南宋的期间，相继征服了中原各地，并命大将娄室进军陕西。天会六年（1128），娄室率军于八月败宋军于华州（治今陕西渭南华州区），取下邽；九月，破蒲城、同州，取丹州；十一月，攻占延安，绥德军降；次年二月，北宋麟府路安抚使折可求以麟、府、丰三州降金；娄室又攻晋宁军（治今陕西佳县），宋将徐徽言被擒，不屈，死；后又攻取鄜、坊二州。①

至金天会八年（1130），由于金全力进攻南宋，故陕西宋军及各地抗金的军队也经常从金人手中夺回城邑，"叛服不常"。此时，南宋也以张浚为川陕宣抚处置使，令其积极经营川陕。陕西农民抗金军首领史斌攻汉中不克，转而进攻长安。但是，史斌却为宋将吴玠所诱杀。同年九月，张浚不听部下劝说，集陕西五路军与金右副元帅宗辅大战于富平（今陕西富平北）。宋军大败，秦岭以北之地，悉为金所占领。史称"富平之战"。②后宋军吴玠等退守大散关东之和尚原（今陕西宝鸡西南）。天会九年（1131）春，金将没立自凤翔，别将乌鲁折合自阶（治今甘肃陇南市武都区）、成州（治今甘肃成县），分道攻和尚原，欲取汉中、四川，为吴玠所败。接着，金兀术集兵十万，自宝鸡南下攻和尚原。吴玠选劲弓强弩，轮流发射，号为"驻队矢"，大败金军。此后，金军又多次发兵攻仙人关（今甘肃徽县南）、和尚原及汉中诸郡，均未得手。③从此，宋金疆界大致稳定在和尚原以东秦岭一线。

金天会十三年（1135），金熙宗即位后，进行了一系列重大政治改革，其中心内容即是采纳、推行辽、宋时的政治制度，大力吸收汉文化。十五年（1137），金熙宗废所立齐国刘豫的傀儡政权，直接统治北方广大地区；天眷二年（1139），又下诏将河南、陕西领土归还南宋；次年，又复夺取两地。至此，今陕西秦岭以北（包括商洛）一直处于金朝的统治之下。

北宋亡后，今陕北地区是金与西夏接壤之地。在金灭辽过程中，西夏先助辽，后又联金，向金称藩。金许以若辽国君逃至夏，擒送金，金则割阴山以南、吐禄泺以西之地与夏。辽亡后，西夏依约攻占了天德（今内蒙古乌梁素海东岸）、云内（治今内蒙古托克托东北）、武州（治今山西神池东北）等地，又夺取北

---

① 脱脱等：《金史》卷三《太宗纪》、卷七二《完颜娄室传》等，中华书局1975年版。

② 《宋史》卷三六六《吴玠传》、卷三六一《张浚传》等。

③ 《宋史》卷三六六《吴玠传》等。

宋陕北与之接壤的堡寨等。可是，金国败约，又从西夏手中夺取天德、云内等州。夏国遣使质问，金又许攻下宋陕北北部后，割与夏。金攻占陕北后，又悔约未将陕北北部之地割与西夏。为此，西夏于金天眷二年乘机出兵攻拔府州，又采纳降夏的宋将李世辅（后改名显忠）的建议，命其率军进攻延安。适逢宋金议和，李世辅即投南宋，夏军撤回。① 不久，金重取陕西，其与西夏的疆界，基本上沿过去北宋与夏之界线。

此后，西夏在经济上不得不依附于金，双方置榷场贸易，时有争战，贸易也时断时续。两者关系，正如《金史·西夏传》所说："自天会议和，八十余年与夏人未尝有兵革之事。及贞祐（1213—1217）之初，小有侵掠，以至构难十年不解，一胜一负精锐皆尽，而两国俱弊。"最后，两国均为蒙古所灭。

金朝自重新夺取陕西后，于皇统二年（1142），省并陕西六路为四：京兆、庆原、熙秦、鄜延。内京兆（包括今商洛）、鄜延两路，全在今陕西境内；庆原、熙秦（凤翔）两路，有部分地区在今陕西境内。路以下置府、州、县，共四级，府、州二级长官兼军事和民政，以集权于女真人手中。州分节镇、防御、刺史三种。② 这一切都是为了保证女真人在地方军政方面占主要的地位。正如当时宋人所说：在兵权和财权方面，是"先女真，次渤海，次契丹，次汉儿"③。可见，在各级官吏的任用方面，汉人处于最后的顺序，地位最为低下。

不仅如此，在地方行政制度方面，与路、府、州、县并行的，还有女真旧制——猛安谋克制。猛安（意为千夫长）、谋克（意为百夫长）是女真人的军事和社会组织单位，其人数多少不定。金建国前一年（1114），规定三百户为一谋克，十谋克为一猛安。金灭辽、北宋期间，也曾建立过契丹、汉人（辽东汉人）的猛安谋克。随着金占领中原等地，女真的猛安谋克也大量迁入汉族聚居之地，主要分布于今河北、山东等地。今陕西地区也有猛安谋克迁入，与汉

---

① 《宋史》卷三六六《李显忠传》等。
② 参见《金史》卷二六《地理志下》。
③ 徐梦莘：《三朝北盟会编》靖康中帙卷七三引《燕云录》，上海古籍出版社1987年版。

民杂处。有学者根据猛安谋克在各路所设置的情况推测，陕西的京兆府路、鄜延路、凤翔路，每路不低于两个谋克，每个谋克如按三百户计，至少也有万余户。[①]这是金朝女真统治阶级为了加强对汉族的统治，加强军事震慑的力量而采取的政策。

此外，金朝初占领中原地区（包括陕西）时，在民族政策方面还有一点必须提及，那就是在新占领区内实行"改俗令"，即"下令髡发，不如式者杀之"[②]，或称为"剃头辫发"。这种强迫汉民改胡俗的强迫同化政策，与西夏元昊之"秃发令"性质是相同的。这种政策激起了北方汉族人民的强烈反抗，"而自保山寨者，不知几千万人"[③]。因此，金朝统治者不得不于天德二年（1150）"诏河南民，衣冠许从其便"[④]，不再强迫汉人改胡俗。

又女真族兴起后，阿骨打命完颜希尹"依仿汉人楷字，因契丹字制度，合本国语，制女直（真）字"[⑤]。天辅三年（1119）八月，字书成，命颁行全国。女真族与建西夏的党项、建辽的契丹族一样，民族意识均十分强烈，自制文字就是突出的表现之一。不仅如此，金朝还效法辽朝，开科取士，又创设"女真国子学"于京师，诸路设女真府学，共二十二处，其中包括京兆府路。女真统治者置女真学的目的是"欲行其国字，使人通习而不废耳"[⑥]。1973年，陕西省文管会在整修西安碑林唐"石台孝经"碑时，发现了女真文书残片，共2300余字。据研究，这残片很可能是京兆府路女真府学之学童学习《女真字书》时的习作抄稿。[⑦]（见图6-2）

至于金人在征服北方汉族过程中，实行烧杀掠夺政策，使整个北方（包括

---

① 孙进己、张璇如、蒋秀松等：《女真史》，吉林文史出版社1987年版，第104页。
② 李心传：《建炎以来系年要录》卷二八，建炎三年九月条，《丛书集成初编》本，商务印书馆1936年版。
③ 《三朝北盟会编》炎兴下帙卷一五，宗泽疏。
④ 宇文懋昭：《大金国志》卷一三《海陵炀王上》，扫叶房藏版，清嘉庆二年版。
⑤ 《金史》卷七三《完颜希尹传》。
⑥ 《金史》卷五一《选举志一》。
⑦ 刘最长、朱捷元：《西安碑林发现女真文书、南宋拓全幅集王〈圣教序〉及版画》，载《文物》1979年第5期。

图 6-2　西安碑林石台孝经碑上发现的女真文书

（引自刘最长、朱捷元：《西安碑林发现女真文书、南宋拓全幅集王〈圣教序〉及版画》，载《文物》1979 年第 5 期）

陕西）人口逃散，十室九空，田园荒芜，许多汉人被杀或沦为奴婢、驱丁，有关的记载是举不胜举的。只是到了金朝统治阶级对中原的统治稳定之后，这种情况才有所改变。金朝基本上采取过去宋朝的统治制度，以管理北方汉族，但是，民族压迫歧视还是较为严重的。

二、陕西女真族的汉化

在金朝统治下，今陕西地区汉族仍然占了绝大多数，分布于各地；陕北与西夏沿边诸州，则有正处于汉化过程中的党项诸部（蕃族）。此外，女真族为主，包括契丹、奚等族，有小部分因任陕西路、府、州、县各级地方官吏，以及随猛安谋克进入陕西居住者，人数亦不少。如《金史·兵志》里就记载了对河南、陕西、山东的"放老千户、谋克、蒲辇、正军、阿里喜等给赏之例"。

在陕西地方各级任职的女真上层贵族，自进入中原汉族聚居地区之后，与其他女真上层一样，汉化的进程加速。史称金第三代皇帝金熙宗完颜亶，自幼学习汉学，"尽失女真故态……'宛然一汉户少年子也'"[1]。金室贵族子弟也大都"欲变夷狄风俗，行中国礼乐如魏孝文"[2]。熙宗和其后即位的海陵王完颜亮，都是大力推行汉化政策的君主。到第五代皇帝金世宗完颜雍时，女直（真）上层贵族汉化程度已深，致使金世宗本人发出这样的感慨："自海陵迁

---

① 《大金国志》卷一二《熙宗孝成皇帝四》。
② 刘祁：《归潜志》卷一二《辨亡》，崔文印点校，中华书局 1983 年版。

都永安，女直人浸忘旧风。……今之燕饮音乐，皆习汉风，盖以备礼也，非朕心所好。"①为此，世宗大力提倡恢复女真人风俗，使用女真文字，并禁止女真人改汉姓。尽管如此，世宗等金朝统治者执行的政治、经济等方面的政策，其主流仍然是汉化，也即封建化，因此，他也不可能逆转女真人接受汉族文化的趋势和潮流。

到金章宗时（1190—1208），汉文化、习尚在女真上层中更为流行，他们着汉服，唱汉曲，习汉语，改汉姓，普遍汉化。在《金史》附《金国语解》的姓氏部分，记有女真三十一姓改为汉姓之例。如"完颜，汉姓曰王。乌古论曰商。纥石烈曰高"等。这种情况，在陕西各府州的女真上层中自然也不会例外。

至于迁于陕西的猛安谋克内的女真等族，皆筑垒于村落间，计口授田或屯田，成为金朝世袭的军户，有战则出征，无战则耕种。他们与汉人杂居，并逐渐把地租佃与汉民耕种，收租取利。久而久之，他们即与汉族更为接近，深染汉人风俗。金世宗时，尚书右丞唐括安礼对世宗说："猛安人与汉户，今皆一家，……皆是国人"②。章宗继立后，各地猛安谋克户与汉人通婚者日众。因此，金朝不得不于明昌二年（1191）、泰和六年（1206）先后下诏允许屯田的谋克户与汉等族通婚。③这就大大加速了女真人汉化的进程。在今陕西岐山县蒲村镇洗马庄村有一王家，该王氏即金代女真将领完颜鄂和之后裔。金末，鄂和与蒙古人作战时阵亡，葬于此，其墓保留至今。鄂和后裔改姓王氏，每年还祭祀其完颜氏祖先。④这是今陕西汉族中，金代女真人汉化之一活生生的例证。

总之，经过金朝一百多年的统治，迁入内地（包括陕西）的女真族已经走上汉化的道路，到元代后，他们基本融入汉族之中，使汉族又增添了女真族新鲜的成分，吸取了女真文化的一些因素。

---

① 《金史》卷七《世宗纪中》等。
② 《金史》卷八八《唐括安礼传》。
③ 《金史》卷一〇《章宗二》、卷一二《章宗四》。
④ 刘亮：《金王完颜氏的后裔》，载《西安晚报》1984年2月11日。

第四节　元代陕西各族及定居的"回回"

一、元代陕西各族及蒙古人的汉化

公元13世纪初，漠北兴起了一个强大的民族——蒙古族，首领成吉思汗（铁木真）统一漠北各部，于南宋开禧二年（1206）正式建立大蒙古国。蒙古族的直系祖先，应是同古代鲜卑、契丹同属一个语族（阿尔泰语系蒙古语族）的室韦各部落。特别是唐代文献中所称的"蒙兀室韦"，是最早见于著录的"蒙古"（蒙兀）名称。唐代以后，经过室韦诸部的发展及与漠北其他民族部落的融合，至成吉思汗统一漠北后，蒙古族才正式形成。从此，蒙古国开始东征西讨，进行掠夺各族的战争，精锐的蒙古铁骑取得了一系列征服战争的胜利。蒙古南边的西夏（Tangut，蒙古称其为"唐兀"或"唐古特"）和金就成为其首先征服的对象。

从南宋开禧元年（1205）始，成吉思汗六征西夏，终于在南宋宝庆三年（1227）灭亡西夏。其间，蒙古同时加强了对金朝的征服和掠夺。南宋嘉定十四年（1221），蒙古"太师国王"木华黎率军攻占金朝山西、山东一些地区后，开始将兵锋转向陕西，先取葭州（治今陕西佳县），攻延安府不克，破绥德、鄜、坊。次年，蒙古大军与召来的西夏军队攻取同州、蒲城，直趋长安。时金守将完颜合达顽强固守，木华黎久攻不下。又转围攻凤翔一个多月，遭到凤翔军民的顽强抵抗，不得不退回山西，死于闻喜。这是蒙古军对陕西的第一次进攻。

到南宋绍定三年（1230），蒙古大汗窝阔台率大军从山西渡过黄河，与原陕西蒙古占领军会合，于次年初攻占了凤翔，占领京兆，潼关以西尽为蒙古据有。同年（1231），蒙古决定分兵进取中原，灭金国。一路大军由宝鸡南下，攻入汉中，破凤州（治今陕西凤县）等地。进而从金州（治今陕西安康）东下，取湖北的房、均等州。至此，今陕西全境几为蒙古所占领。过了三年（1234），金朝也终于为蒙、宋联军所灭。

蒙古军在灭金前后，对北方各族人民进行了残酷的掠夺，"军将惟利剽杀，子女玉帛悉归其家"①。掠夺战争造成了"城无居民，野皆榛莽"②的局面。陕西地区自然也不例外。但是，蒙哥即大汗位（1251）后，令其弟忽必烈主管"漠南汉地军国庶事"。忽必烈重用一批汉族知识分子，如杨惟中、姚枢、宋子贞等，为其出谋划策；又吸收中原汉地一批汉族地主武装，更紧密地与其他各族统治阶级结合起来。到南宋宝祐元年（1253），忽必烈"受京兆分地"，直接管理陕西关中地区。在以姚枢为首的汉族知识分子的支持和劝导下，忽必烈于同年置"京兆宣抚司"，以孛兰、杨惟中为使，商挺为郎中。③时关中在"兵火之余，八州十二县，户不满万，皆惊忧无聊"④。惟中、商挺等以汉法治关中，初见成效，"关陇大治"⑤。次年（1254），忽必烈任命汉化维吾尔人廉希宪为关西道宣抚使，商挺为宣抚副使，姚枢为劝农使，理学家许衡为京兆提学，进一步在陕西推行汉法，大兴儒学，抑制军事豪强，教民耕植，发展屯田，使关中之地成为忽必烈灭金灭南宋的基地之一。过了三年（1257），汉法的推行遭到蒙古守旧诸王的反对，蒙哥于此年罢各地宣抚司，廉希宪回忽必烈王府任事。蒙哥死后，忽必烈登大汗位，立年号中统（元年，即公元1260年），任命廉希宪、商挺为陕西四川等路宣抚使，继续在陕西等地推行汉法。八月，"立秦蜀行中书省，以京兆等路宣抚使廉希宪为中书省右丞，行省事"。⑥希宪任此职一直到中统三年（1262）调任中书平章政事为止。廉希宪及商挺等以汉法治关中，卓有成效，为忽必烈统一全国后在各地推行以汉族封建制度为主的汉法打下了基础。

到至元八年（1271），忽必烈改大蒙古国号为"大元"，次年建都大都（今北京）；至元二十三年（1286）前后，元朝在全国推行行省制，除中书省外，分置十个行省，陕西行省即其一。行省之下为路、府、州、县。其间，忽必烈按蒙古惯例，于至元九年（1272）十月封其子忙哥剌为安西王，以京兆为封地，

---

① 苏天爵编：《元文类》卷六〇姚燧《中书左丞姚文献公神道碑》，修德堂重订本。
② 《元文类》卷六〇姚燧《中书左丞姚文献公神道碑》。
③ 宋濂等：《元史》卷四《世祖纪一》，中华书局1976年版。
④ 《元史》卷一五九《商挺传》。
⑤ 《元史》卷四《世祖纪一》。
⑥ 《元史》卷四《世祖纪一》。

驻兵六盘山，兼领河西、吐蕃、四川等处军政，置王相府。[①] 忙哥剌出镇长安，后改京兆府为安西府，并于京兆修建安西王府（在今陕西西安东北 3 公里处）。十五年（1278），忙哥剌病卒后，其子阿难答承袭，后改安西府为安西路。直到大德十一年（1307）因其谋反被诛，安西王嗣绝。安西路后又改名为奉元路。

在中国历史上，元朝蒙古统治阶级执行的民族政策最富于民族歧视和压迫的色彩，主要表现在他们吸取金朝女真统治者在兵、财权方面的等级制，将全国各族人分为四等，即蒙古人、色目人、汉人（原金朝统治下的汉人、女真人、契丹人等）和南人（原宋统治下的各族人）。各个等级的人在政治待遇、社会地位等方面都是不平等的，并且在法律上做了明确规定。汉人、南人处于社会的最底层，受尽了民族歧视和压迫。因此，元代民族矛盾较为突出和尖锐，各族人民的反抗斗争也层出不穷。

今陕西地区，主要是原金朝统治下的汉族，以及少数正在汉化的女真族，陕北还存有一部分正在汉化的党项羌族等。汉人、女真人都属于"汉人"的等级，在共同的生产和阶级斗争的实践中，两者的融合更为迅速。到元代后期，陕西的女真族基本融入汉族之中。

除了以上汉、女真、党项三种民族之外，在元朝正式建立前后，还有大批的蒙古人因各种原因定居于陕西地区。

一种原因是，安西王忙哥剌受封京兆后，随安西王出镇关中的蒙古军必不在少数。如安西王府所在地就有不少的侍卫和蒙古卫队。史称安西王阿难答（忙哥剌子）领有十五万军队[②]，驻陕西者当亦不少。

再者，元朝中央所领之蒙古军驻守于全国各地，设立蒙古军都万户府，众约十万，其中驻陕西的都元帅府在凤翔，以震慑陕西地方。陕西行中书省下的都镇抚司统辖万户府、千户府，也分驻陕西各地，其中有蒙古人，也有色目人和其他族人。以上蒙古军人皆以"军户"著籍，以营为家，以后就落户于驻地。

---

① 《元史》卷七《世祖纪四》。
② ［波斯］拉施特主编：《史集》第 2 卷，余大钧、周建奇译，商务印书馆 1985 年版，第 379 页。

此外，还有一些为官出任于陕西的蒙古人。至元二年（1265），蒙古统治者明文规定："以蒙古人充各路达鲁花赤，汉人充总管，回回人充同知，永为定制。"① 因此，蒙古人在陕西做官为吏者不少，他们携眷赴任，以后子孙多入籍当地。皇庆二年（1313），元朝中央开科取士，选天下合格者会试，其中规定蒙古人七十五名，分配于大都及各行省共十七处，陕西有五人，仅次于大都（十五人）、上都（六人）两地。② 可见，陕西的蒙古人数量还是较多的。

历史是无情的，尽管蒙古统治者征服和统治了广大的汉族及其他民族，然而当他们的民族南迁入内地，与有较高文化的汉族杂居错处之后，也同金朝时的女真人一样，开始了"为被征服的本地人民所同化"③ 的历史进程。

首先是地理环境的改变，迫使内迁的蒙古族由游牧转化为定居农业。蒙古统治者对镇戍各地的蒙古军的屯田特别重视，他们"与民杂耕"④，逐渐改变了本民族原有的习俗。《元史·兵志三》就详细记载了镇戍于陕西的蒙古等军屯田的情况。又至元元年（1264），"发万户石抹乣札剌所部千人赴商州（治今陕西商洛市商州区）屯田"⑤。其后，居陕西的蒙古人也与汉人通婚，特别是上层贵族更为普遍，有的改姓汉姓，生活习俗、伦理道德及心理素质也渐与汉人接近。特别是元朝灭亡明朝建立后，蒙古人与汉人几乎达到"相忘相比，而亦不易以别"⑥ 的程度。明朝统治阶级还继承了先秦以来"以夏变夷"的民族思想，执行了一些强迫同化的政策。如《大明律》中规定："蒙古、色目人，听与中国（指汉族）人为婚姻，不许本类自相嫁娶。违者杖八十，男女入官为奴。"⑦ 这一措施无疑加速了内迁蒙古人与汉人的融合。

---

① 《元史》卷六《世祖纪三》。

② 《元史》卷八一《选举志一》。

③ 恩格斯：《反杜林论》，吴黎平译，人民出版社1956年版，第189页。

④ 虞集：《道园学古录》卷二四《曹南王勋德碑》，《丛书集成初编》本。

⑤ 《元史》卷五《世祖纪二》。

⑥ 陈子龙等辑：《皇明经世文编》卷七三丘浚《区处戳甸降夷》，中华书局1962年版。

⑦ 《大明律》卷六"蒙古色目人婚姻"条，怀效锋点校，法律出版社1999年版，第65页。

在今大荔县南的官池村、帖家村、拜家村，居有达、帖、拜三姓，共四百多户。此三姓均原为蒙古人，都是明初从河北涿州（今河北涿州）迁来的。拜姓家谱记其家族原系蒙古木华黎之后裔，元大德（1297—1307）、至治（1321—1323）年间，改姓拜。明初，其祖先拜笃麟降明，奉命由涿州迁居大荔沙苑至今。拜家与达家世为婚姻，也与汉族通婚。① 由此也可大致窥见陕西地区蒙古人融入汉族之轨迹。

二、元代定居陕西的"回回"

元代陕西地区，除上述各族之外，还有一批称为"回回"的族类。"回回"一词，最早出现于北宋时，如曾在陕北任职的沈括在其所著的《梦溪笔谈》中说，他曾按边兵得胜所唱之"凯歌"作词，内有："旗队浑如锦绣堆，银装背嵬打回回。先教净扫安西路，待向河源饮马来。"② 内所称"回回"，显然是指唐以来的回鹘。有人据此认为，宋代陕北有众多的回鹘人。但从歌的后半部分看，此所谓的"回回"是指今甘肃河西及青海一带的回鹘，而且又未见其他史籍载宋代陕北有众多的回鹘人，故此说不确。

"回回"一词，到元代时，其含义有所扩大和变化。元代所说的"回回"，一般是指来自中亚、阿拉伯和波斯等地信仰伊斯兰教的人。公元 13 世纪，蒙古成吉思汗及其子孙曾率部三次"西征"，先后征服了帕米尔以西、黑海以东的信仰伊斯兰教的各个民族。随着每次战争的胜利，一批批阿拉伯、波斯及中亚各族人民迁徙到东方，进入中国内地定居。其中有军士（如"回回炮手"等）、工匠、被俘的妇孺、贵族及大批商人等。这些人在元代官方文书中被称为"回回"，列入色目人这一等级之中。因此，此时的回回，已与回鹘（元代称"畏兀儿"）、唐兀、契丹、女真等相区别。关于元代的回回，国内外论著很多，下面专门叙述定居于陕西的回回。

---

① 马长寿主编：《同治年间陕西回民起义历史调查记录》，见马长寿：《马长寿民族史研究著作选》，上海人民出版社 2009 年版，第 260—261 页。

② 沈括著，胡道静校注：《梦溪笔谈校证》，上海出版公司 1956 年版，第 224—225 页。

元代陕西的回回，主要是蒙古西征后，东迁来的阿拉伯、波斯及中亚地区信仰伊斯兰教的各族。在蒙古占领陕西的过程中，有大批蒙古人、色目人军队驻守陕西，此后关中成为蒙古进攻、灭亡金、南宋的重要基地。在这些蒙古人、色目人组成的军队及其所携的眷属、奴婢中，有一部分人来自中亚、波斯、阿拉伯，内有的即驻守在陕西。如忽必烈中统四年（1263），"以宋忽儿、灭里及沙只回回鹰坊等兵戍商州、蓝田诸隘"①。

又蒙哥大汗于壬子年（1252）括户定籍，于中统四年又进行了补充抄籍，主要按职业（包括宗教职业）和民族将人民分成各类，合称为"诸色户计"或"诸色人户"。内中就包括"回回"或"木速儿蛮"（即信仰伊斯兰教者。木速，即伊斯兰的异译）②。元世祖至元十年（1273），"陕西京兆、延安、凤翔三路诸色人户，约六万户内，签军六千"③。说明陕西诸色人户（其中包括回回）还是相当多的。蒙古统治者甚至多次下令"签诸道回回军"④。在驻守陕西的探马赤军（诸部落军）中也有很多回回，至元九年（1272），蒙古统治者曾"阅大都、京兆等处探马赤户名籍"⑤。

特别是至元九年以后，安西王忙哥刺及其子阿难答分理陕西、甘肃等地时，蒙古、色目（回回）军驻陕西境内者为数更多。据拉施特的《史集》记载，阿难答从小被托付给一个名蔑黑帖儿·哈散·阿黑塔赤的突厥斯坦伊斯兰教徒抚养。因此，他对木速（即伊斯兰教）的信仰十分虔诚，能背诵《古兰经》，并且用大食（阿拉伯）文书写得很好。正因为如此，"他还使依附于他的十五万蒙古军队的大部分皈依了伊斯兰教"⑥。此说虽不能尽信，但驻守安西王府的

---

① 《元史》卷五《世祖纪二》。
② 《元典章》卷一七，台北"故宫博物院"影印本，1972年版；王恽《秋涧先生大全集》卷八八，《四部丛刊初编》本。
③ 《元史》卷九八《兵志一》。
④ 《元史》卷七《世祖纪四》。
⑤ 《元史》卷九八《兵志一》。
⑥ ［波斯］拉施特主编：《史集》第2卷，余大钧、周建奇译，商务印书馆1985年版，第379页。

军队中有不少回回是可信的。马可波罗曾奉忽必烈之命巡游云南，经过安西王管辖的京兆府，他说：京兆府内"居民大部分是佛教徒，但也有一些基督教徒，土库曼族人和撒拉逊人"①。土库曼系中亚地区，撒拉逊是中世纪初欧洲各国对阿拉伯人的称呼，故此两类人均属元代回回人的范畴。这亦可证明元代陕西长安一带居有回回。安西王在今西安东北建造的安西王府附近，至今还保留着一些带有时代烙印的地名，这里自明清以来是回族聚居的村镇。②安西王府遗址已被发现，经过初步调查发掘，出土了5件铁铸的阿拉伯数字组成的"幻方"（出于夯土台基中），③足证安西王阿难答与信仰伊斯兰教的阿拉伯人的关系。

最能反映元代回回在陕西分布状况的是元朝陕西屯田的情况。据《元史·兵志三》载，陕西屯田有"陕西屯田总管府"，系军民合屯，地点在陕西的栎阳、泾阳、终南、渭南、凤翔等地，约有三千七百户。其次是"陕西等处万户府屯田"，系军屯，地点在陕西盩厔南孝子林、张马村、杏园庄等，计有八百四十七户。还有陕西行省在"贵赤延安总管府"的民屯，地点即延安路探马赤草地，有户两千零二十七户。又元朝还于至元二十四年（1287），"以陕西泾、邠、乾及安西属县闲田立屯田总管府，置官属，秩三品"④。以上这些军民合屯、军屯、民屯中，有蒙古人、汉人，也有一部分回回人。如至元二十五年（1288），元朝"以忽撒马丁（回回人）为管领甘肃、陕西等处屯田等户达鲁花赤，督斡端（今新疆和田）、可失合儿（今新疆喀什）工匠千五十户屯田"⑤。斡端、可失合儿均在今新疆南疆，是时该地人已改信伊斯兰教，故应为回回之一部。此后，在陕西屯田的军、民户均转为元朝重要的农业人口，而明清时陕西回族的主要

---

① ［意大利］马可·波罗口述，鲁思梯谦笔录，曼纽尔·科姆罗夫英译：《马可波罗游记》，陈开俊、戴树英、刘贞琼等译，福建科学技术出版社1981年版，第136页。

② 王宗维：《清代中叶前西安地区回民的分布和经济生活》，见西北大学西北历史研究室编著：《西北历史研究》1988年号，三秦出版社1990年版，第109—110页。

③ 马得志：《西安元代安西王府勘查记》，载《考古》1960年第5期。

④ 《元史》卷一四《世祖纪十一》。

⑤ 《元史》卷一五《世祖纪十二》。

分布地区，亦就是元代回回人在陕西屯田的地方。

另有一批元朝回回上层贵族，进入陕西做官为吏，以后就定居于陕西，成为明清时陕西回族的组成部分。最著名者，如元朝名臣回回人赛典赤·赡思丁就曾任陕西四川行省平章政事，其长子纳速剌丁最后任陕西行省平章政事，死于任上，[①] 其家族即居陕西，即后世陕西回族的纳家族。蒙古统治阶级实行民族等级制，重要的官职多由蒙古人、色目人担任。前引至元二年（1265）蒙古的定制中，以蒙古人充各路达鲁花赤，回回人充同知；五年（1268），又"罢诸路女直（真）、契丹、汉人为达鲁花赤者，回回、畏兀、乃蛮、唐兀人仍旧"。[②] 蒙古统治者为分化各族，特别是防范人数最多的汉族反抗，往往利用外来的回回人来加强和巩固自己的统治。于是，全国各地（包括陕西）回回充任达鲁花赤及各地官吏者为数不少。他们携眷上任，有的卸职后就定居于当地（陕西的就定居于陕西）。

此外，还有大批回回商人及宗教职业者（元代称为"答失蛮"和"迭里威失"）也定居于陕西。在元代，回回素以理财和经商闻名，足迹遍布各地，故明代有"元时回回遍天下"[③] 之说。由于有信仰伊斯兰教的回回的存在，专门从事宗教工作者于是也产生了。史载元朝中央曾设有"回回掌教哈的所"，至致和元年（1328）八月，"罢回回掌教哈的所"[④]。哈的所下有司属，过问回回词讼；在罢去之前曾一度罢而复置，且规定只准祈福并掌教念经。[⑤] 然而，事实上各地回回掌教仍然掌握着管户婚、钱粮、词讼等权力。[⑥] 元代各地已开始有伊斯兰教的礼拜寺之设置。明确可考的礼拜寺大多建于沿海泉州、广州等地。陕西元代是否设有，则不可确考。仅见明嘉靖时吕泾野编《高陵县志》记有："清

---

① 《元史》卷一二五《赛典赤·赡思丁传》。
② 《元史》卷六《世祖纪三》。
③ 张廷玉等：《明史》卷三三二《撒马儿罕传》，中华书局1974年版。
④ 《元史》卷三二《文宗纪一》。
⑤ 《元史》卷三二《文宗纪一》、卷一〇二《刑法志一》等。
⑥ 白寿彝：《元代回教人与回教》，见《中国伊斯兰教史参考资料选编（1911—1949）》上册，宁夏人民出版社1985年版，第200页。

真寺在渭河南渭桥里，元至正间建。"是否确实，待考。

上述通过各种渠道定居于陕西的回回，在元代对陕西地区的农业、商业等的发展及文化交流是有贡献的。他们与入居陕西的蒙古人一样，亦开始汉化，与汉人通婚，改汉姓，学习汉族传统文化。然而，他们并没有融入汉族之中，而是到了明代形成了一个新的民族——回族。为什么会如此呢？据学者们研究，主要原因是：元代回回入居中国，处于"大分散，小聚居"的状态，他们部分地保持了自己的生活习俗，有统一的经济生活（主要从事农业，部分从事商业）；回回在元代所处的政治地位，又使之与汉人、南人有所区别，便于其内部的团结和共同心理素质的形成；在语言上，他们最初使用波斯语、阿拉伯语和汉语，以后逐渐统一于汉语，形成了有共同语言的特征；最后，也是最重要的一点，即他们有着共同的宗教信仰——伊斯兰教，这是回族共同心理认同的民族特征形成的重要因素。①

① 《回族简史》编写组编写：《回族简史》，宁夏人民出版社1982年第2版，第9—11页；白寿彝：《回回民族的形成和初步发展》，见中国社会科学院民族研究所、中央民族学院民族研究所回族史组编：《回族史论集（1949—1979年）》，宁夏人民出版社1984年版。

第七章

以汉、回为主的民族分布格局的

形成和发展

第一节　明清时期的陕西民族

一、陕北边镇与河套蒙古

元朝末年，爆发了遍及全国的农民的反元朝统治者的斗争。元至正二十八年（1368），朱元璋借助义军的力量，推翻了元朝，建立明朝。以元顺帝为首的蒙古贵族退回漠北，史称"北元"。明洪武二年（1369），明将徐达先后攻取西安、延安；次年四月，明太祖朱元璋封皇子樉为秦王，坐镇陕西；同年（1370），明军又攻下兴元（治今陕西汉中）。[①] 至此，今陕西全境为明朝所统治。

此后，明太祖、明成祖与漠北蒙古进行了长达十年的斗争，如明成祖就曾五次亲征漠北。北元势力则因内部的分裂、内讧而逐渐衰弱。大约在明永乐初年（1403 年左右），北元帝权衰落，漠北蒙古分裂为三个主要部分：一是元室后裔鬼力赤废元帝号，改称"鞑靼"，是为东蒙古；二是原元朝大臣猛可帖木儿所据之地，在鞑靼西，称"瓦剌"，是为西蒙古；三是鞑靼东边的"兀良哈"部。三部蒙古中，与陕西关系最为密切的是鞑靼。

明太祖和明成祖时，明朝在与北元及后之鞑靼、瓦剌等蒙古各部的斗争中，总的说来处于主动进攻的有利地位。明朝一方面多次派遣军队主动出击，并在沿边地区设置卫所，屯田戍边；另一方面则采取抑强扶弱、以夷制夷之策，分化瓦解蒙古各部的势力。其间，明朝曾于洪武四年（1371）置东胜左卫（今内蒙古托克托）；二十五年（1392），又分置东胜左、右、中、前、后五卫，属行都司。东胜诸卫起拱卫河套以南山、陕等地的作用，故鞑靼与陕西北边还未直接发生关系。但是，自永乐元年（1403）后，东胜诸卫相继内迁，卫城遂虚，后竟废置。[②] 这样，鞑靼的势力遂开始伸入河套，逐渐向陕北等地扩展。而此时，明朝国势开始从极盛走向衰弱。明英宗正统十四年（1449），瓦剌与明军大战，土木堡（今河北怀来东）一役，明军覆没，英宗被俘。这就是历史上著名的"土木堡之变"。从此，明朝对鞑靼、瓦剌处于全面防御的阶段。明朝加强了"九边"

---

① 《明史》卷二《太祖纪二》。
② 《明史》卷四一《地理志二》。

（陕北延绥为其中之一）防御，修筑长城、边墙，以御鞑靼、瓦剌。

　　到明景泰初（1450左右），鞑靼开始进掠延、庆（今甘肃庆阳），"然部落少，不敢深入"①。而此时，鞑靼部长孛来及其所属毛里孩等势力渐强。到明英宗天顺二年（1458），孛来即"大举寇陕西"，从此开始了鞑靼进入和定居河套，以及不断寇掠陕西等边境的历史。现据《明史·鞑靼传》等史籍，将鞑靼寇掠明陕西北边的情况列表如下：

表 7-1 明代鞑靼寇掠陕北表（1458—1629）

时间（公元）	明朝纪年	鞑靼部名或首领名	大事	资料出处
1458	明英宗天顺二年	孛来	入寇陕西，明安远侯柳溥战败	《明史》卷三二七《鞑靼传》
1459	天顺三年	孛来	春，复入安边营（今陕西定边东），为明军击走	《明史》卷一二《英宗后纪》，《明史》卷三二七《鞑靼传》
1460	天顺四年	孛来	八月，三道入寇，一路掠榆林，为明军击走，复大掠西边而去	《明史》卷一二《英宗后纪》
1465	明宪宗成化元年	孛来、毛里孩	秋，散掠延绥，后又攻围黄甫川堡（今陕西府谷县黄甫镇），明军力战，乃退走	《明史》卷三二七《鞑靼传》
1466	成化二年	毛里孩等	夏，大入延绥，散掠平凉等地。冬，复入延绥，明参将战死。毛里孩杀孛来，与斡罗出相仇杀	《明史》卷三二七《鞑靼传》
1468	成化四年	毛里孩	冬，犯延绥，为明都指挥金事许宁击败之	《明史》卷一三《宪宗纪一》，《明史》卷三二七《鞑靼传》
1469	成化五年	毛里孩、阿罗出	春，毛里孩再犯延绥；冬，复入寇，延绥、榆林大扰。阿罗出入河套	《明史》卷一三《宪宗纪一》，《明史》卷三二七《鞑靼传》

---

① 《明史》卷三二七《鞑靼传》。

续表

时间 （公元）	明朝纪年	鞑靼部名 或首领名	大事	资料出处
1470	成化六年	毛里孩、阿罗出、孛罗忽	春，明军败毛里孩；夏，又败阿罗出于延绥东路。孛罗忽渡河与阿罗出合	《明史》卷一三《宪宗纪一》
1471	成化七年	毛里孩、阿罗出、孛罗忽、乩加思兰等	延绥巡抚余子俊议筑边墙，立台堡。冬，鞑靼大入延绥。明发大军搜套，无功。乩加思兰部入套，与阿罗出合	《明史》卷一三《宪宗纪一》，《明史》卷三二七《鞑靼传》
1472	成化八年	孛罗忽、乩加思兰等	是年，屡入安边营、花马池寇掠。毛里孩败明将于安边营	《明史》卷一三《宪宗纪一》
1473	成化九年	孛罗忽、乩加思兰等	明赵辅、余子俊数败河套鞑靼诸部，而诸部内讧，退出河套地区，边境稍安	《明史》卷一三《宪宗纪一》，《明史》卷三二七《鞑靼传》
1496	明孝宗弘治九年	小王子、亦卜剌因王等	弘治初，鞑靼小王子（达延汗）渐往来套中，出没为寇。八年（1495）北部亦卜剌因王入套驻牧。九年，相继入寇，延绥等地被残	《明史》卷三二七《鞑靼传》
1500	弘治十三年	小王子	小王子复居河套，犯延绥神木堡	《明史》卷一五《孝宗纪》
1501	弘治十四年	小王子	秋，明朝五路之师夜袭河套；小王子散掠宁夏，三辅震动	《明史》卷三二七《鞑靼传》
1509	明武宗正德四年	小王子	闰九月，小王子犯延绥	《明史》卷一六《武宗纪》
1511	正德六年	小王子	小王子入河套，犯沿边诸堡	《明史》卷一六《武宗纪》
1517	正德十二年	小王子	冬，小王子以五万骑从榆林入寇山西。武宗亲率军击退之	《明史》卷三二七《鞑靼传》
1536	明世宗嘉靖十五年	吉囊、俺答	时小王子徙幕东边，称土蛮，分诸部于西北，吉囊、俺答据河套。此年秋，吉囊犯延绥，明军四战俱败	《明史》卷一七《世宗纪一》，《明史》卷三二七《鞑靼传》

时间（公元）	明朝纪年	鞑靼部名或首领名	大事	资料出处
1542	嘉靖二十一年	俺答	吉囊死，诸子散处河西，势弱，俺答独盛，岁数扰延绥诸边	《明史》卷三二七《鞑靼传》
1543	嘉靖二十二年	俺答	秋，犯延绥，总兵官吴瑛等击败之	《明史》卷一八《世宗纪二》
1545	嘉靖二十四年	俺答	秋，俺答犯延绥及大同，为明军击走。总督三边侍郎曾铣议复河套，阁臣夏言主之河套，阁臣夏言主之	《明史》卷三二七《鞑靼传》等
1546	嘉靖二十五年	俺答	七月，俺答犯延安、庆阳	《明史》卷一八《世宗纪二》
1548	嘉靖二十七年	俺答	明世宗听信谗言，杀议复河套之曾铣、夏言，自是廷臣不敢言复套之事	《明史》卷一八《世宗纪二》
1550	嘉靖二十九年	俺答	俺答率大军攻京师，迫使明廷通市（"庚戌之变"），无结果，遂大掠山西等地	《明史》卷一八《世宗纪二》，《明史》卷三二七《鞑靼传》
1553	嘉靖三十二年	俺答、吉能	俺答数攻掠山西等地，又犯延绥。秋，又分道大举入延庆诸地寇掠几遍，移营中部（今陕西黄陵），后退走。又别部吉能犯延绥	《明史》卷一八《世宗纪二》，《明史》卷三二七《鞑靼传》
1555	嘉靖三十四年		明参将马芳败河套蒙古于保安	《明史》卷一八《世宗纪二》
1557	嘉靖三十六年	俺答、吉能	吉能寇延绥，杀副总兵陈凤	《明史》卷一八《世宗纪二》
1560	嘉靖三十九年	俺答等	寇大同、延绥、蓟、辽，边无虚日	《明史》卷三二七《鞑靼传》
1561	嘉靖四十年	俺答等	冬，掠陕西、宁夏塞	《明史》卷三二七《鞑靼传》
1562	嘉靖四十一年	俺答等	明延绥总兵赵岢东出神木堡，捣蒙古帐于半坡山，又一支出定边营，皆胜之	《明史》卷三二七《鞑靼传》

时间 （公元）	明朝纪年	鞑靼部名 或首领名	大事	资料出处
1564	嘉靖四十三年	俺答等	冬，又犯陕西，大掠各处	《明史》卷三二七《鞑靼传》
1571	明穆宗隆庆五年	俺答	明朝改变对俺答政策，封其为顺义王，其下也有封赏，开边互市，自是"岁来贡市，西塞以宁"	《明史》卷一九《穆宗纪》，《明史》卷三二七《鞑靼传》
1587	明神宗万历十五年	扯力克（俺答孙）	明以扯力克袭封顺义王，封其妻三娘子为忠顺夫人。自是从宣大至甘肃，不用兵者二十年	《明史》卷三二七《鞑靼传》
1591	万历十九年	明安、土昧	河套别部明安、土昧犯榆林边，明军杀明安，自此延绥连年多事	《明史》卷三二七《鞑靼传》
1594	万历二十二年	河套部长卜失（扯力克孙）	秋，卜失兔犯延绥，为明军所败	《明史》卷二十《神宗纪一》
1596	万历二十四年	卜失兔	春，明军分道入河套，袭败卜失兔	《明史》卷三二七《鞑靼传》
1603	万历三十一年	海部	海部寇陕西，明军击走之	《明史》卷三二七《鞑靼传》
1606	万历三十四年	河套部	河套部犯延绥，明军击走之	《明史》卷二一《神宗纪二》
1607	万历三十五年	扯力克等	扯力克卒，河套蒙古分为四十二支，各相雄长，号十万，卜失兔为名义首领而已。明廷对各部进行招抚、分化	《明史》卷三二七《鞑靼传》等
1613	万历四十一年	卜失兔等	卜失兔袭封顺义王，并娶三娘子，势衰	《明史》卷三二七《鞑靼传》等
1615	万历四十三年	河套蒙古部	诸部又犯延绥，明军败绩	《明史》卷二一《神宗纪二》
1616	万历四十四年	猛克什力等	诸部又犯延绥，明军击破之	《明史》卷二一《神宗纪二》，《明史》卷三二七《鞑靼传》
1621	明熹宗天启元年	吉能	秋，吉能犯延绥边，明军击败之	《明史》卷三二七《鞑靼传》

时间 （公元）	明朝纪年	鞑靼部名 或首领名	大事	资料出处
1622	天启二年	吉能	春，复大掠延安黄花峪，深入六百里，杀居民数万	《明史》卷三二七《鞑靼传》
1624	天启四年	干儿骂等	卜失兔益衰，部长干儿骂等数犯延绥边	《明史》卷三二七《鞑靼传》
1629	明毅宗崇祯二年	虎墩兔	河套部虎墩兔拥众至延绥红水滩，明军击走之。后河套蒙古降清，迄于明亡，套部仍不时入边寇掠	《明史》卷三二七《鞑靼传》

由上表看，鞑靼的孛来、毛里孩、阿罗出、孛鲁乃、乩加思兰等部从天顺二年（1458）起，进出于河套之地；但直到弘治十三年（1500）前，并未定居于河套，只是往来河套，对陕西及山西边镇一带进行寇掠，沿边人民深受其害。其间，明朝则因日益衰弱，处于守势，一再加强边防，收缩边地，消极防御，致使河套之地防御尽失，为鞑靼蒙古部入居河套创造了条件。早在明正统年间，东胜卫内移，建延绥镇。都督王祯始筑榆林堡（今陕西榆林）。成化中，始于榆林置卫。成化七年至十年（1471—1474）延绥巡抚余子俊移镇榆林，并在沿边筑墙置堡，"东起清水营（陕西府谷东北），西抵花马池（今宁夏盐池），延袤千七百七十里，凿崖筑墙，掘堑其下，连比不绝"。"役军四万人，不三月而成。"[①]（见图7-1）从此，鞑靼诸部入寇受阻，河套地区享二十多年的太平。[②]

然而，修边墙置堡的策略也产生了一定的后果，即边墙、长城均在榆林等三边一线，河套基本上在边墙之外。正如当时及后人对王祯、余子俊的抨击：因筑边墙，蒙古诸部"知套内乃中国弃地，不事兵革，公然而为巢穴。居比邻之地，排数尺之墙，小寇大举，无日无之"[③]。事实确是如此。

到弘治年间，鞑靼小王子、俺答等相继据居河套。从此，河套之地变为蒙

---

① 《明史》卷一七八《余子俊传》。
② 《皇明经世文编》卷一一六杨一清《为经理要害保固疆场事》。
③ 梁份：《秦边纪略》，赵盛世、王子贞、陈希夷校注，青海人民出版社1987年版，第341页。

图 7-1   明榆林卫边墙遗址
（周伟洲摄）

古诸部游牧之地。其中，河套东南包括今陕北一小部分地区，即是说，到明弘治以后，今陕北有一小部分成了蒙古族游牧之地。而从弘治九年（1496）至隆庆五年（1571）七十多年间，居河套的小王子、俺答等部仅对陕北边镇的寇掠，见于记载的就达十五次。于是，有了明嘉靖二十四年（1545）曾铣、夏言等力主收复河套之议，但二人终为严嵩所害，此后廷臣再不敢言复河套之事了。

　　直到隆庆五年，俺答入贡后，战事基本停止，明于沿边（包括陕西三边）设立互市，封赏俺答及其下首领，使"东起延（延安）、永（永宁，今山西吕梁市西离石区），西抵嘉峪七镇，数千里军民乐业，不用兵革，岁省费什七"[1]。此后，虽有河套蒙古别部寇掠陕西诸边，通贡互市亦时断时续，至今榆林还存有明万历三十五年（1607）筑长城瞭望台遗址（镇北台）及款贡城遗址（见图7-2、图7-3），然总的来说，鞑靼河套蒙古与明双方还是友好相处，经济交往频繁。这一切大大有利于包括陕北在内的北边汉族与蒙古族人民的经济、文化交流，以及民族的融合。

---

　　① 《明史》卷二二二《王崇古传》。

图 7-2　榆林明长城瞭望台——镇北台遗址
（周伟洲摄）

图 7-3　榆林明镇北台北边款贡城遗址
（周伟洲摄）

　　清朝统一全国后，河套蒙古与陕北均处于清朝统治之下，蒙古、汉族人民之间的关系更为紧密。这种民族分布格局和关系，基本上一直保持至今。

二、明代陕西回族的形成及活动

元朝灭亡后，原居于陕西的回回得到进一步的发展。他们与邻近的汉人、原回鹘人、西域昭武九姓胡人融合，逐渐形成回族。

元代陕西的回回，如前所述，主要是由驻陕西各地蒙古军队中的色目人（阿拉伯人、波斯人和中亚等地信仰伊斯兰教者）构成。这是陕西回族的主源。其次，陕西回族还有另一部分来源，即自唐代以来留居今陕西地区的回鹘和西域胡人。

"回回"一词，在宋代是指"回鹘"（或称"花门"）而言。在今陕西回族口碑及县志记载里，陕西大荔一带回族祖源于唐安史之乱后，留屯于大荔沙苑的回纥。据前引唐代大诗人杜甫《留花门》一诗，回纥助唐平乱，其叶护的确有请兵马屯沙苑事。此事又见《旧唐书·回纥传》、《资治通鉴》卷二二〇唐至德二载（757）的记载。然而，问题是屯沙苑的回纥最后是否全部或部分迁回了漠北，即陕西大荔一带回族是否还有屯留的回纥，难以做出肯定的答复。不过，回纥人自唐以来定居于陕西西安（长安）及其附近者，为数不少。就是宋代，西北的回鹘也有定居于陕西者。如宋宣和三年（1121），宋臣僚言："回鹘因入贡，往往散行陕西诸路，公然货易，久留不归者有之。"[1] 而宋时，回鹘又被称为"回回"，他们在元代又与入居陕西的信仰伊斯兰教的色目人杂居、通婚，逐渐改信伊斯兰教，成为陕西回族的组成部分。

另有唐代以来聚居于长安等地的西域胡人，为数众多，唐末五代的动乱中虽有部分迁徙，但仍有一部分留居于今陕西关中等地，内中亚昭武九姓胡不少。从五代至宋，中亚胡人经丝绸之路到内地（包括陕西）经商或传教者也很多。到元代，大量的阿拉伯、波斯、中亚等色目人入居陕西，他们与唐宋以来正汉化的西域昭武九姓胡人种、习俗较为相近，后者很快就接受了伊斯兰教，逐渐融入元代的"回回"之中。这就是近现代陕西关中回族多有米、石、何、史、安等姓的由来；换言之，唐宋以来居于陕西的西域昭武九姓胡等，也是陕西回族来源之一。

陕西汉族也是回族的重要来源。如前所述，元代陕西回回以驻守各地的军

---

[1] 《宋会要辑稿》番夷四之九"回鹘"条。

队中的色目人为主，以后随地入社，如同编民，与汉人杂处，多有娶汉族女子为妻者。特别是到了明代，统治者采取强迫同化政策，禁止蒙古、色目人自相嫁娶，听与中国人（汉族）为婚姻，回回娶汉妇则更为普遍。近代以来，陕西流传的所谓"回爸爸，汉奶奶"，即反映了这种通婚的情况，说明自元以来，汉族有不少融入回回之中，成为回族的重要组成部分。

以上几种民族成分，在陕西这一共同地域条件之下，逐渐形成了有共同经济基础（农业和商业），有共同信仰的伊斯兰教，并由此形成了共同的文化习俗及民族心理认同，而区别于汉族和其他民族。因此，从明代起，陕西及全国的回族成为一个新的民族共同体，登上了历史舞台。

在陕西回族形成过程中，伊斯兰教的作用是十分重要的。伊斯兰教是世界三大宗教之一，唐代因大食（阿拉伯）人进入中国内地而传入。[1]元代由于回回的发展，伊斯兰教开始得到较为广泛的传播，各地也出现了一批清真寺。到明代，陕西的伊斯兰教虽然受到明朝政府的种种压制，但仍然得到了进一步的发展。其标志即是清真寺的建立和经堂教育的发展。

陕西清真寺建立最早的时代，前述明代修纂的《高陵县志》记元至正间建"清真寺在渭河南渭桥里"，如这一记载确实，则元末陕西已有清真寺建立。现今西安化觉巷清真大寺（东大寺）内，有《创建清真寺碑记》，碑题为唐天宝元年户部员外郎兼侍御史王鋗撰。中外学者对此碑的真伪早有定论，证明碑及寺建于唐天宝元年纯系后人伪托。[2]学者们一般认为，化觉巷清真寺应建于明初洪武十八年至嘉靖五年（1385—1526）之间。又今西安大学习巷的清真寺（西大寺），据寺内存留的历代重修的碑石记载，也建于明初。此两寺是明代陕西伊斯兰教有所发展的历史见证。其中特别是化觉巷清真寺，虽经历代修葺，但仍可见其规模之宏大，结构之精妙。其建筑为中国殿堂形式，有五进院落八十四间殿堂，大殿可容千人礼拜。（见图7-4）

---

[1] 国内外学术界一致认为，伊斯兰教传入中国内地最早是唐永徽二年（651），见白寿彝《中国伊斯兰教之发展》，载《回教青年》第5卷第8、9期合刊，等等。

[2] 白寿彝：《关于〈创建清真寺碑〉》，见《中国伊斯兰教史参考资料选编（1911—1949）》上册，宁夏人民出版社1985年版，第542—543页。

图 7-4　西安化觉巷清真寺礼拜大殿
（引自国家文物局主编：《中国文物地图集·陕西分册》上，西安地图出版社 1998 年版，第 469 页）

　　明代陕西伊斯兰教的发展，还可从经堂教育的兴起得到证实。在明嘉靖、万历年间，著名的经学大师胡登洲（1522—1597）即是兴办经堂教育的代表人物。胡登洲，陕西渭南人，自其从麦加朝觐返乡后，深感中国"经文匮乏，学人寥落，既传译之不明，复阐明之无自"[1]。为此，他积极创办经堂教育制度，以培养伊斯兰教宗教人才。经堂教育，即是在清真寺内办学堂，招收回族子弟入学，学习阿拉伯文和宗教经典，并进行严格的宗教训练。学业完成后，即"穿衣"（毕业），受聘到各地宣传教义，或为寺院阿訇，主持宗教活动。因此，陕西的经堂教育在全国起步较早，影响很大，胡登洲成为当时全国知名的伊斯兰教经学大师。[2]

　　[1]《修建胡太师祖佳城记》，转引自王宗维：《陕西回族史上的几个问题》，见西北第二民族学院回族研究所、兰州穆斯林教育基金会编：《中国回族研究》第 1 辑，宁夏人民出版社 1991 年版，第 148 页。
　　[2] 王宗维：《陕西回族史上的几个问题》，见西北第二民族学院回族研究所、兰州穆斯林教育基金会编：《中国回族研究》第 1 辑，宁夏人民出版社 1991 年版，第 148 页；白寿彝：《中国回教小史》，见白寿彝：《中国伊斯兰史存稿》，宁夏人民出版社 1983 年版，第 31 页。

　　就在胡登洲兴办经堂教育的时期，陕西回族得到了较大的发展，分布也很广。在明代的文献中，出现了一些关于陕西"回夷"的记载。如明代瞿九思所撰《万历武功录》卷一陕西部分有《回夷列传》，开首即说："回夷，西（安）、延（安）、庆（阳）、平（凉）、凤（翔）、汉（中）间夷也。郡县编入版籍，名曰回夷。"此将明万历时陕西回族的分布说得较为明确，内除庆、平现属甘肃省外，其余均在今陕西境内。其分布地与元代色目人军屯、民屯之地基本相符。

　　当时陕西的回夷已基本编入郡县户籍之中，与汉族一样直接由明地方郡县管理。但在万历之前，明朝对陕西回夷的控制较为松弛，回夷中有一部分经营小商，流动性较大。诚如《武功录》所述："岁时视麦熟，皆携妻小卖药课命，仰食它旁郡。岁凶亦如之。"万历丙戌年（1586），陕西大荒，先由泾州一带的回夷五百人起来反抗明朝的统治，由灵台进入陕西麟游、三水、淳化、耀州、同官等地，与该地回、汉荒民联合，势益炽。最后，这次以回夷为主的荒民的反抗，为明军所镇压。此后，明朝统治者即加强了对陕西回夷的控制，由"督抚请上，乃得以回夷编立保甲，著为令。令毋聚党，毋持兵，毋抢掠；岁时诸回夷所流行，逻司常从走卒游徼道上，以备为寇。"《武功录》列举了陕西各地回夷的姓名，如"回贼张自来儿"，蒲城人"权东采""权东尧"，"淳化夷白长汉、马长儿、马文升"、马毛，"回夷李宗鄂、赵进忠"，等等。泾州回夷进入陕西后，主要联络各地回夷，共同起兵，且有汉族荒民"屈应时、三水田和尚等"，众至男妇千人、马千匹。[①]

　　到万历甲辰年（1604），关中鄠县庞家村与盩厔县白龙沟的回民，以沙仓等为首，又掀起了反抗明朝统治阶级的斗争，旋为明军镇压。鄠县县令刘璞事后"为连环保家法，每堡壮丁二十人，教士（伊斯兰教）一人，每月三日教习，余日归农。回乱遂息"[②]。同样是加强了对回民的控制。

　　以上这些资料说明，明代陕西关中地区回族分布已较广，许多郡县均有回

---

　　① 以上所引均见瞿九思：《万历武功录》卷一《回夷列传》，中华书局1962年版，第86—88页。

　　② 清光绪《鄠县乡土志·兵事录》，见《中国地方志集成·陕西府县志辑》第52册，凤凰出版社2007年版。

民居住其间。他们的姓氏亦基本为汉姓，与汉族百姓一样深受明朝统治阶级的压迫和剥削，因此在反抗明朝统治阶级的斗争中，双方往往是相互联合、相互支援的。

明末，由于明朝统治阶级腐败，土地高度集中，辽饷加征，以及自然灾害严重等各种原因，陕北首先爆发了规模巨大的明末农民反抗斗争。陕西的回族与汉族一起投身到这场农民运动之中，涌现出一批回族领袖。其中最为知名者，如陕北的"老回回"马光玉（大老回回）、马守应（小老回回）等。他们所率领的义军时称"回回营"，内有回、汉民族成分。马守应，陕西绥德回族，边兵出身，崇祯元年（1628）起兵于陕北，与罗汝才、高迎祥等被推为首领。此后，马守应转战山西、陕西、河南等省，与闯王高迎祥、八大王张献忠等并肩作战。崇祯八年（1635），农民军十三家七十二营在荥阳大会，老回回马守应为十三家首领之一。他主张北进山西，与张献忠意见不合，发生争执。经闯王李自成劝解，马守应担任策应。[①] 次年，马守应等进入陕西洛南，后又转战于河南及湖广等，与李自成联合，取得了很大的胜利。直到崇祯十六年（1643），马守应病死于荆州（今湖北江陵）。[②] 马守应是明末义军中的重要领袖之一，他率领的回回营与闯王李自成、八大王张献忠等义军相互联合，并肩作战，在推翻腐朽的明王朝的农民战争中做出了巨大的贡献。

三、陕南略阳、宁强等地的羌族及其汉化

今陕南略阳、宁强一带汉唐时聚居着一些氐、羌族，但自宋元以来，该地区氐族（如杨氏）已基本汉化，只有少量的羌族，仍居于山险之地，因该地紧邻今甘肃东南武都、文县及四川茂、汶羌族聚居之地。到明洪武二十七年（1394）八月，邻近今陕南的阶、文州千户张者起兵反叛，明朝命右军都督左督宁正为平羌将军，率陕西、成都卫所兵一万八千讨之。次年正月，宁正讨平张者等。[③] 同年，宁正遂于徽州（治今甘肃徽县）置宁羌卫。

---

① 《明史》卷三〇九《李自成传》。
② 吴伟业：《鹿樵纪闻》卷下，"国史馆"台湾文献馆影印本，1972年版。
③ 官修《明实录》(台湾"中央研究院"历史语言研究所校印，上海书店2015年版)卷二三四，洪武二十七年八月丙戌；同书卷二三六，洪武二十八年正月丙午。

洪武三十年（1397），汉中府沔县（今陕西勉县）吏高福兴、羌民田九成、僧李普治反明起事，陕、蜀间番民（羌族）起而响应，明朝遂令征西将军、长兴侯耿炳文与武定侯郭英发陕西、四川兵讨之。高福兴等兵至阳平关，败明军，又北入略阳杀知县吕昌。明又急调川、陕军进剿。次年九月，明朝所遣陕西都指挥佥事吴旺等领兵入沔县，才最终擒杀高福兴，田九成败亡马面山。[①] 明朝廷命指挥姜观在沔县西南的元代所设大安县（今陕西宁强）羊鹿坪筑城建置，移宁羌卫于此。[②]

到明成化二十一年（1485）六月，都御使郑时以宁羌卫孤悬万山，军民杂处，难以控御，加之荆、襄流民溯汉江而上，人口骤增，奏准于宁羌卫设州置官，州、卫并存，属汉中府，下辖略阳县。[③] 到清初，废宁羌卫，仅存宁羌州，仍属汉中府，后改为宁羌县。"其曰宁羌，盖亦辑宁氏羌之义，欲羌之永宁耳。"[④] 直到 1942 年，改宁羌县为宁强县，一直至今。

事实上，到清代，今陕南略阳、宁强一带羌族也逐渐汉化。据清光绪年修《宁羌州乡土志》记："本境虽氐羌故地，然历朝以来，递经淘汰，腥膻尽除，即有一二存者，亦久与汉民同化，水乳交融，不辨孰清孰浊"。[⑤] 只是该地仍保留有若干氐羌风俗而已。

四、满族入居陕西及其汉化趋势

明朝在明末农民反抗浪潮中被推翻，以闯王李自成为首的义军建立大顺政权，定都北京。陕西地区则为大顺政权所控制。然而，兴起于东北的满族建立的清朝（原名"后金"）在山海关击败了大顺军队，进围北京。崇祯十七年（1644），李自成军退出北京后，清朝阿济格亲王率大军追击。阿济格手下有降于清朝的

① 《明实录》卷二四九、卷二五〇、卷二五五，洪武三十年正月至九月；张廷槐纂修：《续修宁羌州志》，见《中国地方志集成·陕西府县志辑》第 52 册，凤凰出版社 2007 年版。

② 《续修宁羌州志》。

③ 《续修宁羌州志》。又《明史》卷四二《地理志三》"汉中府宁羌州"条记载与《续修宁羌州志》记略有不同，从《明史·地理志三》。

④ 《续修宁羌州志》。

⑤ 清光绪《宁羌州乡土志》，见《中国地方集成·陕西府县志辑》第 52 册，凤凰出版社 2007 年版。

原明副将孟乔芳，由他率领的一支清军，由上谷（治今河北易县）攻占山西北部。然后渡过黄河，占领了延安、庆阳、平凉，九月入据关中[1]。清顺治二年（1645），清廷即以孟乔芳以兵部右侍郎兼都察院右副都御史，总督三边军务。孟乔芳先后镇压了陕西各地的农民反抗，以及以今甘肃河西回族丁国栋、米剌印为首的起事，巩固了清朝在陕西的统治。

清初，沿明朝旧制，于今陕、甘地区置左、右承宣布政使司，置巡抚、总督，治西安，兼辖四川。雍正九年（1731），专辖陕、甘，治西安。早在康熙六年（1667），改陕西右布政使司为巩昌布政使司；七年又改为甘肃布政使司（即甘肃省），徙治兰州。至此，陕、甘分治。陕西所领七府（西安、同州、凤翔、汉中、兴安、延安、榆林）、五直隶州（乾州、商州、邠州、鄜州、绥德州），基本与今陕西省所辖地区相同。[2]

满族入关后，采取了强迫同化的政策，最突出的即是用武力和屠杀来强迫汉族及其他族剃发易服，遭到广大汉族人民的激烈反抗。历史上所谓的"扬州十日""嘉定三屠"，即是因剃发易服而引发的民族大屠杀。清朝统一全国后，一方面极力推行"国语骑射""旗民有别"，优待满洲，扩大八旗，区别旗人与"民人"，反对八旗满人汉化，甚至继续强迫汉人剃发易服，满族化；另一方面为了统治人口众多的汉族，又提出"满汉一家"，在官制上采取"满汉并用"、准允满汉通婚等措施。这些政策与措施，在今陕西地区也得到了贯彻执行。

与金朝女真人的猛安谋克及元朝的亲军、探马赤军性质相近的满族"八旗制"，也是满族兼有军事、行政和生产三方面职能的社会组织形式。满族入关前后，又增设"八旗蒙古""八旗汉军"等。至此，八旗的生产职能较为缩小，而其军事职能日益增长。凡八旗成员称为"旗人"（主要是满族），与州县所辖"民人"相区别，这就是上述的"旗民有别"。清朝统治者为了加强对全国各地的统治，在各地分派八旗驻防，分给庄田，称"旗地"，以充饷项。

陕西驻防的八旗官兵人数，据文献记载：顺治二年（1645），始设陕西西

[1] 孟熊弼：《先府君忠毅公行述》，见孟乔芳：《孟中毅公奏议》，清刻本。
[2] 赵尔巽等：《清史稿》卷六三《地理志十·陕西》、卷六四《地理志十一·甘肃》，中华书局1977年版。

安右翼四旗，"置满、蒙兵二千，弓匠二十八，铁匠五十六"；十五年（1658），"增设西安佐领、骁骑校二十八，骁骑一千"；十六年（1659），增西安步甲一千。[①] 到康熙年间，"陕西西安府，设兵八千六百六十名，匠役一百五十六名"，此乃西安府所驻满、蒙古、汉军的总数。康熙二十二年（1683）上谕说："秦省地方辽阔，西安汉中，关系更为紧要。应将八旗满洲、蒙古、汉军官兵添设，镇守省城。于此内酌量分拨驻防汉中。"兵部随议中，谈到陕西西安原有"右翼四旗三千满洲兵丁"，议于西安驻防兵内，"拨出满洲兵丁一千名，汉军兵丁一千名，在汉中驻防"。雍正五年（1727），又于陕西潼关县，设兵一千名（满洲兵），"在潼关城西一里许筑城，并设官员衙署，兵丁营房"。[②] 这样，在康熙、雍正年间，陕西驻防满洲兵人数大致在三四千左右。八旗驻陕西的官员有："西安府：将军一员、副都统二员、协领八员、佐领四十员、防御四十员、骁骑校四十员，以上俱满洲缺；协领二员、佐领十六员、防御十六员、骁骑校十六员，以上俱蒙古缺，（雍正元年增设）；副都统二员、协领八员、参领八员、防御四十员、骁骑校四十员，以上俱汉军缺。"[③]

从上引文献看，清代驻防陕西的满洲、蒙古、汉军，主要集中驻防于西安，其次是汉中、潼关，满洲人数约三千至四千名。西安、潼关等八旗驻防地，后来形成所谓的"满城"。西安的满城在原明秦王宫城内，以后有所扩大，成满族聚居的一个内城，位于西安城内东北角，约当西安城（明城）的四分之一。辛亥革命前夕，满城八旗满族官兵及家属约有万余口。

由于满洲官兵驻防陕西，于是有一批满族人始入居陕西西安、汉中、潼关等地。同金朝女真、元朝蒙古等族进驻陕西一样，尽管清初满族统治者一再强调"国语骑射""旗民有别"；但是，陕西的八旗满洲官兵及其家属，因与人口众多的汉族杂居，也开始了其汉化的进程。他们逐渐与汉族通婚，基本忘记

①《清史稿》卷一三〇《兵志一》。
② 鄂尔泰等：《八旗通志》卷二八《兵制志三》，李洵、赵德贵主点，东北师范大学出版社1985年版，第532—534页。
③《八旗通志》卷三五《职官志二》，第646—647页。

了本民族的语言和文字，而改用汉语文字，学习汉族的文化习俗。这与清朝统治阶级的"满汉一家"、准允满汉通婚等一系列政策亦不无关系。

清朝入关后，满人学习汉语、汉文的风气十分盛行。雍正三年（1725），吏部建议今后"刑部满洲司官缺出，请拣选通晓汉文人员补受，庶案件易于料理"，"满洲习汉文字者，愈加勉励矣"。这一建议得到雍正帝的允准。[①] 因此，许多满族官员已渐忘记满语，而只会讲汉话了。驻防陕西各地的满族官兵，由于与汉族日常接触更为频繁，深受汉族经济、文化习俗的影响，早已通用汉语了。至于骑射习俗，入关后的满族，也未能保持，而是日渐荒疏。乾隆皇帝曾对八旗官兵进行过一次考试，发现他们"步箭甚属不堪"，而大发雷霆。[②] 总之，满族入关后的汉化是历史发展的必然结果。到清中叶以后，在政治、经济和文化等各方面，满族与汉族的发展水平已日趋一致，两者的关系更为紧密。

第二节　清代陕西回族的分布及其经济文化

一、清前期陕西回族的分布及其与汉族的关系

明代，陕西回族得到了很大的发展。清朝入关后，曾激起汉、回等各族人民的激烈反抗，陕甘的回族也多次掀起反抗清朝民族征服和压迫的斗争。如清顺治五年（1648），以今甘肃河西回族米剌印、丁国栋为首的反清斗争即其中之一。清朝巩固了对陕甘地区的统治之后，对回族上层进行拉拢和收买，而对一般的回族人民，则与对汉族一样，实行民族歧视和压迫政策。对回族的宗教活动、习俗横加指责；又乘回族内部新、旧教派之争，从中挑拨，支持一派，压制另一派，分而治之。更有甚者，清朝统治阶级还往往挑拨回、汉之间的关系，有意制造回、汉隔离，酿成的后果十分严重。因此，早在清朝初期，西北地区回族就先后掀起了反抗清朝统治者的武装斗争，如乾隆四十九年（1784）甘肃通渭石峰堡的回民起事等。

---

① 官修《清世宗实录》卷三五，雍正三年八月条，中华书局 2008 年版。
② 官修《清文献通考》卷一九二《兵考》一四，商务印书馆《万有文库》本。

　　然而，正如有的学者所指出，回族在中国不传教，不攻击儒教，且有自己的饮食习俗，不与异教通婚，世代相传，改宗不易，习惯上又可有二妻，故其族发展、繁衍较快。[1]到清同治年以前（即 1862 年前），陕西的回族发展、繁衍十分迅速，成为陕西地区仅次于汉族的第二个大民族，陕西汉、回为主的民族分布格局正式形成，并得到了进一步发展。

　　清同治年以前，陕西回族人口到底有多少？同治年间左宗棠在一份奏牍中说：“通计陕回七八十万”[2]。而据民国初年西安回族马光启所撰《陕西回教概况》记：“历宋、元、明、清以来，生殖日繁，遂布满全省，号称百万。”[3]又据同治年间余澍畴所撰《秦陇回务纪略》说：“陕则民七回三，甘则民三回七。”[4]即陕西回族占总人口的十分之三。这一数字为现今一般有关论著所引用。然而，清乾隆时，陕西总人口是七百万至八百多万，[5]到嘉庆、道光年间，增至一千万至一千二百万左右，[6]如果上述陕西回族总人口约七十万至一百万较确，则回族只占全陕人口约十分之一，余澍畴的说法恐不确。尽管如此，当时陕西十人中就有一回族人，回族人口之多，发展之迅速，也是很引人瞩目的。

　　当时陕西回族的分布情况，我们借助于一些调查资料，可对一些回族集中的地区做出较为具体的叙述。

　　（1）西安地区：清同治以前，西安地区（包括原西安市、长安县及清代的咸宁县）是陕西回族聚居的地区之一。1956 年，以西北大学马长寿教授为首的清回民历史调查组，在西安光大门的回族“马氏祖茔”，发现立于乾隆二十四年（1759）的两块碑石，一块碑的汉文部分列举了咸宁、长安两县回民公众立此碑时参与立

---

　　① 参见陈垣：《回回教入中国史略》，见陈垣：《陈垣学术论文集》第 1 集，中华书局 1980 年版，第 559 页。
　　② 宋伯鲁等编纂：《续修陕西通志稿》卷一七八引，民国十三年铅印本。
　　③ 马长寿：《马长寿民族史研究著作选》，上海人民出版社 2009 年版，第 318 页。
　　④ 中国史学会主编：《回民起义》第 4 册，上海人民出版社、上海书店出版社 2000 年版，第 215 页。
　　⑤ 《清文献通考》卷一九至卷三〇。
　　⑥ 曹占泉编著：《陕西省志·人口志》，三秦出版社 1986 年版，第 86 页。

碑的村坊。坊，当时回族以一个清真寺管辖地区为一坊。据调查者研究，此碑共列七十一坊名，其顺序是从市南关开始，然后经过西南郊、西郊、西北郊、北郊、东郊，最后叙述西安东北郊与临潼交界处的几个村坊。这些村坊，至今还可找到其所在的位置和对应的村名。除碑所记的七十一村坊外，因种种原因未列入的回民村坊也不少。但总的说来，今西安市郊区四方当时均有回民的村坊，其中尤以西郊、西南郊和北郊为多，且有连成一片的回村，东郊则也有一些稀疏的回民村坊。在西安城内，还有回民十三坊。西安地区回族，主要分布在渭河两岸及从南向北流入渭河的支流沣、皂、浐、灞下游，特别是诸水入渭的地区。①

（2）临潼县（属西安府）：回民村坊在县渭河以南有三府村、马坊堡、古堡子、海家庄、五府、八角庙、罗家寨、冯里村、行者桥（三堡）、斜口等；渭河北则有普陀原十三村（今雨金镇以西的13个村）、油坊街（今名油槐镇）、尖角等。其余还有许多村镇里，也有回民杂居其间。

（3）蓝田县（属西安府）：回族分布不很集中，主要在西寨、大梁、黑沟、草坪、嘴头、金花庄、阴沉村、马里滩等。此外，在县城西南林家河附近还有一"回回庄"。

（4）渭南县（属西安府）：回族村坊几乎遍布于县渭河以北地区，尤以南北禹家、侯家、沙里头的三家庄、老庄子、马家洼、十里滩、青池、樊家堡子、权家村为多。渭北一些大镇，如仓头（今名仓渡村）、孝义等也有许多回族居住。县城以西有所谓"六村九社"之说，皆为回族聚居村落。"社"，地方基层单位，应即元代屯田色目人"随地入社"的社，是沿袭下来的名称。县城的南边（即渭河南）回族村坊有白杨寨、闵家、赫家窑、盛店、薛冯村、殷城村、凉天坡等。

（5）三原县、高陵县（属西安府）：三原县城内太平巷原为回族聚居区，姚家巷、水晶巷亦有散居回族，乡间无回民村落。高陵县除城内有回族外，乡间较少。

（6）泾阳（属西安府）：除县城内有回族及清真寺外，西关外南铁门、

① 王宗维：《清代中叶前西安地区回民的分布和经济生活》，见西北大学西北历史研究室编著：《西北历史研究》1988年号，三秦出版社1990年版，第101—109页。

魏家湾，均有回民居住。永乐店以南、崇文塔以北菜家壕是回村。县城西南原上有许多回村，与咸阳北原回村相连，如寨头村南边和西边的赫家村（黑家滩）；县东南隅的高庄（高阳庄），也是回村。

（7）咸阳（属西安府）：县城内的回族，集中在城东西二道。县渭河以南，回族居住在南纪家、北纪家村；渭河北，东乡有渭城各村寨，包括黑旗、红旗、七旗村，七旗以西的普马家、者马家、任家嘴等，原也为回村，与泾阳西南回村相连。明朝伊斯兰教经学大师胡登洲即出身于咸阳渭北。县城东北的南北佘家，也是回村；城北的马家堡、拜家堡全是回村；城西石斗村西的求家堡、魏家川系回汉杂居之地。

（8）兴平县（属西安府）：回族聚居在东乡北吴村、西乡板桥等地。

（9）醴泉县（属西安府）：回族聚居村庄有赵村、吴村、肖东、蔡原头等。

（10）盩厔县（属西安府）：县城南关与南街有回族，为数不多。

（11）鄠县（属西安府）：县西灰渠村、庞家村为回族聚居村落。

（12）华县、华阴县（属同州府）：华县北秦家滩（今名侯方乡）、乜家滩回族村庄最多；城北的褒圣里、褒义里一带也有一些回庄。华阴县西北大涨村毗连秦家滩，是回村聚集之地。

（13）大荔县（属同州府）：回族集中于县西南沙苑三十六个村庄。著名的有南王阁村、青池、龙池庵、王桥、八女村（又作"八鱼村""八女井村"）、樊家堡、乔店、禹家、沙南、东西海道子、东西白马堂、南北草滩、北丁家、任家老庄子、马家、大小园子、南丁家、车村、石碑滩、三家庄等。县城南沙苑洛河下游，也有许多回族村庄。

（14）凤翔县（属凤翔府）：据清代张兆栋撰《守岐纪事》说：凤翔"郡回二十八坊，共六万三千余名口，散居东关麻家崖等处。城内二坊最小，共四十八家"①。诸如城北寺院里、城东铁家沟，东南有寺沟里、三岔堡，南

---

① 中国史学会主编：《回民起义》第 4 册，上海人民出版社、上海书店出版社 2000 年版，第 273 页。

有崔家凹、雷家台、马家崖、海马庄、丁家河、海家河，西南有铁家庄、小桑园等。

（15）岐山、宝鸡县（属凤翔府）：全凤翔府有回民三十六坊，集中于凤翔县有二十八坊，则此两县有回民八坊。主要聚居于县城及其附近。

（16）淳化县（属邠州）：城西北有纳家、拜家二村，系回族村庄。

（17）延安（属延安府）：今陕北地区，清同治年间以前回族不多，主要居于县城附近及与甘肃交通沿线。此地回族与甘肃陇东、宁夏的回族关系较为紧密，往来较多。

（18）在今陕南的汉中、西乡、安康、石泉等沿汉江流域重要城镇，多有回族居住。如汉中西乡县的清真寺鹿龄寺，建于清康熙五十八年（1719），是嘎德林耶门宦在陕西有名的拱北。汉中市东门外有塔尔巷清真寺，据传修建于元代中叶。有清真寺则有回民居住其间。[①] 又如今安康地区存有四块清代清真寺碑：立于清同治十一年（1872）正月的重修清真古寺碑（现嵌于安康市清真古寺大殿内墙上）、立于同治十一年二月的助修清真古寺碑（现存安康市清真古寺大殿前厅）、立于光绪十六年（1890）八月的增修清真北大寺碑（现存安康市清真北大寺前院）、立于光绪二十年（1894）五月的重修兴安郡城清真古寺碑（现存于安康市清真古寺大殿前厅）（见图7-5）。[②] 据碑文知安康清真寺建于明代，说明自明以来该地已有回族聚居。碑记主持、捐助、撰文重修清真寺的人中，多有哈、马诸回族姓氏，知多为当地回族；也有从湖北来当地做官吏的回族，如上引光绪十六年《增修清真北大寺碑》的书者即"湖北候补分县生员马文兆"，其参与撰写光绪二十年《重修兴安郡城清真古寺碑志》，碑作"候选县丞生员马文兆参"。今商洛镇安茅坪回族镇的回族，也传系明代洪武年间屯田的回族兵士的后代。

---

① 穆罕默德·阿里·冯福宽：《陕西回族史》，陕西人民出版社1997年版，第85—86页。

② 张沛编著：《安康碑石》，三秦出版社1991年版，第245—246、246—247、289—291、301—305页。

以上就是清同治年间以前，陕西回族分布的大致情况。由此知当时陕西回族主要集中在关中的三府（西安府、同州府和凤翔府）所辖诸县，尤以西安、长安、临潼、渭南、华县、大荔、凤翔、咸阳、泾阳等县回族聚居村坊最多。即是说，回族主要分布于沿渭河南北两岸及其支流地区，与汉民村落杂处。此外，陕北、陕南也有回族聚居。

从明代至清前期，陕西汉、回之间虽然民族不同，宗教、习俗有所差异，总的说来，还是相处得比较友好和融洽的。特别是汉、回广大的下层人民，由于均受汉、

图 7-5　安康光绪二十年重修兴安郡城清真古寺碑拓片
（引自张沛编著：《安康碑石》，三秦出版社 1991 年版，第 302 页）

满统治阶级的压迫和剥削，他们之间没有大的利害冲突，同处于社会的底层。因此，在反抗封建地主阶级的斗争中，他们往往联合行动，在斗争中建立了很好的关系。

然而，由于清初陕西汉、回人口及经济的发展，阶级分化日益加深，汉、回两族中的大地主、富商、高利贷者之间，争夺土地、市场的矛盾逐渐尖锐。为了致富和争夺权势，他们又往往煽动本民族人民仇视另一族，从而激发并加深了汉、回民族之间的矛盾。加之，清朝政府采取民族分化和"以夷制夷"的

政策，往往偏袒一方，压制一方，更加深了汉、回之间的矛盾。

在大荔县西大村关帝庙内，存有一道光七年（1827）当地汉、回纠纷碑，上记："立碑人渭南回民底春菱等，因为道光七年九月十六日，自己于（与）村人底六儿在大荔属西大村村外牧羊，致伤田苗，西大村李集馨等赶逐，彼此发生口角，均控上宪。经武生杨大任、马金柱等从中处和，回民补偿田苗，汉民将羊只如数交还；两村和好，以息纷争。蒙渭南正堂和大老爷大荔县正堂张大老爷准其和息，详请销案，……日后回民牧羊，不得故意在汉民苗田内践食；至于麦谷成熟，亦不得在地内偷窃。倘有违犯，许其投知回民乡约杨春迎、头人底春福，共同具禀究治。汉民亦不得越境邀羊，致滋讼端。从此永归和好，各安其业。恐后无凭，勒碑存证。"[①] 此碑反映的似乎只是回民的羊吃了汉民地里禾苗的小事，但在处理上立碑人为回民，且规定回民赔偿损失，保证今后不得重犯，以及不得在地内"偷窃"等，可见仍然是不平等的。无怪乎此类事件以后越演越烈，后人称之为"地畔相争"。正如有的学者指出：地畔相争表面上是回民牛羊跑到汉人地里偷吃田禾，实际上它反映了"回、汉地主对于毗邻地主土地的竞买和由此而产生的争端"。

二、清前期陕西回族的经济与文化

清朝前期陕西回族主要从事农业，在渭河两岸及其支流地区，回族的村坊星罗棋布。陕西回族农民所有的土地，一般说来，比汉族所有土地差，大多为渭河沿岸及沙苑一带的沙地。但是，回族人民经过自己的辛勤劳动，开辟了许多新的、肥沃的田地。他们勤劳吃苦，讲究精耕细作。前述调查资料中，记述了一则大荔县南王阁村回族与北王阁村汉族农民之间的趣事。北王阁村的汉人最初只知以粪肥田，不知以火灰肥田，常把火灰掺进粪里卖给南王阁村的回民，从那里换到麦子，自以为得计。因此，有谚语说："三笼塘土三笼灰，就给回回要年麦。"回族得火灰后，庄稼日肥，农业日益发展，于是回敬谚语说："哪

---

① 马长寿主编：《同治年间陕西回民起义历史调查记录》，见马长寿：《马长寿民族史研究著作选》，上海人民出版社2009年版，第226—227页。

怕你三笼塘土三笼灰，但看我地里长的麦。"① 由此小事，亦可见陕西回族精于耕作，农业发展的情况。此外，西安郊区的回族还发展了蔬菜业和园艺业。总之，陕西回族与汉族一起为陕西农业的发展做出了巨大的贡献。

除农业之外，还有许多回族经营畜牧业、运输业、商业和牛羊屠宰业等。在沙苑等地的回民村庄，回族除农耕外，大多兼事饲养牛、羊、马等牲畜。特别是养羊，是回族的生产传统，日常生活的肉食、乳食品均来源于此。大荔的回族还有从事养马业的，马匹从黄龙山买来，于沙苑饲养。在大荔八女村西边的红庙附近，回族还有跑马场。

商业，也是回族传统从事的经济行业。特别是居住于城镇的回族，因无农田，故大都从事商业，以食品加工和小商贩为主，也有从事长途贩运或牛羊屠宰等行业，维持生计。当时，回族中还很少有能与汉族富商大贾相比的豪富，但是，也有一些回族因到省外贸易而发家致富。如大荔县王阁村姓禹的回族，在四川有盐井，村民称其为"川客家"。渭南回民起事首领之一禹得彦，在四川也有盐井，在西安有房产。②

陕西回族到清前期，其语言文字、服饰、姓氏均与汉族一致。然而，由于回族信仰伊斯兰教，其丧葬嫁娶、斋戒等风俗习惯，又有自己的民族特点。前人论述颇多。应特别提出的是，清代回族因宗教教义、习俗的约束，不吸鸦片毒品，洁身自好，并普遍喜爱习武，身体强壮，是一个极富生命力的民族。

在清同治年以前，随着陕西回族人口的增多，伊斯兰教的发展也极为迅速。回族聚居的村堡都相应建立了清真寺，有的一个村就有一个清真寺。据估计，同治年以前，仅陕西关中等地就有清真寺八百余座。当时，陕西伊斯兰教不分教派，清真寺在回族当中有很高的威信和一定的政治权力。这主要是清朝政府在西北地区利用伊斯兰教来推行"乡约"制度。乾隆年间，清朝血腥镇压了甘肃撒拉族苏

---

① 马长寿主编：《同治年间陕西回民起义历史调查记录》，见马长寿：《马长寿民族史研究著作选》，上海人民出版社 2009 年版，第 267 页。

② 马长寿主编：《同治年间陕西回民起义历史调查记录》，见马长寿：《马长寿民族史研究著作选》，上海人民出版社 2009 年版，第 271 页。

四十三领导的反清斗争后，即规定"回民不得复称总掌教、掌教阿訇师父名目、择老成人充乡约，稽查约束"①。自此之后，在西北各省信仰伊斯兰教各族中，由地方官选择伊斯兰教阿訇，立为乡约，管理信教的各族。上引道光七年渭南孝义镇西大村汉、回纠纷碑上，就刻有"回民乡约杨春迎"，证明清朝政府在陕西回族聚居地区，利用伊斯兰教设立了"乡约"这一行政基层组织。这种巧妙地利用清真寺作为统治回族工具的办法，无形中也赋予了清真寺一定的政治权利。

三、辛亥革命前陕西汉、回各族人民的反帝反封建斗争

清同治年间后，陕西境内的民族分布格局发生了一些变化。除了占全省人口绝大多数的汉族，在西安附近，有正在汉化的满族和回族，陕北与今内蒙古交界地方有少数的蒙古族。

各族人民深受日益腐朽的清朝统治阶级的压迫和剥削。特别是随着帝国主义侵略势力深入西北，外国传教士和教堂在陕西地区日益增多。外国传教士和教民在各地作威作福，任意欺压百姓。终于在清光绪二十六年（1900）全国义和团革命运动的影响下，陕西地区也爆发了反对帝国主义教会的侵略和掠夺的斗争。其中最著名者为"陕西三大教案"，即宁强燕子砭教案、三边（靖边、定边、安边）教案和平利教案。②这是陕西人民反抗帝国主义侵略的革命斗争。

陕西民间也有"哥老会"反清秘密会党组织。辛亥革命前夕，"恩寿抚陕，政以贿成，剥削民脂，扣减军饷，军民怨愤已久，投身会党者日众"③。陕西哥老会的成员主要是破产的农民、手工业者、无业游民、士兵等下层群众，其中也有回民参加。当时，陕西哥老会的组织"山堂"名目繁多，遍于各县。凤翔一带的坐堂大爷，就是河州回族马秉乾（马老六），称"秦凤山"。西安哥

---

① 慕寿祺：《甘宁青史略》卷一九引阿桂奏折，民国二十六年铅印本。
② 参见陕西省参事室编《三边教案纪略》、政协陕西省委员会文史资料征集研究委员会编辑组编《宁强教案调查》、政协安康县委员会编《平利雉河教案纪实》，均见政协陕西省委员会文史资料研究委员会编：《陕西文史资料》第16辑（内部发行），陕西人民出版社1984年版。
③ 中国史学会主编:《辛亥革命》六,上海人民出版社、上海书店出版社2000年版,第40—41页。

老会内也多有回民参加。

在辛亥革命前夕，陕西哥老会反帝反封建斗争高潮中，各山堂虽然互不相属，但在斗争中还是彼此联系、相互支援的。光绪二十六年渭南哥老会田贵滨和山阳县会党刘必高领导的反清起事，以及光绪三十一年（1905）陕南安康哥老会首领梁悦兴领导的反清起事，就是其中最大的几次哥老会起事。

此外，辛亥革命前夕，关中、陕北一带农民掀起的"交农"抗捐斗争，也此起彼伏，沉重地打击了清朝统治阶级在陕西的统治。各地群众日益觉醒，预示着一场更大的革命风暴的来临。

第八章

民国时期以汉、回为主的陕西各族
及其反帝反封建斗争

第一节　辛亥革命时期陕西汉、回各族人民的反帝反封建斗争

一、以汉、回为主的陕西各族人民与辛亥革命

清宣统三年（1911）八月十九日，湖北武昌起义点燃了辛亥革命的烈火，陕西革命党人也接着响应。早在武昌起义前，陕西同盟会革命党和哥老会等就多次协商准备起义。在宣统二年（1910）六月，陕西同盟会在大雁塔召开一次秘密会议，到会者三十余人（后称为三十六兄弟），共图大举。三十余人中就有西安哥老会首领、回族人马玉贵。这次会议是陕西同盟会、哥老会和新军三方面力量的结合，为以后革命的成功奠定了基础。①后因准备不足及其他原因，而未能发动。

武昌起义爆发后十三天，即九月初一日，清官方因发觉新军有起义的征兆，即下令调陆军（新军）第二标离开西安。在这种紧急情况下，领导起义的同盟会成员、哥老会首领及公推为起义指挥的张凤翙等三十余人，在林家坟召开紧急会议，决定于当日中午十二时发动起义。到时，新军先攻占了军装局，夺得武器弹药；哥老会占领了军事参议官衙门及城内各衙门。接着，起义军攻围清军及旗人聚居的满城，遭到清军的顽强抵抗。直到九月初二日下午，起义军将大差市一段崩塌的满城城墙挖开，哥老会头目刘世杰、马玉贵首先带兵冲入。同时，西面新军也攻下了新西门（后宰门）。初三日，起义军在满城进行搜索战。在此期间，一些士兵和领队官杀死了一些无辜的满族兵士和家属，这是不应该发生的事。不久，起义军将俘获的很多满族男女老幼集中管押，初五日即遣送出城，让他们自谋生路。清朝将军文瑞跳井自杀。②

---

① 《陕西辛亥前革命思想传播和同盟会的初期活动》，见中国人民政治协商会议陕西省委员会文史资料研究委员会编：《陕西辛亥革命回忆录》，陕西人民出版社1982年版，第301页。

② 朱叙五、党自新：《陕西辛亥革命回忆》，见中国人民政治协商会议陕西省委员会文史资料研究委员会编：《陕西辛亥革命回忆录》，陕西人民出版社1982年版，第32—40页。

西安为起义军占领后，哥老会势力大增，在组织军政府过程中，与革命党人发生了矛盾。同盟会人对哥老会头目做了恳切的说服工作，使他们深受感动。马玉贵甚至做了"既不为名，又不为利"的表示。最后，陕西军政府成立，由张凤翙任大统领，哥老会首领万炳南、同盟会领导钱定三为副大统领；下设六都督，其中回族哥老会头目马玉贵任粮饷都督，成为陕西辛亥革命一个方面的领导人之一。①

西安省城起义成功的消息，传到各府、州、县，各地纷纷响应。几个月时间内，各地同盟会和哥老会领导了起义，推翻了清朝的封建统治。在人数不多的回民聚居地区，回族与汉族一起参加了这场伟大的革命运动。如前述凤翔哥老会红帮秦凤山山主马秉乾，以帮会的组织关系，成立同志会，响应革命。九月初八日，革命群众攻占凤翔城后，城内无首，秩序混乱。当时，西安军政府派遣凤翔人士王肇基、千阳人高丹桂等到凤翔，对马秉乾做了一系列工作，马即表示愿意接受西安军政府的领导，并出安民告示，基本稳定了凤翔局势。②

当革命在陕西全省胜利后，清朝政府做垂死挣扎：命令山西巡抚陆钟琦、河南巡抚宝棻派兵从东路潼关入陕，镇压革命；又命逃至甘肃的原陕甘总督升允任陕西巡抚，督办陕西军务，调集各路军入陕。升允还起用停职的总兵、河州回族马安良，招回兵十四营。然后，升允分南北两路向陕西起义军发动了疯狂的进攻。

升允亲任北路清军指挥，由泾川东进，先后攻占了长武（十月初一日）、邠县（十月二十九日）。西安军政府增派兵马都督张云山率军来援，驻兵乾州。十一月初，升允率大军围乾州，军政府又派遣粮饷都督马玉贵率军赴援，大统领张凤翙、北路招讨使井勿幕所遣标统胡景翼也赶到乾州。三路军约期分三路攻北原。十一月十五日，马、张、胡三路军会攻时，因联络失调，致使东路马

① 朱叙五、党自新：《陕西辛亥革命回忆》，见中国人民政治协商会议陕西省委员会文史资料研究委员会编：《陕西辛亥革命回忆录》，陕西人民出版社1982年版，第42—46页。

② 王丕卿：《辛亥凤翔起义简况》，见中国人民政治协商会议陕西省委员会编：《陕西辛亥革命回忆录》，陕西人民出版社1982年版，第141—143页。

玉贵率数百人深入敌阵，无援被围。马玉贵见万分紧急，振臂高呼，奋勇杀敌，方突出重围。① 此后，张凤翙率军击走占据三水的清军，驻兵醴泉。此时东路潼关告急，马玉贵奉命返省城。十二月二十五日清帝宣布退位，二十八日东路清军与军政府签订停战协定。升允久攻乾州不下，于是命马安良继续围攻乾州；遣军攻醴泉、咸阳，也遭到起义军的抵抗，不久退走。次年（1912）正月二十日，乾州张云山与马安良议和，签订停战协议，不久甘军撤回。

甘肃清军南路以张行志一军为主，由陇县南东进。西安府早有准备，派遣副大统领万炳南出镇凤翔。万炳南到后，将地方起义民兵编为五大营，中营即以回族马秉乾为营长。十一月初，甘肃清军副将崔正午（回族）攻占陇州，由千阳直趋凤翔；张行志也引军合围凤翔。在凤翔军民的顽强抵抗下，甘肃清军攻围三个月，大小战斗二十余次，均不能得逞。到清帝退位后，双方停战议和，这部分甘军也退回到甘肃。

陕西是全国首先响应武昌起义的省份之一，陕西辛亥革命揭开了西北各省起义的序幕，在全国革命运动中占有重要的一页。

陕西汉、回各族在辛亥革命中，有同盟会革命党、哥老会和新军三股力量联合，取得了推翻清朝在陕统治的胜利。其中，陕西同盟会革命党人是领导和核心。而陕西同盟会革命党人是在以孙中山为首的同盟会的宗旨和纲领"驱除鞑虏，恢复中华，创立民国，平均地权"② 指导下进行的。这一纲领是同盟会受当时世界民族主义思潮影响而提出的，带有一定的局限性。因而，在辛亥革命爆发初，各地出现了滥杀倾向，陕西地区也不例外。幸亏在当时军政府，特别是任军政府粮饷都督的回族人马玉贵的力主之下，及时发布《严禁挑拨回汉关系告示》等一系列稳定局势、整顿社会秩序、保护工商业等的政策法令，才

---

① 朱叙五、党自新：《陕西辛亥革命回忆》，见中国人民政治协商会议陕西省委员会文史资料研究委员会编：《陕西辛亥革命回忆录》，陕西人民出版社 1982 年版，第 67—71 页。

② 《中国同盟会总章》，见广东省社会科学院历史研究室、中国社会科学院近代史研究所中华民国史研究室、中山大学历史系孙中山研究室合编：《孙中山全集》第 1 卷，中华书局 1981 年版，第 284 页。

使陕西的局势安定下来。①

同年 10 月 25 日，秦陇复汉军军政府还在西安成立了回民地区的基层行政机构回民民政公所，由回民民众推举回族知名人士马子健、白云鹤等负责。这是西安回族历史上第一次得到政治上的民族平等的待遇。②

二、"五族共和"与陕西民族关系

自武昌起义后，与陕西省一样，全国各省区纷纷起义，推翻清朝的统治，宣布独立。至同年 12 月，孙中山由香港返回内地，为各省代表推举为中华民国临时大总统。1912 年 1 月 1 日，孙中山在南京宣誓就职，正式宣告中华民国成立。大总统孙中山发布的《临时大总统宣言书》宣告：

> 国家之本，在于人民，合汉、满、蒙、回、藏诸地为一国，则合汉、满、蒙、回、藏诸族为一人，是曰民族之统一。武汉首义，十数行省先后独立，所谓独立，对于清廷为脱离，对于各省为联合。③

同年 3 月 11 日颁布的具有临时宪法作用的《中华民国临时约法》第五条规定："中华民国人民，一律平等，无种族、阶级、宗教之区别。"④

上述孙中山关于"五族共和"的思想和纲领，写入了新建立的中华民国临时国家大法之中，这一思想和法令既是国家的根本政治法令，是近代中国各族从反清革命实践中逐渐认识和总结出来的经验教训，也是对中国历史上进步、开明的民族观和民族政策的继承和发展。其核心在于承认、认识多民族中国的基础上，主张国内各民族一律平等、民族统一，并以法律的形式确定下来。因而，"五族共和"的纲领，尽管在当时的历史条件下，仍然存在一些局限和问题，但这一思想和纲领远远超过中国历史上所有进步、开明的民族观和民族政策，

---

① 冯钧平：《马玉贵事略》，见中国人民政治协商会议陕西省委员会文史资料委员会编：《陕西民国人物》第 1 辑，陕西人民出版社 1989 年版，第 84 页；马寿千：《辛亥革命陕西提督之一的马玉贵》，见马通主编：《回族近现代史研究》，甘肃民族出版社 1992 年版。

② 马士年：《西安地区的回族》，见中国人民政治协商会议西安市委员会文史资料研究委员会编：《西安文史资料》第 12 辑（内刊），1987 年，第 34 页。

③ 《中华民国临时政府公报一号》，载《东方杂志》第 8 卷第 10 号。

④ 陈荷夫编：《中国宪法类编》下编，中国社会科学出版社 1980 年版，第 366 页。

深得全国各族人民的拥护和支持，具有深远的影响和意义。

同年 3 月，国内形势又发生变化，南北议和，孙中山正式解除临时大总统职位，由北洋军阀袁世凯就任中华民国大总统，并决定迁都北京。4 月 22 日，大总统袁世凯发布命令，宣布："现在五族共和，凡蒙、藏、回疆各地方，同为我中华民国领土，则蒙、藏、回疆各民族，即同为我中华民国国民，自不能如帝政时代再有藩属名称。此后，蒙、藏、回疆等处，自应统筹规画，以谋内政之统一，而冀民族之大同。"①

因此，关于"五族共和"的思想和政令，逐渐深入人心，也成为当时陕西革命秦军分政府的施政纲领之一。时任陕西大都督的张凤翙发布告示："须知现在共和政体业经成立，南北各军联为一气，所有汉满蒙回藏各民均成一家，尔等务须各安生业，共享太平，勿得造谣生事，别酿争端，有害治安，是为至要！"②

总之，在辛亥革命过程中，"五族共和"的思想和法令，对以汉族为主，回、满等族聚居的陕西民族关系，产生了巨大的影响。它不仅终止了陕西排满、灭满的狭隘的民族主义思潮和行为，更重要的是开启了陕西汉、回为主的民族关系新局面。总观民国时期陕西汉、回等族的关系，再没有出现过大的民族纠纷；相反，在反帝反封建的民主革命斗争中，汉、回各族均能团结一致，为中华民族的独立、国家的富强而共同奋斗。

第二节　陕西汉、回各族的爱国运动和革命斗争

一、北洋政府时期的陕西汉、回各族

1912 年 3 月，袁世凯任中华民国大总统后，宣布"五族共和"，但其背离"共和"，倒行逆施，以军阀专政代替了清王朝的统治。时袁世凯任命辛亥革命领导人之一张凤翙为陕西都督，张排挤陕西革命党人，忠实执行袁世凯的政

---

① 《中国大事记》，载《东方杂志》第 8 卷第 12 号。
② 中共陕西省委党史资料征集研究委员会编：《辛亥革命在陕西》，陕西人民出版社 1986 年版，第 585 页。

令，缩编军队，打压哥老会，引起陕西汉、回各族的不满。1913 年夏，因白朗讨袁军进入陕西，张凤翙急电袁世凯求援，袁即遣其亲信陆建章为"西路剿匪督办"，率军入陕。后白朗军入甘肃。6 月 20 日，袁为安插亲信于各省，乘机免去张凤翙都督之职，任陆建章为威武将军，督理陕西军务。

从此，开始陆建章督陕时期。陆上任后，大量裁军及屠杀革命党人，滥加赋税，设妓院，开烟禁，摧残文教事业，引起陕西各地民众的反抗。1915 年12 月 12 日，袁世凯宣布称帝，全国各地掀起了讨袁的"护国运动"。而陕西陆建章却联名劝进，积极支持复辟帝制，引起陕西汉、回各族的愤怒，因而，由革命党人领导的陕西护国运动，是与驱逐陆建章的斗争紧密结合在一起的。在曾任陕西辛亥革命东路节度使的陈树藩及革命党人胡景翼、井勿幕等人的领导及陕西民众的支持下，"讨袁逐陆"战争取得胜利。1916 年 5 月，陈树藩以陕西护国军总司令名义，通电全国，宣布独立。袁世凯在全国人民一致声讨中，于同年 6 月 6 日死去。皖系军阀段祺瑞出任内阁总理，掌握了北洋政府的实权。陕西陈树藩则依附段祺瑞，于 6 月 7 日率先于全国宣布取消独立。10 日段政府即以陈树藩主陕，7 月 6 日改"将军"号为陕西"督军"，开始了陈树藩督陕时期。

陈树藩督陕期间，仍沿用过去陆建章等军阀治陕的方针，残酷压迫、剥削陕西人民。1917 年 7 月，在孙中山领导的反段祺瑞独裁专治、解散国会和拒不恢复《临时约法》的护法战争期间，胡景翼、曹世英、于右任等领导下的陕西靖国军，在"护法倒陈"的旗帜下，与陈树藩展开了斗争。由于有段祺瑞的北洋军的支持，靖国军与陈树藩军的战争断断续续进行了两年多，到 1918 年底，双方形成南北对峙的局面。1919 年 4 月因南北议和，陕西靖国军与陈树藩南北停战划界。[①]

就在 1919 年 5 月 4 日，爆发了中国近代史上轰轰烈烈的五四爱国运动。第一次世界大战结束后召开巴黎和会，会议要求作为战胜国之一的中国的领土山东的权益，从战败国手中全部让与日本，从而引发了全国人民反帝反封建、

---

① 以上所述详见《陕西通史·民国卷》，不赘述。

争取民族独立的爱国运动。首先是北京爱国青年学生举行集会和游行示威，接着，这一运动迅速遍及全国。陕西地区也于 5 月 14 日得到北京学生反帝爱国运动的消息，首先在青年学生中引起热烈反响。接着，陕西各界也纷纷响应，通电及宣言，掀起了爱国主义的高潮。在这一爱国运动的推动下，与全国各地一样，陕西新文化运动有了新的发展。①

这场伟大的爱国及新文化运动对陕西回族来说，也具有十分重要的意义。在辛亥革命前夕，陕西回族主要聚居于西安市内，其余以"大分散、小聚居"的形式分布在陕南的汉中（西乡、宁强等）、镇安及陕北等地。民国以来，又有河南、湖北、甘肃等地回族迁入上述地区，但人数不多。当时，西安市内回族主要从事商业，以餐饮业为主，回族子弟接受新式的近代教育的不多，学校也少。但是在辛亥革命后，全国回族的先进分子已逐渐觉醒。他们接受了西方民主思想，创办报刊，抨击时政；关心回族的教育，创办新式学校；关心宗教改良以及回族的生计等问题。②这一切对陕西回族，特别是回族的精英有很大的影响。

到 1919 年，在五四爱国运动及新文化运动的推动下，陕西西安的回族精英们，深感回族教育落后，因而大力兴办学堂，并受"实业救国""实业救民"思想的影响，兴办近代的工商业。在热心回族教育的士绅、民众的支持下，首先在西安八所清真寺中的五所内，办起了回民小学和民众学校。经过一个阶段之后，在西安又创办了四所小学：一是"精一小学"，设于今西安化觉巷清真寺前院，系回族实业家冯瑞生等于 1922 创办，属民办官助的学校。③二是"崇实小学"，由西安坊民筹办，设于西安狮子庙街。三是"明德小学"，设于西安洒金桥清真西寺内，与"崇实"一样，均为初小，经费为民办官助。四是"淑德女子学校"，设于西羊市，也属民办官助性质的初小。1928 年，在西安从事教育多年的回族教师马赞侯于大学习巷清真寺内，办起了成人教育"工读传习

① 关于这方面的论著甚多，不再赘述。仅从《民族卷》的角度，论述陕西回族的情况。

② 白寿彝主编：《中国回回民族史》上，中华书局 2003 年版，第 676—682 页。

③ 详见马士年《西安地区的回族》，马希明、马锡屏、冯钧平《近代西安回族实业家冯瑞生先生》，两文均见中国人民政治协商会议西安市委员会文史资料研究委员会编：《西安文史资料》第 12 辑（内刊），1987 年，第 35—36、73 页。

所"，半工半读，类似今日之职业学校。此外，在汉中，回族也创办有塔尔巷小学等。[①]到30年代后，陕西回族的文化教育事业，更是得到进一步的发展。

在兴办实业方面，自清末"新政"到民国初年，全国各地，包括较为落后的西北甘、宁、青的回族地区，近代工商业都蓬勃兴起。如西北地区的皮毛业、运输业、商业，伴随着马氏家族官僚资本的垄断，而有所发展。然而，这一时期陕西回族因人口、地位及传统的手工业、商业的束缚等原因，近代工商业发展迟缓。20世纪20年代，在五四新文化运动的影响下，陕西回族痛感本族经济的落后，开始积极兴办实业。其代表人物就是上述回族实业家冯瑞生。1924年，冯瑞生接管1915年开办、已濒临倒闭的"德泰光煤油（石油）庄"，任董事长兼经理，改名为西安德泰光美孚煤油股份有限公司，采用近代企业管理办法，扩大业务，先后在关中、甘肃平凉等地设立分理处，经营品种也大为增加，并培养涉外人才等。德泰光石油公司的发展为陕西回族工商业的发展树立了样板，为以后陕西回族工商业发展开了一个好头。[②]

二、抗日战争及陕西各族国家意识的增强

在北洋政府控制下的陕西，至1921年督军陈树藩下台后，先后由阎相文、冯玉祥短暂督陕。1922年10月，北洋政府即任命军阀刘镇华为陕西督军，陕西各族人民又进行"驱刘"的斗争，直到1925年刘镇华被迫离陕。次年（1926）3月底至11月，爆发了民国时期陕西历史上的重大事件，即西安反围城的战争（民间称之为"二虎守长安"）。此年4月，军阀吴佩孚委任刘镇华为"讨贼联军陕甘军总司令"，从河南攻围西安，守西安城的是与国共合作的广东国民军北伐相呼应的陕西国民军李虎臣、杨虎城部（"二虎"）。在饱受炮火、饥

　　① 哈雉岐：《抗日战争时期陕西回民教育》，见政协西安市莲湖区委员会编：《〈百年回坊〉之抗战忆事》（内刊），2015年；马廷琦、马廷珂：《热心民族教育事业的马赞侯》，马士：《西安地区的回族》，见中国人民政治协商会议西安市委员会文史资料研究委员会编：《西安文史资料》第12辑（内刊），1987年，第35—36、89—91页。

　　② 马希明、马锡屏、冯钧平：《近代西安回族实业家冯瑞生先生》，见中国人民政治协商会议西安市委员会文史资料研究委员会编：《西安文史资料》第12辑（内刊），1987年，第70—71页。

荒等苦难的城内汉、回人民的支持下，坚守西安八个月，最后因倒向北伐的国民军冯玉祥部对刘镇华军的进攻，西安才解围。

1927年，中国国内形势发生了很大的变化。中国国民党与中国共产党第一次合作，进行了对北洋军阀的北伐战争，并取得了胜利。然而，胜利的果实却被国民党右派蒋介石篡夺，蒋介石在上海发动"四一二"政变，逐渐夺取了政权。1928年10月8日，国民党政府公布《中华民国国民政府组织法》，规定国民政府"总揽中华民国之治权"，由行政、立法、司法、考试、监察五院组成，任命蒋介石为国民政府主席兼海陆空军总司令，宣布实行"以党治国"的训政。①

此后，以蒋介石为首的国民政府采取各种手段，拉拢、打击、分化、瓦解各地军阀势力，逐渐形成了名义上的统一局面；并且继续宣扬孙中山先生的"三民主义"和"国内各民族一律平等"的民族政策。如1929年3月，蒋介石操纵下的《中国国民党第三次全国代表大会重要决议案》提出："今幸军阀之恶势力已被催（摧）毁，中国境内之民族，应以互相亲爱一致团结于三民主义之下，为达到完全排除外来帝国主义目的之唯一途径。诚以本党之三民主义，于民族主义上乃求汉满回藏人民密切的团结，成一强固有力之国族，对外争国际平等之地位。"②

1931年9月18日，日本发动侵占中国东北三省的战争（史称"九一八事变"），蒋介石采取"不抵抗主义"及"攘外必先安内"政策，东三省很快沦陷。以张学良为首的东北军调入关内，后驻防陕西。中国共产党先后发表宣言，号召全国人民抗击日本侵略军，红军北上抗日，并提出建立抗日民族统一战线全面抗战的主张。

自九一八事变后，全国各地、各民族掀起了抗日救国高潮。1936年12月，驻陕的东北军张学良与十七路军杨虎城发动了震惊中外的西安事变，逼蒋抗日。西安事变在中国共产党的协助下和平解决，促成了中国抗日民族统一战

---

① 中国第二历史档案馆编：《中华民国史档案资料汇编》第5辑第1编《政治》（一），江苏古籍出版社1994年版，第22—25页。

② 中国第二历史档案馆编：《中华民国史档案资料汇编》第5辑第1编《政治》（二），江苏古籍出版社1994年版，第84页。

线的形成。接着，在 1937 年 7 月 7 日卢沟桥事变（史称"七七事变"）之后，中国进入了全面抗日战争时期。在八年艰难的全面抗日战争中，陕西各族与全国各地各民族一样，不怕牺牲，艰苦奋斗，付出了惨重的代价，最终取得了胜利。

在抗日战争时期，陕西的回族也积极行动起来，为抗日救亡运动做出了巨大的贡献。当九一八事变消息传来，陕西回族与汉族一样，无比愤怒；以回坊为单位，纷纷行动起来，在回族爱国人士的号召下，以回族教师马德涵等为首，成立了五百余人的陕西回民抗日救国会，组织民众游行示威，抵制日货，声援东北抗日斗争。回族实业家冯瑞生以回教公会名义，成立了陕西省回教抗日救国会，参加人数更多，组织回民上街游行，反对不抵抗政策，要求政府出兵抗日。在 1935 年至 1936 年间，陕西西安的数千名汉、回青年学生，在"一二·九"运动中，于革命公园举行大会，声援北平学生的爱国行为，会后上街游行。西安事变爆发后，在回族爱国人士的倡导下，全国回族代表在西安召开全国回族代表大会，通过坚决拥护张学良、杨虎城的"八项救国政治主张"，全国团结抗日的决议。[①]

1937 年七七事变全面抗战开始后，陕西回族抗日热情空前高涨，借全国成立各界抗敌后援会的时机，相继成立了各界抗敌后援会陕西回民分会及下属的西安回民学生支会。分会编辑抗日新闻散发，开展街头宣传，开办回民夜校等。[②]

1939 年 1 月，在重庆成立了中国回教救国协会。接着，西安回族马福泽、马平甫等爱国人士在西安大学习巷正式成立中国回民救国协会陕西分会（1943 年改名为"中国回教救国协会陕西分会"）。协会的成立是回族人民发扬爱

[①] 向涛、炜戗：《"九·一八"事变后西安回民的抗日救亡活动》，见中国人民政协商会议西安市委员会文史资料研究委员会编：《西安文史资料》第 12 辑（内刊），1987 年，第 42—44 页；马新芳：《西安回族抗日救亡活动辑要》，见政协西安市莲湖区委员会编：《〈百年回坊〉之抗战忆事》（内刊），2015 年。

[②] 向涛、炜戗：《"九·一八"事变后西安回民的抗日救亡活动》，见中国人民政协商会议西安市委员会文史资料研究委员会编：《西安文史资料》第 12 辑（内刊），1987 年，第 45 页。

国主义传统，粉碎日本瓦解中华民族的"回回国"阴谋，坚持民族团结、国家统一的产物。陕西分会有严密的组织系统、工作规划、财务管理制度，且在陕西各地建立支会及区会，先后成立支会的有宝鸡、陇县、安康、南郑、汉中、西乡、镇安、旬阳、紫阳、城固、褒城等地，区会有白河、旬阳双河口区会等。中国回教救国协会陕西分会事实上成为陕西回族抗日救亡运动的领导者和组织者，其开展的主要的工作有：（1）创办抗战刊物，积极宣传抗日救国思想。创办会刊名《西北回民正论》，1939 年 3 月 1 日创刊，得到回族各界的支持，稿件来自全国各地，在抗战中成为引领西北回族的权威刊物，共出八期。（见图 8-1）分会还以油印小报、墙报、画刊等形式宣传抗日；下设的青年服务团也做了大量的工作。（2）赈济慰问，关注民生。（3）支持救亡活动，动员、输送回族青年参军或入军校为习。（4）开展社会调查，解决回民存在问题等。①

除上述《西北回民正论》外，当时陕西回族中有影响的抗战刊物还有《伊斯兰青年》。（见图 8-2）此刊原系东北大学东北伊

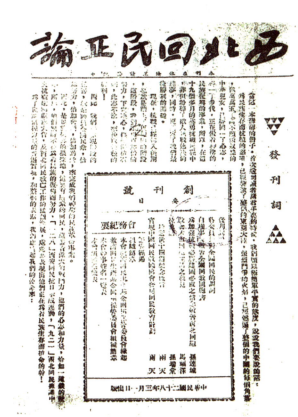

图 8-1　《西北回民正论》1939 年 3 月 1 日创刊号
［引自政协西安市莲湖区委员会编：《〈百年回坊〉之抗战忆事》（内刊），2015 年，第 239 页］

---

① 马斌：《中国回教救国协会陕西省分会》，见政协西安市莲湖区委员会编：《〈百年回坊〉之抗战忆事》（内刊），2015 年。

图 8-2　《伊斯兰青年》

［引自政协西安市莲湖区委员会编：《〈百年回坊〉之抗战忆事》（内刊），2015年，第282页］

斯兰学友会主编（后改为伊斯兰青年社主编），1931年创刊。九一八事变后停刊。后东北军及东北大学迁到西安，该刊于1933年4月15日复刊，社址在西安大学习巷清真寺内。该刊为半月刊，每月1日和16日出版，共出3卷19期。《伊斯兰青年》的出版发行，对积极宣传抗日救国，揭露日本阴谋建立"回回国"和掠夺中国，介绍国际对日侵华舆论等，起了积极的作用，增强了回族的民族自信及对国家的认同。①

　　随着抗日战争的深入、持久，陕西回族在日本连续轰炸西安（见图8-3），回坊也深受其害的诸多血的现实中，更加坚定地投身抗日救国的洪流之中。许多回族青年直接加入抗日军队，抗击日寇；西安的回族爱国人士（如马德涵）及群众，协助西安八路军办事处不断输送回族及全国进步青年奔赴延安；西安骡马市的回族冒着生命危险将数千头军马、驮骡运入延安，支援八路军抗战。②

①　马晓春：《〈伊斯兰青年〉与抗战》，见政协西安市莲湖区委员会编：《〈百年回坊〉之抗战忆事》（内刊），2015年。

②　马新芳：《西安回族抗日救亡活动辑要》，见政协西安市莲湖区委员会编：《〈百年回坊〉之抗战忆事》（内刊），2015年。

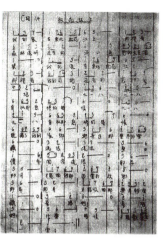

图 8-3　西北棉花机器打包厂被日寇轰炸后情景
［引自政协西安市莲湖区委员会编:《〈百年回坊〉之抗战忆事》（内刊），2015 年，第 110 页］

图 8-4　张寒晖《松花江上》手稿
［引自政协西安市莲湖区委员会编:《〈百年回坊〉之抗战忆事》（内刊），2015 年，第 48 页］

许多爱国的宗教人士、作家、音乐家，在陕西西安也积极投身抗日救国活动，做出了突出的贡献，如著名的大阿訇达浦生、在西安创作抗战名曲《松花江上》的张寒晖（见图8-4）、抗日女将军谢冰莹、抗日名将程树荣、著名文人范紫东等。[①]

总之，抗战期间，与全国各地各族一样，陕西回族抗日救国运动如火如荼，可歌可泣，难以尽述。在苦难和抗争中，它不仅使陕西回族获得民族的自尊和进一步的觉醒，而且大大增强了他们对中华民族的认同及中国国家的认同。

三、抗日战争前后陕西回族近代工商业和教育的发展

自 20 世纪 20 年代以来，陕西回族近代工商业开始有所发展，到 30 年代，特别是抗日战争时期，国民政府提出开发西北，因而得到较快的发展。1932 年，西安回族实业家冯瑞生在经营西安德泰光美孚煤油股份有限公司的同时，了解到关中棉花资源丰富，可以远销到沿海、汉口等地，但缺少机器打包，运输不便。

---

① 详见李健彪《达浦生与西安回坊》，马金城《一首歌曲抵上两个师兵力》，柳明德《抗战女将军谢冰莹与西安回坊》，程连亮、程连凯、程连达《爱国名士程树荣事略》，杨恩成《范紫东先生抗战期间创作的诗文》，均见政协西安市莲湖区委员会编:《〈百年回坊〉之抗战忆事》（内刊），2015 年。

于是，与回族实业家白楚珍等集资，在渭南开设西北棉花机器打包厂，由白楚珍任董事长。该厂机器从德国进口，聘苏联人尤尔柴夫为技师，职工回、汉族兼有，达千人左右。[①]

1934年，陇海铁路修到西安，直至日寇占领河南、山东等地，河南、山东的回族大量迁入陕西西安等地。其中有一位1934年举家从河南迁居西安的回族爱国实业家马福泽，他"先后创办了大麦市街制革厂、建华织布厂（后改编为国民革命军后勤部第44军需布厂）、德顺恒皮毛行（1945年改为协盛皮行）、中正门恒久茶庄等企业"，又在渭南创办了渭南大中棉花商行。[②]另一位曾任河南省总商会会长的回族杜秀升，筹集现洋一万多元，在西安自强路开办西安华峰面粉公司。1941年，杜秀升担任陕西省面粉工业同业工会理事长，领导西安的华峰、成丰、福豫、和合，宝鸡的福新、大新，汉中的大新和蔡家坡面粉厂，统一接受当时政府的军粮生产任务，基本保证了抗战时期军民的粮食供应，为抗战做出了贡献。[③]1939年，西安回民陈正光、马福泽、傅子和各出资两万银圆，在西安大麦市街中段合资创办建国机器制造厂，生产手摇电话机、汽车轴承等。1944年因大量美国产品的冲击而倒闭。[④]

抗战前后，陕西回族聚居的西安，处于交通要冲的宝鸡、汉中、安康、渭南等地，成为商业较为繁盛的城市，抗战所需的各种物品，粮食、棉花、药材、布匹等在这里流通。回族传统的餐饮业在西安得到进一步发展，新老商行、清真餐饮馆如雨后春笋纷纷涌现。如著名的老字号、名餐馆"同盛祥""德润福""义祥楼""老孙家""月华楼"等一批羊肉泡馍馆，"天锡楼""西来堂""清

---

① 马希明、马锡屏、冯钧平：《近代西安回族实业家冯瑞生先生》，见中国人民政治协商会议西安市委员会文史资料研究委员会编：《西安文史资料》等12辑（内刊），1987年，第71页；白启新：《追思我的祖父白楚珍》，见政协西安市莲湖区委员会编：《〈百年回坊〉之抗战忆事》（内刊），2015年。

② 马军：《追忆祖父爱国实业家马福泽先生》，见政协西安市莲湖区委员会编：《〈百年回坊〉之抗战忆事》（内刊），2015年。

③ 冯钧平：《抗日战争时期的陕西回族》，见河北省民族事务委员会编：《回族抗日斗争史论集》，河北人民出版社1991年版，第74页。

④ 喇敏智主编：《回族对伟大祖国的贡献》，甘肃民族出版社2006年版，第294页。

雅斋"等一批采用近代较为先进的管理、经营方式的综合清真饭店等。①

　　陕西回族抗战前后近代工商业的发展，在当时的历史环境和条件下，与东边各省区，甚至西北各省区的回族相比，相差较远。其原因主要是陕西回族人口较少，且处于大分散、小集中的分布格局，没有如甘、宁、青等地掌权回族雄厚官僚资本的支撑。但是，陕西回族近代工商业基本上依靠本族的民间资本运作，在外国和国内官僚资本运作的近现代工商业挤压下生存、发展，实属不易。它增强了陕西回族民族自信心，密切了与汉族的关系（企业、工厂回、汉职工共同劳作），为抗日战争做出了贡献，增进了对国家的认同，功不可泯。

　　抗日战争前后，在五四新文化运动推动下，陕西回族近代新式教育又有了较大的发展。但是，自20世纪20年代以来，所办新式学校均为初级小学，经费不足，困难重重，故有的被迫停办。1935年4月10日出版的《月华》杂志刊出马廷章《长安回教一瞥》一文，对当时西安回坊所办现存和倒闭的学校有一统计，并记有学校校长、教员和校址。（见图8-5）"现在的学校"有崇实初小、明德初小、精一初小、复初初小、复新初小、淑德女小、会立第一女小、会立第二女小等八所；"倒闭的学校"有化觉高小、崇真初小、工业女校、工读传习所等四所。

　　1939年，由河南迁入西安的阿訇王明德及回族马玉山等人依靠回民捐资，在今西安西一路创办了一所私立的西安伊斯兰小学，王明德

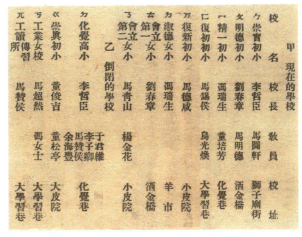

图8-5　1935年长安回族学校表

（引自马廷章：《长安回教一瞥》，载《月华》1935年第7卷第10期）

---

① 蔡宇安：《近代西安清真餐饮业文化机制探索》，见《西北民族论丛》第9辑，中国社会科学出版社2013年版，第271—286页。

任校长。1940年该校成为一所完全小学。[①]

除上述西安回坊所办新式学校外，1932年12月，冯瑞生及孙锦云等人经过几年努力，在陕西省教育厅督学潘莲舫支持下，终于在西安城隍庙后街办起了西安第一所回民完全小学，取名为"陕西省立第一实验小学"，由潘莲舫任校长（第一任），学校招收回、汉学生，以回族学生为主，初学生不足百人。1934年，学校改名为"陕西省立西仓门小学"，校长为王世琛（回族），共八个班，学生四百二十七名。在抗战时期，该校师生积极参加抗日救国活动，在社会上产生了一定影响。[②]

1944年秋，在回族知识分子冯增辉的努力下，经省批准在西安化觉巷清真寺开办了陕西省立第一中学分校，回、汉学生兼收。1945年该校改名为"陕西省立第三初级中学"。1946年校址迁到北院门新校址，学生有一百六十人，其中回民子女三十人。这所中学的创立，为今后西安回族中等教育和人才培养奠定了基础。[③]

此外，20世纪20年代，陕西安康回族知识分子在三所义学的基础上联办了一所安康伊斯兰小学。1941年，在中国回民救国协会的支持下，该小学改为一所安康完全小学，学生达五百人，教职工二十余人。在抗战中，该校师生也积极参加爱国救亡活动。[④]

陕西回族从抗战中奋起，更加认识到回族教育的重要性，在积极创办学校的同时，先后成立了不少民间文化教育的社团组织，如1934年在化觉巷小学成立回坊小学教育研究会，以加强各回坊小学的联系，促进回族教育的发展。

---

① 哈雒岐：《抗日战争时期陕西回民教育》，见政协西安市莲湖区委员会编：《〈百年回坊〉之抗战忆事》（内刊），2015年。

② 马希明、马锡屏、冯钧平：《近代西安回族实业家冯瑞生先生》，见中国人民政治协商会议西安市委员会文史资料研究委员会编：《西安文史资料》第12辑（内刊），1987年，第75页；哈雒岐：《抗日战争时期陕西回民教育》，见政协西安市莲湖区委员会编：《〈百年回坊〉之抗战忆事》（内刊），2015年。

③ 哈雒岐：《抗日战争时期陕西回民教育》，见政协西安市莲湖区委员会编：《〈百年回坊〉之抗战忆事》（内刊），2015年。

④ 哈雒岐：《抗日战争时期陕西回民教育》，见政协西安市莲湖区委员会编：《〈百年回坊〉之抗战忆事》（内刊），2015年。

又如1939年中国回民救国协会陕西分会另设一个回民教育研究会，初以研究伊斯兰教义，解决振兴、改革伊斯兰教为主，后该会把工作重点放在发展回族教育事业之上。[①]

抗战前后，陕西回族近代新式教育事业的蓬勃发展意义非凡：不仅促进了陕西回族自身文化素质的提高，为陕西回族的近现代化开辟了路径，而且为抗日战争做出了贡献，增强了本民族的认同和国家的认同。（见图8-6）

图8-6　民国时期洒金桥清真西寺明德小学

［引自政协西安市莲湖区委员会编：《〈百年回坊〉之抗战忆事》（内刊），2015年，第296页］

第三节　中国共产党的民族纲领与陕甘宁边区的民族政策

一、中国共产党民族纲领的演变与发展

1924年，孙中山先生改组国民党，确立联俄、联共、扶助农工的三大政策，实现了第一次国共合作。同年1月，在中国共产党参与下的中国国民党第一次

---

① 哈雒岐：《抗日战争时期陕西回民教育》，见政协西安市莲湖区委员会编：《〈百年回坊〉之抗战忆事》（内刊），2015年。

全国代表大会的《宣言》中，孙中山先生重新解释了"三民主义"。对民族主义的新解释是："（一）民族主义。国民党之民族主义，有两方面之意义：一则中国民族自求解放；二则中国境内各民族一律平等。""国民党敢郑重宣言，承认中国以内各民族之自决权，于反对帝国主义及军阀之革命获得胜利以后，当组织自由统一的（各民族自由联合的）中华民国。"①这仍是中国国民党和共产党关于民族问题的共同纲领，强调了中国国内民族自决权和各民族一律平等，且将民族问题与反帝反封建之革命目标联系起来，最终是建立各民族自由联合、统一的中华民国。

　　然而，到1927年，以蒋介石为首的国民党右派发动反共的"四一二"政变，在南京成立的国民政府，虽然标榜继承孙中山的三民主义，在民族问题上，执行民族主义的自决权和各民族一律平等。如1931年6月1日国民政府颁布的《中华民国训政时期约法》，规定："中华民国国民无男女、种族、宗教、阶级之区别，在法律上一律平等"（第六条）；"蒙古、西藏之地方制度，得就地方情形，另以法律定之"（第八十条）。②但是，这只是名义上的，事实上，蒋介石的国民政府实行独裁统治，对各族人民压迫剥削，所谓"各民族一律平等"只是一句空话，甚至对中国共产党进行多次疯狂的"围剿"。

　　更有甚者，在1942年至1943年抗日战争时期，蒋介石出版了《中国之命运》一书，不承认除汉族之外中国其他民族的存在，声称中国只有中华民族，而其他民族只是与它有血缘关系的"宗族"，"中华民族是多数宗族融和而成的"。③这一理论在当时虽然有团结中国各民族共同抗日的用意和作用，但也是与蒋介石鼓吹一个政党、一个领袖、一个政府的独裁统治一脉相承的，是为其独裁统治和反共寻找的理论根据。因而，当时遭到国内学术界和中国共产党的批驳。④

---

　　① 中共中央统战部编：《民族问题文献汇编（1921年7月至1949年9月）》，中共中央党校出版社1991年版，第27、28页。
　　② 中国第二历史档案馆编：《中华民国史档案资料汇编》第5辑第1编《政治》（一），江苏古籍出版社1994年版，第269、274—275页。
　　③ 蒋介石署名，陶希圣执笔：《中国之命运》，正中书局1943年版，第2页。
　　④ 陈伯达：《评〈中国之命运〉》，新华书店晋察冀分店1945年版。

　　1927 年至 1934 年，在蒋介石国民政府疯狂反共的形势下，中国共产党进行武装起义，从农村包围城市，在各地纷纷建立红色革命根据地，组建苏维埃政权。其中，一些革命根据地就建立在少数民族地区。各革命根据地均进一步真正实践和落实了中国共产党提出的民族自决权和各民族一律平等的民族纲领。如 1929 年 6 月 22 日中共中央对陕西问题的决议提出："加强回族蒙族中的工作，对于回族与陕北蒙族须扩大民族自决，联合奋斗的宣传，坚决反对国民党军阀屠杀压迫回族蒙族的反动行为，反对民族间一切歧视不平等的待遇……"①

　　1931 年 11 月，第一次全国苏维埃代表大会通过《关于中国境内少数民族问题的决议案》，揭露了"代表中国地主资产阶级的国民党，对于中国境内的少数民族，只有加紧的剥削压迫与屠杀。所谓'民族平等'，所谓'五族共和'，完全是国民党政府的欺骗。"大会决定："（一）中华苏维埃共和国的基本法（宪法）上面，必须明白规定对于中国境内少数民族民族自决权，直到离开中国而独立的自决权，……（二）凡是居住苏维埃共和国的少数民族劳动者，在汉人占多数的区域，亦须和汉族的劳苦人民一律平等，享有法律上的一切权利义务，而不加以任何限制与民族的歧视。"②

　　1934 年 10 月，中国工农红军对国民党第五次反"围剿"失利后，开始了二万五千里长征，北上抗日。长征途中，经过许多少数民族聚居地区，红军均切实贯彻执行党的民族纲领，发布一系列相关文告并进行关于民族自决的实践。如 1935 年 6 月，一、四方面红军在川西会合后，按中国共产党中央委员会发布的《告康藏西番民众书》，关于康藏的民族运动，"实行民族自决，……革命政府建立在彻底的反帝国主义国民党军阀的纲领上"③。红军还帮助今大金川、小金川嘉绒藏族成立了"格勒得沙"（嘉绒藏语，意为"藏族地方自治"）政府，团结藏族，为藏族的解放而奋斗。1936 年 5 月，红军

①　中共中央统战部编：《民族问题文献汇编（1921 年 7 月至 1949 年 9 月）》，中共中央党校出版社 1991 年版，第 108 页。
②　中共中央统战部编：《民族问题文献汇编（1921 年 7 月至 1949 年 9 月）》，中共中央党校出版社 1991 年版，第 169、171 页。
③　中共中央统战部编：《民族问题文献汇编（1921 年 7 月至 1949 年 9 月）》，中共中央党校出版社 1991 年版，第 288 页。

路过今甘孜地区时,还帮助当地十二个县藏族人民成立了"中华苏维埃波巴(藏族自称)自治政府",实现了藏族管理本民族事务的权利。①1936 年 10 月,红军在甘、宁交界的豫旺、海原回族聚居区,宣告成立"陕甘宁省豫海县回民自治政府",存在约半年时间。②

总之,红军长征过程中,中国共产党的民族纲领在沿途少数民族聚居地区得到充分的实施和体现,上述仅是一些个别例子而已。红军所到之地,发布文告,宣传党的民族政策,尊重各民族风俗习惯和宗教;特别是各族自治政府的建立,真正实现了民族自治权利,意义更为深远。这一切不仅使红军得以胜利完成二万五千里长征、北上抗日的使命,而且使中国共产党的民族纲领和民族政策与中国民族实际相结合,从而向更加正确的方向发展。

二、陕甘宁边区的民族政策及其实践

1935 年 10 月,中共中央率领的中央红军到达陕北;次年 10 月,红一、二、四方面红军三大主力会师西北,全国进入抗日革命的新阶段。陕甘宁革命根据地也进一步巩固和扩大。1937 年 9 月,抗日民族统一战线形成,在陕甘宁革命根据地的基础上,正式成立了陕甘宁边区,选举了各级政府机构。随即边区政府从民主建政开始,围绕抗日斗争,在军队建设、发展经济、文化教育等方面展开全面的施政。

1938 年 10 月,在中共中央召开的扩大六届六中全会上,毛泽东同志做了《论新阶段》的报告,内对解决新阶段民族问题的基本纲领和政策做了阐述,主要内容如下:

第一,允许蒙、回、藏、苗、瑶、夷、番各民族与汉族有平等权利,在共同对日原则之下,有自己管理自己事务之权,同时与汉族联合建立统一的国家。第二,各少数民族与汉族杂居的地方,当地政府须设置由当地少数民族的人员组成的委员会,作为省县

① 郎维伟、周锡银:《红军长征与藏区现代宗教、土地等法规的诞生》,载《中国藏学》2006 年第 3 期。
② 仇王军编著:《豫海县回民自治政府成立始末》,宁夏人民出版社 2009 年版,第 66、69 页。

政府的一部门，管理和他们有关事务，调节各族间的关系，在省
县政府委员中应有他们的位置。第三，尊重各少数民族的文化、
宗教、习惯，不但不应强迫他们学汉文汉语，而且应赞助他们发
展用各族自己言语文字的文化教育。第四，纠正存在着的大汉族
主义，提倡汉人用平等态度和各族接触，使日益亲善密切起来，
同时禁止任何对他们带侮辱性与轻视性的言语，文字，与行动。[①]

中共扩大六届六中全会批准了报告，使之成为党中央政治局的路线，并在
以后的边区施政中得以贯彻实行。这也是中国共产党在总结红色根据地和红军
长征中实行的民族纲领和政策基础上，对党的民族纲领的进一步发展和完善。

1940 年 4 月和 7 月，中共中央西北工作委员会[②]发布了中央书记处批准的
关于两个西北聚居少数民族问题的文件，即《关于回回民族问题的提纲》和《关
于抗战中蒙古民族问题提纲》。[③]两份文件开首均分别介绍回、蒙古两族的特征；
再叙述历史上，特别是国民党政府大汉族主义政策对两族影响及日本帝国主义
对两族的侵略和阴谋；最后，提出党争取两族的基本政策及工作方针。《提纲》
对两族的方针、政策，是"把六中全会的精神具体化"的体现，比如《关于回
回民族问题的提纲》将"争取回族的政策"具体列出十一项，包括如何在政治
上回、汉享有平等权利，尊重回族宗教信仰自由和风俗习惯，改善回族生活，
加强文教事业等。

1941 年 4 月，"民族问题研究会"（实际作者为中共中央西北工作委员会
下属民族问题研究室李维汉、刘春、牙含章[④]）编写的《回回民族问题》[⑤]一书

---

① 中共中央统战部编：《民族问题文献汇编（1921 年 7 月至 1949 年 9 月）》，
中共中央党校出版社 1991 年版，第 595 页。

② 中共中央西北工作委员会，1938 年底成立，张闻天任书记，李维汉任秘书长。
下设机构中有民族问题研究室。1941 年 5 月与陕甘宁边区中央局合并，成立中共中央
西北局。

③ 两份文件见中共中央统战部编：《民族问题文献汇编（1921 年 7 月至 1949 年
9 月）》，中共中央党校出版社 1991 年版，第 648—656、657—667 页。

④ 白寿彝主编：《中国回回民族史》上，中华书局 2003 年版，第 44 页。

⑤ 全书见中共中央统战部编：《民族问题文献汇编（1921 年 7 月至 1949 年 9 月）》，
中共中央党校出版社 1991 年版，第 861—933 页。

正式出版。此书从回族的来源、名称及分布谈起，首次用唯物史观阐明了回族的历史和现状，提出了团结回族共同抗战建国的政策。最后，在"陕甘宁边区的回民"一章（第九章）中，总结了党的民族政策在陕甘宁边区实践的情况和成就。从学术研究角度看，此书是第一部以马克思主义唯物史观对回族历史做了科学论述的著作，一直到现在，还有重要的意义，且产生了深远的影响。[①]最重要的是，此书是党六中全会有关民族问题纲领和政策在边区的具体化及实践的总结，具有更为深远的影响和意义。

1941年5月1日，由中共中央批准的《陕甘宁边区施政纲领》正式发布，内关于民族问题有：

（十七）依据民族平等原则，实行蒙回民族与汉族在政治、经济、文化上的平等权利，建立蒙回民族的自治区，尊重蒙回民族的宗教信仰与风俗习惯。[②]

在这一具有最高法律性质的《陕甘宁边区施政纲领》中，最值得注意的是"建立蒙回民族的自治区"中的"自治"问题。事实上，第二次世界大战胜利前后，世界各地民族独立及民族主义思潮风起云涌，"民族自治"也成为流行的话语。20世纪30年代以来，蒋介石国民政府也大讲国内边疆民族"自治"的问题。如1933年11月，国民政府派至西藏参加册封致祭十三世达赖喇嘛的黄慕松，准备返回时，在以个人名义致噶厦的说帖中说："保持西藏原有政治之制度，可许西藏自治……"[③]1945年8月，国民政府召开蒙藏地方高度自治案会议，拟定了《西藏地方高度自治方案草案》。[④]1946年11月召开的"国民大会"通过的《中华民国宪法》规定："第一百二十条（西藏自治之保障）西藏自治制度，应予以保障"；"第一百六十八条（边疆民族地位之保障）国家对于边疆地区各民族之地位，应予以合法之保障，并于其地方自治事业，特别予以扶植"。然而，事实证明，蒋介石国民政府所谓予以国内边疆民族的"自治"，仅是口

---

① 白寿彝主编：《中国回回民族史》上，中华书局2003年版，第41—42页。
② 白寿彝主编：《中国回回民族史》上，中华书局2003年版，第678页。
③ 中国第二历史档案馆、中国藏学研究中心合编：《奉使办理藏事报告书》，中国藏学出版社1993年版，第41页。
④ 见国民政府蒙藏委员会档案，一四一/2558号。

头或文字上的欺骗，实质上是加紧对各族人民的压迫和剥削，大行其独裁统治。

国民政府行政院所属、由中国共产党领导的陕甘宁边区真正、具体地执行了民族平等、民族自治的政策。陕甘宁边区的民族政策，21 世纪以来，越来越引起国内学界的关注，发表论著甚多。① 下面择要论之。

第一，边区政府遵循《陕甘宁边区施政纲领》建立境内回、蒙古族自治区的要求，开创性地在回、蒙古族聚居乡镇建立"自治区"，由区内民族自己管理自己的事务。截至 1942 年，边区先后建立了伊克昭盟城川蒙民自治区和五个回民自治区，即定边县四区、五区，城关镇的两个自然村及曲子县三岔镇的回民自治区。自治区，大致相当于自治乡一级。② 边区各级政府、参议会人员均有回、蒙古等少数民族人士参与。在民主选举、法制、参军等各方面，少数民族与汉族一样，享有同等的权利和义务。最有说服力的是，1940 年 10 月陕甘宁边区回民第一次代表大会总报告所说：

> 我们参加了政权，获得了自己管理自己事务的权利。如新正县一区一乡，盐池四六庄，陇东的三岔镇等回民区和回民占大多数的地区，当地的乡村政府，都是由我们选出的，有些区政府中设有回民委员会，也由我们自己担任。我们有言论、出版、集会、结社的自由。……我们在边区有武装抗日和武装保卫自己的权利。……我们在边区有居住迁徙的自由。……这说明我们的确得到了民主权利和政治上的平等。③

---

① 如宋太成：《陕甘宁边区的民族教育方针政策及其实践》，载《黑龙江民族丛刊》2001 年第 4 期；张桂华、张秀荣：《论陕甘宁边区的民族政策》，载《山东师范大学学报》2002 年第 5 期；王晋林：《抗战时期陕甘宁边区的民族政策与实施》，载《甘肃理论学刊》2008 年第 5 期；靳燕凌、郝琦：《陕甘宁边区中国共产党的民族政策及特点》，载《新疆师范大学学报》2014 年第 2 期；纪振奇：《中国共产党早期民族政策的转型——以陕甘宁边区时期为中心》，载《北方民族大学学报》2015 年第 1 期；等等。

② 李安辉：《坚持和完善我国的民族乡政策》，载《中南民族大学学报》（人民社会科学版）2012 年第 4 期。

③ 民族问题研究会编：《回回民族问题》，见中共中央统战部编：《民族问题文献汇编（1921 年 7 月至 1949 年 9 月）》，中共中央党校出版社 1991 年版，第 924—925 页。

第二，在经济上，与汉族一样，回、蒙古各族得到大的改善。边区回族大部分从事农业，其次是经营商业。边区回族农民在根据地获得土地，后陆续迁入回族边区得到公田耕种。"因此可以说，边区回民基本上已经做到耕者有其田，并且早已没有封建地主的剥削了。"边区的回族商人"不受任何苛捐杂税的剥削，都能安居乐业，有许多新迁入的摊贩小商人，最初生活极穷苦，经过边区政府号召种地开荒，并且设法调剂耕牛农具，如陇东的三岔和庙儿掌，已有十几家小商贩开始种庄稼了"。①

第三，在文化、教育方面，边区回、蒙古等族与汉族一样，享有结社和组织文化活动的权利。如1940年2月26日，在延安成立了延安回民救国会（见图8-7）。同年10月7日，在陕甘宁边区回民第一次代表大会上，成立了边区回民文化促进会。促进会成立后，在延安组织阿拉伯文研究班，定期组织回民问题研究报告会，帮助各回族自治区创办伊斯兰小学，大力开展群众性文化教育活动。1941年5月，在边区的关中也相继成立了回民文化促进会分会。②

图8-7 《新中华报》1940年3月5日报道
延安回民救国会成立
［引自政协西安市莲湖区委员会编：《〈百年回坊〉之抗战忆事》（内刊），2015年，第232页］

边区回族的教育事业也得到蓬勃的发展。在边区成立前，回族几乎没有一所小学，"现在（指1940年10月）回民人口稍多的地方，都设了回民小学，一般的地方，都有识字班、冬学和夜学，教员很多是回民，并且请阿訇教念回文经典，因此，边区回民已有很大一部分在受教育。如新正县一区一乡

---

① 民族问题研究会编：《回回民族问题》，见中共中央统战部编：《民族问题文献汇编（1921年7月至1949年9月）》，中共中央党校出版社1991年版，第925页。
② 哈雄崎：《抗日战争时期陕西回民教育》，见政协西安市莲湖区委员会编：《〈百年回坊〉之抗战忆事》（内刊），2015年。

统计，现在受小学教育以及补习教育的，约占全人口六分之一"。[1]

另有一批回族青年在边区中央党校、抗大、陕北公学、鲁艺等干部学校学习。1941年8月，中共中央决定以陕北公学少数民族部为基础，组建陕甘宁边区民族学院，由西北局书记高岗兼院长。[2]1943年4月该校并入延安大学，1944年分出，驻定边，成立三边公学；后迁内蒙古，成立民族学院，后又迁北平，即是今中央民族大学的前身。以上这些学校培养了大批回族干部和人才，为抗战及新中国的建立做出了贡献。

第四，在尊重、保护回、蒙古等族的宗教信仰、风俗习惯方面，边区政府也贯彻执行了中国共产党的民族纲领，做了大量的工作。如边区的回族不仅信仰自由，而且受到尊重和保护。除边区盐池、新正原有清真寺外，截至1940年10月，有五处清真寺是边区成立后建立的。其中，1940年10月在延安文化沟落成的清真寺，是政府给予地基及资助款项建成的。毛泽东同志亲笔题写"清真寺"三字（见图8-8），并举行隆重的落成仪式。此外，政府资助建立的还有定边、曲子县、庙儿沟、三岔镇清真寺。[3]以后又陆续资助回族建清真寺。如1944年因定边盐场堡回族移民增多，政府帮助建立了一座

图8-8 毛泽东同志题写延安清真寺匾额
（引自马新芳：《陕西回族史话》，宁夏人民出版社2010年版，第160页）

---

[1] 民族问题研究会编：《回回民族问题》，见中共中央统战部编：《民族问题文献汇编（1921年7月至1949年9月）》，中共中央党校出版社1991年版，第925页。

[2] 宋太成：《陕甘宁边区的民族教育方针政策及其实践》，载《黑龙江民族丛刊》2001年第4期。

[3] 关于陕甘宁边区政府资助所建清真寺，各种相关论著说法不一。此据民族问题研究会编：《回回民族问题》，见中共中央统战部编：《民族问题文献汇编（1921年7月至1949年9月）》，中共中央党校出版社1991年版，第926页；马新芳：《陕西回族史话》，宁夏人民出版社2010年版，第133—135页。

清真寺。①

至于边区回、蒙古各族的风俗习惯、节日等，均得到边区政府的保护。如每逢少数民族的节日，边区各机关、部队、团体一律尊其习惯，提供方便，给予优待。特别是对他们崇敬的英雄人物，边区政府同样尊崇。如1939年初，国民政府批准将成吉思汗陵迁往西北，6月21日途经延安时，延安政府及群众万余人举行盛大公祭活动。1940年又修建成吉思汗纪念堂。八路军冀中军区回民支队司令员、抗日英雄马本斋不幸去世后，边区回民救国会、延安清真寺也举行了隆重的追悼大会。②

陕甘宁边区存在时间虽然不长，但它是抗战时期中国共产党直接领导下设立行政机构的地区，党的民族纲领和政策在边区得到具体实施，取得了巨大的成就，为以后中国共产党制定民族纲领和政策积累了宝贵的经验。其中最能体现"各民族一律平等"政治体制的"自治区（乡）"的建构，是马克思主义民族理论与中国实际相结合的典范。

1947年4月，内蒙古自治区政府的建立及其施政纲领的颁布，是在继承陕甘宁边区民族纲领和政策基础上的进一步的实践和发展。1949年9月29日中华人民共和国正式成立前夕召开的中国人民政治协商会议第一届全体会议，通过了具有重大历史意义的《中国人民政治协商会议共同纲领》，其中第五十一条明确规定：

> 各少数民族聚居的地区，应实行民族的区域自治，按照民族聚居的人口多少和区域大小，分别建立各种民族自治机关。凡各民族杂居的地方及民族自治区内，各民族在当地政权机关中均应有相当名额的代表。③

中华人民共和国正式成立后，上述关于在少数民族聚居地区实行"民族区域自治"被列入国家大法之中，一直实施到今天。

---

① 王晋林：《抗战时期陕甘宁边区的民族政策与实施》，载《甘肃理论学刊》2008年第5期。

② 王晋林：《抗战时期陕甘宁边区的民族政策与实施》，载《甘肃理论学刊》2008年第5期。

③ 中共中央统战部编：《民族问题文献汇编（1921年7月至1949年9月）》，中共中央党校出版社1991年版，第1290页。

结 语

　　陕西民族的历史就写到此。通观陕西各族发展的历史，不禁为从古至今在八百里秦川、陕北黄土高原及秦岭以南定居、活动过的众多民族演出的轰轰烈烈的悲壮历史感慨不已。历史上有众多的民族定居于陕西，各民族在相互交往、相互融合的过程中，共同开发和建设了陕西，是他们为丰富和发展灿烂的祖国文明增添了光彩。

　　许多定居于陕西的古代民族在历史上逐渐消失了，他们大多数融合到陕西汉族之中。因而，今日陕西汉族在陕西总人口中占了绝大多数。陕西民族发展的历史告诉我们：陕西汉族正是从古至今不断融合其他古代民族而日益壮大，即是说，他们也是由历史上众多民族相互融合而形成的，他们血液中流淌着历史上多族人民的血液。这一点在今天陕北汉族人民的容貌、性格和风俗中，表现得更为突出。

　　据2010年中国人口普查资料，陕西时总人口为37327379人；其中汉族人口最多，为37137743人；少数民族人口回族最多，为138716人；人口上万的少数民族仅有满族（16291人）；人口在千人以上的有蒙古族（6976人）、藏族（6345人）、土家族（3876人）、壮族（3555人）、苗族（2787人）、彝族（1644人）、维吾尔族（1570人）、朝鲜族（1129人）。[①]回、满、蒙古等族是元明以来就大部分定居于陕西的民族，其余各族则多数是1949年中华人民共和国成立后因工作调动、学习或其他原因迁居陕西的。全省汉族人口占绝大多数，形成汉、回为主的多民族的格局。全省少数民族分布的特点是：大分散，小集中，城镇多，农村少。回族主要集中在西安市（65276人）、安康市（20888人）、宝鸡市（15279人）、汉中市（11498人）、商洛市（9740人）、咸阳市（6293人）、渭南市（4458人）、榆林市（2319

　　① 国家统计局人口和就业统计司、国家民族事务委员会经济发展司编：《中国2010年人口普查分民族人口资料》，民族出版社2013年版，第5—24页。

人）。① 商洛市镇安县设有茅坪回族镇和西口回族镇，安康市宁陕县设有江口回族镇。这是陕西仅有的三个回族镇。

目前，陕西各族人民的关系早已建立在各民族一律平等的基础之上，他们正为建设自己的家园，建成祖国各民族的小康社会，实现伟大的中国梦而共同奋斗。

---

① 国家统计局人口和就业统计司、国家民族事务委员会经济发展司编：《中国2010年人口普查分民族人口资料》，民族出版社2013年版，第1037—1039页。

参考文献

References

[1] 王弼，韩康伯.孔颖达，等.周易正义［M］// 十三经注疏.阮元，校刻.清嘉庆刊本.北京：中华书局，2009.

[2] 郭璞.邢昺.尔雅注疏［M］// 十三经注疏.阮元，校刻.清嘉庆刊本.北京：中华书局，2009.

[3] 郑元.孔颖达，等.礼记正义［M］// 十三经注疏.阮元，校刻.清嘉庆刊本.北京：中华书局，2009.

[4] 郑元.贾公彦.周礼注疏［M］// 十三经注疏.阮元，校刻.清嘉庆刊本.北京：中华书局，2009.

[5] 孔安国.孔颖达，等.尚书正义［M］// 十三经注疏.阮元，校刻.清嘉庆刊本.北京：中华书局，2009.

[6] 杜预.孔颖达，等.春秋左传正义［M］// 十三经注疏.阮元，校刻.清嘉庆刊本.北京：中华书局，2009.

[7] 毛公.郑元.孔颖达，等.毛诗正义［M］// 十三经注疏.阮元，校刻.清嘉庆刊本.北京：中华书局，2009.

[8] 赵岐.孙奭.孟子注疏［M］// 十三经注疏.阮元，校刻.清嘉庆刊本.北京：

中华书局，2009.

[9] 何休. 徐彦. 春秋公羊传注疏 [M] // 十三经注疏. 阮元, 校刻. 清嘉庆刊本. 北京: 中华书局，2009.

[10] 论语 [M]. 上海世界书局《诸子集成》本.

[11] 刘宝楠. 荀子集解 [M]. 影印本. 上海: 上海书店，1986.

[12] 左丘明. 国语 [M]. 影印本. 上海: 上海书店，1987.

[13] 司马迁. 史记 [M]. 标点本.2 版. 北京: 中华书局，1982.

[14] 班固. 汉书 [M]. 颜师古, 注. 标点本. 北京: 中华书局，1962.

[15] 范晔. 后汉书 [M]. 李贤, 等注. 标点本. 北京: 中华书局，1965.

[16] 刘珍, 等. 吴树平. 东观汉记校注 [M]. 北京: 中华书局，2008.

[17] 刘歆. 葛洪. 向新阳, 刘克任. 西京杂记校注 [M]. 上海: 上海古籍出版社，1991.

[18] 陈寿. 三国志 [M]. 裴松之, 注. 标点本.2 版. 北京: 中华书局，1982.

[19] 房玄龄, 等. 晋书 [M]. 标点本. 北京: 中华书局，1974.

[20] 常璩. 任乃强. 华阳国志校补图注 [M]. 上海: 上海古籍出版社，1987.

[21] 张华. 博物志 [M].《古今逸史》本.

[22] 崔豹. 古今注 [M].《四部丛刊三编》本.

[23] 萧统. 文选 [M]. 李善, 注. 北京: 中华书局，1977.

[24] 洪亮吉. 十六国疆域志 [M]. 北京: 商务印书馆，1958.

[25] 魏收. 魏书 [M]. 标点本. 北京: 中华书局，1974.

[26] 萧子显. 南齐书 [M]. 标点本. 北京: 中华书局，1972.

[27] 令狐德棻, 等. 周书 [M]. 标点本. 北京: 中华书局，1971.

[28] 沈约. 宋书 [M]. 标点本. 北京: 中华书局，1974.

[29] 姚思廉. 梁书 [M]. 标点本. 北京: 中华书局，1973.

[30] 李延寿. 北史 [M]. 标点本. 北京: 中华书局，1974.

［31］郦道元.水经注［M］.王先谦,校.影印本.成都:巴蜀书店,1985.

［32］郭茂倩.乐府诗集［M］.北京:中华书局,1979.

［33］魏徵,令狐德棻.隋书［M］.标点本.北京:中华书局,1973.

［34］刘昫,等.旧唐书［M］.标点本.北京:中华书局,1975.

［35］欧阳修,宋祁.新唐书［M］.标点本.北京:中华书局,1975.

［36］虞世南.北堂书钞［M］.北京:学苑出版社,1998.

［37］杜佑.通典［M］.万有文库十通本.影印本.北京:中华书局,1984.

［38］吴兢.贞观政要［M］.上海:上海古籍出版社,1978.

［39］李吉甫.元和郡县图志［M］.贺次君,点校.北京:中华书局,1983.

［40］王溥.唐会要［M］.标点本.北京:中华书局,1955.

［41］董诰,等.全唐文［M］.影印本.北京:中华书局,1983.

［42］林宝.元和姓纂［M］.校刊本.南京:金陵书局,1880(清光绪六年).

［43］徐坚,等.初学记［M］.北京:中华书局,1962.

［44］王通.中说［M］.阮逸,注.北京:中华书局,1985.

［45］释慧皎.高僧传［M］.汤用彤,校注.汤一玄,整理.北京:中华书局,1992.

［46］释僧祐.出三藏记集［M］.苏晋仁,萧炼子,点校.北京:中华书局,1995.

［47］圆照.贞元新定释教目录［M］//大正藏:卷55.1977.

［48］王维.王摩诘诗集［M］.上海:上海古籍出版社,2015.

［49］张鷟.朝野佥载［M］.恒鹤,校点//唐五代笔记小说大观,上海:上海古
籍出版社,2000.

［50］牛僧孺.玄怪录［M］.穆公,校点//唐五代笔记小说大观,上海:上海古
籍出版社,2000.

［51］李肇.唐国史补［M］.曹中孚,校点//唐五代笔记小说大观,上海:上海
古籍出版社,2000.

［52］段安节.乐府杂录［M］.《说郛》本.

[53] 彭定求，等. 全唐诗［M］. 北京：中华书局，2003.

[54] 宋敏求. 唐大诏令集［M］. 北京：商务印书馆，1959.

[55] 道宣. 续高僧传［M］. 郭绍林，点校. 北京：中华书局，2014.

[56] 白居易. 白居易集［M］. 顾学颉，校点. 北京：中华书局，1979.

[57] 慧琳. 一切经音义［G］//字典汇编：第20册. 北京：国际文化出版公司，1993.

[58] 崔致远. 桂苑笔耕集［M］.《四部丛刊·集部》本.

[59] 薛居正，等. 旧五代史［M］. 标点本. 北京：中华书局，1976.

[60] 欧阳修. 新五代史［M］. 徐无党，注. 标点本. 北京：中华书局，1974.

[61] 王溥. 五代会要［M］.《丛书集成初编》本. 上海：商务印书馆，1936.

[62] 脱脱，等. 宋史［M］. 标点本. 北京：中华书局，1977.

[63] 脱脱，等. 辽史［M］. 标点本. 北京：中华书局，1974.

[64] 脱脱，等. 金史［M］. 标点本. 北京：中华书局，1975.

[65] 徐松. 宋会要辑稿［M］. 复制重印本. 北京：中华书局，1957.

[66] 李昉，等. 文苑英华［M］. 影印本. 北京：中华书局，1966.

[67] 李昉，等. 太平御览［M］. 影印本. 北京：中华书局，1985.

[68] 李昉，等. 太平广记［M］. 影印本. 上海：上海古籍出版社，1990.

[69] 王钦若，等. 册府元龟［M］. 影印本. 北京：中华书局，1960.

[70] 司马光. 资治通鉴［M］. 胡三省，音注.“标点资治通鉴小组”，校点. 标点本. 北京：中华书局，1956.

[71] 李焘. 续资治通鉴长编［M］. 上海师范大学古籍整理研究所，华东师范大学古籍整理研究所，点校. 标点本. 2版. 北京：中华书局，2004.

[72] 沈括. 胡道静. 梦溪笔谈校证［M］. 上海：上海出版公司，1956.

[73] 乐史. 太平寰宇记［M］. 南昌万氏刻本，1793（清乾隆五十八年）.

[74] 曾巩. 隆平集［M］. 彭期七业堂刻本，1701（清康熙四十年）.

［75］王偁.东都事略［M］.扫叶山房校刻本,1797（清嘉庆二年）.

［76］宋敏求.长安志［M］.辛德勇,郎洁,点校.西安:三秦出版社,2013.

［77］钱易.南部新书［M］.黄寿成,点校.北京:中华书局,2002.

［78］赞宁.宋高僧传［M］.范祥雍,点校.北京:中华书局,1987.

［79］江少虞.宋朝事实类苑［M］.上海:上海古籍出版社,1981.

［80］吕祖谦.宋文鉴［M］.江苏书局刊本,1886（清光绪十二年）.

［81］司马光.司马文正公集［M］.清刻本.

［82］宇文懋昭.大金国志［M］.扫叶山房藏版,1797（清嘉庆二年）.

［83］李心传.建炎以来系年要录［M］.《丛书集成初编》本.上海:商务印书馆,1936.

［84］徐梦莘.三朝北盟会编［M］.上海:上海古籍出版社,1987.

［85］宋濂,等.元史［M］.标点本.北京:中华书局,1976.

［86］元典章［M］.台北"故宫博物院"影印本,1972.

［87］柯劭忞.新元史［M］.北京:中国书店,1988.

［88］刘祁.归潜志［M］.崔文印,点校.北京:中华书局,1983.

［89］苏天爵.元文类［M］.修德堂重订本.

［90］虞集.道园学古录［M］.《丛书集成初编》本.

［91］明实录［M］.台湾"中央研究院"历史语言研究所,校印.上海:上海书店,2015.

［92］张廷玉,等.明史［M］.标点本.北京:中华书局,1974.

［93］瞿九思.万历武功录［M］.影印本.北京:中华书局,1962.

［94］陈子龙,等.皇明经世文编［M］.北京:中华书局,1962.

［95］明律［M］.《永乐大典》本.

［96］王恽.秋涧先生大全集［M］.《四部丛刊初编》本.

［97］梁份.秦边纪略［M］.赵盛世,王子贞,陈希夷,校注.标点本.西宁:青

海人民出版社，1987.

［98］吴伟业.鹿樵纪闻［M］."国史馆"台湾文献馆影印本，1972.

［99］清实录［M］.北京：中华书局，2008.

［100］赵尔巽，等.清史稿［M］.标点本.北京：中华书局，1977.

［101］鄂尔泰，等.八旗通志［M］.李洵，赵德贵，主点.长春：东北师范大
　　　学出版社，1985.

［102］鄠县乡土志［M］//中国地方志集成：陕西府县志辑：第52册.南京：
　　　凤凰出版社，2007.

［103］张廷槐.续修宁羌州志［M］//中国地方志集成：陕西府县志辑：第52
　　　册.南京：凤凰出版社，2007.

［104］孟熊弼.先府君忠毅公行述［M］//孟乔芳.孟忠毅公奏议.清刻本.

［105］清文献通考［M］.商务印书馆《万有文库》本.

［106］宋伯鲁，等.续修陕西通志稿［M］.铅印本，1934（民国二十三年）.

［107］中国史学会.回民起义：第4册［M］.上海：上海人民出版社，2000.

［108］中国史学会.太平天国：第2册［M］.上海：上海人民出版社，2000.

［109］中国史学会.辛亥革命：第6册［M］.上海：上海人民出版社，2000.

［110］慕寿祺.甘宁青史略［M］.铅印本，1937（民国二十六年）.

［111］朱学勤，等.平回方略［M］.台北：成文出版社，1968.

［112］米登岳，等.华阴县续志［M］.铅印本，1932（民国二十一年）.

［113］曹占泉.陕西省志：人口志［M］.西安：三秦出版社，1986.

［114］中国人民政治协商会议陕西省委员会文史资料研究委员会.陕西辛亥革命
　　　回忆录［M］.西安：陕西人民出版社，1982.

［115］孙中山全集［M］.北京：中华书局，1981.

［116］中国人民政治协商会议西安市委员会文史资料研究委员会.西安文史资料：
　　　第12辑［G］，1987.［内刊］.

［117］陈荷夫 . 中国宪法类编［M］. 北京：中国社会科学出版社，1980.

［118］中共陕西省委党史资料征集研究委员会 . 辛亥革命在陕西［M］. 西安：
陕西人民出版社，1986.

［119］政协西安市莲湖区委员会 . 《百年回坊》之抗战忆事［G］，2015.［内刊］.

［120］中国第二历史档案馆 . 中华民国史档案资料汇编：第 5 辑第 1 编 政治（一）
［M］. 南京：江苏古籍出版社，1994.

［121］中国第二历史档案馆 . 中华民国史档案资料汇编：第 5 辑第 1 编 政治（二）
［M］. 南京：江苏古籍出版社，1994.

［122］中共中央统战部 . 民族问题文献汇编：1921 年 7 月至 1949 年 9 月［M］. 北京：
中共中央党校出版社，1991.

［123］中国第二历史档案馆，中国藏学研究中心 . 奉使办理藏事报告书［M］. 北京：
中国藏学出版社，1993.

［124］国家统计局人口和就业统计司，国家民族事务委员会经济发展司 . 中国
2010 年人口普查分民族人口资料［M］. 北京：民族出版社，2013.

［125］北京大学历史系考古教研室 . 元君庙仰韶墓地［M］. 北京：文物出版
社，1983.

［126］国家文物局 . 中国文物地图集：陕西分册［M］. 西安：西安地图出版
社，1998.

［127］康兰英 . 榆林碑石［M］. 西安：三秦出版社，2003.

［128］陕西省考古研究所 . 西安北周安伽墓［M］. 北京：文物出版社，2003.

［129］谭其骧 . 中国历史地图集：第 4 册［M］. 北京：中国地图出版社，1982.

［130］咸阳市文物考古研究所 . 咸阳十六国墓［M］. 北京：文物出版社，2006.

［131］张沛 . 安康碑石［M］. 西安：三秦出版社，1991.

［132］赵万里 . 汉魏南北朝墓志集释［M］. 北京：科学出版社，1956.

［133］中国科学院考古研究所，陕西省西安半坡博物馆 . 西安半坡［M］. 北京：

文物出版社，1963.

［134］中国社会科学院考古研究所.中国考古学：新石器时代卷［M］.北京：中国社会科学出版社，2010.

［135］中国社会科学院考古研究所.新中国的考古发现和研究［M］.北京：文物出版社，1984.

［136］中国社会科学院民族研究所，中央民族学院民族研究所回族史组.回族史论集：1949—1979［M］.银川：宁夏人民出版社，1984.

［137］白寿彝.中国回回民族史［M］.北京：中华书局，2003.

［138］白寿彝.中国伊斯兰史存稿［M］.银川：宁夏人民出版社，1983.

［139］陈伯达.评《中国之命运》［M］.张家口：新华书店晋察冀分店，1945.

［140］陈全方.周原与周文化［M］.上海：上海人民出版社，1988.

［141］陈寅恪.隋唐制度渊源略论稿［M］.北京：中华书局，1963.

［142］陈寅恪.唐代政治史述论稿［M］.上海：上海古籍出版社，1982.

［143］陈直.三辅黄图校证［M］.西安：陕西人民出版社，1980.

［144］仇王军.豫海县回民自治政府成立始末［M］.银川：宁夏人民出版社，2009.

［145］戴应新.折氏家族史略［M］.西安：三秦出版社.1989.

［146］段连勤.北狄族与中山国［M］.石家庄：河北人民出版社，1982.

［147］恩格斯.反杜林论［M］.吴黎平，译.北京：人民出版社，1956.

［148］蒋介石.中国之命运［M］.南京：正中书局，1943.

［149］恩格斯.家庭、私有制和国家的起源［M］//马克思恩格斯文选：第2卷.北京：人民出版社，1963.

［150］费孝通，等.中华民族多元一体格局［M］.北京：中央民族学院出版社，1989.

［151］穆罕默德·阿里·冯福宽.陕西回族史［M］.西安：陕西人民出版社，1997.

［152］高尚志，冯君实.秦汉魏晋南北朝史［M］.沈阳：辽宁人民出版社，1984.

［153］喇敏智.回族对伟大祖国的贡献［M］.兰州：甘肃民族出版社，2006.

［154］《回族简史》编写组.回族简史［M］.2 版.银川：宁夏人民出版社，1982.

［155］李白凤.东夷杂考［M］.济南：齐鲁书社，1981.

［156］徐松.李健超.增订唐两京城坊考［M］.修订版.西安：三秦出版社，2006.

［157］冉光荣，李绍明，周锡银.羌族史［M］.成都：四川民族出版社，1985.

［158］李兴华，冯今源.中国伊斯兰教史参考资料选编：1911—1949［M］.银川：
　　　宁夏人民出版社，1985.

［159］李祖桓.仇池国志［M］.北京：书目文献出版社，1986.

［160］林悟殊.摩尼教及其东渐［M］.北京：中华书局，1987.

［161］马克思恩格斯全集：第 20 卷［M］.中共中央马克思恩格斯列宁斯大林著
　　　作编译局，译.北京：人民出版社，1971.

［162］马新芳.陕西回族史话［M］.银川：宁夏人民出版社，2010.

［163］马长寿.碑铭所见前秦至隋初的关中部族［M］.北京：中华书局，1985.

［164］马长寿.氐与羌［M］.上海：上海人民出版社，1984.

［165］马长寿.北狄与匈奴［M］.北京：生活·读书·新知三联书店，1962.

［166］马长寿.乌桓与鲜卑［M］.上海：上海人民出版社，1962.

［167］彭曦.战国秦长城考察与研究［M］.西安：西北大学出版社，1990.

［168］任继愈.中国佛教史：第 2 卷［M］.北京：中国社会科学出版社，1985.

［169］陕西师范大学西北环发中心.统万城遗址综合研究［M］.西安：三秦
　　　出版社，2004.

［170］孙进己，张璇如，蒋秀松，等.女真史［M］.长春：吉林文史出版社，1987.

［171］唐长孺.魏晋南北朝史论丛［M］.北京：生活·读书·新知三联书店，1955.

［172］万绳楠.魏晋南北朝史论稿［M］.合肥：安徽教育出版社，1983.

［173］王仲荦.北周地理志［M］.北京：中华书局，1980.

［174］翁独健.中国民族关系史纲要［M］.北京：中国社会科学出版社，1990.

［175］吴洪琳.铁弗匈奴与夏国史研究［M］.北京：中国社会科学出版社，2011.

［176］向达.唐代长安与西域文明［M］.北京：生活·读书·新知三联书店，1957.

［177］严耕望.唐代交通图考［M］.上海：上海古籍出版社，2007.

［178］尹盛平.周文化考古研究论集［M］.北京：文物出版社，2012.

［179］殷宪.北朝史研究：中国魏晋南北朝史国际学术研讨会论文集［C］.北京：
商务印书馆，2004.

［180］余嘉锡.余嘉锡论学杂著［M］.北京：中华书局，1963.

［181］张维.仇池国志［M］.铅印本.兰州：甘肃银行印刷厂，1949.

［182］周伟洲.敕勒与柔然［M］.上海：上海人民出版社，1983.

［183］周伟洲.汉赵国史［M］.太原：山西人民出版社，1986.

［184］周伟洲.唐代党项［M］.西安：三秦出版社，1988.

［185］周伟洲.吐谷浑史［M］.桂林：广西师范大学出版社，2006.

［186］周伟洲.早期党项史研究［M］.北京：中国社会科学出版社，2004.

［187］周一良.魏晋南北朝史论集［M］.北京：中华书局，1963.

［188］周一良.魏晋南北朝史札记［M］.北京：中华书局，1985.

［189］白启新.追思我的祖父白楚珍［G］//政协西安市莲湖区委员会.《百年回
坊》之抗战忆事，2015.［内刊］.

［190］北京大学考古教研室华县报告编写组.华县、渭南古代遗址调查与试掘［J］.
考古学报，1980（3）.

［191］蔡宇安.近代西安清真餐饮业文化机制探索［M］//周伟洲.西北民族论丛：
第9辑.北京：中国社会科学出版社，2013.

［192］曹永年，周增义.淝水之战的性质和处理历史上民族与疆域的"准则"［J］.
中国史研究，1982（2）.

［193］陈寅恪.记唐代之李武韦杨婚姻集团［M］//陈寅恪.金明馆丛稿初编.上
海：上海古籍出版社，1980.

［194］陈垣.火祆教入中国考［M］//陈垣.陈垣学术论文集：第1集.北京：中华书局，1980.

［195］陈增辉.敦煌景教文献《志玄安乐经》考释［C］//敦煌文物研究所.1983年全国敦煌学术讨论会文集：文史·遗书编.兰州：甘肃人民出版社，1987.

［196］程连亮，程连凯，程连达.爱国名士程树荣事略［G］//政协西安市莲湖区委员会.《百年回坊》之抗战忆事，2015.［内刊］.

［197］戴尔俭，计宏祥.陕西蓝田发现之旧石器［J］.古脊椎动物与古人类，1964（2）.

［198］戴应新.大夏·统万城址考古记［J］.故宫学术季刊，1999（2）.

［199］戴应新.陕西匈奴文物简说［J］.人文杂志，1984（6）.

［200］杜林渊.汉代北部边疆地区移民墓葬反映的历史问题［J］.考古与文物，2011（1）.

［201］冯钧平.抗日战争时期的陕西回族［M］//河北省民族事务委员会.回族抗日斗争史论集.石家庄：河北人民出版社，1991.

［202］冯钧平.马玉贵事略［M］//中国人民政治协商会议陕西省委员会文史资料委员会.陕西民国人物：第1辑.西安：陕西人民出版社，1989.

［203］冯君实.十六国官制初探［J］.东北师大学报，1984（4）.

［204］龚国强.1957～2009：半个世纪的大明宫考古与考古人［J］.中国文化遗产，2009（4）.

［205］巩启明.关于客省庄文化的若干问题［M］//田昌五，石兴邦.中国原始文化论集：纪念尹达八十诞辰.北京：文物出版社，1989.

［206］巩启明.试论仰韶文化［J］.史前研究，1983（1）.

［207］巩启明.姜寨遗址考古发掘的主要收获及其意义［J］.人文杂志，1981（4）.

［208］顾颉刚.牧誓八国［M］//顾颉刚.史林杂识.北京：中华书局，1963.

［209］哈雄岐.抗日战争时期陕西回民教育［G］//政协西安市莲湖区委员会.《百年回坊》之抗战忆事，2015.［内刊］.

［210］韩康信.中国新石器时代种族人类学研究［M］//田昌五，石兴邦.中国原始文化论集：纪念尹达八十诞辰.北京：文物出版社，1989.

［211］黑光，朱捷元.陕西绥德墕头村发现一批窖藏商代铜器［J］.文物，1975（2）.

［212］黄春长.锡水洞遗址古地理环境、用火遗址及时代问题［J］.史前研究，1984（1）.

［213］黄烈.关于前秦政权的民族性质及其对东晋的战争性质问题［J］.中国史研究，1979（1）.

［214］黄荣春.突厥公主墓志铭考［J］.福建文博，1984（2）.

［215］贺梓城.唐王朝与边疆民族和邻国的友好关系［J］.文博，1984（1）.

［216］纪振奇.中国共产党早期民族政策的转型：以陕甘宁边区时期为中心［J］.北方民族大学学报，2015（1）.

［217］贾敬颜."汉人"考［J］.中国社会科学，1985（6）.

［218］简修炜，刘精诚.关于淝水之战性质的商榷［J］.学术月刊，1981（5）.

［219］《考古与文物》编辑部.建国三十五年来陕西考古工作的主要收获［J］.考古与文物，1984（5）.

［220］罗振玉，等.敦煌石室遗书［M］.诵芬室铅印本，1909.

［221］靳燕凌，郝琦.陕甘宁边区中国共产党的民族政策及特点［J］.新疆师范大学学报，2014（2）.

［222］旧本魏书目录叙［M］//魏收.魏书.北京：中华书局，1974.

［223］《考古与文物》编辑部.神木石峁遗址座谈会纪要［J］.考古与文物，2013（3）.

［224］郎维伟，周锡银.红军长征与藏区现代宗教、土地等法规的诞生［J］.中国藏学，2006（3）.

［225］李安辉.坚持和完善我国的民族乡政策［J］.中南民族大学学报，2012（4）.

［226］李伯谦.城固铜器群与早期蜀文化［J］.考古与文物，1983（2）.

［227］李厚志.紫阳县发现北朝乐舞伎铜饰［J］.考古与文物，1989（2）.

［228］李健彪.达浦生与西安回坊［G］//政协西安市莲湖区委员会.《百年回坊》之抗战忆事，2015.［内刊］.

［229］金宪镛，李健超.陕西新发现的高句丽人、新罗人遗迹［J］.考古与文物，1999（6）.

［230］李健超.汉唐时期长安、洛阳的西域人［M］//西北大学西北历史研究室.西北历史研究：1988年号.西安：三秦出版社，1990.

［231］李健超.唐长安临皋驿［J］.考古与文物，1984（3）.

［232］李启良，徐信印.陕西安康长岭南朝墓清理简报［J］.考古与文物，1986年（3）.

［233］李域铮.西安西郊唐俾失十囊墓清理简报［J］.文博，1985（6）.

［234］刘亮.金王完颜氏的后裔［N］.西安晚报，1984-02-11.

［235］刘士莪，张洲.陕西韩城禹门口旧石器时代洞穴遗址［J］.史前研究，1984（1）.

［236］刘最长，朱捷元.西安碑林发现女真文书、南宋拓全幅集王《圣教序》及版画［J］.文物，1979（5）.

［237］柳明德.抗战女将军谢冰莹与西安回坊［G］//政协西安市莲湖区委员会《百年回坊》之抗战忆事，2015.［内刊］.

［238］卢连成，胡智生.宝鸡茹家庄、竹园沟墓地有关问题的探讨［J］.文物，1983（2）.

［239］罗西章.扶风姜塬发现汉代外国铭文铅饼［J］.考古，1976（4）.

［240］吕卓民.宋代陕北城寨考［M］//西北大学西北历史研究室.西北历史研究：1988年号.西安：三秦出版社，1990.

［241］马斌.中国回教救国协会陕西省分会［G］//政协西安市莲湖区委员会.《百年回坊》之抗战忆事，2015.［内刊］.

［242］马得志.西安元代安西王府勘查记［J］.考古，1960（5）.

［243］马金城.一首歌曲抵上两个师兵力［G］//政协西安市莲湖区委员会.《百年回坊》之抗战忆事，2015.［内刊］.

［244］马军.追忆祖父爱国实业家马福泽先生［G］//政协西安市莲湖区委员会《百年回坊》之抗战忆事，2015.［内刊］.

［245］马士年.西安地区的回族［G］// 中国人民政治协商会议西安市委员会文史资料研究委员会.西安文史资料：第12辑，1987.［内刊］.

［246］马寿千.辛亥革命陕西提督之一的马玉贵［M］// 马通.回族近现代史研究.兰州：甘肃民族出版社，1992.

［247］马廷琦，马廷珂.热心民族教育事业的马赞侯［G］// 中国人民政治协商会议西安市委员会文史资料研究委员会.西安文史资料：第12辑，1987.［内刊］.

［248］马希明，马锡屏，冯钧平.近代西安回族实业家冯瑞生先生［G］// 中国人民政治协商会议西安市委员会文史资料研究委员会.西安文史资料：第12辑，1987.［内刊］.

［249］马晓春.《伊斯兰青年》与抗战［G］// 政协西安市莲湖区委员会.《百年回坊》之抗战忆事，2015.［内刊］.

［250］马新芳.西安回族抗日救亡活动辑要［G］//政协西安市莲湖区委员会.《百年回坊》之抗战忆事，2015.［内刊］.

［251］米文平.鲜卑石室的发现与初步研究［J］.文物，1981（2）.

［252］牟发松.北魏军镇考补［M］//武汉大学历史系魏晋南北朝隋唐史研究室.魏晋南北朝隋唐史资料：第7期.武汉：武汉大学学报编辑部，1985.

［253］陕西省考古研究所汉水考古队.陕西南郑龙岗寺发现的旧石器［J］.考古与文物，1985（6）.

［254］唐金裕，王寿芝，郭长江.陕西省城固县出土殷商铜器整理简报［J］.考古，1980（3）.

［255］陕西省考古研究所.西安北郊北朝墓清理简报［J］.考古与文物，2005（1）.

［256］陕西省考古研究院秦汉研究部."关中——天水经济区秦文化学术研讨会"

纪要［J］.考古与文物，2010（6）.

［257］陕西省考古研究院隋唐考古研究部.陕西南北朝隋唐及宋元明清考古五十年综述［J］.考古与文物，2008（6）.

［258］陕西省考古研究院，渭南市考古所，韩城市文物局.陕西韩城梁带村芮国墓地西区发掘简报［J］.考古与文物，2010（1）.

［259］陕西省考古研究院，延安市文物研究所，黄陵县旅游文物局.陕西黄陵寨头河战国戎人墓地发掘简报［J］.考古与文物，2012（6）.

［260］陕西省考古研究院.2012 年陕西省考古研究院考古发掘新收获［J］.考古与文物，2013（2）.

［261］陕西省考古研究院商周考古研究部.陕西夏商周考古发现与研究［J］.考古与文物，2008（6）.

［262］咸阳市文物考古研究所.陕西咸阳市文林小区前秦朱氏家族墓的发掘［J］.考古，2005（4）.

［263］陕西周原考古队.扶风刘家姜戎墓葬发掘简报［J］.文物，1984（7）.

［264］石兴邦.前仰韶文化的发现及其意义［M］//《中国考古学研究》编委会.中国考古学研究：夏鼐先生考古五十年纪念论文集.北京：文物出版社，1986.

［265］史念海.西周与春秋时期华族与非华族的杂居及其地理分布［J］.中国历史地理论丛，1990（1；2）.

［266］宋太成.陕甘宁边区的民族教育方针政策及其实践［J］.黑龙江民族丛刊，2001（4）.

［267］孙周勇，孙战伟，邵晶.黄陵寨头河战国墓地相关问题探讨［J］.考古与文物，2012（6）.

［268］孙祚民.试论淝水之战的性质及有关的几个问题[J].中国史研究,1981(2).

［269］谭其骧.晋永嘉丧乱后之民族迁徙［M］//谭其骧.长水集.北京：人民

出版社，1987.

[270] 唐长孺.拓跋国家的建立及其封建化[M]//唐长孺.魏晋南北朝史论丛.北京：生活·读书·新知三联书店，1955.

[271] 王炳华."刘平国刻石"及有关新疆历史的几个问题[J].新疆大学学报，1980（3）.

[272] 王大方.内蒙古自治区的重大考古成果综述[J].内蒙古社会科学，1999(1).

[273] 王晋林.抗战时期陕甘宁边区的民族政策与实施[J].甘肃理论学刊，2008（5）.

[274] 王俊杰.西秦史钩沉[J].甘肃师范大学学报，1981（3）.

[275] 王永焱，薛祥煦，岳乐平，等.陕西大荔人化石的发现及其初步研究[J].科学通报，1979（7）.

[276] 王震中.略论"中原龙山文化"的统一性与多样性[M]//田昌五，石兴邦.中国原始文化论集：纪念尹达八十诞辰.北京：文物出版社，1989.

[277] 王宗维.西戎八国考述[M]//西北大学西北历史研究室.西北历史研究：1986年号.西安：三秦出版社，1987.

[278] 王宗维.清代中叶前西安地区回民的分布和经济生活[M]//西北大学西北历史研究室.西北历史研究：1988年号.西安：三秦出版社，1990.

[279] 魏京武.碳-14测定年代与陕西新石器时代考古学文化[J].史前研究，1985（1）.

[280] 乌恩.中国北方青铜文化与卡拉苏克文化的关系[M]//《中国考古学研究》编委会.中国考古学研究：夏鼐先生考古五十年纪念论文集.北京：文物出版社，1986.

[281] 吴汝康.陕西蓝田发现的猿人头骨化石[J].古脊椎动物与古人类，1966(1).

[282] 西安半坡博物馆，大荔县文化馆.陕西大荔沙苑地区考古调查报告[J].史前研究，1983（1）.

［283］考古研究所资料室.西安汉城故址出土一批带铭文的铅饼［J］.考古，1977（6）.

［284］西安市文物保护考古所.西安北周康业墓发掘简报［J］.文物，2008（6）.

［285］西安市文物保护考古所.西安市北周史君石椁墓［J］.考古，2004（7）.

［286］西安市文物保护考古所.西安财政干部培训中心汉、后赵墓发掘简报［J］.文博，1997（6）.

［287］向涛，炜饯.“九一八”事变后西安回民的抗日救亡活动［G］//中国人民政治协商会议西安市委员会文史资料研究委员会.西安文史资料：第12辑.内刊，1987.

［288］谢高文.咸阳前秦墓出土有铭砖考释［M］//西安碑林博物馆.碑林集刊：第10辑.西安：陕西人民美术出版社，2004.

［289］邢福来.统万城遗址考古发掘的新收获［M］//侯甬坚，李令福.走向世界的沙漠古都——统万城，2003.

［290］徐扬杰.淝水之战的性质和前秦失败的原因［J］.华中师院学报，1980（1）.

［291］阎嘉祺，魏京武.陕西梁山旧石器之研究［J］.史前研究，1983（1）.

［292］杨恩成.范紫东先生抗战期间创作的诗文［G］//政协西安市莲湖区委员会.《百年回坊》之抗战忆事，2015.［内刊］.

［293］阴法鲁.唐代西藏马球戏传入长安［J］.历史研究，1959（6）.

［294］尹盛平.略论巴文化与巴族的迁徙［J］.文博，1992（5）.

［295］尹盛平，任周芳.先周文化的初步研究［J］.文物，1984（7）.

［296］岳起，刘卫鹏.关中地区十六国墓的初步认定：兼谈咸阳平陵十六国墓出土的鼓吹俑［J］.文物，2004（8）.

［297］早期秦文化联合考古队.戎狄之旅：内蒙、陕北、宁夏、陇东考古考察笔谈［J］.考古与文物，2012（1）.

［298］张广达.海舶来天方　丝路通大食：中国与阿拉伯世界的历史联系的回顾

　　　　［M］//周一良.中外文化交流史.郑州：河南人民出版社，1987.

［299］张桂华，张秀荣.论陕甘宁边区的民族政策［J］.山东师范大学学报，2002（5）.

［300］张森水.我国北方旧石器时代中期文化初探［J］.史前研究，1985（1）.

［301］张长寿，梁星彭.关中先周青铜文化的类型与周文化的渊源［J］.考古
　　　　学报，1989（1）.

［302］张正明.和亲通论［M］//中国社会科学院民族研究所民族历史研究室.民
　　　　族史论丛：第1辑.北京：中华书局，1987.

［303］中国社会科学院考古研究所陕西工作队.陕西华阴横阵遗址发掘报告
　　　　［M］//《考古》编辑部.考古学集刊：第4集.北京：中国社会科学出
　　　　版社，1984.

［304］周春茂.大荔人在人类进化过程中的位置、种族、特征及其意义［J］.史
　　　　前研究，1983（2）.

［305］周伟洲.从郑仁泰墓出土的乐舞俑谈唐代音乐和礼仪制度［J］.文物，
　　　　1980（7）.

［306］周伟洲.关于秦汉地方行政体制中的"道"［M］//陕西历史博物馆馆刊
　　　　编辑部.陕西历史博物馆馆刊：第4辑.西安：西北大学出版社，1997.

［307］周伟洲.黄帝与中华民族［C］//黄帝与中国传统文化学术讨论会文集
　　　　编委会.黄帝与中国传统文化学术讨论会文集.西安：陕西人民出版社，
　　　　2001.

［308］周伟洲.十六国夏国新建城邑考［M］//陕西师范大学西北环发中心.统
　　　　万城遗址综合研究.西安：三秦出版社，2004.

［309］周伟洲.试论隋唐时期西北民族融合的趋势和特点［J］.西北大学学报，
　　　　1990（3）.

［310］周伟洲.试论魏晋时与匈奴有关的诸胡［M］//中国社会科学院民族研究
　　　　所.中国民族史研究.北京：中国社会科学出版社，1987.

［311］周伟洲.唐朝与南海诸国通贡关系研究［J］.中国史研究，2002（3）.

［312］周伟洲.唐韩休墓"乐舞图"探析［J］.考古与文物，2015（6）.

［313］周伟洲.隋唐长安与南海诸国的佛教文化交流［M］//周伟洲.西北民族
论丛：第2辑.北京：中国社会科学出版社，2003.

［314］周伟洲.魏晋南北朝时期的护军制［J］.燕京学报，1999（6）.

［315］周伟洲.早期党项拓跋氏世系补考［J］.西夏研究，2015（4）.

［316］周伟洲.赀虏与费也头［M］//中华书局编辑部.文史：第23辑.北京：
中华书局，1984.

［317］周伟洲.儒家思想与中国传统民族观［J］.民族研究，1995（6）.

［318］周伟洲.陕北出土三方唐五代党项拓跋氏墓志考释：兼论党项拓跋氏之族
源问题［J］.民族研究，2004（6）.

［319］周伟洲.万国来朝岁 五服远朝王［J］.中国文化遗产，2009（4）.

［320］周一良.北魏镇戍制度考及续考［M］//周一良.魏晋南北朝史论集.北京：
中华书局，1963.

［321］邹衡.论先周文化［M］//邹衡.夏商周考古学论文集.北京：文物出版
社，1980.

［322］大唐六典［M］.廣池千九郎，訓点.内田智雄，補訂.東京：広池学園事
業部，1973（昭和四十八年）.

［323］岡崎精郎.唐代に於ける党項の發展［M］//東洋史論叢：第1卷.東京：
養德社，1947（昭和二十二年）.

［324］岡崎精郎.タソグート古代史研究［M］//東洋史研究叢刊：第27册.京
都：東洋史研究會，1972（昭和四十七年）.

［325］石見清裕.唐の建国と匈奴の費也頭［J］.史學雜誌，1982，91（10）.

［326］小林仁.中国南北朝時代における南北境界地域の陶俑について："漢水
流域樣式"試論［J］.中国考古學，2006（6）.

［327］三崎良章.五胡十六国の基礎研究［M］.東京:汲古書院,2006(平成十八年).

［328］三崎良章.大夏纪年墓志铭中"大夏二年"的意义［C］//殷宪.北朝史研究:中国魏晋南北朝史国际学术研讨会论文集.北京:商务印书馆,2004.

［329］關尾史郎."大営"小論:後秦政權（384—417年）の軍事力と徙民措施［M］//中国古代の法と社会:粟原益男先生古稀記念論集.東京:汲古書院,1988（昭和六十三年）.

［330］宮崎市定.西夏的兴起与青白盐问题［J］.周伟洲,译.西北历史资料,1984（2）.

［331］马可·波罗.鲁思梯谦.科姆罗夫.马可波罗游记［M］.陈开俊,戴树英,刘贞琼,等译.福州:福建科学技术出版社,1981.

［332］拉施特.史集:第2卷［M］.余大钧,周建奇,译.北京:商务印书馆,1985.

距今 20 万—1 万年

陕西发现的大荔人、河套人、沙苑人化石及文化遗址，是考古学上的旧石器中期至中石器时期。此期间，陕西已开始出现以血缘关系为基础的、基本实行族外婚的人们共同体——氏族。

距今 8000—6000 年 （**新石器时代早期**）

陕西发现的新石器早期遗址所反映的各种文化，是当时陕西母系氏族社会人们共同体——氏族、胞族和部落的缩影。

距今 6000—5000 年

陕西发现的新石器中晚期仰韶文化半坡、姜寨、庙底沟等类型的文化，反映了母系氏族繁盛及向父系氏族制过渡阶段的情况。

距今 5000—4000 年

陕西发现的龙山文化遗址，反映出父系氏族社会发展、衰落时期氏族、部落等人们共同体的多元因素，并且氏族社会开始解体，阶级和民族正在形成。其人种均属蒙古人种，多数与现代华南、南亚蒙古人种更为接近。

前 21 世纪—前 16 世纪

我国黄河中下游地区第一个国家夏朝统治时期，华夏族形成，陕西关中东部氏族部落应属华夏族的一个组成部分。

前 16 世纪—前 11 世纪

商灭夏，商人融入华夏族；周人兴起于陕西泾渭流域，为商之方国，并渐融入华夏族。周人邻近还有犬戎（昆夷）、鬼方（猃狁）、羌等族。

约前 1057 年　周武王元年

周武王灭商，建立周朝，都丰镐，放逐猃狁、犬戎等于渭水、洛水北。周人融入华夏，并以华夏正统自居。约公元前 10 世纪，周穆王时犬戎不贡，穆王讨伐，获其五王，并迁之于太原。

约公元前 10 世纪　周孝王时

因秦人为周王室放牧牲畜有功，孝王"邑之秦"。

前 827—前 782 年　周宣王时

犬戎、猃狁多次侵周，周人伐之。周王以秦人首领秦仲为周大夫，助周攻西戎战死，其长子庄公助周破犬戎，周封其为"西垂大夫"。

前 771—前 770 年　周幽王十一年至周平王元年

犬戎与申侯联合杀周幽王于骊山下，周平王东迁洛邑。以犬戎为主的诸戎居泾渭之间。秦襄公率兵救周，被封为诸侯，赐以岐山以西地。

前 714 年　秦宪公二年

秦徙都平阳，东攻灭西戎荡社。

前 697 年　秦武公元年

秦灭戎彭戏氏于华山下。

前 688—前 687 年　秦武公十至十一年

秦灭邽、冀戎及小虢（戎之一种）。

前 659 年　秦穆公元年

秦伐茅津之戎。

前 638 年　秦穆公二十二年

秦逼瓜州（今陕西终南山北）陆浑之戎，迫其迁至伊川。

前 623 年　秦穆公三十七年

秦用由余，遂伐戎王，益国十二，开地千里，遂霸西戎。

前 582 年　秦桓公二十二年

秦联合今渭北的白狄伐晋。

前 461 年　秦厉共公十六年

秦以兵两万伐大荔戎，取其王城。

前 316—前 312 年　秦惠文王后元九年至十三年

秦灭蜀国，并击楚，取汉中地，以巴蜀置汉中郡。

前 306 年　秦昭襄王元年

秦宣太后诱杀义渠王于甘泉，灭义渠国，置陇西、北地、上郡。

前 221 年　秦王嬴政二十六年

秦王嬴政统一六国，称始皇帝，徙天下富豪于都城咸阳。陕西各族进一步华夏化，统称秦人。

前 214 年　秦始皇三十三年

秦西北逐匈奴，自榆中并河以东属之阴山为四十四县，以蒙恬镇上郡，并筑长城，以御匈奴。

前 200 年　汉高祖七年

刘邦率大军击匈奴，被围于白登，后用陈平计，得突围回京师长安。"秦人"称谓渐为"汉人"名称所代替。

前 198 年　汉高祖九年

刘邦遣刘敬使匈奴，以宗室女嫁匈奴冒顿单于，并赐以大批财物，约为兄弟以和亲。

前187年 吕后元年

匈奴冒顿单于致书谩吕后，吕后卑辞以答之。

前177年 汉文帝三年

匈奴右贤王入河南地，犯上郡，为汉军击走。

前166年 汉文帝十四年

匈奴十四万骑入朝那、萧关，出奇兵烧回中宫，游骑至雍、甘泉；文帝遣大军迎击，匈奴退走。

前158年 汉文帝后元六年

匈奴绝和亲，入掠上郡、云中，烽火达于甘泉、长安。汉兵出，匈奴退走。

前140年 汉武帝建元元年

汉与匈奴仍和亲，厚遇关市。匈奴单于以下皆亲汉，往来长城下。

前138年 汉建元三年

张骞开始第一次出使西域，途中为匈奴所拘留。

前127年 汉元朔二年

汉卫青率大军出云中，攻占河南地，置朔方、五原二郡，徙汉民十万以实其地。

前121年 汉元狩二年

汉霍去病两次出陇西，击败匈奴休屠王、浑邪王，两王降。后浑邪王杀休屠王，以四万众降，至长安，后又分徙于北边五郡，设属国以处之。

前119年 汉元狩四年

张骞第二次出使西域，联络乌孙，共抗匈奴；并分遣副使出使大宛、康居、大月氏、安息诸国。

前111年 汉元鼎六年

汉武帝开益州，于氐族聚居之地武都设郡，排其种人，有一部分迁于沔、陇一带。

前 105 年　汉元封六年

汉武帝以江都王建女细君为公主，远嫁乌孙昆莫猎骄靡，赠送甚厚。

前 104 年　汉太初元年

汉武帝遣贰师将军伐西域大宛，取汗血马；西域各国多遣使至长安。

前 64 年　汉元康二年

汉宣帝以解忧弟子相夫为公主，舍于上林，学乌孙语，下嫁乌孙。相夫一行至敦煌，因乌孙有变，公主返长安。

前 60 年　汉神爵二年

汉于西域设都护，直接管辖该地；西域诸国使者入长安者甚众。

前 51 年　汉甘露三年

匈奴分裂为南北两部，南匈奴呼韩邪单于降汉，入朝长安，汉待以殊礼。后南单于请居光禄塞，为汉守边。

前 49 年　汉黄龙元年

南匈奴呼韩邪单于入朝长安，二月罢归。

前 36 年　汉建昭三年

汉军于西域擒北匈奴郅支单于，斩首传诣京师长安。

前 33 年　汉竟宁元年

呼韩邪单于第三次至长安朝见，元帝以宫女王嫱（王昭君）赐单于，为匈奴宁胡阏氏。

前 25 年　汉河平四年

呼韩邪单于卒后，昭君依匈奴俗嫁呼韩邪单于长子复株累若鞮单于。单于入长安朝见。

35 年　东汉建武十一年

汉陇西太守马援击西羌，分徙羌数千于天水、陇西、扶风。此是西羌迁入三辅之始。

50 年　东汉建武二十六年

东汉初，匈奴复分裂为南北两部。是年，南匈奴呼韩邪单于比为北匈奴所逼，降汉，部众南迁至沿边八郡。

58 年　东汉永平元年

汉窦固、马武击烧当羌于西邯，徙羌民七千于三辅。

107—118 年　东汉永初元年至元初五年

河陇羌族起事，建滇零政权，曾一度攻入三辅，南入汉中。

104 年　东汉永和五年

南匈奴内部变乱，部分匈奴攻围南单于王庭美稷，掠汉边。东汉即将单于庭南迁至离石北，上郡改治夏阳。南匈奴部众随之迁至汾水流域。

140—145 年　东汉永和五年至永嘉元年

金城、陇西羌族起事，曾攻入三辅，烧毁汉陵园，后为东汉所镇压。

159—169 年　东汉延熹二年至建宁二年

陇西、安定羌族起事，也曾一度攻入三辅的扶风、京兆，后为张奂所镇压。东汉亦衰弱。

211—213 年　东汉建安十六年至十八年

曹操击败马超、韩遂，取关陇；马、韩众多羌兵，遂定居陕西各地。又南匈奴部众降曹操，曹操于并州设五部以统之，选汉人为司马以监领，听其部众散居六郡之地。

215 年　东汉建安二十年

曹操灭汉中张鲁后，遣军至武都，徙氐人五万余落出居扶风、天水界。并迁汉中巴人入陇右略阳及三辅、弘农，号为巴氐（巴人）。

219年　东汉建安二十四年

刘备取汉中后，曹操令武都太守杨阜，前后徙民、氐居京兆、扶风、天水者万余户。

240年　魏正始元年

曹魏将郭淮击退蜀汉将姜维，追至疆中，"按抚柔氐三千余落，拔徙以实关中"。

265—287年　西晋泰始元年至太康八年

塞外匈奴先后七批数十万众降附，被安置于北边诸郡（包括今陕西渭北、陕北等地）。

296—299年　西晋元康六年至九年

关中爆发以氐族齐万年为首的各族反晋斗争，最后为孟观等所镇压。山阴令江统著《徙戎论》内云：关中人口百余万，"戎狄居半"。

304年　西晋永安元年、汉国元熙元年

内迁南匈奴刘渊起兵反晋，建汉政权。

310年　西晋永嘉四年、汉国河瑞二年

刘渊病重，始设单于台于平阳西，以其子刘聪为大单于。

316年　西晋建兴四年、汉国麟嘉元年

南匈奴刘氏所建汉政权攻陷长安，俘晋愍帝，西晋灭亡。汉王命刘曜镇长安。

318年　前赵光初元年、东晋太兴元年

汉国内乱，靳准杀刘粲；镇守长安的刘曜起兵平乱，称帝，建前赵，建都长安。

320年　前赵光初三年、东晋太兴三年

刘曜击退西晋残余势力陇西司马保的进攻；安抚和镇压了关中巴、氐、羌、羯各族起事，巩固了政权。

323年　前赵光初六年、东晋太宁元年

刘曜擒杀据秦州的陈安，迁大姓两千余户于长安，并取仇池，派兵镇守。又进攻河西前凉，张茂惧而降附。

325年　前赵光初八年、东晋太宁三年

前赵刘曜置单于台于渭城，统六夷，皆以胡、羯、鲜卑、氐、羌豪杰为之。

328年　前赵光初十一年、东晋咸和三年

刘曜攻后赵石勒，战败被俘。后赵石虎攻占长安，前赵太子刘熙等奔上邽。陇右羌酋姚弋仲降后赵，石虎徙氐、羌十五万落于司、冀等州。

329年　前赵光初十二年、东晋咸和四年

后赵石虎陷上邽，擒杀刘熙等，前赵灭亡，关中等地为后赵所统治。

333年　后赵延熙元年、东晋咸和八年

石虎又徙雍、秦华戎十余万户于关中，并迁略阳氐酋蒲洪所部两万于关东之枋头。

347年　后赵建武十三年、东晋永和三年

石虎遣将王擢（屠各族）攻白马氐于武街，徙七千余户于雍州。

349年　后赵太宁元年、东晋永和五年

后赵石虎死，子石遵立，旋为石虎养孙冉闵所杀，中原大乱。氐族蒲洪率十余万流民西返关中。

351年　前秦皇始元年、东晋永和七年

蒲洪死后，其子符健率众入关中，建前秦，都长安。

365年　前秦建元元年、东晋兴宁三年

符坚杀符生自立，前秦兴盛，"关陇清晏，百姓丰乐"。此年符坚击败贰城一带匈奴，迁其酋豪六千余户于长安。又分其部为"东、西曹"。

370 年　前秦建元六年、东晋太和五年

符坚遣王猛率军灭前燕，迁鲜卑慕容氏王公及民众等四万余户于长安。

371 年　前秦建元七年、东晋太和六年

前秦灭仇池杨氏，前凉惧而称藩。

376 年　前秦建元十二年、东晋太元元年

前秦灭前凉，迁张天锡等于长安。

383 年　前秦建元十九年、东晋太元八年

前秦符坚发动对东晋的统一战争，淝水一战，大败而归。同时，符坚命吕光率兵征西域。

384 年　前秦建元二十年、东晋太元九年

羌族姚苌叛前秦，在渭北自称大将军、大单于、万年秦王，建立后秦（又称东秦）。

385 年　前秦建元二十一年、东晋太元十年

原前燕宗室慕容冲围长安，并称帝，建西燕政权。符坚为后秦姚苌杀于新平佛寺。

386 年　前秦太初元年、东晋太元十一年、后秦建初元年

西燕慕容冲为部下所杀，慕容颐立后，"帅鲜卑男女四十余万口去长安而东"，长安空虚。后秦姚苌取长安，正式称帝。

391 年　后秦建初六年、东晋太元十六年

北魏击灭朔方铁弗匈奴刘卫辰部，卫辰第三子勃勃逃奔三城鲜卑薛干部，后又投附后秦，为其镇守朔方。

400 年　后秦弘始二年、东晋隆安四年

后秦击降西秦乞伏氏。

401 年　后秦弘始三年、东晋隆安五年

后秦取姑臧，灭后凉。

402 年　后秦弘始四年、东晋元兴元年

后秦与北魏军大战于柴壁，后秦败。

407 年　后秦弘始九年、夏国龙昇元年

勃勃袭杀后秦高平镇镇将没奕于，自称天王、大单于，建元龙昇，国号大夏。

413 年　后秦弘始十五年、夏国龙昇七年

夏勃勃发夷夏十万众筑统万城以为都，改姓赫连氏。

417 年　后秦永和二年、东晋义熙十三年

东晋刘裕北伐，入长安灭后秦，留子义真镇长安。

418 年　夏国昌武元年、东晋义熙十四年

夏国赫连勃勃逐义真，取长安，以为南都。

426 年　夏国承光二年、北魏始光三年

勃勃死，子昌立后，北魏攻围统万城，并攻入关中，秦雍氏、羌降。

427 年　夏国承光三年、北魏始光四年

北魏攻占统万，赫连昌逃至上邽。

431 年　夏国胜光四年、北魏神麚四年

北魏出兵平凉，夏国主赫连定西走上邽，灭复国的西秦，后又为吐谷浑所灭亡。

445—446 年　北魏太平真君六年至七年

关中爆发以北地卢水胡盖吴为首的各族起事，关中震动。后盖吴为部下所杀，起事被镇压。

523—530年 北魏正光四年至永安三年

北魏末六镇起事爆发后，陇右高平镇、秦州高车、氐、羌等族纷纷起兵响应。其间，陇右义军曾几度攻入渭北，沉重打击了北魏的统治。

532年 北魏太昌元年

北魏尔朱天光率武川镇贺拔岳、侯莫陈悦两军团入关中镇压关陇各族人民反抗后，遂留镇关中。此年，贺拔岳任关西大行台。从此，两军团鲜卑等族留屯于关中东部，而此地的羌族则西北迁至宜川、铜川之间。

534年 北魏永熙三年

贺拔岳死，宇文泰继主关陇军事，与高欢对抗，北魏分裂为东、西魏。

539年 西魏大统五年

黑水部稽胡叛西魏，为西魏所镇压。

541年 西魏大统七年

稽胡帅、夏州刺史刘平伏据上郡叛，为西魏所镇压。又西魏丞相宇文泰用关中大姓苏绰，颁布"六条诏书"及一系列改革措施，使西魏关中经济有所恢复和发展，各民族进一步融合。

542年 西魏大统八年

突厥始每岁冬入寇西魏绥州连谷等地。

555年 西魏恭帝二年

突厥使臣迫西魏将归顺之柔然邓叔子等三千余人交给自己，将柔然等残杀于长安青门外，中男以下悉配为奴，柔然汗国亡。

559—560年 北周武成元年至二年

延州稽胡郝阿保、郝狼皮、刘桑德等聚众投北齐，后为周大将豆卢宁等击破。

567年 北周天和二年

北周延州总管宇文盛破稽胡别帅乔三勿同等。

581年　隋开皇元年

杨坚取代北周，建隋朝。隋文帝杨坚征发陕北稽胡修筑长城，以御突厥。

597—599年　隋开皇十七年至十九年

隋文帝用长孙晟"远交近攻，离强合弱"之策，分化突厥，许婚于突厥北面较为弱小的可汗染干。十九年（599），文帝封染干为启民可汗，迁其民于河南夏、胜等州。此为突厥入居陕北之始。

618年　唐武德元年

李渊父子反隋，建唐朝，年号武德。此年，今陕西宜君、富平一带稽胡五万余人反抗唐朝，为窦轨击破，虏男女两万口。

619年　唐武德二年

唐于延州招慰稽胡，设基州（后改为北基州）以安置，贞观八年（634）废。

621年　唐武德四年

稽胡刘仚成等反于鄜州，为太子建成所镇压，仚成降，建成诱杀其部六千余人，仚成奔梁师都。

630年　唐贞观四年

唐灭东突厥，迁降户十万于河南地，设羁縻州以统之。又迁突厥酋豪于长安，授以将军、郎中之职，入居长安者数千家。

646年　唐贞观二十年

唐灭漠北薛延陀，漠北铁勒诸部降，奉唐太宗为"天可汗"，长安至漠北驿道称为"参天可汗道"。

676—679年　唐仪凤中

唐迁凉州部分吐谷浑于今陕北，设浑州以处之。在陕北还置有吐谷浑羁縻州——宁朔州。

约680年　唐永隆元年前后

吐蕃势力北上，先后灭吐谷浑、党项，原居于今四川西北、甘南、青海等地党项陆续内迁于关内道的庆、灵、夏、银、胜等州。唐复设羁縻州以统之。这是党项第一次大迁徙。

681 年　唐永隆二年

漠北后突厥汗国兴起，漠北铁勒多有降唐而迁入夏州及河曲一带者，唐设羁縻州以统之，统称为"河曲九姓铁勒"。

683 年　唐永淳二年

绥州稽胡白铁余等反唐，置百官，攻绥德，后为唐将程务挺等所击灭。此后，很少见史籍有关于稽胡记载，说明他们已渐与汉族融合。

692 年　武周天授三年

有党项二十万降附，武则天以其居地置朝、吴、浮等十州，仍散处灵、夏界内。

721 年　唐开元九年

唐六胡州康待宾起兵反抗唐朝，联合内迁党项，攻银城、连谷，为唐张说击破。张说奏请置麟州以安置党项。

763 年　唐广德元年

吐蕃占领陇右，诱党项、吐谷浑东攻关中，唐代宗逃至陕州，吐蕃入长安，后退走。

764 年　唐广德二年

原唐大宁郡王回纥首领仆固怀恩诱回纥、吐蕃、党项、吐谷浑等攻入关中，后退走。

765 年　唐永泰元年

仆固怀恩再次引吐蕃、回纥、党项、吐谷浑等入关中，后为唐军击走。怀恩病死，吐蕃退走，回纥与唐和好。唐朝于是徙党项于夏州之东、银州之北，迁吐谷浑于夏州之西，以免为吐蕃所诱胁。这是党项第二次大迁徙。

787 年　唐贞元三年

唐李泌请检括长安北庭奏事官及西域使臣等，以送由海道、回纥道回国，共得四千余人，而无一人愿返。唐遂将他们分隶神策军，省度支岁五十万缗。

806—820 年　唐元和中

唐夏州节度使田缙对该地党项、吐谷浑暴虐无道，引起二部反抗，并引吐蕃入寇。

842—851 年　唐会昌二年至大中五年

党项平夏部、南山部掀起反抗唐朝的斗争，唐朝数遣官吏招抚、镇压无效。直到大中五年，才镇压了党项这次反抗。

881 年　唐中和元年

黄巢军占领长安后，僖宗幸蜀。宥州刺史党项拓跋思恭率军助唐攻长安，失败退走，唐封其为夏、绥、银节度使。从此，党项拓跋氏始割据夏州。

882 年　唐中和二年

唐朝以拓跋思恭为南面都统，使之围攻长安，又赐号定难军节度使。

883 年　唐中和三年

唐击败黄巢军，收复长安，封思恭为夏国公，赐姓李。从此，夏、绥、银、宥四州成为思恭领地，唐末一藩镇。

886 年　唐光启二年

思恭又取鄜、延二州，以弟思孝为保大节度使。

898 年　唐光化元年

唐凤翔节度使李茂贞势强，逼迁党项保大节度使李思敬（思孝弟）为武定节度使（镇洋州），后思敬为西川王建所并灭。

910 年　后梁开平四年

定难军节度使李仁福初立，岐王李茂贞、晋王李存勖等联合攻夏州，后梁援军至，夏州围解。

911 年　后梁开平五年

河东晋王李存勖以党项折从远为府州刺史，从此开始折氏割据府州的历史。

933 年 后唐长兴四年

夏州李仁福卒，子彝超为留后。后唐乘机采取移镇延州的办法，欲去掉党项割据夏州的势力，遣军攻夏州，最后失败。从此，夏州割据势力日益强大。

947 年 后晋开运四年 后汉天福十二年

契丹灭后晋，折从远投归后汉，刘知远以其地置永安军，折从远为节度使，改名为从阮。此为折氏节镇之始。

948 年 后汉乾祐元年

后汉以从阮为武胜军节度使，罢永安军，以其子德扆为府州团练使。

954 年 后周显德元年

折德扆到京师朝见，周世宗复置永安军，以其为节度使。

961 年 北宋建隆二年

折德扆入朝，宋太祖倍加笼络，许其子孙世为知府州事，得用其部曲，食其租入。

979 年 北宋太平兴国四年

宋征北汉，府州折御卿率军助宋，攻北汉岚州、岢岚军。

982 年 北宋太平兴国七年

夏州李继捧继立，遭族人反对，故率家族入朝，献夏、绥、银、宥四州于宋。从此，党项李氏长期割据之四州，为宋直接统治。继捧族弟李继迁逃至地斤泽，结党项诸部反宋，势力渐强。

985 年 北宋雍熙二年

李继迁诱杀宋都巡检曹光实，袭据银州，自称定难军留后。

986 年 北宋雍熙三年

李继迁向辽称臣，辽封其为定难军节度使，许嫁义成公主。宋起用李继捧为夏州节度使（定难军节度使），以对付李继迁。

990年　北宋淳化元年

继捧建议对继迁进行招抚，继迁拒受招安，攻围夏州。宋援军至，继迁降，宋以其为银州观察使，赐名赵保吉。

995年　北宋至道元年

辽大将韩德威攻围府州，为折御卿击败于子河汊。年底，韩又攻府州，御卿病死军中，子惟正知府州。

997年　北宋至道三年

李继迁求和，宋以其为定难军节度使，又将夏、绥、银、宥四州交还党项李氏，由其直接统治。

1003年　北宋咸平六年

李继迁攻麟州不克，转攻河西、陇右。回军途中为吐蕃部所袭，中流矢而卒，子德明立。

1006年　北宋景德三年

德明复奉表于宋，愿意归顺，宋封之为定难军节度使，岁赐大量银、绢、茶等。以后，其与北宋关系基本友好。

1031年　北宋天圣九年

德明卒，子元昊立。元昊外倚契丹反宋，改姓嵬名氏，自称"兀卒"（青天子），创制西夏文字，下秃发令，建都兴庆府。

1038年　北宋宝元元年

元昊正式称帝，建西夏政权。宋下令削其官爵，禁边民与夏互市。

1040年　北宋康定元年

西夏大举向宋鄜延进攻，三川口一战，大败宋军。宋廷震动，调范仲淹知延州，加强防御。

1067年　北宋治平四年

宋知清涧的种谔收复绥州，西夏遣军诱杀宋保安军杨定等。

1081 年　北宋元丰四年

宋集五路大军攻西夏，陕北两路军占领夏、宥等州，后退兵。宋采取步步为寨，浅攻近取之策略，向夏边境推进。

1082 年　北宋元丰五年

宋军筑永乐城，西夏大军攻克，宋损失巨大。

1096 年　北宋绍圣三年

西夏大军入鄜延，直到延州北，又破金明寨，旋退回。

1097 年　北宋绍圣四年

西夏军围绥德城，为宋军战退。

1105 年　北宋崇宁四年

宋取西夏银州，夺取横山一线，西夏在争夺中处于劣势。

1128 年　金天会六年

金将娄室率军取华州、下邽，攻占延安、丹州等地。

1129 年　金天会七年　南宋建炎三年

北宋麟府安抚使折可求降金。

1130 年　金天会八年　南宋建炎四年

宋张浚等与金右副元帅宗辅大战于富平，宋军大败，秦岭以北之地为金人占领。

1139 年　金天眷二年　南宋绍兴九年

金熙宗即位后，进行一系列改革，废齐国刘豫。此年，将河南、陕西还归南宋，但不久又取回。金猛安谋克女真等族迁入陕西驻守屯田，后逐渐汉化。

1221 年　南宋嘉定十四年

蒙古太师国王木华黎率军攻入陕西，次年围长安不下，转攻凤翔，遭到顽强抵抗，退回山西，病卒。

1230 年　南宋绍定三年

蒙古大汗窝阔台率大军攻占凤翔、京兆等地，蒙古军对各族人民进行残酷的掠夺，使陕西经济遭到严重破坏，人口锐减。

1253 年　南宋宝祐元年

忽必烈受京兆封地，置京兆宣抚司，重用汉族知识分子商挺等，在关中推行汉法。

1254 年　南宋宝祐二年

忽必烈以维吾尔人廉希宪为关西道宣抚使，商挺为副使，进一步在陕西推行汉法，大兴儒学，发展屯田，使关中成为蒙古灭南宋的基地之一。

1272 年　元至元九年

忽必烈以其子忙哥剌为安西王，以京兆为封地，驻兵六盘山，后改京兆府为安西府，建安西王府。

1286 年　元至元二十三年

元朝在全国推行行省制，陕西为行省之一。蒙古、色目人组成的蒙古亲军、探马赤军驻守陕西，屯田于关中、延安等地。以后，蒙古人逐渐汉化。信仰伊斯兰教的色目人，又称为回回。

1369 年　明洪武二年

明朝建立后，此年明将徐达先后攻占元西安、延安等地。

1370 年　明洪武三年

明太祖封皇子樉为秦王，坐镇陕西，建秦王府。

1385—1526 年　明洪武十八年至嘉靖五年

陕西回回逐渐形成回族。此间，回族曾于西安建清真寺，即今化觉巷清真寺等。

约 1450 年　明景泰初

漠北鞑靼部开始进扰延、庆，但不敢深入。

1458 年　明天顺二年

孛孛部孛来入寇陕北。此后，孛孛孛来、毛里孩等部经常寇扰明陕北边镇。

1471 年　明成化七年

明延绥巡抚余子俊筑陕北河套内边墙，立台堡，孛孛寇患稍息，但却自弃河套之地。

1473 年　明成化九年

余子俊等数败河套蒙古诸部，诸部内讧，退出河套地，明边稍安。

1495 —1496 年　明弘治八至九年

孛孛小王子等入居河套，并相继入寇延绥。

1500 年　明弘治十三年

居河套的小王子部，犯延绥神木堡。以后，数犯陕北边镇。

1536 年　明嘉靖十五年

小王子东徙，吉囊、俺答等部复据河套，不时犯延绥等地。

1542 年　明嘉靖二十一年

吉囊死，此部势衰；俺答强盛，数扰延绥等边地。

1548 年　明嘉靖二十七年

明世宗听信谗言，杀议复河套的曾铣、夏言，自是廷臣不敢复言复河套之事。

1550 年　明嘉靖二十九年

俺答率大军攻京师，欲迫使明朝通市，无结果，大掠山西而去。

1571 年　明隆庆五年

明朝改变对俺答的政策，封其为顺义王，开边互市，自是西塞以宁。

1573—1620 年　明万历中

陕西回族得到进一步发展，主要分布于西安、延安、凤翔、汉中等地，又称为"回夷"。时陕西伊斯兰经学大师胡登洲发展经堂教育，影响巨大。

1586年 明万历十四年

陕西回族饥民反抗明朝统治，明朝镇压回族反抗后，加强了对他们的控制。

1587年 明万历十五年

明以扯力克（俺答孙）袭封顺义王，自是边疆不用兵者二十年。

1613年 明万历四十一年

卜失兔袭封顺义王，势衰。

1628年 明崇祯元年

陕北回族老回回马光玉、马守应等起义，与罗汝才、高迎祥等起义军联合，转战陕北。

1629年 明崇祯二年

河套虎墩兔拥众至延绥，为明军击走。后河套蒙古降清，迄于明亡，套部仍不时入寇陕北边镇。

1635年 明崇祯八年

明末农民起义十三家七十二营大会于荥阳，老回回马守应为十三家首领之一，后转战陕南、河南及湖广等地。

1643年 明崇祯十六年

起义军首领老回回马守应病死于荆州。

1645年 清顺治二年

清朝建立后，此年清军孟乔芳部占领陕西，清廷以其总督三边军务。孟乔芳镇压各地反清起事，巩固了清朝对陕的统治。

1667—1668年 清康熙六至七年

清朝改陕西右布政使司为巩昌府布政使司，七年又改为甘肃布政使司。从此陕、甘分治。驻陕西满族八旗军逐渐汉化。

1861 年　清咸丰十一年

渭南农民杨生华反抗官府地亩摊派，回民也有参加者，后为清廷镇压。

1910 年　清宣统二年

六月，陕西同盟会革命党人与哥老会首领三十六人在大雁塔密谋起义，哥老会首领马玉贵（回族）为其中之一。

1911 年　清宣统三年

武昌首义后十三日，西安革命党人及哥老会起义成功，占领西安，建立军政府。回族马玉贵多有战功，后任粮饷都督。凤翔哥老会首领、回族马秉乾也积极参加起义。不到数月，全陕革命成功。

1912 年　民国元年

1 月 1 日，中华民国成立，孙中山在南京就职中华民国临时大总统，并发表有关“五族共和”的《宣言》。3 月 10 日，袁世凯在北京就职中华民国大总统。3 月 11 日中华民国颁布的《中华民国临时约法》第五条规定：“中华民国人民，一律平等，无种族、阶级、宗教之区别。”

1913 年　民国二年

6 月，袁世凯任命亲信陆建章为威武将军，督理陕西军务。

1915 年　民国四年

12 月 12 日，袁世凯复辟帝制，称皇帝，各地掀起讨袁“护国运动”。

1916 年　民国五年

5 月，陈树藩以陕西护国军总司令名义，通电全国，宣布独立，“讨袁”。6 月袁世凯死后，陈树藩又投靠皖系军阀段祺瑞，宣布取消独立，段以其主政陕西，任督军。

1917—1918 年　民国六年至七年

陕西靖国军与督军陈树藩发生战争，后双方停战划界。

1919 年　民国八年

5 月 4 日，北京爆发五四爱国运动。陕西学生及各界群众纷纷响应。五四新文化运动在陕西得以蓬勃发展，陕西回族发展教育和兴办实业之风兴起。

1921 年　民国十年

陕西督军陈树藩下台，先后由阎相文、冯玉祥督陕。

1922 年　民国十一年

10 月，北洋政府任命军阀刘镇华为陕西督军，陕西各族人民掀起"驱刘"斗争。

1923 年　民国十二年

6 月，中国共产党第三次全国代表大会通过的《中国共产党党纲草案》提出"西藏、蒙古、新疆、青海等地和中国本部的关系由各该民族自决"（第八条）。

1924 年　民国十三年

1 月，在中国共产党参与下的中国国民党第一次全国代表大会的《宣言》中，孙中山先生重新解释了"三民主义"："国民党之民族主义，有两方面之意义：一则中国民族自求解放；二则中国境内各民族一律平等。"同年，陕西回族实业家冯瑞生创办西安德泰光美孚煤油股份有限公司。

1925 年　民国十四年

在陕西人民的反对下，刘镇华被迫离陕。

1926 年　民国十五年

3 月底至 11 月，爆发了民国时期陕西历史上的重大事件，即西安反围城的战争。4 月，在军阀吴佩孚支持下，刘镇华攻围西安，陕西国民军李虎臣、杨虎城部在饱受炮火、饥荒等苦难的城内汉、回人民的支持下，坚守西安八个月，最后因倒向北伐的国民军冯玉祥部及时赶到，西安围解。

1927 年　民国十六年

4 月 12 日，蒋介石窃取北伐胜利果实，在上海发动反共的"四一二"政变，建立国民政府，宣扬孙中山"三民主义"，继续对中国共产党进行"围剿"。

1931年 民国二十年

9月18日，日本发动九一八事变侵占东北三省。蒋介石采取不抵抗政策，东北军进入陕西。全国抗日救亡运动兴起。陕西回族成立陕西回民抗日救国会，组织民众游行示威，抵制日货，声援东北抗日斗争。11月，第一次全国苏维埃代表大会通过《关于中国境内少数民族问题的决议案》，揭露了国民党政府所谓"民族平等""五族共和"，完全是欺骗。规定中国境内少数民族有民族自决权，直到离开中国而独立的自决权；且与汉族平等，享有法律上的一切权利义务。

1932年 民国二十一年

西安回族实业家白楚珍、冯瑞生在渭南开设西北棉花机器打包厂。

1934年 民国二十三年

河南籍回族实业家马福泽、杜秀升等迁入西安后，先后兴办近代工商企业。

1936年 民国二十五年

5月，在红军帮助下，甘孜藏区十二县藏族人民成立了中华苏维埃波巴（藏族自称）自治政府。10月，在红军帮助下，陕甘宁省豫海县回民自治政府成立。12月12日，在西安的东北军张学良、十七路军杨虎城发动西安事变，逼蒋抗日。全国回族代表在西安召开全国回族代表大会，通过坚决拥护张学良、杨虎城的"八项救国政治主张"，全国团结抗日的决议。

1937年 民国二十六年

9月，陕甘宁边区成立。7月7日，卢沟桥事变爆发，中国进入全面抗战时期。陕西汉、回各族与全国人民一起，掀起抗日救国高潮。

1938年 民国二十七年

10月，在中共中央召开的扩大六届六中全会上，毛泽东同志做了《论新阶段》的报告，确立了党在新阶段民族问题的基本纲领和政策。

1939年 民国二十八年

1月，陕西回族成立中国回民救国协会陕西分会，后陕西各地纷纷建立支会及区会，积极开展抗日救国活动。6月21日，成吉思汗陵西迁经延安，边区政府及群众举行盛大公祭活动。同年，西安回民陈正光等合资创办建国机器制造厂。

1940年　民国二十九年

2月26日，延安成立延安回民救国会。4月和7月，中共中央西北工作委员会发布《关于回回民族问题的提纲》和《关于抗战中蒙古民族问题提纲》两份重要文件。10月7日，在陕甘宁边区回民第一次代表大会上，边区回民文化促进会成立。10月，延安文化沟清真寺落成。

1941年　民国三十年

4月，民族问题研究会编写的《回回民族问题》一书出版。5月，陕甘宁边区颁布《陕甘宁边区施政纲领》，内提出"建立蒙回民族的自治区，尊重蒙回民族的宗教信仰与风俗习惯"。8月，陕甘宁边区民族学院成立。

1942年　民国三十一年

截至此年，边区先后建立了伊克昭盟城川蒙民自治区和五个回民自治区，即定边县四区、五区，城关镇的两个自然村及曲子县三岔镇的回民自治区。

1943年　民国三十二年

蒋介石的《中国之命运》一书出版，遭中国共产党及国内学界的批评。

1947年　民国三十六年

4月，内蒙古自治区政府成立，并发布《施政纲领》。

1949年　民国三十八年

9月29日召开的中国人民政治协商会议第一届全体会议通过的《中国人民政治协商会议共同纲领》第五十一条规定："各少数民族聚居的地区，应实行民族的区域自治，按照民族聚居的人口多少和区域大小，分别建立各种民族自治机关。凡各民族杂居的地方及民族自治区内，各民族在当地政权机关中均应有相当名额的代表。"

索引

Index

后记

Epilogue

　　遵照《陕西通史》修订编撰要求，1997年版《陕西通史·民族卷》撰稿人，在认真研读上述要求之后，从2016年5月起全身心投入修订工作。其中，新资料搜集、思考、写作等过程中的甘苦、困惑及辛劳，自不待言。现今终于完稿了。

　　在1997年版《陕西通史·民族卷》基础上，主要修订了哪些方面，增补了哪些内容呢？

　　第一，20世纪90年代版《陕西通史》比较强调通俗性和可读性，在当时是可以理解的。在全民文化素质普遍提高的今天，广大读者更需要具有较高学术水平，具有严谨科学性、创新性的学术著作。近来，全国各省编撰的地区通史莫不朝这一方向努力。因此，撰稿过程中，笔者在兼顾通俗性、可读性的同时，更偏重于学术性、科学性和创新性。比如努力发掘陕西最新的考古资料，增补古代陕西关中、陕北和陕南的民族和民族关系，吸收近十余年来中外学术界发表的有关陕西民族新的研究成果，等等。

　　第二，具体说来，《民族卷》前五章，即宋以前陕西民族部分，是历史上民族迁徙频繁、民族关系及民族融合最为复杂的时期。此次增补了大量新出土的考古文物资料，以及被1997年版《民族卷》忽略了的陕南地区的民族的活动；加强了对十六国时在陕西建国的几个政权的论述；引用和探讨了近十余年国内外学者（包括笔者）的研究成果等。

第三，按照编撰要求增加了第八章"民国时期以汉、回为主的陕西各族及其反帝反封建斗争"。这一章特别难写：一方面是笔者过去对民国时期陕西民族没有什么研究；另一方面，民国时期，陕西绝大部分是汉族，回族仅占少数。如何写？要么写成类似《陕西通史·民国卷》，与之重复；要么写成陕西回族史，既不妥当，资料又太少。最后写成的第八章，笔者心中没底，望专家、读者不吝赐教。

第四，保留了大事年表部分（仅增补民国时期大事），按要求增加了参考文献、索引和图片（共57幅）。这一切很有必要，对提高整个《通史》的可读性、学术性和科学性均有重要的作用和意义。

最后，感谢《陕西通史》编纂委员会和陕西师范大学出版总社的帮助和支持。尹波涛博士也帮助笔者做了些工作，特此致谢。

周伟洲

2023年4月于西北大学